La storia. Temi
66

Agostino Paravicini Bagliani
Maria Antonietta Visceglia

Il Conclave

Continuità e mutamenti dal Medioevo a oggi

viella

Prima edizione: ottobre 2018
ISBN 978-88-3313-026-2

viella
libreria editrice
via delle Alpi, 32
I-00198 ROMA
tel. 06 84 17 758
fax 06 85 35 39 60
www.viella.it

Indice

Premessa

Lo svolgimento dell'ultimo conclave che ha portato all'elezione di papa Francesco il 13 marzo 2013 dopo la fatidica rinuncia di Benedetto XVI il 28 febbraio dello stesso anno ha seguito le regole del *Motu proprio* emanato da papa Ratzinger il 11 giugno del 2007 che poco innovava rispetto alla importante costituzione di Giovanni Paolo II, la *Universi Dominici Gregis* del 22 febbraio 1996, ribadendo però il requisito della maggioranza di almeno due terzi dei votanti. Un principio quest'ultimo irrinunciabile nella storia dei conclavi.

In questo volume intendiamo offrire al largo pubblico e non solo agli storici una ricostruzione di lunghissimo periodo delle continuità e degli aggiornamenti che hanno caratterizzato la storia delle elezioni papali illustrandone, attraverso un rinvio costante alle fonti sistematicamente confrontate, la evoluzione plurisecolare: dalla elezione, nei primi secoli dell'età cristiana, di un diacono o arcidiacono, (il primo vescovo eletto papa risale all'882) scelto alla guida della Chiesa tra il clero romano dai membri dello stesso clero e anche da notabili e "popolo" al trasferimento della prerogativa di eleggere il papa ai soli cardinali con una maggioranza di due/terzi dei presenti (1179) e alla nascita del conclave (1274). Tutta la storia successiva di questa istituzione può risultare incomprensibile se non si risale alla fase fondativa. La carta costituzionale del conclave (*Ubi periculum*), oltre a ribadire la legittimità come elettori dei soli cardinali e a confermare il principio della maggioranza dei due terzi, stabiliva le tre modalità canoniche di elezione per scrutinio, per ispirazione (gli elettori unanimamente acclamavano l'eletto) e per compromesso (un gruppo ristretto di cardinali designava il papa). Non è senza significato che la materia del conclave non trovò spazio al concilio di Trento. Sarà solo nel 1996 che con la *Universi Dominici Gregis* le forme di elezione per ispirazione e per compromesso saranno abolite, restando lo scrutinio segreto l'unico modo in cui il Collegio può esprimere la sua scelta.

Una storia immobile dunque ? Al contrario.

Se i papi della fase conciliare del secolo scorso hanno ribadito a più riprese il diritto /dovere dei pontefici in materia di conclave ad aggiornare le norme alle mutate situazioni storiche restando però per i principi essenziali nel solco della tradizione, non meno interessante è ripercorrere l'evoluzione normativa durante l'Età moderna. Giulio II equiparò la elezione simoniaca ad eresia (1505), Pio IV ribadì il divieto alla nomina di un successore da parte di un papa regnante e dettagliò con estrema precisione doveri e prerogative in sede vacante sia dei cardinali che degli officiali del conclave (1562), Gregorio XV (1621-22) varò la riforma più importante prima dei decreti del XX secolo, regolamentando minutamente le procedure dello scrutinio, pur lasciando in vigore le altre due forme canoniche (ispirazione e compromesso). Lo scrutinio doveva essere segreto, espresso per iscritto su schede accuratamente predisposte, depositate in urna, conservate come documentazione di prova della regolarità dell'atto: una elezione quindi con modalità assolutamente moderne. Questo travaglio normativo ci mostra come la storia del conclave non sia separabile dalla evoluzione delle declinazioni della sovranità papale e, in modo correlato, da quella della fisionomia degli elettori del papa nonché dalla costruzione del sistema di governo della Chiesa e, per una certa fase storica, dello stato Ecclesiastico.

Nel lungo periodo la tensione alla autoreferenzialità ecclesiastica appare il filo rosso delle vicende delle elezioni papali. Ma essa non è scontata. L'antico diritto della conferma alla elezione del papa che passa dall'imperatore di Bisanzio al re dei Franchi e all'imperatore di Germania, considerato *advocatus Ecclesiae*, si trasforma nell'Età moderna nel cosiddetto diritto di esclusiva, una pratica cioè che poteva dare al corpo elettorale l'indirizzo di escludere uno o più candidati in quanto non considerati dai sovrani sufficientemente capaci di assicurare la quiete e il bene della Cristianità Questo "diritto" fu esercitato, oltre che dall'imperatore, dal re di Spagna e di Francia, quest'ultimo come depositario dell'eredità carolingia. Anche se le bolle papali insistevano sulla libertà del Collegio dai condizionamenti esterni, e infittivano i vincoli del segreto, la legislazione di Età moderna, compresa la bolla riformatrice di Gregorio XV, non incrinò la prassi del veto che anzi tra Sei e Settecento, in concomitanza con la perdita di peso del papato in un sistema di rapporti internazionali retto da logiche sempre più secolarizzate, si consolidò. Anche riguardo questo aspetto, certamente non secondario dell'elezione papale per un intervento legislativo efficace bisognerà attendere l'inizio del XX secolo quando, dopo il tormentato conclave che si aprì nel 1903 alla morte di Leone XIII, segnato dalla prepotente ingerenza dell'impero austriaco, il successore di quest'ultimo pontefice, Pio X, proscrisse, sotto pena di scomunica, il diritto di escludere uno o più papabili. Al di là di questa precisa congiuntura seguita da un intervento legislativo risolutivo, appare chiaro come nella vicenda plurisecolare del papato la dissoluzione nel 1870 dello stato papale come stato temporale fosse condizione essenziale per il recupero della piena libertà ecclesiastica.

Questo volume non è limitato all'analisi delle modalità dell'elezione papale ma propone al lettore una visione unitaria delle tre sequenze elezione-insediamento-morte come un'unica articolata configurazione che regolava un sistema politico non dinastico in cui il sovrano era non solo vescovo di Roma e – nell'Età moderna fino al 1870 appunto – principe temporale ma anche Vicario di Cristo, capo spirituale della Cristianità romana. L'attenzione all'intreccio tra dimensione istituzionale e concatenazione dei riti caratterizza l'approccio di questo volume nelle cui pagine si ripercorrono attraverso i secoli i mutamenti dei rituali e dell'uso degli oggetti simbolici della sovranità papale. Non riteniamo, come molti studiosi dei rituali di stato hanno a lungo sostenuto, che il rito illustri o rappresenti i meccanismi di funzionamento di una istituzione politica ma crediamo utile rendere comprensibile anche al lettore contemporaneo l'intreccio complesso e plastico tra norme e riti.

Come andarono trasformandosi nel tempo lungo le cerimonie di avvento del neo-eletto pontefice? Nell'Alto Medioevo, anche se il luogo di elezione papale poteva variare secondo il luogo di morte dei pontefici, i riti di inaugurazione avevano come scenario prevalente la basilica lateranense, chiesa del vescovo di Roma e palazzo papale. Qui si svolgeva un cerimoniale complesso e affascinante di "introduzione" che aveva certamente come modello i riti di Costantinopoli: troni e seggi, acclamazioni e *laudes* di gloria richiamavano infatti oggetti e pratiche della sovranità imperiale. San Pietro, luogo sacro apostolico, era sin dal IV-V secolo la basilica della consacrazione del papa, ove avveniva l'imposizione del pallio – l'accessorio delle vesti sacre che denotava giurisdizione già nell'età imperiale, risignificato in senso cristico e divenuto simbolo della dimensione pastorale e universale della figura papale – e all'esterno davanti all'atrio della tiara – la corona del papa diversa per forma materiale e simbolica da quella di qualsiasi altro sovrano. Il papa tornava quindi processionalmente a cavallo in Laterano. Se già le fonti del XII sec. – in concomitanza quindi con la svolta normativa del 1179 – mostrano la possibilità di iniziare le cerimonie di avvento in Vaticano, questa inversione degli spazi cerimoniali si istituzionalizza nel Rinascimento. I papi della prima Età moderna scelgono, anche se insieme ad altre possibili residenze, il Vaticano come palazzo papale: le cerimonie di avvento si svolgeranno nella basilica pietrina e la cerimonia della incoronazione all'esterno della chiesa. In una fase in cui, superata la crisi conciliarista, la trattatistica e la prassi politica costruiscono la figura del papa monarca (XV-XVI sec.) la cerimonia di incoronazione è enfatizzata e separata dalla processione di possesso alla basilica lateranense. Con l'Età moderna antichi riti medievali come quello di sedere sui seggi di porfido scompaiono e alcune sequenze cerimoniali (il possesso soprattutto che diventa una cavalcata simile all'Entrata dei re nella città capitale dopo la consacrazione) sembrano avvicinarsi ai rituali di insediamento dei sovrani laici. Ma dalla prima Età moderna al secolo scorso le continuità prevalgono nei riti d'avvento. L'uso della tiara si fece più frequente nel Cinque-Seicento e ancora all'inizio del Novecento Pio XI e Pio XII non rinunciarono alla pompa sacra le cui valenze erano anzi rafforzate dall'istituzione (11 dicembre 1925) della festa di Cristo Re. Sono i papi del Concilio e soprattutto Paolo VI ad innovare. È infatti papa Montini che nel 1964 rinuncia alla tiara che dona ai poveri. Corona papale e trono spariscono come già i seggi lateranensi dalla cerimonia di insediamento che non è più una incoronazione. Ma i papi continuano a "parlare" attraverso il linguaggio simbolico delle loro vesti e degli oggetti rituali anche in modo distinto secondo la linea impressa ai diversi pontificati. Un rapido confronto tra Benedetto XVI e papa Francesco è in questo senso eloquente. Benedetto XVI, attenendosi all'uso consolidato dei due colori simbolici della figura papale, il rosso, colore del martirio ma anche del manto imperiale, e il bianco, colore della purezza, simbolico della resurrezione del Cristo, ha seguito la linea della tradizione, reintroducendo il camauro – il copricapo rosso bordato di ermellino –, indossando le scarpe papali in rosso, benché senza le croci, come era antico uso e ha valorizzato la sequenza delle *laudes* nella cerimonia di insediamento all'interno del Vaticano. Papa Francesco ha voluto invece presentarsi vestendo da vescovo, in bianco, abbandonando la mozzetta rossa bordata di ermellino. D'altra parte Benedetto XVI non aveva forse compiuto un gesto che presagiva in certo modo la decisione del suo ritiro già nel 2009 quando nella basilica di Santa Maria di Collemaggio a L'Aquila aveva lasciato il pallio sulle spoglie di Celestino V, il papa santo che aveva nel 1294 rinunciato alla dignità pontificia?

Anche per quanto attiene all'altro fondamentale rito di transizione – quello delle esequie pontificie – il legame tra cerimoniale funebre e regole di elezione del nuovo pontefice è strettissimo ed attestato già dalla carta fondativa del conclave: la costituzione *Ubi periculum* (1274) prescriveva infatti l'attesa di dieci giorni ai cardinali prima di entrare in conclave, un tempo di interregno durante il quale la *potestas papae* si trasferiva al collegio cardinalizio come corpo. Questo intervallo temporale è stato leggermente dilatato dai moderni pontefici ma sostanzialmente è rimasto invariato – un tempo di lutto rituale funzionale alla preparazione materiale e amministrativa dell'organizzazione del conclave. D'altra parte la grammatica delle esequie papali sin dagli *ordines* più antichi si è articolata su un duplice registro: quello dell'onore e devozione al papa defunto e quello del richiamo alla caducità del potere, anzi di ogni potere. Ma, sebbene i funerali papali abbiano avuto sempre sequenze e dinamiche differenti da quelle dei sovrani laici, la loro evoluzione tra Medioevo ed Età moderna è anche quella di un rito di stato che deve autenticare la morte e celebrare il defunto. Tra XVI e XVII secolo le frequenti traslazioni dei corpi dei papi dai sepolcri provvisori in una basilica Vaticana eterno cantiere verso altre chiese di Roma duplicarono le esequie nel senso di un secondo tributo trionfale in sede piena offerto al papa morto. Una pratica questa della traslazione che si è perduta nel Novecento, secolo in cui i papi, con l'eccezione di Leone XIII (il cui corpo è in San Giovanni Laterano) hanno ribadito la scelta di San Pietro come maggiore necropoli papale. Nel tempo lungo l'ultimo funerale trionfale di un papa è stato quello di Pio XII, portato a Roma da Castel Gandolfo con un corteo sontuoso che, con precise gerarchie nell'ordine processionale, attraversò la città seguendo il percorso della antica via trionfale e della via *papalis*. Occorre precisare però che già Pio X, papa poi santo, aveva rifiutato l'imbalsamazione, lasciando istruzioni di un funerale semplice: dettami in parte seguiti come si può vedere dall'assenza del baldacchino al di sopra del catafalco funebre esposto all'omaggio dei fedeli in San Pietro. Ma anche per questo aspetto Paolo VI è stato il vero grande innovatore, disponendo che la sua bara fosse deposta sulla nuda terra all'esterno della basilica di San Pietro. L'evoluzione del rito nei nostri tempi è andata quindi nel senso della sua ulteriore spiritualizzazione e gli ultimi cerimoniali papali prescrivono di improntare il funerale del papa al carattere "pasquale" della morte cristiana.

Ma non è l'unica evoluzione da constatare.

Dal Medioevo e per tutta l'Età moderna la sede vacante è una fase di drammatico vuoto, quasi di sospensione del potere della curia a vantaggio di quello della Città (le magistrature municipali), una forte discontinuità durante la quale si verificavano violenze di ogni tipo: saccheggi del palazzo e dei beni del defunto pontefice, ma anche depredazioni di magazzini di mercanti e di botteghe, soprattutto di ebrei, intensificarsi della criminalità corrente e, in tempi di guerre o di conflitti politici, scontri armati tra gruppo contrapposti. Se ancora nella età della Restaurazione questo tipo di dinamica può innescarsi, nell'età contemporanea la sede vacante si sdrammatizza. Essa è ora solo una preparazione materiale e devota al conclave, seguita però con spasmodica attesa dal clero cattolico, dai fedeli e dall'opinione pubblica internazionale.

Morte del papa e conclave sono sempre stati eventi cruciali intorno ai quali soprattutto in Età moderna, quando il potere del papa nella politica internazionale aveva una più profonda incidenza, la comunicazione dell'informazione è stata vorticosa e ampia come mostra la dismisura delle fonti presenti in tutti gli archivi e le biblioteche europee. Se la caccia alle notizie è sempre stata intensissima, nonostante la clausura imposta sin dalla istituzione del conclave e i vincoli del segreto reiterati in tutte le bolle e costituzioni papali, la rivoluzione tecnologica (radio, televisione, posta digitale, internet) dei tempi attuali e la pervasività degli strumenti comunicativi ha reso comunque l'impatto mediatico degli eventi legati alla persona del papa (malattia, morte, elezione) enormemente più ampio, a livello mondiale, rispetto ai secoli passati. È una dimensione in parte nuova che deve essere stimolo ad approfondimenti e precisazioni sul nesso passato-presente – nesso che non sempre è lineare ma mostra intrecci profondi che superano la contiguità delle epoche – anche da parte degli storici. Ed è in questa prospettiva che abbiamo realizzato questo volume.

Nota redazionale

La struttura e l'articolazione del testo sono stati discussi e decisi da entrambi gli autori. Agostino Paravicini Bagliani ha scritto le sezioni "Dalle origini al XV secolo"; Maria Antonietta Visceglia ha scritto le sezioni "Età moderna" e l'"Epilogo".

I
L'elezione del papa

Dalle origini al XV secolo

1. *Clero, nobili e papato*

Se risaliamo ai primi secoli del cristianesimo e ci domandiamo chi veniva generalmente eletto papa, la situazione si presenta in modo del tutto diverso da quella cui siamo abituati. Nei secoli IV e V i papi provenivano per lo più dal gruppo dei diaconi[1] o avevano ricoperto la carica di arcidiacono, già attestata dalla metà del IV secolo in poi. Tutti gli arcidiaconi che sono sopravvissuti ai loro pontefici sono stati eletti al soglio di Pietro.[2] Anche nel periodo bizantino, dalla metà del VI alla metà dell'VIII secolo, si considerava normale eleggere papa di preferenza l'arcidiacono.[3] La superiorità dei diaconi tende però a diminuire dal V secolo in poi. Da allora in poi anche presbiteri furono eletti papi,[4] una situazione che si afferma ancor

1. Lo sappiamo per i seguenti papi: Eleuterio (diacono di Aniceto), Calisto I (diacono di Zeferino), Stefano I, Sisto II, Liberio, Felice II, Damaso I, Siricio (diacono di Liberio), l'antipapa Eulalio, Leone I, Ilario, Felice III, Anastasio, Simmaco, Ormisda, Bonifacio II, Agapito, Vigilio, Pelagio, Gregorio Magno, Saviniano. Diaconi furono molto probabilmente Bonifacio III e Bonifacio IV, Giovanni IV, Giovanni V, Gregorio II, Zaccaria, Stefano II e suo fratello Paolo I, Adriano I, Stefano IV, Valentino e Nicola I; vedi Andrieu, *La carrière ecclésiastique*, pp. 91-92.

2. Prima del 530, Felice II, Eulalio, Leone I, Ilario, Ormisda e forse anche Gelasio erano dapprima stati arcidiaconi dei loro predecessori.

3. Ben tre delle formule del *Liber diurnus* relative all'elezione del papa prevedono che l'eletto sia sempre un arcidiacono (ed. Förster, pp. 215-219). Le formule contenenti il verbale di elezione e la professione di fede (ivi, pp. 145-157) prevedono soltanto che l'eletto sia un diacono.

4. V secolo: Bonifacio I e l'antipapa Lorenzo.

più nei due secoli successivi.[5] Nel IX secolo, i presbiteri eletti papi sono persino più numerosi dei diaconi.[6]

Fino al IX secolo nessun pontefice romano aveva dapprima ricoperto la dignità vescovile. A Roma, come nelle varie diocesi della cristianità, orientale e occidentale, vigeva infatti il divieto di traslazione di un vescovo dalla sua diocesi ad un'altra. La ragione era la seguente: il vescovo era legato alla sua diocesi da un legame analogo al matrimonio tra Cristo e la Chiesa, che era ritenuto indissolubile come qualsiasi matrimonio. Tale divieto fu confermato nel 787 dal II concilio di Nicea: «Un chierico non dev'essere addetto a due chiese. D'ora in poi, un chierico non potrà essere addetto a due chiese».[7]

Il primo vescovo ad essere stato eletto papa (882) fu Marino di Cerveteri.[8] Egli era anche arcidiacono della Chiesa romana, il che ha potuto indurre a pensare che la sua elezione fosse in qualche modo in linea con la tradizione.[9] L'imperatore di Costantinopoli Basilio manifestò però la sua disapprovazione, obbligando Stefano V (o VI, secondo la numerazione che si adotta) ad affermare che l'elezione del suo predecessore si fondava sull'autorità dei Padri ed era stata voluta dalla Provvidenza per l'utilità che la Chiesa romana ne avrebbe conseguito.[10] Anche nel mondo germanico l'elezione del vescovo di Cerveteri Marino a pontefice romano suscitò perplessità.[11]

Qualche anno dopo, un libro cerimoniale romano – l'*Ordo Romanus* XXXVI – allude all'esistenza del divieto di traslazione con una frase lapidaria: «infatti [l'eletto] non potrà esse vescovo».[12] Quell'*Ordo*, scritto intorno al 897, ossia qualche anno dopo l'elezione a pontefice romano del vescovo di Porto Formoso (settembre 891), tentava così di contrastare la trasgressione dell'antico divieto di traslazione. Il *Liber pontificalis* segnala

5. VI secolo: Giovanni II; VII secolo: Benedetto II, Conone, Sergio I.

6. Pasquale I, Eugenio II, Gregorio IV, Sergio II, Leone IV, Benedetto III, Adriano II, Stefano V (o VI), Romano; vedi Andrieu, *La carrière ecclésiastique*, p. 95.

7. Concilio II di Nicea (787), can. 15 (*Conciliorum oecumenicorum decreta*, ed. Alberigo *et alii*, p. 150.

8. Una ventina di anni prima, nell'867, papa Nicola I era riuscito a resistere alle istanze di re Boris rifiutando che Formoso, vescovo di Porto, diventasse arcivescovo dei Bulgari (JL 2887: lettera di Nicola I a Michele re dei Bulgari, 31 ottobre 867).

9. Andrieu, *La carrière ecclésiastique*, pp. 111-112.

10. JL 3043 (PL 129, col. 788).

11. *Annales Fuldenses* 3, ad annum 882, MGH SS Rer. Germ., p. 99.

12. *Ordo Romanus XXXVI*, n. 40, in Andrieu, IV, p. 202; vedi Vogel-Elze, I, pp. 150-151.

il fatto senza commento,[13] ma Stefano VI (o VII), uno dei nemici di Formoso, lo accusò di «avere con ambizione usurpato la Sede romana essendo vescovo di Porto».[14] Se si accusa Formoso, è necessario condannare anche Marino, diranno però i suoi sostenitori.[15] Pur essendo legittima, l'elezione di Formoso deve rimanere un'eccezione, statuirà un sinodo presieduto da Giovanni IX nell'anno 898.[16]

La polemica contro Formoso era paradossale, poiché Stefano VI era vescovo (di Anagni) quando fu eletto papa. Ed anche due suoi successori, critici nei confronti della memoria di Formoso, erano vescovi al momento della loro elezione: Sergio III era stato, come Marino, vescovo di Cerveteri e Giovanni X, arcivescovo di Ravenna. A proposito di quest'ultimo, il *Liber pontificalis* dirà che i suoi elettori, ossia «i dignitari della città di Roma», avevano agito «contro i canoni».[17]

Anche le elezioni di Giovanni XIII, già vescovo di Narni, e di Benedetto VII, già vescovo di Sutri, rinviano ad un ambito geografico vicino a Roma che si estende per la prima volta con le elezioni di Giovanni XIV, già vescovo di Pavia, e di Giovanni XVI (985-987), già vescovo di Piacenza. L'elezione dell'arcivescovo di Ravenna Gerberto di Aurillac a papa Silvestro II, pur costituendo un evento di importanza storica per la statura del personaggio, si iscrive nel secolare interesse di Roma per l'integrazione nel suo "territorio" dell'esarcato bizantino. Durante tutto il secolo XI, da Sergio IV a Urbano II, ben dieci vescovi salirono al soglio pontificio, tra i quali i vescovi di Bamberga Suidger (Clemente II), di Toul (Leone IX), di Eichstätt (Vittore II) e di Siena (Niccolò II), contro soltanto tre diaconi: Benedetto VI, Bonifacio VII e Gregorio VII.[18]

Le trentadue elezioni papali avvenute tra il 335 e il 526 si sono svolte entro un lasso di tempo relativamente breve, che va da tre giorni a dieci mesi, per lo più entro tre settimane e addirittura entro sette giorni dalla morte del predecessore.[19] In tutti questi casi è stata rispettata la tradizione, secondo cui si doveva attendere la morte del papa per iniziare le trattati-

13. LP, II, p. 227.
14. Liutprando, *Antapadosis*, l. I, c. 30, PL 136, col. 804.
15. Per le fonti, vedi Andrieu, *La carrière ecclésiastique*, p. 112.
16. Mansi, XVIII, coll. 223-224.
17. LP II, p. 240.
18. Andrieu, *La carrière ecclésiastique*, pp. 112-113.
19. Wirbelauer, *Nachfolgerbestimmung*, p. 300.

ve di elezione di un nuovo pontefice.[20] Il decreto promulgato dal concilio romano tenutosi sotto Bonifacio III (607-608) – non se ne hanno prima di quella data –, secondo cui non si poteva dare inizio alle procedure di elezione prima del terzo giorno dalla sepoltura del predecessore, confermava quindi una tradizione assai più antica.[21]

Già prima di quel decreto era caduta in disuso la possibilità, per il papa regnante, di designare il proprio successore. L'affermazione di Ireneo di Lione secondo cui Lino, il primo successore di san Pietro ricevette la dignità episcopale dagli apostoli Pietro e Paolo[22] non può ovviamente essere confermata, ma si tratta di un'informazione che rinviava ad una qualche tradizione, tanto è vero che viene ribadita da Eusebio di Cesarea.[23]

Una decisione in tal senso fu presa dal concilio riunitosi a Roma il 1° marzo 499, che stipulò che la nomina del successore dovesse spettare al papa in carica e che, se questi fosse venuto improvvisamente a mancare, la scelta del suo successore dovesse competere al clero che avrebbe dovuto procedere all'elezione di un nuovo pontefice all'unanimità, o, in caso contrario, dalla maggioranza. Sarebbe incorso nella scomunica chiunque avesse tentato con promesse simoniache di far prevalere la propria candidatura alla futura elezione, «vivo il papa e senza averlo consultato». Sarebbe invece stato ricompensato chi, venuto a conoscenza di accordi segreti, ne avrebbe informato il papa.[24]

Sebbene in contrasto con il ventitreesimo canone del concilio di Antiochia (340), secondo cui «non era lecito ad un vescovo [e quindi anche al vescovo di Roma] di proporre [*constituere*] un suo successore qualora si sentisse vicino alla propria morte»,[25] il decreto del 499 permise a Felice IV (530) di designare come suo successore l'arcidiacono Bonifacio, che prese il nome di Bonifacio II.[26] Un secondo sinodo giudicò il decreto contrario ai canoni, definendolo anzi una vera e propria "colpa" del papa. Bonifacio II finì per ammettere di essersi reso colpevole di lesa maestà e ordinò che il decreto fosse bruciato davanti all'altare della Confessione di San Pietro

20. *Liber diurnus*, ed. Förster, p. 111.
21. Del testo del decreto ne parla la *Vita* di Bonifacio III, LP, I, p. 316.
22. Ireneo di Lione, *Adversus haereses* III, 3, 3, ed. Rousseau, pp. 32-34.
23. Eusebius Caesariensis, *Historia ecclesiastica*, III, 4; 4, 8, ed. Schwartz, p. 199.
24. *Acta synodorum habitarum Romae a. CCCCXCIX. DI. DII*, in MGH AA, II, ed. Traube, pp. 399-454.
25. Mansi, II, Florentiae 1759, coll. 1334-1335.
26. Edizioni e bibliografia in Wirbelauer, *Nachfolgerbestimmung*, p. 418 n. 127.

alla presenza di «tutti i sacerdoti, del clero e del senato».[27] Da allora il diritto del papa a designare il suo successore, sancito dal concilio romano del 499, fu ufficialmene abbandonato.

Fino all'ascesa di Calisto I (217) al soglio di Pietro non sappiamo nulla sulle procedure che presiedevano all'elezione del vescovo di Roma.[28] La testimonianza della *Tradizione apostolica* – una preziosa raccolta di prescrizioni di natura ecclesiastica che si considerava fossero state consegnate alla Chiesa (*tradite*) dagli apostoli, e che fu redatta proprio in occasione del conflitto che oppose Calisto a Ippolito di Roma – dimostra però che già allora il problema di chi avesse il diritto di eleggere il vescovo di Roma era oggetto di discussione. Nel primo capitolo, dopo il prologo, si legge infatti: «il vescovo viene eletto da tutto il popolo»[29] e per la sua consacrazione, la domenica successiva, il popolo si dovrà riunire insieme ai presbiteri e ai vescovi (quelli vicini a Roma) che erano presenti all'elezione. Gli altri due gruppi, i presbiteri (ossia il clero) e i vescovi vengono menzionati soltanto in riferimento alla consacrazione. Indirettamente, però, la *Tradizione apostolica* ammette che anch'essi prendevano parte all'elezione, altrimenti non avrebbe insistito sul fatto che soltanto i «vescovi che erano presenti» (appunto all'elezione) potevano prendere parte alla ordinazione dell'eletto.[30]

Il ruolo primario della comunità ecclesiale è centrale anche nel racconto di Eusebio sull'elezione di Fabiano (251). È la comunità cristiana di Roma, riunita in chiesa per dare un successore a papa Antero, che elegge – all'unanimità – Fabiano.[31] Secondo san Cipriano, vescovo di Cartagine, alla sua morte l'elezione del nuovo vescovo di Roma avvenne con l'accordo di «quasi tutto il clero» (in particolare della «comunità degli anziani sacerdoti»), del popolo, di notabili (*boni viri*) e di diversi vescovi (quelli vicini a Roma), poi presenti alla sua ordinazione.[32]

Clero, popolo e notabili sono ricordati anche nei secoli successivi come i veri protagonisti dell'elezione del vescovo di Roma. Per Innocenzo I

27. LP, I, p. 281; vedi la *Vita* di Agapito, ivi, p. 287.

28. Wirbelauer, *Nachfolgebestimmung*, p. 398.

29. *Didache. Zwölf-Apostel-Lehre*, übersetzt und eingeleitet von G. Schöllgen, pp. 214-218.

30. Wirbelauer, *Nachfolgebestimmung*, p. 398.

31. Eusebius Caesariensis, *Historia ecclesiastica*, VI, 29.

32. Saint Cyprien, *Correspondance*, ed. Bayard, II, lettera 55, 8, 4; cfr. CSEL, III/2, p. 629.

(401-410), la sua elezione avvenne grazie al consenso dei santi "sacerdoti", di tutto il clero e del popolo.[33] All'elezione di Bonifacio I (418-422) concorsero l'acclamazione di «tutto il popolo» e il «consenso dei notabili».[34] In occasione dell'elezione di Conone (686-687), il *Liber pontificalis* mette invece in evidenza, forse per la prima volta, la presenza dell'esercito.[35]

Ancora nel tardo VII secolo, dunque, l'elezione di un nuovo papa seguiva l'antico modello imperiale: conflittualità, negoziati e esercito svolgono un ruolo da protagonista, ma il clero tenta già di agire in propria autonomia. Il "popolo" – un termine che rinvia sovente ai notabili – conserva forse soltanto il diritto di sottoscrivere il decreto di elezione, insieme al clero e all'esercito. Anche in occasione dell'elezione di Stefano III (o IV, 768-772) ritroviamo nel *Liber pontificalis* il tradizionale elenco dei gruppi sociali che partecipano allora all'elezione del papa: «tutti i sacerdoti e primati del clero, i principali dignitari della *militia*, tutto l'esercito e "cittadini onesti", oltre che tutto il popolo romano dal più grande al più piccolo».[36]

La presenza della *militia* rinvia al progressivo accrescimento della forza d'urto della nobiltà romana. Ma proprio sotto Stefano III (o IV) il sinodo romano dell'aprile 769 non procedette soltanto alla condanna del suo predecessore, il laico Costantino II, ma promulgò un decreto destinato ad impedire ai laici di prendere parte all'elezione di un papa, fossero essi "di mano armata" o appartenenti ad altre categorie (*ordines*). I laici avrebbero avuto soltanto la possibilità di acclamare il pontefice, accettando le decisioni del clero.[37]

Al sinodo del 769 erano presenti vescovi franchi (Sens, Mainz, Tours, Lione, Bourges, Narbonne, Reims, Amiens, Langres, Worms, Würzburg, ecc.) oltre che italiani, il che sottolinea il carattere generale di un decreto che avrebbe dovuto servire da modello per l'elezione non soltanto del papa ma anche dei vescovi.[38] Un'eliminazione così radicale dei laici dalle procedure di elezione di un papa rimase però un auspicio. Una formula del *Liber diurnus* della fine dell'VIII secolo menziona infatti la diffusa presenza militare.[39]

33. PL 20, col. 453; cfr. JL 285.
34. *Avellana qvae dicitvr collectio*, *epistolae* 17, ed. Guenther, p. 64.
35. LP, I, p. 368.
36. Ivi, p. 471.
37. MGH Concilia, II, p. 86; cfr. LP, I, p. 475.
38. MGH Concilia, II, p. 86, cfr. Gussone, *Thron*, p. 164.
39. *Liber diurnus*, ed. Förster, pp. 142-145 (143-144), forse non precedente al 772.

Prima di essere consacrato, Benedetto II (683?-685) si autodefinì «Benedetto, presbitero e in nome di Dio (vescovo) *eletto* della santa Sede apostolica».[40] Soltanto con la consacrazione il neo eletto pontefice entrava infatti in possesso del suo potere giurisdizionale, era cioé vescovo di Roma e pontefice romano a pieno titolo.[41] Nell'intervallo di tempo tra l'elezione e la consacrazione del neo eletto, la Sede apostolica veniva considerata vacante. L'amministrazione della Chiesa romana veniva esercitata collettivamente da alcune alte cariche ecclesiastiche, tra le quali l'arciprete, l'arcidiacono e il *primicerius notariorum*, incaricati appunto di «salvaguardare la Sede apostolica», come afferma una lettera di Giovanni IV (640-642) ai vescovi e sacerdoti della Scozia, tramandataci da Beda il Venerabile.[42] Un papa eletto ma non consacrato non veniva conteggiato nella serie dei vescovi di Roma. Il presbitero Stefano, eletto papa nel 752 dopo la morte di Zaccaria, morì tre giorni dopo la sua elezione e non fu annoverato tra i pontefici.[43]

2. *Conferma imperiale*

Fin dall'inizio del V secolo, l'imperatore – e il suo rappresentante di più alto rango a Roma, il prefetto dell'Urbe – svolse la funzione di autorità suprema in caso di conflitti legati all'elezione di un papa.[44] Se ne ha una prima notizia alla doppia elezione di Bonifacio I e dell'arcidiacono Eulalio (29 dicembre 418) che seguì la morte di papa Zosimo. Il prefetto dell'Urbe Simmaco si rivolse all'imperatore di Bisanzio Onorio che risiedeva allora a Ravenna. L'imperatore prese posizione a favore di Eulalio, considerando che alla sua elezione fossero stati rispettati tre elementi procedurali: il numero "competente" di vescovi ordinandi, il rispetto del tempo legittimo (ossia l'attesa di tre giorni dalla sepoltura del papa defunto) e la "qualità" del luogo in cui si doveva svolgere la cerimonia.[45] Una formula del *Liber*

40. Jaffé I, p. 169.

41. Wasner, *De consecratione*, p. 92-94.

42. Beda, *Historia ecclesiastica*, libro II, cap. 19.

43. LP, I p. 440.

44. Soltanto negli ultimi decenni del IV secolo i prefetti di religione cristiana incominciano ad essere più numerosi dei pagani: Haehling, *Die Religionszugehörigkeit*, p. 614 ss. e Wirbelauer, *Nachfolgerbestimmung*, p. 409.

45. *Avellana qvae dicitvr collectio*, *epistolae* 14-19, ed. Guenther, pp. 59-67; *epistola* 15, ed. Guenther, p. 61.

diurnus, che risale forse alla metà del VI secolo, ricorda che senza conferma imperiale l'elezione di un papa non era considerata effettiva,[46] il che comportava il prolungarsi delle vacanze della Sede apostolica, anche a causa della distanza tra Roma e Costantinopoli. Prendendo tale distanza come pretesto, Benedetto II chiese all'imperatore l'assicurazione che un nuovo pontefice potesse essere confermato senza attendere di essere ordinato.[47] Il suo successore, Agatone, riuscì ad ottenere dall'imperatore di non dover più pagare la tassa che ogni neo eletto doveva versare a Bisanzio.[48] Per poter essere ordinato pontefice, Sergio I (687-701) fu costretto a versare all'esarca l'ingente somma di 100 libbre d'oro che il suo contendente, l'arcidiacono Pasquale aveva promesso a quest'ultimo prima ancora che fosse morte il papa regnante (Conone).[49]

Il diritto di conferma passò ai Franchi non appena il papato strinse un nuovo rapporto politico con il re Pipino il Breve. Paolo I (757) si affrettò infatti a comunicare la propria elezione non all'esarca di Ravenna ma a Pipino, assicurandogli di voler mantenere fede all'amicizia e agli accordi stipulati dal suo predecessore Stefano II.[50] Il decreto di elezione del 769 consacrerà la nuova situazione, prescrivendo che il nuovo eletto pontefice dovesse annunciare la propria elezione al sovrano franco, una decisione che conferma la volontà del papato di rinnovare l'alleanza con i Franchi.[51] Subito dopo la sua elezione, avvenuta il 24 gennaio 817, Pasquale I inviò all'imperatore Ludovico il Pio, tramite legati, un'epistola per informarlo delle modalità della sua elezione. L'imperatore rispose con il cosiddetto *Hludowicianum*, nel quale garantiva che alla morte del papa nessun Franco o Longobardo si sarebbe intromesso nell'elezione del nuovo papa. L'imperatore riconosceva *ex novo* un'ampia autonomia all'elezione del pontefice, da realizzarsi con il concorso del clero e del "popolo romano", ossia del ceto aristocratico locale, pur ribadendo l'obbligo di sottometterla alla conferma imperiale.[52]

46. *Liber diurnus*, ed. Förster, p. 211.
47. LP, I, p. 363.
48. Ivi, pp. 354-355. Sulla tassa, vedi ivi, 358 n. 34.
49. Ivi, p. 372; cfr. *Liber diurnus*, ed. Förster, pp. 215-219).
50. *Codex Carolinus*, nn. 12-43, ed. Gundlach, p. 507.
51. MGH Concilia, II, p. 86, c. 2-5, D 79.
52. MGH Capitularia regum Francorum I Leges, Legum sectio II, ed. Boretius, pp. 352-355, doc. 172.

Anche Eugenio II (824-827) comunicò il suo insediamento alla corte franca, ma «per evitare che la nuova elezione di un papa fosse accompagnata dalla cupidigia» e dai gravi disordini che avevano segnato la fine del pontificato di Pasquale I, l'imperatore inviò a Roma il figlio Lotario per prendere le misure necessarie. Con la *Constitutio Romana* (novembre 824) il giovane sovrano proibì, sotto pena dell'esilio, a chiunque non fosse residente a Roma di ostacolare i Romani nelle procedure di elezione, poiché a loro «i santi padri [della Chiesa] avevano da sempre concesso la consuetudine di eleggere il pontefice romano»; ma obbligò l'eletto, prima della sua consacrazione, a prestare giuramento in presenza di inviati (*missi*) dell'imperatore.[53] Gregorio IV dovette attendere l'arrivo di un legato imperiale con il compito di verificare la regolarità della sua elezione[54] e fu consacrato papa soltanto sei mesi dopo la sua elezione, il 29 marzo dell'828.

Le «violenze» (depredazioni e saccheggi) che potevano verificarsi alla morte del papa indussero, ancora verso la fine del IX secolo, un papa di nome Stefano a ordinare non solo che l'elezione dovesse avvenire «con il consenso dei vescovi e di tutto il clero (romano) e alla presenza del senato e del popolo» e che la consacrazione fosse celebrata «in presenza dei legati imperiali», ovviamente per motivi di sicurezza e di protezione.[55]

Come si è visto, il quadro normativo che regolava l'elezione di un papa subì notevoli evoluzioni nel corso dei secoli IX-XI per quanto riguarda l'antico divieto secondo cui nessun vescovo poteva essere eletto al trono di Pietro; la progressiva esclusione dei laici dalle procedure di elezione; la cessazione della designazione del proprio successore; il trasferimento del diritto di conferma imperiale da Costantinopoli ai Franchi, e infine all'imperatore germanico. Superando l'antico divieto di traslazione, dalla fine del IX secolo in poi vescovi furono elevati alla dignità di pontefici, il che permise l'elezione di papi che non erano appartenenti al clero romano e provenivano da regioni d'Oltralpe. La validità giuridica del divieto di traslazione rimase intatta fino al 1059 quando, cinque anni dopo la morte di Leone IX, il decreto di elezione promulgato da Niccolò II (1059) sancì – con sole tre parole – che si poteva eleggere papa un candidato proveniente

53. Ivi, p. 323, cap. 3. Sui *missi*, vedi ivi, cap. 4.

54. Il *Liber pontificalis* tace su questi avvenimenti, sui quali siamo informati dagli *Annales regni Francorum*, MGH SS Rer. Germ. in usum scholarum, VI, ed. Kurze, pp. 173-174.

55. *Decretum Gratiani*, Ia pars, dist. LXIII, c. XXVIII, ed. Friedberg, I, p. 243.

«da un'altra chiesa», qualora non si fosse trovata una persona idonea in seno alla Chiesa di Roma.[56] Oltre a riservare il diritto di eleggere un papa ai cardinali (anzitutto ai vescovi) con questo documento fu per la prima volta ritenuta valida l'elezione di un papa che, per ragioni di forza maggiore, non fosse stata effettuata a Roma. Allo stesso tempo si giustificava così anche l'elezione di Niccolò II, avvenuta a Siena (1058).

3. *I cardinali, unici elettori del papa*

Qualche mese prima di morire, alla fine del 1057, Stefano IX aveva fatto giurare ai cardinali vescovi, al clero e al popolo di Roma che alla sua morte, prima di procedere all'elezione di un nuovo papa, avrebbero dovuto attendere il ritorno di Ildebrando dalla Germania, dove si era recato in missione. Stefano IX morì però (Firenze, 29 marzo 1058) quando ancora Ildebrando si trovava presso la corte imperiale. Alcuni esponenti dell'aristocrazia romana, tra i quali Gregorio conte di Tuscolo, Gerardo conte di Galeria e Ottaviano Crescenzio di Monticelli, ne approfittarono per far eleggere papa il cardinale vescovo di Velletri, Giovanni Mincio, il quale prese il nome di Benedetto X (5 aprile 1058). Desiderando rispettare il giuramento fatto a Stefano IX, il partito riformatore, guidato da Pier Damiani, non accettò questa elezione, ritenendola irregolare. Di ritorno in Italia (16 maggio 1058), Ildebrando riuscì, con l'appoggio di Goffredo, marchese di Tuscia, ad ottenere il consenso della corte imperiale, che risiedeva allora ad Augusta, per far eleggere, a Siena, (dicembre 1058), alla presenza del cancelliere imperiale per l'Italia, Wiberto, il vescovo di Firenze Gherardo che prese il nome di Niccolò II. Già nell'aprile 1059 Niccolò II celebrò un grande sinodo riformatore nella basilica del Laterano che promulgò, tra l'altro, il decreto di elezione papale che porta il suo nome.[57] Tale decreto prevedeva che l'elezione del papa si dovesse svolgere in tre fasi: i cardinali vescovi avrebbero iniziato la discussione, poi chiesto agli altri cardinali di prendervi parte, lasciando al clero e al popolo di Roma il compito di acclamare il nuovo pontefice. Insomma, il decreto

56. MGH, *Constitutiones*, I, p. 540 § 3.

57. Krause, *Das Papstwahldekret*; Jasper, *Das Papstwahldekret*; Capitani, *Problematica*, pp. 49-83. Sulla nobilità romana dell'Alto Medioevo, vedi ora i contributi di Chris Wickham, Sandro Carocci e Franca Allegrezza nel volume *La nobiltà romana nel Medioevo*, con ampia bibliografia.

affidava ai soli cardinali – sotto la guida dei cardinali vescovi – il compito di eleggere un nuovo pontefice romano, sottraendo quindi l'elezione al controllo della nobiltà romana. A proposito della possibilità che l'eletto potesse provenire «da un'altra Chiesa» il decreto aggiungeva: «fatti salvi l'onore e la riverenza dovuti al nostro diletto figlio Enrico che è attualmente re e, si spera, con la grazia di Dio, futuro imperatore», come volendo intendere che l'origine del candidato al trono di Pietro avrebbe dovuto essere sottoposto a verifica da parte del re Enrico IV. La formula è poco chiara perché tale diritto viene presentato come una concessione della Sede apostolica, valida per i successori del re in carica che ne avrebbero fatto richiesta.[58] La decisione di considerare valida l'elezione di un papa sebbene fosse avvenuta fuori Roma – «qualora l'elezione a Roma non fosse libera» – sa di giustificazione nei confronti di Niccolò II, che era non era stato eletto a Roma ma a Siena.[59] Al neo eletto pontefice viene riconosciuta l'«autorità di governare la santa Chiesa romana e di disporre di tutti i suoi beni» anche se, per causa di forza maggiore, non potesse essere «intronizzato secondo la consuetudine (ossia a Roma, nelle basiliche di San Pietro in Vaticano e del Laterano)». Ciò costituisce una novità nella lunga storia normativa delle elezioni pontificie, perché l'atto dell'elezione diventa prioritario, mentre le cerimonie di intronizzazione, da celebrarsi qualora le condizioni lo avessero permesso, perdevano – di per sé – quel valore costitutivo che avevano avuto fino allora.[60]

Il decreto salvaguardava un elemento che attraversa l'intera storia dell'elezione papale, anzi l'unico che non ha subíto modifiche, ossia il fatto che il papa dovesse essere eletto dal clero romano. Pur provenendo da varie diocesi della Cristianità, i cardinali erano i rappresentanti del clero di Roma attraverso le diaconie o chiese presbiterali. Il decreto attribuiva ai cardinali nuove funzioni in un contesto di crescente prestigio istituzionale. L'evoluzione coinvolse però dapprima i cardinali vescovi, il che è stato considerato recentemente una sorta di «colpo di stato» cui gli altri due ordini cardinalizi, presbiteri e diaconi, riuscirono ad opporsi soltanto gradualmente nel corso dei decenni successivi, imponendo la completa parità nell'esercizio del diritto di eleggere il papa. Tale evoluzione può considerarsi conclusa intorno al 1130.[61]

58. Ed. Jasper, pp. 104-105.
59. Ivi, p. 105.
60. Ivi, pp. 105-106.
61. Sul decreto di elezione papale del 1059 e in generale sulle implicazioni canonistiche, ecclesiologiche e politiche relative all'elezione papale nell'XI secolo, legate

Paradossalmente, il decreto del 1059, che sanciva l'accresciuto prestigio dei cardinali, non arrestò, anzi in qualche caso favorì, una serie di doppie elezioni che sconvolsero la vita del papato già all'indomani della morte del papa che lo aveva promulgato, Niccolò II (1058-1061). In un secolo, tra il 1061 e il 1177, si contano non meno di sette doppie elezioni e scismi.

Per evitare il ripetersi di nuovi scismi Alessandro III fece emanare nel 1179 dal III concilio lateranense come primo canone (*Licet de vitanda*) un nuovo decreto di elezione, il cui scopo era appunto quello di impedire in futuro doppie elezioni. In caso di non unanimità tra i cardinali nella scelta del pontefice, l'elezione di un nuovo papa sarebbe stata valida solo se il papa fosse stato eletto da almeno due terzi dei cardinali presenti: «Stabiliamo quindi che, poiché il nemico non cessa di seminare la zizzania (cfr. Mt 15, 25), che se non vi è l'unanimità tra i cardinali per la scelta del pontefice, e, pur concordando i due terzi, l'altro terzo non intende accordarsi, e elegge un altro, sia considerato Romano Pontefice quegli che è stato eletto e riconosciuto dai due terzi». Se il candidato che aveva ricevuto i voti restanti (meno del terzo) si fosse considerato eletto pontefice sarebbe incorso nella scomunica e in altre gravissime pene, insieme a coloro che lo avessero riconosciuto: «Inoltre chi fosse stato eletto all'ufficio apostolico da un numero inferiore ai due terzi, non sia in nessun modo accettato a meno che non si verifichi una maggiore convergenza di voti; ed egli sia soggetto alla pena predetta, qualora non volesse umilmente ritirarsi».[62]

Il decreto riconosceva a tutti i cardinali il diritto di partecipare all'elezione del papa senza distinzione di rango. Il principio di maggioranza dei due terzi sostituiva quello, meno chiaro e più antico, della *maior et sanior pars*. Infine, l'elezione del papa poteva essere valida malgrado l'assenza motivata di un numero importante di cardinali. Era la prima volta che un concilio generale interveniva sull'elezione papale promulgando un decreto per di più così ricco di novità. I decreti precedenti (769, 1059) erano stati decisi da sinodi romani. Inoltre, considerando che «il romano pontefice (fosse) quegli che è stato eletto e riconosciuto dai due terzi», il decreto del 1179 attribuiva al nuovo papa la *plenitudo potestatis* proprio nel momento in cui l'elezione

all'ascesa del cardinalato, vedi ora soprattutto Schludi, *Die Entstehung des Kardinalkollegiums*, pp. 139-179.

62. *Corpus iuris canonici*, ed. Friedberg, II, Lib. I, tit. VI De electione, c. VI, col. 51. Analisi dettagliata più recente: Schludi, *Die Entstehung des Kardinalkollegiums*, pp. 324-334.

fosse considerata come legittima. Affermando che «nella Chiesa Romana [...] non è possibile ricorrere a un superiore», il decreto considerava che i cardinali avessero il compito di confermare l'elezione.[63] Ma proprio perché non esisteva un'istanza superiore di ricorso, la maggioranza dei due terzi non poteva essere contestata «né a causa di un *vitium* degli elettori né dell'eletto», come affermò uno dei maggiori canonisti del suo tempo, Giovanni Teutonico.[64] Alessandro III si ispirò forse a modalità già in uso per l'elezione di autorità comunali, ad esempio del podestà[65] oltre che, forse, a riflessioni di giuristi contemporanei come Gilbert Foliot e Simone da Bisignano.

Il decreto del 1179 riuscì a scoraggiare e a ridurre il numero di doppie elezioni. Per un secolo, dal 1179 al 1274, nessun scisma sconvolse la vita del papato romano. Vi contribuì il peso numerico di ogni voto in un contesto di crescente affermazione dei cardinali. Ma proprio l'accresciuto prestigio del voto cardinalizio creò un nuovo grave problema istituzionale. Tra il 1227 e il 1271 si assiste infatti alla più lunga serie di Vacanze della Sede apostolica della storia. In meno di trent'anni, la Sede apostolica è rimasta vacante per più di quattro anni: diciotto mesi e quindici giorni tra la morte di Celestino IV (10 novembre 1241) e l'elezione di Innocenzo IV (25 giugno 1243); quattro mesi e tre giorni tra la morte di Urbano IV (2 ottobre 1264) e l'elezione di Clemente IV (5 febbraio 1265) e ben trentasei mesi e due giorni tra la morte di Clemente IV (29 novembre 1268) e l'elezione di Gregorio X (1° settembre 1271). Inoltre, ad eccezione delle elezioni di Gregorio IX (1227) e di Celestino IV (1241), le elezioni del papa non avvennero a Roma ma per lo più in una delle città dello Stato pontificio. Alessandro IV (1254) fu eletto a Napoli, Onorio III e Clemente IV a Perugia (1216, 1265), Innocenzo IV ad Anagni (1243), Urbano IV e Gregorio X a Viterbo (1261, 1271).

Il prolungarsi delle Vacanze fu favorita anche dal fatto che i papi avevano creato pochi cardinali rispetto ai decenni precedenti. Tra la metà del XII e i decenni centrali del XIII secolo il numero dei cardinali non fece che diminuire. Nel periodo che si estende dallo scisma del 1159 alla fine del pontificato di Innocenzo III, il numero dei cardinali oscillò tra diciannove e trentacinque.

63. Schimmelpfennig, *Papst- und Bischofswahlen*, p. 233.

64. Ivi, p. 233 n. 8.

65. Wenck, *Das erste Konklave der Papstgeschichte*, p. 107; Keller, *Wahlformen*; Schimmelpfennig, *Papst- und Bischofswahlen*, p. 235.

4. *La nascita del conclave (1274)*

Alla morte di Gregorio IX (1241), il collegio dei cardinali era diviso a causa del conflitto tra il papato e Federico II. Per forzare la mano ai cardinali, il senatore Matteo Rosso Orsini li rinchiuse nel palazzo romano del *Septizonium*, una sorta di fortezza dove si erano tenute precedentemente diverse elezioni pontificie, tra cui quelle di Innocenzo III (1198) e di Gregorio IX (1227). Questo gesto, che può essere considerato, in senso stretto, come il "primo conclave" della storia, era stato ispirato dalla procedura di elezione dei Dogi di Venezia nel 1171, di podestà di comuni italiani e di ministri generali di ordini ecclesiastici.[66] Ed è vero che forse già nel 1216, i Perugini avevano costretto i cardinali a procedere all'elezione di un nuovo papa.[67] Qualche anno prima il canonista Alano Anglico aveva auspicato (1190-1210) che in caso di non unanimità, i cardinali fossero rinchiusi in *conclave* – una parola che nel latino classico significava una stanza che si poteva chiudere "a chiave"[68] – per «obbligarli a raggiungere il consenso».[69]

La crisi degli anni 1241-1243 indusse un pontefice a prevedere nuove procedure. Con la costituzione *Quia frequenter*,[70] Innocenzo IV ordinò ai cardinali di non risparmiare sforzi per far sì che l'elezione di un nuovo papa si potesse svolgere senza interferenze di un'autorità secolare, nello stesso luogo della morte del papa e dopo un intervallo di tempo ragionevole, permettendo agli altri cardinali di essere presenti. I cardinali che avrebbero abbandonato questo luogo avrebbero *ipso facto* perso il diritto di voto. La maggioranza dei due terzi non poteva comprendere il voto dell'eletto, perché l'auto-elezione non era consentita.[71] Questa costituzione, nata per risolvere il problema istituzionale principale – l'obbligo per i cardinali di procedere all'elezione del papa nello stesso luogo in cui era morto il predecessore – non ottenne però forza legale.[72]

66. Hampe, *Ein ungedruckter Bericht*; Wenck, *Das erste Konklave der Papstgeschichte*.

67. Herde, *Die Entwicklung*, p. 15.

68. *Thesaurus linguae latinae*, IV, coll. 71-73 s.v. *conclave*; cfr. Schimmelpfennig, *Papst- und Bischofswahlen*, p. 236 n. 25.

69. Wenck, *Das erste Konklave der Papstgeschichte*, p. 106.

70. Singer, *Das c.* Quia frequenter; Herde, *Die Entwicklung*, p. 16.

71. Hoyer, *Die Selbstwahl*.

72. Kessler, *Untersuchungen*, p. 300.

Una situazione drammatica si ripresentò alla morte di Clemente IV, avvenuta a Viterbo il 29 novembre 1268. Non riuscendo a mettersi d'accordo, l'elezione di un nuovo papa fu differita *sine die*, provocando malumori anzitutto in seno alle autorità di Viterbo che vedevano svanire i vantaggi economici derivanti dalla presenza in città della corte papale. Per una città come Viterbo, la presenza della curia romana, vivente il pontefice, era fonte di ricchezza e di prosperità. Documenti giunti fino a noi ci dicono che gli affitti potevano aumentare del 300%.

Quando era già passato un anno senza che i cardinali avessero raggiunto un accordo, le autorità di Viterbo li rinchiusero – sicuramente prima del 16 novembre 1269[73] – nel palazzo papale. L'intervento, spettacolare e gravido di conseguenze, non sembra avere scoraggiato i cardinali che ritrovarono la loro libertà già all'inizio dell'anno successivo. Sappiamo infatti che l'8 gennaio 1270 il podestà di Viterbo Corrado d'Alviano, che i cardinali avevano scomunicato per averli «rinchiusi nel palazzo di Viterbo», giurò, forse nelle mani del cardinale Guglielmo di Braye, di «obbedire a tutti gli ordini del medesimo collegio».[74] Qualche mese dopo, il 10 aprile 1270, il consiglio della città e il podestà Alberto de Montebono autorizzarono un loro procuratore ad impegnarsi a rispettare gli ordini del collegio dei cardinali e del futuro papa e a tener conto delle minacce che i cardinali avevano espresso quando erano stati rinchiusi.[75] Un mese dopo, però, le stesse autorità cittadine non si accontentarono di rinchiudere di nuovo i cardinali nel palazzo papale, ma fecero scoperchiare il tetto della sala delle loro riunioni, esponendoli alle intemperie. Ai cardinali fu sottratto l'accesso alle camere private e l'invio di vettovaglie fu severamente limitato.[76] Alcuni cardinali – Simone di Brion, Annibaldo Annibaldi, Ottobono Fieschi e Enrico da Susa – si ammalarono forse a causa di queste restrizioni.

Il tetto era ancora scoperto l'8 giugno.[77] Due giorni prima, i cardinali si erano rivolti al podestà Alberto de Montebono, al capitano del popolo

73. Lo possiamo desumere da un registro frammentario del notaio della Camera apostolica, Basso, che però non ci permette di sapere esattamente il luogo della reclusione né la durata esatta della reclusione, che non fu comunque precedente il 16 novembre.

74. Franchi, *Il conclave*, p. 84 n. 3.

75. Ivi, p. 86 n. 5.

76. Queste informazioni provengono dal cardinale Ostiense, *Commentaria* ad X 1, 9, 10 *nisi cum pridem*, cit. ivi, p. 75 n. 119.

77. In quel giorno i cardinali emisero un documento *in palatio discooperto*, ivi, p. 92 n. 8.

Ranieri Gatti, a suo fratello Visconte e ai consiglieri della città, esigendo la soppressione delle sanzioni. Il lungo documento, che fu letto in cattedrale dal camerlengo papale Pietro de Montbrun e dal vicecancelliere Michele di Tolosa, richiedeva che i cardinali malati potessero lasciare il palazzo e gli altri cardinali rientrare in possesso delle loro camere; il tetto doveva essere coperto e i danni rimborsati.[78] I cardinali lasciarono intendere che otto giorni dopo l'elezione del nuovo papa avrebbero abbandonato Viterbo per non ritornarvi mai più. Con un altro documento, chiesero che fosse permesso al cardinale vescovo di Ostia, il giurista Enrico da Susa, di poter uscire dal palazzo perché malato.[79]

Il 19 giugno 1270, un procuratore delle autorità di Viterbo assicurò ai cardinali che avrebbero obbedito alle ingiunzioni del collegio.[80] Il giorno dopo, i cardinali riuniti in concistoro sciolsero le autorità viterbesi dalla scomunica.[81] Anche i quattro cardinali assenti per malattia diedero il loro consenso.[82] Il 22 giugno, tutti i cardinali, compresi i quattro affetti da malattia, meno Riccardo Annibaldi, assente per motivi non noti, ricevettero in concistoro il podestà e il capitano del popolo oltre ad altri notabili viterbesi. Su delega del collegio, il cardinale Odo di Châteauroux chiese ufficialmente la revoca della clausura.[83] Soltanto il cardinale vescovo di Ostia lasciò (marzo 1271) la città, ritirandosi a Orte.[84] Tutti gli altri rimasero a Viterbo, senza subire più alcun isolamento.[85] Dopo più di due mesi, il 1° settembre, i cardinali elessero un nuovo papa nella persona del piacentino Tedaldo Visconti, arcidiacono di Liegi, che prese il nome di Gregorio X.

La più lunga Vacanza della Sede apostolica della storia provocò la promulgazione dell'ultimo importante decreto di elezione del Medioevo, ad opera del secondo concilio di Lione, indetto da Gregorio X per il mese di maggio 1274 e celebratosi nella cattedrale non ancora ultimata di Saint-Jean-Baptiste sulle sponde della Saône. I quindici cardinali presenti a Lione rimasero sorpresi quando il papa presentò loro, nel concistoro del 7 luglio

78. Ivi, pp. 86-91 n. 6.
79. Viterbo, Biblioteca Comunale degli Ardenti, perg. 194, ivi, p. 92 n. 8.
80. Ivi, p. 93 n. 10.
81. Ivi, p. 94 n. 11.
82. *Ibidem*.
83. Ivi, pp. 95-97 n. 12.
84. Dove il 30 aprile fece redigere documenti nel convento francescano (Paravicini Bagliani, *I testamenti*, p. 20 n. 4).
85. Fischer, *Kardinäle*, pp. 320-321.

1274, una bozza di riforma della elezione papale, che diventerà poi, nella sua versione definitiva, il decreto di elezione papale *Ubi periculum*.[86]

La parola usata all'inizio del decreto – *periculum* – e tutto il primo paragrafo rievocano le vicissitudini della lunga Vacanza della Sede apostolica che si era aperta con la morte di Clemente IV. Il decreto era appunto rivolto ad evitare che simili "pericoli" potessero verificarsi in futuro.[87]

La prima novità riguarda lo spazio di tempo che i cardinali dovevano attendere, ma non oltrepassare, per iniziare le procedure di elezione: il decreto ordinava infatti ai cardinali di rimanere nella città in cui era morto il papa e di attendervi i cardinali assenti soltanto per dieci giorni. Passati dieci giorni, i cardinali dovevano radunarsi nel palazzo in cui abitava il pontefice prima della sua morte, facendosi accompagnare da un unico servitore. La normativa precedente, molto antica, prescriveva che gli elettori del papa dovessero lasciare trascorrere tre giorni dalla sepoltura del papa per potere iniziare le trattative ma non fissavano un periodo di tempo definito per darne inizio. La decisione di Gregorio X implicava che l'elezione potesse validamente avvenire anche fuori di Roma, anche in assenza dei cardinali che non fossero riusciti ad arrivare in tempo. Agli occhi del papa, assicurare la rapida elezione di un nuovo pontefice era più importante che garantire la riunione completa del collegio cardinalizio. Insistendo sul fatto che i cardinali dovevano risiedere nel palazzo in cui era morto il papa, il decreto usava – ed è la prima volta che ciò accadeva in un documento pontificio – il termine di *conclave*, che si deve intendere come luogo precluso a persone non autorizzate: «In questo palazzo tutti abitino in comune una sola sala (*unum conclave*), senza pareti divisorie o altra tenda; questo, salvo un libero passaggio ad una stanza separata, sia ben chiuso da ogni parte, in modo che nessuno possa entrare o uscire da esso». La clausura dei cardinali doveva essere totale.[88] Ogni deroga sarebbe stata punita dalla scomunica *ipso facto*.[89] Una sola finestra poteva permettere di introdurre «comodamente» l'alimentazione per i conclavisti; ma l'apertura doveva essere così stretta da impedire a qualsiasi per-

86. La versione presentata ai padri conciliari è stata edita da Roberg, *Der konziliare Wortlaut*, pp. 256-262. Si può consultare anche *Conciliorum oecumenicorum decreta*, ed. Alberigo *et alii*, pp. 290-294.

87. Mi servo della traduzione italiana riscontrabile nel sito web http://www.intratext.com/IXT/ITA0136/_P5.HTM.

88. *Corpus iuris canonici*, ed. Friedberg, II, col., II, col. 947.

89. Ivi, II, col. 947.

sona di penetrare nel conclave e di avvicinarsi ai cardinali.[90] Se, tre giorni dopo l'inizio del conclave l'elezione non fosse ancora avvenuta, i prelati e gli altri ufficiali deputati alla guardia esterna del conclave dovevano impedire che nei cinque giorni successivi fosse servito più di un piatto ai cardinali, sia a pranzo che a cena; trascorsi questi cinque giorni si dovrà lasciar passare, fino all'elezione, soltanto pane, vino ed acqua.[91] Desiderando ridurre ogni velleità di prolungamento della Vacanza, il decreto stabiliva che dall'inizio del conclave i cardinali non potevano percepire né gli introiti ordinari della camera apostolica, né quelli straordinari.[92] I cardinali dovevano eleggere il papa anche in assenza di cardinali non entrati in conclave per malattia o qualora un cardinale fosse uscito dal conclave per sopraggiunta malattia. Ricuperata la salute, questi avrebbe però potuto partecipare all'elezione se non fosse ancora avvenuta.[93]

La reazione dei cardinali fu negativa. Non si hanno del resto notizie di cardinali favorevoli al decreto. La resistenza si manifestò in privato e in pubblico. Il papa e i cardinali consultarono i prelati singolarmente e collettivamente. I cardinali riunirono i prelati secondo le cosiddette "nazioni", tentando di convincerli a non dare il loro consenso prima di avere ascoltato le loro ragioni. La maggioranza dei prelati partecipanti al concilio non si lasciò però influenzare. Quasi tutti apposero il loro sigillo alle cosiddette *cedule*, datate 13 e 14 luglio, contenenti il testo della costituzione papale, e dichiararono in questo modo il loro assenso all'accettazione della costituzione. Il lunedì successivo, 16 luglio, la *Ubi periculum*, nella sua versione conciliare, fu pubblicamente letta nel corso della quinta sessione, insieme a tutti i decreti conciliari.[94]

Dopo il concilio, il testo dell'*Ubi periculum* fu sottoposto in curia ad una attenta rilettura stilistico-formale che non ne stravolse però lo spirito. In un'epoca in cui i collegi cardinalizi comprendevano pochi, talvolta persino pochissimi, membri, il decreto auspicava che il ritorno di un cardinale malato in conclave non fosse ostacolato per nessun motivo, appunto per facilitare il raggiungimento di una maggioranza. La costituzione conciliare fu finalmente promulgata da Gregorio X il 1° novembre 1274, insieme

90. Ivi, II, col. 947.
91. *Ibidem*.
92. *Ibidem*.
93. *Ibidem*.
94. Franchi, *Il concilio II di Lione*, pp. 93-94.

agli altri testi conciliari. Il papa la inviò alle università, affinché i canonisti potessero commentare questa versione definitiva e non quella che era stata diffusa durante il concilio.[95]

Alla morte di Gregorio X, avvenuta ad Arezzo il 10 gennaio 1276, la costituzione *Ubi periculum* fu osservata. Ma i suoi successori – Innocenzo V, Adriano V e Giovanni XXI – la sospesero. All'elezione di Niccolò III fu rispettata soltanto su un punto: le riunioni si tennero nel palazzo del vescovo dove era morto il papa. Onorio IV, eletto a Perugia il 29 marzo 1285, nella lettera in cui annunciava la sua elezione, definì il "conclave" un "detestevole abuso", giustificando così indirettamente la sospensione della costituzione.[96] Alla sua morte (3 aprile 1287) i cardinali osservarono però, sembra, il periodo di dieci giorni prima di iniziare le trattative. Niccolò IV confermerà la sospensione della costituzione decisa da Giovanni XXI.[97] Alla sua morte (4 aprile 1292) i cardinali non si riunirono nel palazzo di Santa Maria Maggiore dove era morto il predecessore ma nel palazzo Savelli sull'Aventino, e poi nel convento domenicano di Santa Maria sopra Minerva. Nuovi disordini a Roma e forti pressioni da parte di Carlo II d'Angiò convinsero i cardinali ad eleggere papa (5 luglio 1294), a Perugia, l'eremita della Maiella Pietro del Morrone che prese il nome di Celestino V.[98] Impressionato da questa nuova lunga Vacanza, durata più di due anni, il nuovo papa confermò la validità della costituzione gregoriana, una prima volta il 28 settembre,[99] poi il 10 dicembre 1294,[100] qualche giorno prima di rinunciare al papato nel concistoro del 13 dicembre 1294. Dopo la rinuncia di Celestino V i cardinali si riunirono il 23 dicembre 1294 in "conclave", nel palazzo Castelnuovo dove Celestino V aveva risieduto fino alla fine del suo pontificato. Benedetto Caetani, eletto papa Bonifacio VIII la vigilia di Natale 1294,[101] fece inserire l'*Ubi periculum* nel *Liber Sextus* (1298), con-

95. Sulla ricca bibliografia relativa alla nascita del conclave, v. Paravicini Bagliani, *Il papato nel secolo XIII*, nn. 97-105. Vedi ora soprattutto, Fischer, *Kardinäle*, che qui in parte seguiamo.

96. *Les Registres d'Honorius IV*, n. 472 (lettera del 25 maggio 1285).

97. *Les Registres de Nicolas IV*, n. 2167; edizione: Herde, *Die Entwicklung*, pp. 38-39 n. 2 (rist., p. 178).

98. Jacopus Caietanus de Stefaneschis, *Opus metricum*, ed. Seppelt, pp. 1-145.

99. Edizione: Herde, *Die Entwicklung*, 39-40 n. 3 (rist., pp. 178-179).

100. Edizione: ivi, 41 n. 4 (rist., p. 180); cfr. Dykmans, *Les pouvoirs*, p. 129-130.

101. Jacopo Caetani Stefaneschi, *Opus metricum*, l. II, vv. 24-31, ed. Seppelt, p. 87; cfr. Paravicini Bagliani, *Bonifacio VIII*, pp. 67-79.

ferendole così una solenne conferma. La carta costituzionale del conclave sarà rispettata alla sua morte (11 ottobre 1303): il domenicano Niccolò Boccasini fu infatti eletto papa il 22 ottobre a Roma, dove era morto il suo predecessore.

Cedendo alle pressioni dei cardinali, Benedetto XI (1303-1304) attenuò le severe disposizioni logistiche previste dall'*Ubi periculum*, ma non l'isolamento dei cardinali, che doveva continuare ad essere completo.[102] Il concetto di conclave era ormai entrato a far parte della vita costituzionale del papato, a tal punto che Clemente V con la costituzione *Ne Romani*, che fece inserire nella sua collezione di decretali, tolse al collegio dei cardinali ogni potere di modificare l'*Ubi periculum*.[103]

5. *Modalità di elezione*

Cencio (*Ordo* XII, 1192) ricorda che dopo avere "trattato" dell'elezione, «la volontà di tutti i cardinali viene sottomessa a scrutinio (*perscrutata*) da alcuni di loro per conoscere su quale candidato si sarebbe concentrata la maggioranza o migliore parte»,[104] da intendersi la maggioranza dei due terzi, come lo richiedeva il decreto *Licet de vitanda* promulgato dal III concilio lateranense (1179).

Lo scrutinio non era allora una novità. All'elezione di Anacleto II (1131), la "nominazione" era ancora avvenuta oralmente e pubblicamente,[105] il che sembra indicare che il modo di "nominazione" pubblica era rimasto in uso fino all'inizio del XII secolo. All'inizio del XIII secolo, il concilio lateranense IV (1215) promulgò regole precise per l'elezione dei vescovi che sono poi identiche a quelle che riscontriamo nell'elezione del papa che il canone non aveva però menzionato espressamente.[106] Oltre all'ispirazione e allo scrutinio, il canone 24 (*Quia propter*) sanciva la legittimità di una terza modalità di elezione, il

102. Già attribuito a Clemente V (Schimmelpfennig, *Die Zeremonienbücher*, p. 61), questo progetto (ed. ivi, 192-193) deve essere attribuito a Benedetto XI, secondo Dykmans, *Les pouvoirs*, pp. 136-137.

103. *Corpus iuris canonici*, ed. Friedberg, II, coll. 1135-1137.

104. LC, I, p. 312 n. 77.

105. Zöpffel, *Die Papstwahlen*, pp. 33-34.

106. Singer, *Das c.* Quia frequenter, p. 55; Schimmelpfennig, *Papst- und Bischofswahlen*, p. 141.

cosiddetto compromesso, rivolta a sbloccare negoziati tra fazioni di cardinali che non riuscivano a mettersi d'accordo. L'elezione *per scrutinium* prevedeva la costituzione di un collegio di tre scrutatori incaricato di raccogliere segretamente, uno ad uno, tutti i voti, poi di pubblicarli, dopo averli messi per iscritto; se si fosse scelto la modalità *per compromissum*, l'elezione era lasciata alle cure di una commissione di arbitri, composta generalmene di tre cardinali; l'elezione detta *per inspirationem*, molto rara, avveniva per acclamazione.[107]

Innocenzo III fu eletto *per scrutinium*. Lo racconta l'autore dei *Gesta Innocentii tertii*).[108] Un secolo dopo, il progetto di dichiarazione cardinalizia, nato, forse su istigazione di Bonifacio VIII, per legittimare la sua elezione, a seguito dei tre manifesti dei cardinali Colonna del 1297, oltre a ricordare che l'*Ubi periculum* fu rispettata (i cardinali si riunirono in conclave nello stesso castello in cui Celestino V aveva rinunciato al pontificato), descrive con una certa ampiezza il modo di elezione prescelto, ossia lo *scrutinium*.[109] Giovedì 23 dicembre 1294, i cardinali, secondo l'usanza, assistettero in Castelnuovo alla messa dello Spirito Santo. L'indomani, vigilia di Natale, procedettero alla nomina degli «scrutatori (del collegio)» e degli «scrutatori degli scrutatori»; si era quindi scelto lo scrutinio. Su questo punto molte testimonianze sono concordi.[110] Quando fu reso noto il risultato del primo scrutinio, «quasi» tutti i cardinali che non avevano dato il proprio voto al cardinale Caetani decisero di «unirsi alla maggioranza». Benedetto non fu dunque eletto, come Celestino V, all'unanimità. Lo stesso Bonifacio VIII ammetterà di aver avuto dei rivali: «i cardinali hanno poi alla fine fatto confluire i loro voti su di me», egli dirà, «benchè parecchi tra di essi fossero più adatti e persino più degni». I due cardinali Colonna non fecero parte dei cardinali che rifiutarono di «unirsi alla maggioranza» di questo gruppo: essi votarono per il Caetani già durante la fase dello scrutinio.

Dei tre modi di elezione ammessi – il compromesso, lo scrutinio e l'ispirazione (o acclamazione) – l'*ordo* XIV insiste sul secondo, forse perché richiedeva una descrizione più dettagliata a causa della sua complessità. Ogni cardinale poteva emettere un voto su uno o più persone, presenti

107. *Quia propter: Liber extra*, 1. 6. 42, *Corpus iuris canonici*, ed. Friedberg, II, pp. 88-89; cfr. Herde, *Die Entwicklung*, p. 15.

108. *Gesta di Innocenzo III*, trad. Fioramonti, p. 55.

109. Ed. Denifle, *Die Denkschriften*, p. 527. Su questo testo, v. anche Coste, *Boniface VIII*, pp. 7-8 e Paravicini Bagliani, *Bonifacio VIII*, p. 163 n. 73.

110. Denifle, *Die Denkschriften*, 527; cfr. Herde, *Die Wahl*, p. 144, n. 49.

in concistoro o assenti. Terminata la lettura dei suffragi, si dovevano contare i voti, «solo i voti, ossia i numeri», precisa l'*ordo* XIV, ossia «non i meriti»... Se i due terzi non erano stati raggiunti si dava inizio ad una nuova elezione che permetteva a nuovi elettori di «accedere». Si tratta di un termine che rimarrà tale per secoli nel linguaggio delle procedure del conclave. Esso significa che un cardinale elettore poteva aggiungere, se lo desiderava, il proprio voto a quelli già dati a questo o a quell'eletto, e dunque «accedere» ai voti già espressi precedentemente.[111] Il modo di elezione *per compromissum* poteva essere adottato soltanto all'unanimità, ossia se nessuno chiedeva che si procedesse all'elezione per scrutinio, che l'*ordo* XIV considera come la «via ordinaria». Del resto, i cardinali incaricati del "compromesso" (chiamati *compromissarii*) potevano essere revocati soltanto con il consenso delle parti contendenti.[112]

I decreti promulgati dal papato tra l'XI e il XIII secolo intesi ad assicurare un ordinato trapasso della *potestas papae* – quelli del 1059, 1179 e 1274 – non hanno subíto sostanziali modifiche né durante il lungo soggiorno del papato ad Avignone né durante il Grande Scisma di Occidente. Clemente V decretò che il papa doveva essere eletto nel palazzo in cui si trovata l'*audientia*, ossia il tribunale curiale.[113] Il luogo di elezione del papa veniva così – per la prima volta – a corrispondere con il luogo di residenza e di amministrazione della corte papale.

L'ultimo documento medievale inteso a regolamentare il conclave – la bolla *Licet in constitutione* di Clemente VI (6 dicembre 1351) – confermava i punti essenziali della costituzione gregoriana, stabilendo un equilibrio con le esigenze di vita materiale per le quali si erano battuti i cardinali dal 1274 in poi. I cardinali avrebbero avuto diritto a due servitori, chierici o laici, e soltanto ad un piatto a pranzo o a cena (carne di una sola specie o pesci o uova con un solo *potagio* di carne o di pesce senza salse oltre a carne insaccata, erbe crude, formaggio, frutta o dolci). Nel dormitorio avrebbero disposto di tende per separare i letti.[114]

Al concilio di Costanza, dopo avere deposto Giovanni XXIII, la bolla *Frequens* (9 ottobre 1417) fissò criteri e tempi per la convocazione dei concili, cui seguì il 28 ottobre un accordo a proposito dell'elezione papale:

111. Per i testi, v. Dykmans, II, pp. 257-265; cfr. il commento, ivi, pp. 159-165.
112. Ivi, II, pp. 265-266.
113. Cfr. Schimmelpfennig, *Papst- und Bischofswahlen*, p. 236.
114. Dykmans, III, pp. 280-281.

su proposta della *natio* francese, il concilio stabilì che ai ventitre cardinali presenti si sarebbero aggiunti, per eleggere il nuovo papa, sei prelati per ogni nazione. Era la prima importante deroga al decreto di elezione del 1059 che attribuiva ai soli cardinali il diritto di eleggere il papa.[115] Fu però rispettato il periodo di dieci giorni che i cardinali dovevano attendere per iniziare il conclave, previsto dall'*Ubi periculum* (1274). Oddone Colonna fu eletto – all'unanimità – papa Martino V l'11 novembre 1417.

Dalla metà del Trecento in poi, le aspirazioni oligarchiche del collegio indussero i cardinali a sottoscrivere durante il conclave "capitolazioni di elezione" (*capitula*), ossia rivendicazioni che il futuro papa sarebbe stato chiamato a rispettare. Firmate da tutti i conclavisti, queste "capitolazioni" perseguivano l'obiettivo di restringere i poteri del neo eletto pontefice, garantendo ai cardinali privilegi econonico-finanziari. La prima capitolazione fu sottoscritta dai cardinali ad Avignone durante il conclave del 1352, da cui uscì papa Innocenzo VI. Il primo articolo limitava il numero dei cardinali ad un massimo di venti (ventidue in circostanze eccezionali). Nuovi cardinali potevano essere creati soltanto se il loro numero fosse sceso sotto sedici e comunque con il consenso di almeno i due terzi dei cardinali (come per l'elezione di un papa).[116] Capitolazioni furono sottoscritte dai cardinali anche nei conclavi che elessero Benedetto XIII (1394), Innocenzo VII (1404) e Gregorio XII (1406). Dal 1458 al 1503, tutti i papi ratificarono le capitolazioni con giuramento o per iscritto.[117]

115. Mansi, XXVII, coll. 1165-116.
116. Per la tradizione testuale e l'edizione vedi Krüger, *Überlieferung*, p. 230 n. 5.
117. Su questi aspetti, vedi soprattutto ivi, pp. 234-235.

Età moderna

1. *Continuità e travagli*

La sistemazione normativa medievale del conclave perdura nella lunga Età moderna. I maestri di cerimonie del Rinascimento, come l'umanista Agostino Patrizi, trattando delle cerimonie relative all'elezione distinguono con sicurezza le tre modalità, definite sin dal XIII secolo, cioè l'elezione *per viam Spiritus Sancti*, per compromesso e per scrutinio.

Se è indubbia la radice medievale di questa triplice via all'elezione papale, occorre chiedersi quale sia stato il contributo dell'Età moderna alla legislazione sul conclave, individuando i momenti e gli apporti più significativi.

Nell'Età moderna la normativa sul conclave, pur "stabilizzata", sembra essere oggetto di un continuo travaglio. Il pericolo dell'elezione simoniaca, la non segretezza della scelta, il condizionamento dei poteri esterni saranno i nodi intorno ai quali nel corso del Cinquecento e del Seicento si addenseranno gli interventi legislativi.

La bolla *Cum tam divino quam humano jure* (14 gennaio 1505), redatta nel secondo anno del pontificato di Giulio II,[1] rappresenta una tappa importante di questa evoluzione. Essa imponeva di considerare nulla l'elezione papale – anche se unanime – raggiunta attraverso simonia, e ammetteva che i cardinali che erano stati assenti o non complici dell'elezione simoniaca potessero opporsi a una siffatta elezione. D'altra parte un papa, sulla cui elezione gravasse tale sospetto, non sarebbe stato intronizzato né avrebbe ricevuto l'obbedienza del Collegio, e i cardinali non conniventi

1. *Bullarium Romanum*, t. V, pp. 405-408.

avrebbero potuto convocare un Concilio generale. Un papa simoniaco poteva essere privato di ogni officio e beneficio e della stessa dignità cardinalizia. Parallelamente, ai cardinali elettori poteva applicarsi la pena della privazione dei benefici. L'eresia simoniaca era, nel testo di papa Della Rovere, assimilata al delitto di lesa maestà, e come tale implicava la confisca dei beni del reo.

Giulio II pubblicò questa bolla come decreto papale nell'ottobre del 1510 e volle riconfermarla solennemente come costituzione conciliare il 16 febbraio 1513, durante il Concilio del Laterano (*Si summus rerum Opifex*).[2] Con questo provvedimento papa Della Rovere si poneva nel solco di una tradizione che risaliva ai Padri della Chiesa, che era stata potentemente rilanciata all'epoca della riforma gregoriana. Su di lui agiva comunque anche l'urgenza della situazione particolare della Chiesa romana del suo tempo.[3]

La pratica simoniaca, nonostante fosse già stata oggetto di un provvedimento emanato da Sisto IV il 22 maggio 1472,[4] era stata intensa tra XV e XVI secolo. L'ascesa al trono papale di Rodrigo Borgia (Alessandro VI) era avvenuta con una sistematica contrattazione dei voti dei suoi elettori in cambio di benefici e offici, come quello assai remunerativo di vicecancelliere concesso ad Ascanio Sforza.[5]

Lo stesso cardinale Della Rovere, d'altra parte, non avrebbe esitato a impegnarsi in promesse e a stipulare accordi che avrebbero reso il conclave della sua elezione con il nome di Giulio II, breve in modo stupefacente: apertosi il 31 ottobre 1503, esso sarebbe durato un solo giorno.

Può essere interessante richiamare come alla bolla di Giulio II, divenuta nel 1513 costituzione conciliare, penserà di ricorrere Pompeo Colonna nel 1526 per la convocazione di un concilio che avrebbe dovuto detronizzare Clemente VII. Questa possibilità fu superata da eventi che assunsero una vera dimensione militare nel 1526, con l'assalto al palazzo apostolico da parte dei Colonnesi,[6] e che sfociarono l'anno successivo nella tragedia

2. Dykmans, *Le conclave sans simonie*, pp. 203-255, in part. p. 214.

3. Leclerq, "*Simoniaca Heresis*".

4. *Bullarium Romanum*, t. IV, pp. 208-209.

5. ASF, *Archivio Mediceo innanzi il Principato*, f. XXXIX, citato in Burchard, *Diarium* vol. I, Appendice, pp. 503-504, Guidantonio Vespucci a Lorenzo il Magnifico, 18 agosto 1484; fontamentale su questo periodo: Pellegrini, *Ascanio Maria Sforza*, e ora dello stesso autore *Il papato*.

6. Serio, *Una gloriosa sconfitta*. La bolla appariva ai contemporanei un'arma tremenda per invalidare l'elezione papale. Perciò alcuni giuristi del tempo, come il "dalmata"

del sacco. Non appare quindi casuale che il secondo papa Medici prendesse in considerazione l'ipotesi di cancellare i novendiali, stabilendo che si entrasse in conclave subito dopo la morte del papa e soprattutto di riformare la bolla di Giulio II,[7] che restò tuttavia invariata e vigente. Più tardi, nel mutato clima della Controriforma, tra le molte ragioni che impedirono all'inquisitore cardinale di Santa Severina di divenire papa vi fu, durante il conclave del 1592, il sospetto di simonia praticata dal granduca di Firenze, con somme cospicue, a suo favore.[8]

Il pericolo dell'elezione simoniaca – cavallo di battaglia della propaganda antipapale dei riformati – continuò ad essere presente nel tardo Cinquecento e nel Seicento sia nella prassi dei conclavi che nella trattatistica teologica. Il teologo milanese Martino Bonacina, formatosi nella Milano borromaica, include nel suo trattato sull'elezione papale, scritto durante il pontificato barberiniano, un capitolo sulla spinosa questione «se l'elezione del Summo Pontefice fatta attraverso simonia sia valida».[9] La risposta è apparentemente categorica: l'elezione è invalida – ma nell'argomentazione, svolta secondo un'articolata casistica, si distinguono l'obbligazione contratta «per promessa di beni» da quella le cui clausole non solo non arrecano danno al bene pubblico, ma possano realizzarsi «per l' utilità di tutta la Chiesa». Pochi anni dopo la pubblicazione di questo scritto, sul conclave che seguì la morte di Urbano VIII aleggiò l'ombra della simonia, ma nessuno mise in dubbio la legittimità dell'elezione canonica di Innocenzo X.[10]

La minaccia della simonia fu infine sovente evocata nei conclavi del Settecento, e apertamente in quello del 1740 nel quale il dubbio di pratica simoniaca, benché artificiosamente costruito, costò la tiara al cardinale Pompeo Aldovrandi.

Giovanni Stafileo, vescovo di Šibenik e auditore di Rota, considerarono la possibilità di una riforma della stessa. L'interessante trattato sulla bolla di Giulio II dello Stafileo è in BAV, *Barb. Lat.* 2282, ff. 1r-118r.

7. BL, *Add.* 28587, *Transcript of Spanish State Papers*, vol. XVI (aug. 1534-july 1535), f. 17v, Cifuentes al re, ff. 44r-45r.

8. ASF, MP, f. 3972, n.n., Giovanni Niccolini e Belisario Vinta al granduca, 10 gennaio 1592 e ancora ivi, il 22 gennaio. In modo scandalistico l'accusa di simonia per Santa Severina è riportata negli *Avvisi*, BAV, *Urb. Lat.* 1060 I, f. 31v.

9. Bonacina, *Tractatus*, pp. 91-111: l'opera fu pubblicata anche a Venezia nel 1638. Sul Bonacina (Milano 1585 circa-Vienna 1631), V. Castronovo in DBI, 11, 1969, *ad vocem*.

10. AMAE, Paris, *Correspondance politique*, Rome, vol. 85, ff. 401r-402v.

Nel primo Cinquecento non vi sono altri interventi legislativi paragonabili a questa importante costituzione papale. Tuttavia il conclave e la sua organizzazione continuarono ad essere una delle preoccupazioni più sentite dai pontefici.

La bolla di Paolo IV *Cum secundum Apostolum,* datata 16 dicembre 1558, è animata dall'intento di arginare i negoziati sulla successione papale che si svolgevano anche in sede piena, prevedendo per coloro che avessero trattato «de eligendo pontefice», vivente il papa, la scomunica senza possibilità di assoluzione «in articulo mortis» e la privazione di dignità, benefici e beni anche allodiali.[11] Il papa inquisitore si allineò dunque a Giulio II nel creare un dispositivo che mettesse al riparo l'elezione papale da pratiche venali e di contrattazione, richiamando lo stretto intreccio tra simonia, eresia e lesa maestà che la dottrina giuridica aveva ormai affermato.

Altro intervento legislativo più notevole e specifico di Paolo IV è quello che ispirò pochi mesi prima della sua morte la bolla *Cum ex apostolatus officio* (15 febbraio 1559). Essa prevedeva che chiunque, ricoprendo dignità secolari o ecclesiastiche, fosse incorso nel crimine di eresia, decadesse immediatamente dal suo ufficio. Questo principio di condanna inappellabile doveva valere anche per cardinali e pontefici. Quindi anche una elezione con consenso unanime, seguita da consacrazione e intronizzazione, sarebbe stata in tal caso da considerarsi nulla.[12]

La bolla, come i contemporanei compresero con lucidità, si inquadrava nel contesto della politica inquisitoriale che era stata già intrapresa dal Carafa dall'interno del Santo Uffizio nel conclave del 1549-1550 contro Reginald Pole e i cardinali "spirituali", e perseguita ancora nei due conclavi del 1555, dal secondo dei quali il cardinale-inquisitore sarebbe stato eletto papa. Divenuto pontefice, Paolo IV decretò con fulminea rapidità l'avvio dei processi al Pole e a Giovanni Morone entrambi papabili. Quest'ultimo, più facilmente perseguibile, fu imprigionato in Castel Sant'Angelo con l'accusa di eresia il 31 maggio 1557. Nonostante la «terribile bolla», il cardinale Morone fu scarcerato alla morte del Carafa e assolto da Pio IV, del quale divenne fidato collaboratore. Si tratta di eventi ben noti grazie ai

11. *Bullarium Romanum*, t. VI, pp. 545-548.

12. Da *Cum ex apostolatus officio*, ivi, pp. 551-556, in part. p. 554: «[...] etiam Romanum Pontificem, ante eius promotionem vel in cardinalem seu Romanum Pontificem assumptionem, a fide catholica deviasse aut in aliquam haeresim incidesse, promotio seu assumptio de eo, etiam in concordiam et de unanimi omnium cardinalium assensu facta, nulla, irrita et inanis existat».

molti studi di Massimo Firpo, fondamentali per comprendere le vicende della storia religiosa italiana. La dura legislazione di Paolo IV rappresentò il momento cruciale di un tentativo, preparato negli anni precedenti e ripreso in alcuni passaggi successivi della storia del papato, di imporre il controllo della congregazione inquisitoriale sulla gerarchia ecclesiastica fino ai suoi vertici: Sacro Collegio e pontefice stesso.[13]

L'intervento normativo di Pio IV sui conclavi fu di tutt'altro tenore rispetto a quello di Paolo IV. La prima decisione sulla quale il nuovo pontefice, in vista della ripresa del Concilio di Trento, dové pronunciarsi concerné il delicato problema se, a Concilio aperto, in caso di morte del pontefice spettasse al consesso conciliare o al Sacro Collegio il diritto di elezione. Una bolla che ribadiva le prerogative dei cardinali rispetto al concilio fu pubblicata il 22 settembre 1561 in concistoro (*Prudentis patrisfamilias*).[14] A questo testo, nonché a una lettera apostolica di Paolo IV (13 dicembre 1544), avrebbe fatto riferimento Pio IX nell'anno successivo all'indizione del Concilio Ecumenico del 1868, escludendo in modo categorico la partecipazione dei padri conciliari al conclave.[15]

Allo stesso tempo gli interventi di Pio IV in questa materia furono volti a respingere ogni dubbio sulla facoltà di un pontefice regnante di adombrare una forma di successione predeterminata in vita attraverso la nomina di un coadiutore. Il problema della nomina possibile di una figura di questo tipo si pose a due riprese: nel 1561 e alcuni anni dopo, nel 1565. Tra le due date, nel 1562, durante la grave malattia che colpì il papa, il vescovo di Fano – il mantovano Ippolito Capilupi – avrebbe ideato un complotto per procedere all'elezione del papa in concilio, forse sperando nella tiara per il cardinale Ercole Gonzaga. Pochi giorni prima della sua morte, il 9 dicembre 1565, in concistoro il papa pose formalmente la questione «se un

13. Riferimenti essenziali: Firpo, Marcatto, *Il processo inquisitoriale contro il cardinal Giovanni Morone*; Firpo, *Inquisizione romana*; Id., *Da inquisitori a pontefici*. Per l'edizione del processo cfr. *Il processo inquisitoriale del cardinal Giovanni Morone, Edizione critica*, del quale, sulla base delle fonti messe a disposizione dall'Archivio del Santo Uffizio dopo la sua apertura, è ora disponibile una nuova edizione critica: *Il processo inquisitoriale del cardinal Giovanni Morone, Nuova edizione critica*. Sulle radici del progetto del Carafa cfr. ora Vanni, "*Fare diligente inquisitione*"; sulla fase storica successiva Bonora, *Inquisizione e papato*, in part. p. 57.

14. *Bullarium Romanum*, t. VII, pp. 143-44.

15. *Sanctissimi Domini Nostri Pii Divina Providentia Papae IX Constitutio de electione Romani Pontificis si contigat Sedem Apostolicam vacare durante Concilio Oecumenico*, 1869.

pontefice romano possa egli stesso indicare il suo successore», possibilità caduta in disuso già nei primi secoli dell'età cristiana, pure considerata ai suoi tempi da alcuni ancora possibile («non si può negare tuttavia che alcuni credono che ciò si possa fare»). Pio IV ribadì che «anche con il consenso di tutto il Collegio il pontefice regnante non potesse designare un successore né un coadiutore».[16]

In ogni modo Pio IV, che ancor porporato era stato incaricato nel 1550 insieme al cardinale Bernardino Maffei di lavorare ad una riforma del conclave e della curia,[17] non rinunciò da pontefice a emanare una bolla molto analitica sul conclave che divenne parte integrante delle costituzioni sulle quali gli elettori dovevano solennemente giurare prima di esercitare il loro diritto.

In eligendis, edita il 9 ottobre, è successiva di pochi mesi alla solenne riapertura del Concilio a Trento (il 18 gennaio 1562) e rispecchia l'esigenza diffusa nel corpo ecclesiastico della ridefinizione di un nuovo profilo di pastore della Chiesa. Essa è anche una risposta normativa al disordine che aveva caratterizzato lo svolgimento delle precedenti elezioni, in cui la regola di serrare il conclave era stata disattesa, e il segreto del conclave non era stato rispettato. La bolla contiene infatti anzitutto la riconferma che l'*interim* dei nove giorni non debba essere in alcun caso protratto e che, passati dieci giorni dalla morte del pontefice, i cardinali presenti entrino nel conclave e, senza vincoli di capitoli, svolgano regolari scrutini quotidiani e procedano a una elezione che i cardinali assenti in alcun modo potranno impugnare. Essa inoltre, richiamando la costituzione di Gregorio X, ribadisce i limiti del potere del Collegio in sede vacante in materia di grazia, di giustizia e di spesa finanziaria, fissando a 10.000 ducati le spese funerarie.[18] La bolla *In eligendis* ribadisce la distinzione papa/Chiesa applicata agli uffici curiali. Il datario cessava immediatamente alla morte del papa, e suppliche e grazie pendenti erano rimesse al futuro pontefice. Lo stesso principio valeva per i provvedimenti relativi alla Segnatura di Grazia e Giustizia. I soli uffici che permanevano quindi anche in sede vacante erano quelli di camerario che aveva il diritto di battere monete con le sue

16. BAV, *Vat. Lat.* 7061, *Acta Sacri Consistorii sub Pio IV (1563-1565)*, f. 241v, documento citato da Péries, *L'intervention du pape*, pp. 100-105. Cfr. anche Holder, *Die Designation*, pp. 82-83.

17. Rurale, in EP, III, p. 145. Sui tentativi di riforma della curia da parte di Pio IV, Rosa, *La Curia romana*, pp. 4-5.

18. *Bullarium Romanum*, t. VII, p. 231.

armi e le Chiavi di Pietro e di penitenziere, i cui limiti nell'esercizio della sua giurisdizione erano analiticamente indicati nella bolla.

Il testo, inoltre, declina una "disciplina" del conclave della quale erano responsabili i tre cardinali più anziani (uno per ogni ordine) insieme al camerario. Il loro potere durava tre giorni e, con l'eccezione del camerario, i cardinali deputati erano sostituiti da altri tre in ordine di anzianità e così di tre giorni in tre giorni. Le celle, distribuite per sorteggio, non erano permutabili e dovevano essere sottoposte a periodiche ispezioni dai cardinali deputati a verificare che non fossero presenti all'interno dello spazio chiuso del conclave persone estranee alla procedura di elezione. Un'attenzione particolare la bolla riserva alla questione della presenza dei conclavisti: ogni cardinale poteva essere accompagnato da due conclavisti (un terzo era consentito a infermi gravi solo dopo un voto segreto del Collegio), e si precisava che essi non dovevano aver servito nei due anni precedenti ministri di principi, né essere fratelli o nipoti di cardinali. Oltre ai conclavisti, il cui numero variava secondo il numero dei cardinali presenti, entravano nel conclave un sagrista con un coadiutore, due maestri di cerimonie, un religioso eletto dai cardinali come confessore del conclave, un segretario, due medici, un chirurgo, un farmacista con uno o due servi, un falegname, un muratore, due barbieri con uno o due servi, infine otto o dieci servi «comuni» che non potevano "teoricamente" provenire da nessuna delle famiglie cardinalizie dei porporati presenti, ma che dovevano essere eletti «per fabas secretas». Si tratta dunque, escludendo i conclavisti, di una pattuglia di 25/30 persone che potevano uscire dal conclave solo in caso di attestata e grave infermità. La bolla di Pio IV proibiva la trasmissione di lettere e notizie e gli usuali colloqui alle porte del conclave degli ambasciatori dei principi, ma ammetteva anche la deroga da quest'ultima regola.

Il dispositivo della clausura, del quale abbiamo visto l'origine medievale, è quindi, in concomitanza con la fase finale del Concilio di Trento, rafforzato e perfezionato nell'intento di allontanare dall'elezione papale non solo la frode, ma anche il condizionamento delle capitolazioni e l'impatto delle pressioni esterne. Punto importante di questa costituzione era anche nel paragrafo 29 dove si stabiliva, «affinché non nascano nel corpo ecclesiastico scismi e lacerazioni» che nessun cardinale potesse essere escluso come elettore attivo e passivo con pretesto di censure precedenti.[19] Quest'ultima disposizione andava in senso contrario alla terribile bolla di

19. Ivi, t. VII, p. 236.

Paolo IV. Essa si presentava come un elemento cruciale di una politica ecclesiastica alla quale Pio IV andava imprimendo una direzione opposta agli orientamenti del suo predecessore. Il provvedimento inoltre mette in luce quanto forte potesse essere a metà Cinquecento la preoccupazione per lo straripante potere dell'Inquisizione e dell'uso dello strumento inquisitorio per indebolire candidature eccellenti al papato.

Bisognerà attendere, nella prima metà del Seicento, la costituzione di Gregorio XV per trovare un intervento legislativo di maggior rilievo della bolla di Pio IV. Tra le due si situa però la *Postquam verus* di Sisto V (3 dicembre 1586) che riformava non l'elezione pontificia, ma la composizione del Collegio e il profilo del cardinale. La bolla portava a 70 il numero dei porporati, che si era mantenuto intorno a 25/30 fino all'inizio del Cinquecento per poi andare irregolarmente crescendo, e stabiliva alcune condizioni sull'articolazione interna del Collegio – 6 vescovi, 14 diaconi, il resto presbiteri – e sulla soglia di età per il diaconato (22 anni).[20] Rafforzando le disposizioni contenute nel paragr. 25 della bolla di Pio IV, papa Peretti decretava che quel cardinale che entro un anno dal suo ingresso nel Sacro Collegio non fosse stato promosso diacono, sia negli atti concistoriali che nel conclave, avrebbe perso la voce attiva e passiva.[21] La bolla inoltre interdiva il cardinalato a chi non fosse stato insignito del carattere clericale e non avesse almeno per un anno portato l'abito e la tonsura, a chi non fosse di nascita legittima, a chi avesse avuto figli anche da legittimo matrimonio.[22] La *Postquam verus* è un tassello fondamentale della clericalizzazione del cardinalato che si compie in Età moderna, anche se occorre precisare che molte delle disposizioni "disciplinanti", contenute nella bolla, saranno frequentemente derogate.

Alla fine del Cinquecento tuttavia la regolamentazione del conclave non si era ancora assestata in un duraturo equilibrio. Nonostante la sua antichità, l'istituzione stentava a trovare una regolarità di procedura capace di arginare la conflittualità che gli scontri delle fazioni cardinalizie scatenavano. Dopo la morte di Sisto V (1590) tre convulsi e ravvicinati conclavi posero all'ordine del giorno il problema di un'ulteriore disciplina dell'istituto. La riflessione che si sviluppò nel crinale tra Cinque e Seicento intorno all'elezione papale e alle sue procedure ebbe una rilevanza cruciale poiché, come era già accaduto in altri momenti della storia del papato, investì la natura stessa della sovrani-

20. Ivi, t. VIII, pp. 808-816, in part. p. 811.
21. *Ibidem*.
22. Ivi ai parr. 12, 15 e 16, in part. par. 15 (p. 813).

tà pontificia. Tra XVI e XVII secolo inquietava i settori più attenti e rigorosi del mondo ecclesiastico soprattutto il troppo frequente ricorso alla modalità di elezione senza scrutinio "per adorazione", forma canonicamente ammessa – come era stato ribadito pure nella bolla di Pio IV – ma giudicata troppo repentina e più facilmente manipolabile dalle fazioni. Il prescelto era infatti acclamato e posto a sedere sull'altare e adorato. Nel corso del Cinquecento attraverso questa procedura – in alcuni casi convalidata da uno scrutinio successivo – furono eletti Clemente VII, Giulio III, Marcello II, Paolo IV, Pio IV, Pio V, Gregorio XIII, Sisto V, Gregorio XIV e nel primo Seicento Leone XI e Paolo V. Il tema della riforma del conclave sempre sul tappeto parve diventare ancora più urgente durante il papato di Clemente VIII.[23] Tra i capitoli redatti tra i cardinali prima dell'elevazione al pontificato di Ippolito Aldobrandini figurava tra l'altro una clausola che concerneva l'urgenza della riforma del conclave. In questa direzione spinse soprattutto l'ambiente oratoriano che si raccoglieva intorno al papa, anche se questo pontefice poté procedere solo a una prima istruttoria della riforma,[24] che non realizzò e che trasmise a Paolo V. Del lavoro sulla riforma intrapreso dai due papi summenzionati rimangono alcune minute, dalle quali si constata il proposito di regolamentare l'elezione per adorazione: ad esempio stabilendo che essa non potesse avvenire nottetempo ma solo nell'intervallo tra la fine dello scrutinio mattutino e quello del vespro, o che fosse sempre seguita e sanzionata da uno scrutinio.[25] Questi tentativi sia pure inconclusivi di riforma crearono l'*humus* nel quale pose le sue radici l'importante legislazione di Gregorio XV.

2. *Uno scrutinio "moderno": la riforma di Gregorio XV*

L'intervento normativo di Gregorio XV nel 1621-22, che giustamente ha attirato l'attenzione degli storici, fu quindi preceduto da un dibattito che raggiunse livelli alti in alcune sue voci e da una consultazione del corpo dei

23. BAV, *Barb. Lat.* 2628, ff. 72r-76v.

24. BAV, *Ott. Lat.* 2698, ff. 115r-119v (*Bolla sul Conclave di Clemente VIII*): «an forma eligendi summum pontificem per adorationem debeat tolli. Pro parte negativa multa faciunt».

25. BAV, *Barb. Lat.* 2032, ff. 358r-365v (*Minute fatte al tempo di Clemente VIII e di Paolo V*). Documento analogo in ASMn, AG, b. 1063 (*Capita earum rerum, quae continentur in Minuta Bullae Clem. VIII super conclavi Pauli Papae V iussu et auctoritate recognita*).

cardinali che mise in luce consensi, ma anche resistenze.[26] I problemi concernevano soprattutto il ricorso all'adorazione e la procedura dell'*accesso*, già come si è visto[27] praticata nel Medioevo, cioè la votazione complementare che dopo uno scrutinio con atto distinto dava ai cardinali elettori la possibilità (non l'obbligo) di *accedere* ad un candidato diverso da quello precedentemente votato che si fosse ben piazzato nella votazione. Si trattava di regolamentare l'accesso a voce in accesso segreto.

Nella fase preparativa della bolla di Gregorio XV circolarono molti scritti sulla riforma del conclave. Si trattava di progetti radicali di riforma come mostra un analitico documento in 37 punti che proponeva un modo di elezione assai diverso da quello da secoli praticato, sopprimendo i novendiali e prevedendo una selezione del corpo elettorale attraverso successivi scrutini[28] ma anche testi polemici. Così la memoria intitolata *Alcune considerazioni per le quali oltre il bene pubblico si possono prevedere alcuni commodi et servitii privati per Ludovisi*, in cui si insinuava come la non buona salute di Gregorio XV non avrebbe consentito creazioni sufficientemente numerose per controllare il Collegio. Quindi, in presenza di un folto gruppo di cardinali-creature di Paolo V, ai Ludovisi poteva convenire maggiormente una elezione più libera e segreta.[29]

Non sappiamo quanto influenti furono questi pareri e altri che furono espressi in quei mesi. Certamente possiamo dire che la via scelta dal cardinal nepote prima di varare la riforma fu quella di far circolare nel Collegio una bozza della bolla papale e di raccogliere i commenti. Numerose furono quelli di sostegno: dalla semplice formula *valde approbo* di Bellarmino, a quella di Grimani, che ricordava come questa riforma fosse attesa già da parte di Clemente VIII e di Paolo V, a quello entusiastico di Capponi – «azione eroica di cui non si è veduta la migliore dal Concilio di Trento in qua» – e Bandini.[30] Alcuni limitarono i loro rilievi a singoli punti non esprimendo una opinione generale. Un non insignificante gruppo di cardinali difese la pubblicità della votazione di accesso e l'elezione per adorazione, cioè i punti controversi. Anzitutto i cardinali spagnoli come Borgia o strettamente filospagnoli come Caetani, che definirono le elezioni per scrutinio

26. Wahrmund, *Die Bulle*; Visceglia, *Fazioni e lotta politica*; Wassilowski, *Dall'"adorazione" allo scrutinio*; Id., *Die Konklavereform*.

27. Vedi p. 36 di questo capitolo.

28. BAV, *Barb. Lat.* 2032, ff. 307r-324v.

29. Ivi, ff. 343r-348v.

30. Ivi, f. 81r; f. 99r; ff. 246r-247v; ff. 267r-269r.

e compromesso *de jure humano* e quella per adorazione *de jure divino*,[31] ma anche Millini e forse Medici, che però non enunciò un chiaro giudizio. L'argomentazione centrale degli oppositori era che non poteva riformarsi un modo di elezione ispirato da Dio e che, laddove le discordie in pubblico potevano superarsi, nel segreto si moltiplicavano.

Comunque, nonostante queste opposizioni più o meno apertamente formulate, l'esigenza diffusa di una maggiore libertà nell'esercizio del diritto elettorale prevalse e, tra la fine del 1621 e il 1622, Gregorio XV promulgò le due innovative Costituzioni *Aeterni Patris filius* (15 novembre) e *Decet Romanum Pontificem* (12 marzo), che regolamentavano strettamente anche il cerimoniale dell'elezione.

La *Aeterni Patris filius* era presentata come rifondativa dell'intera procedura dell'elezione del successore di Pietro – «luce del mondo, dottore delle genti e pastore dei pastori» – come si annuncia solennemente nel primo paragrafo di essa.[32]

Il testo della bolla ribadisce che nessuno possa votare per sé stesso, e che i cardinali in ciascuna votazione, prima di deporre la scheda nel calice, debbano pronunciare la seguente solenne formula di giuramento: «Chiamo a testimone Cristo Nostro Signore – che mi giudicherà – che io eleggerò colui che secondo il volere di Dio giudico debba essere eletto e che lo stesso garantirò nell' accesso».

Come è stato sottolineato, l'importanza di questa riforma consiste nell'aver ingessato la prassi elettorale nella fissità ripetitiva del rito. Anche se restavano legittime le tre modalità tradizionali di elezione, scoraggiavano sia l'adorazione sia il compromesso le rigorosissime regole per la loro attuazione che prevedevano per entrambe l'unanimità.[33] La *Decet Romanum Pontificem* aveva lo scopo di spingere il Collegio a eleggere il papa per scrutinio e a regolamentare la pratica di quest'ultimo in modo analitico e formale. La bolla distingue anzitutto la fase che precede l'isolamento dei cardinali da quella successiva. Prima di serrare il conclave, il cerimoniale prevede infatti cinque sequenze: 1) nella prima congregazione il primo giuramento sull'osservanza delle Costituzioni papali concernenti l' elezione, fino alla «novissima» di Gregorio XV; 2) la messa dello Spirito Santo celebrata dal decano; 3) l'orazione, pronunciata da un dotto prelato, di ammonizione a riporre gli affetti

31. Ivi, ff. 222r-223v; ff. 226r-229r.
32. *Bullarium Romanum*, t. XII, p. 619.
33. Wassilowski, *Dall'"adorazione" allo scrutinio*, p. 46.

privati per guardare solo a quelli della Chiesa; 4) il corteo processionale di ingresso in conclave, intonando il *Veni Creator spiritus* con un cerimoniere inalberante la croce papale, seguito dai cardinali (vescovi, presbiteri, diaconi); 5) il secondo giuramento delle bolle papali presso l'altare della cappella dopo l'orazione tenuta dal decano.

Distribuite le celle per sorteggio secondo la costituzione di Pio IV, iniziava il periodo di isolamento che una serie di dispositivi di sorveglianza rendeva più rigoroso. Era il momento della seconda congregazione, nella quale prestavano giuramento gli ufficiali del conclave.

La parte più interessante e innovativa di questo testo è però quella che dà regole formali molto strette alla forma di elezione per scrutinio, distinguendo *tre azioni*.

Nell' *antescrutinium* si dovevano preparare le schede (vedi figg. 1-2) stampate, imponendo di scrivere con carattere alterato «affinché non possa riconoscersi la mano di chi ha scritto» e di sigillare con un sigillo segreto composto di tre numeri o di tre lettere o di una immagine. La seconda azione, il vero e proprio *scrutinio*, è scandita in otto gesti – la consegna della scheda; il giuramento solenne mentre si compie il gesto di riporre la scheda nel calice; il rimescolamento delle schede; la loro numerazione (che deve corrispondere al numero dei presenti); la pubblicazione dei risultati ad opera di tre scrutatori seduti ad un tavolo posto davanti all'altare; l'inserzione delle schede con un filo; la loro disposizione in un calice. Il *postscrutinium*, se la votazione è stata positiva, consiste soltanto in una verifica dei risultati attraverso una seconda numerazione, e nella combustione delle schede. Se invece la maggioranza dei due terzi non è stata raggiunta si procede alla votazione di *accesso*, che non è pronunciata verbalmente ma deve essere segreta. Per l'accesso si sarebbe utilizzata una scheda *ad hoc* nella quale, se l'elettore non intendeva votare, avrebbe scritto "NEMINI".

Molto minuziose e tecniche erano quindi le regole instaurate per l'accesso: non era permesso rivotare per lo stesso candidato prescelto nello scrutinio, poiché il senso di questa seconda votazione era di completare la prima e di facilitare il raggiungimento della maggioranza. Le schede dovevano essere sigillate con lo stesso sigillo usato nel precedente scrutinio, a partire dal quale gli scrutatori le avrebbero riunificate verificando che i nomi votati fossero distinti e procedendo quindi alla somma dei voti di scrutinio più accesso. La combustione delle schede è l'atto conclusivo della procedura sia se l'elezione ha avuto esito positivo che negativo.

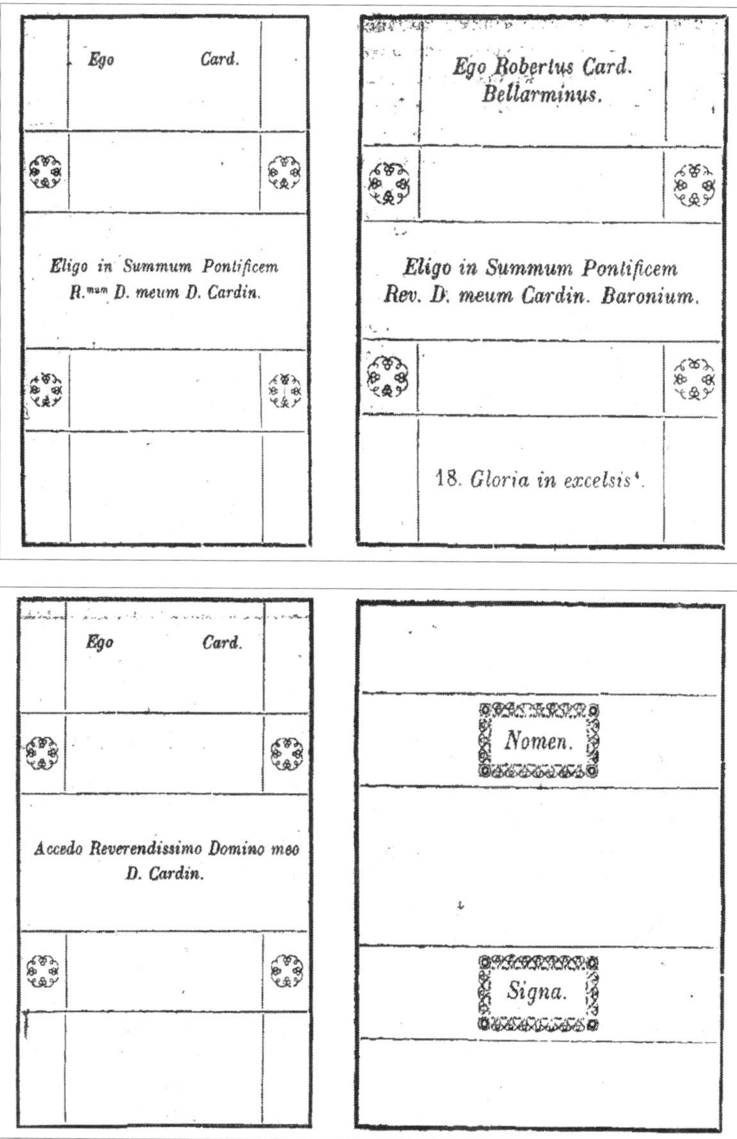

Figg. 1-2. Facsimili della scheda di voto di scrutinio (in alto) e della scheda di voto di accesso (*Bullarium Romanum*, t. XII, pp. 666-668).

Urbano VIII, durante il cui pontificato Francesco Ingoli – che aveva avuto un ruolo importante nell'elaborazione di questa complessa procedura elettorale – fu segretario della congregazione del Cerimoniale e della neo-istituita congregazione *de Propaganda*,[34] confermò la riforma del suo predecessore, il 28 gennaio 1626 (*Ad Romani Pontificis providentiam*).[35] La bolla fu ripetutamente stampata in latino ed in italiano divenendo il punto centrale di una silloge di costituzioni (da papa Simmaco a Urbano VIII), una sorta di prontuario giuridico-normativo sulla elezione del pontefice romano.[36]

La bolla di Gregorio XV accuratamente preparata fu seguita da un lungo strascico di commenti e di spiegazioni,[37] ma anche da tentativi di annullarla, come mostra la direttiva inviata da Filippo III ai suoi ambasciatori a Roma nell'estate del 1623, con la quale li invitava a non esitare, se gli umori del Collegio lo avessero consentito, ad adoperarsi (dopo l'elezione del nuovo papa) per la revoca della bolla.[38] E a una riforma di essa, sempre secondo fonti spagnole, avrebbero pensato sul finire del pontificato di Urbano VIII gli stessi Barberini, considerando la possibilità di ridurre la maggioranza dei due terzi a una maggioranza semplice.[39]

3. *Le capitolazioni elettorali*

La normativa sul conclave elaborata in Età moderna si proponeva di assicurare la libertà dell'elezione papale da ogni tipo di condizionamento. Era perciò assai importante che le capitolazioni non contenessero clausole tese a ottenere voti in cambio di concessioni. Le capitolazioni, che abbiamo visto erano sottoscritte già dalla metà del Trecento,[40] erano di norma

34. Ingoli, *Compendio delle cose più principali*. Su Francesco Ingoli, cfr. G. Pizzorusso, in DBI, 62, 2004, *ad vocem*.

35. *Bullarium Romanum*, t. XIII, pp. 428-429.

36. Camarda, *Constitutionum apostolicarum*.

37. Ad esempio BAV, *Vat. Lat.* 12178/7, ff. 39r-41v (*Discorso sopra la nuova Bolla del Conclave et suoi effetti che potrà partorire*); BAV, *Vat. Lat.* 12175, ff. 67-78, *Commento alla bolla in cui si mostrano i modi di fraudarla*.

38. AHN, *Sección Nobleza*, Toledo, *Osuna*, c. 1997, D3 (2), il re ai duchi di Pastrana e Alburquerque suoi ambasciatori a Roma, Madrid 18 agosto 1623.

39. AGS, *Estado*, leg. 3009, n.n., Avvisi di Th. Ameyden al re, febbraio 1644.

40. vedi p. 37 in questo capitolo.

concluse anche in Età moderna e rappresentavano, come nel Medioevo, uno strumento di mediazione degli interessi degli elettori e di salvaguardia del Collegio come corpo.

> Era consuetudine dei cardinali – scriveva Patrizi Piccolomini – e lo è nei tempi attuali che prima di giungere all'elezione, stabiliscano di comune consenso alcune cose che il futuro pontefice sia tenuto a rispettare, punti che i singoli cardinali sottoscrivono e che si impegnano con giuramento ad osservare nel caso di assunzione al papato. Solo dopo aver terminato quest'importante accordo, cominciano la pratica dell'elezione.[41]

I diari della prima Età moderna documentano un duplice registro di redazione: da un lato ogni singolo cardinale, se eletto papa, si impegna giurando sotto pena di spergiuro, ad adempiere alcune condizioni convenute, dall'altro il Collegio come corpo giura di rispettare le decisioni collettive che attengono al governo della Chiesa e dello Stato, individuate nelle capitolazioni. In campo economico i capitoli prevedevano il sostegno ai cardinali non sufficientemente dotati di risorse. Ad esempio, nel 1513, stabilivano la somma di cento fiorini di moneta aurea di Camera ai cardinali le cui rendite non raggiungevano i 4.000 fiorini annui, mentre nei capitoli del conclave che seguì la morte del secondo papa Medici (1534), la cifra era fissata a duecento ducati al mese, ove non si raggiungesse il reddito di 6.000 ducati, e si stabilizzava a questo livello in quelli di Paolo III e ancora di Paolo IV.[42] Le capitolazioni ribadivano i privilegi dei quali godevano i cardinali: l'esenzione da ogni dazio o gabella, la libera disposizione di canonicati e prebende, il diritto di resignazione dei benefici. Un articolo dei capitoli solitamente verteva sulla presenza/assenza in corte garantendo ai cardinali di non poter essere allontanati dalla curia anche per ragioni di ufficio (es. per una legazione) senza il loro aperto e libero consenso. Più in generale il papa futuro si impegnava a non cancellare le concessioni dei suoi predecessori e a mantenere le facoltà, l'autorità e gli emolumenti connessi ai singoli uffici curiali. Un altro campo nevralgico concerneva i diritti dei cardinali come soggetti alla giustizia del papa, del cui corpo erano parte. I capitoli redatti durante il conclave del 1484 prevedevano l'assenso di due terzi del Collegio per qualsiasi censura papale pronunciata nei confronti di

41. Dykmans, *L'oeuvre de Patrizi Piccolomini*, I, p. 41.

42. BAV, *Vat. Lat.*12126, ff. 218r-226v (*Capitula in electione Leonis papae X*) e ivi, ff. 242r-246v (*Capitula post obitum Pauli papae III*).

un cardinale e la facoltà di essere assolti interamente e senza riserva dal pontefice medesimo da qualsiasi crimine. Nei capitoli del conclave che seguì la morte di Paolo III si dice che contro la persona dei cardinali non si può procedere se non in caso di eresia, di scisma e di lesa maestà, istruendo un processo da farsi da cardinali deputati in concistoro secreto con voto dei due terzi del Collegio.[43] Ma negli stessi anni l'istituzione della congregazione dell'Inquisizione avrebbe trasformato questo quadro, facendo del sospetto di eresia un ostacolo difficilmente sormontabile all'assunzione della porpora e ancor più all'ascesa al soglio pontificio.

Attraverso i capitoli i cardinali come corpo contraevano anche impegni che erano allo stesso tempo individuali e collettivi. Così già nel 1484 un punto dei capitoli concerneva le condizioni dell'elevazione al cardinalato: i trent'anni di età per il promosso anche se il cappello era chiesto ad istanza di sovrani, la qualifica dottorale o la padronanza di competente letteratura, la presenza di non più di un cardinale della stessa famiglia nel Collegio la cui taglia non avrebbe dovuto superare le ventiquattro unità.[44] Al contempo il Collegio e ogni cardinale individualmente si impegnavano a concedere a sovrani secolari e a prelati di famiglia principesca o eminenti la facoltà di presentare o nominare in chiese cattedrali e in monasteri solo con espresso consiglio e assenso della maggioranza dei cardinali [45] Il consenso di questa maggioranza qualificata del Collegio era necessaria in caso di guerra a principe straniero o a comunità suddite. Si tratta di un altro punto che ricorre regolarmente nelle capitolazioni, come provano il testo del 1484, quello del 1503, giurato da Giulio II dopo la sua elezione, e quello del 1559 che contiene, dopo la guerra di papa Carafa contro gli spagnoli, un esplicito riferimento alla neutralità del papa.[46] A partire dal secondo Cinquecento i capitoli sempre più frequentemente inclusero clausole che riguardavano la politica internazionale dei pontefici: pace tra i principi cristiani, riconquista alla fede cattolica dell'Inghilterra, la difesa della Cristianità dal Turco.[47]

43. *Capitoli che giurarono di osservarsi i cardinali in Conclave per eleggere un successore a papa Paolo III morto il 10 novembre 1549*, copia in ASMo, *Estero*, *Documenti di Stati e Città*, *Roma,* b.131, (1 dicembre 1549).

44. Burckard, *Diarium*, I, pp. 49-50.

45. Ivi, pp. 50-52.

46. ASMo, *Estero*, *Documenti di Stati e Città*, b.131, *Capitoli formati da cardinali della Sede Vacante di Paolo IV.*

47. Così ad esempio nei trenta capitoli stipulati prima dell'elezione di Clemente VIII (BAV, *Barb. Lat.*2628, ff. 72r-76v).

Ma i capitoli potevano infine includere clausole di altro tipo che delineavano una mappa della spartizione di alcuni uffici tra i cardinali – così nella sede vacante di Giulio II (1513) i venticinque cardinali che sottoscrissero i capitoli si distribuirono castelli, uffici finanziari e giurisdizionali del territorio dello stato Ecclesiastico.[48]

Le capitolazioni tracciavano dunque una trama complessa di vincoli e garanzie reciproche tra gli elettori e l'eletto che avrebbe dovuto dopo la sua incoronazione, in tempi brevi tradurre i capitoli in bolle o almeno ispirarsi ad essi nella sua azione di governo. Nonostante la solennità del giuramento esse non avevano però un carattere coercitivo; erano piuttosto legate a una concezione del cardinalato fondata sulla stretta associazione del Collegio al governo ecclesiastico e sulla difesa di prerogative e privilegi.[49]

L'importanza e anche la frequenza dei capitoli diminuirono nella tarda Età moderna in coerenza con la perdita di potere politico del Collegio come "senato" e della più matura affermazione dell'assolutismo papale. Ritroviamo comunque nel Seicento testimonianze della pratica di redazione delle capitolazioni elettorali anche se la prassi era divenuta non automatica. Paolo Alaleone annota nel suo diario che nel 1605 il Collegio nella terza congregazione individuò una commissione per stilare i capitoli solo dopo una votazione preliminare concernente l'alternativa di redigerli o meno.[50] Il cardinale von Harrach riportando nel suo diario personale la cronaca del conclave del 1644 ci informa che la nomina dei "deputati" alla stesura dei capitoli era avvenuta nella quinta congregazione con la clausola che gli articoli sarebbero stati sottoposti a "referendum" di ratifica da parte del Sacro Collegio. Allo stesso tempo ne relativizza l'importanza aggiungendo che, già nella prima Età moderna, il costume di vincolarsi con patti non impegnava affatto il nuovo papa anche quando l'eletto li giurava: «papa Paolo II l'haveva giurati, ma fatto papa non l'osservò niente, asserendo essere contro l'autorità del papa a non puotersene assolvere, giaché *ha la potestà assoluta di legare e sciogliere*».[51] Ma nello stesso conclave il

48. ASMo, *Estero, Documenti di Stati e Città*, b.131, *Sede Vacante per la morte di papa Giulio II: Divisione degli uffici fattasi in conclave tra i cardinali.* Analoga distribuzione nel conclave di Paolo III (BAV, *Vat. Lat.* 12126, ff. 245r-246v)

49. Prodi, *Il sovrano pontefice*, pp. 176-177.

50. BAV, *Vat. Lat.* 12429, f. 2rv

51. *Die Diarien und Tagzettel des Kardinals Ernst Adalbert von Harrach*, Bd.2, p.259, 4 agosto 1644.

cardinale Pallotta rifiutò di sottoscriverli, altri lo fecero solo nel timore di essere esclusi dai privilegi in essi contenuti. [52]

È significativo anche che alla morte di Clemente X (22 luglio 1676), durante il conclave che avrebbe portato all'elezione del cardinale Odescalchi, si stipularono capitoli che, oltre a contenere gli abituali punti, vertevano sulla urgenza del rafforzamento della formazione e della disciplina del clero e insistevano soprattutto su principi di buon governo e sulla necessità di riforme nel campo della giustizia e della fiscalità. Un "programma" di quella che sarebbe stata la politica riformatrice di Odescalchi che nel conclave avrebbe posto come condizione alla sua candidatura l'accettazione di quei capitoli.[53] Anche del conclave del 1730 che terminò con l'elezione di Clemente XII (Corsini) abbiamo un lungo testo di capitoli: i cardinali si impegnarono, in caso di successo, oltre che alle solite clausole, a diminuire il numero dei vescovadi «cresciuto all'eccesso», ad attenersi alla bolla di abolizione del nepotismo, a potenziare l'azione missionaria (attraverso il Santo Uffizio e Propaganda) e a rafforzare l'azione di difesa dell'immunità, un programma nel quale appare chiaro ancora l'influsso zelante.[54]

La storia delle capitolazioni in Età moderna appare complessa. Certamente esse assunsero una minore rilevanza anche se potevano continuare ad essere stipulate. Da un lato sulla pratica gravava il timore che essa potesse evolvere nel senso di un patto simoniaco e per non incorrere in questo rischio ci si atteneva nella stesura dei capitoli a punti generali e condivisibili. D'altra parte il principio pattizio delle capitolazioni come insieme di vincoli reciproci tra il papa e il suo senato era legato a un'idea di sovranità che andava tramontando con lo sviluppo del modello monarchico di papato. I capitoli impegnavano infatti i cardinali in quanto membri di un corpo laddove le procedure elettorali a partire dalla riforma di Gregorio XV tendevano a salvaguardare la libertà del voto come scelta individuale decisa in libertà di coscienza. L'affermarsi di questa tensione non significò il venir meno dei condizionamenti esterni, che anzi, come vedremo nelle pagine successive, si accrebbero significativamente, tra XVI e XVIII secolo.

52. Ivi, p. 617, 13 settembre 1644.

53. BAV, *Barb. Lat.* 4664, ff. 77r-84v (*Capitoli fatti da Signori Cardinali nella Sede Vacante per la morte di Clemente X l'anno 1676*); ivi, *Vat. Lat*,12179, ff. 457r-463v, A. Menniti Ippolito. *Innocenzo XI,* EP, III, pp. 372-373.

54. ASTo, *Materie Ecclesiastiche*, 29 cat., *Conclave* maz. I, 12 (*Capitolazioni proposte nel conclave in cui fu eletto Papa Clemente XII*, copia).

4. *Un problema che permane: autonomia del conclave e ingerenze*

Il quorum dei due terzi dei votanti per l'elezione papale era una maggioranza qualificata, decisa nella normativa medievale e mantenuta in Età moderna. Però i cardinali maggiormente influenti, di solito il nipote del papa appena morto che poteva contare teoricamente sulle creature del pontefice zio o i nipoti dei precedenti pontefici, facevano valere la loro capacità di orientare gli altri porporati escludendo di fatto uno o più candidati. Così un candidato anche di grande prestigio poteva vedersi sbarrare la strada al pontificato da una potente fazione a lui contraria. A questa manovra dell'esclusiva dall'interno dello stesso corpo elettorale, si intrecciava un'altra, praticata dall'imperatore, dal re di Francia e da quello di Spagna. Nessuna norma giuridica legittimava il ricorso a quella che possiamo definire una procedura di veto; anzi la legislazione papale aveva diffidato gli ambasciatori dal forzare la clausura del conclave. La *Aeterna patris* nel suo lungo testo faceva peraltro rapido riferimento solo all'esclusione da parte dei cardinali come comportamento non corretto.[55]

Di fatto la pratica dell'esclusiva non solo non fu arginata dalla bolla di Gregorio XV, ma dopo di essa si radicalizzò. Ciò poté avvenire per due ragioni. Anzitutto perché da parte dei cardinali, nel segreto dell'urna, poteva essere praticata in modo coperto, magari frazionando le preferenze sì da bloccare un'elezione, come di fatto avvenne soprattutto nei conclavi settecenteschi che divennero così assai più lunghi di quelli dei secoli precedenti. D'altra parte i sovrani degli stati "moderni-assoluti" presero a esercitare questa prerogativa in modo sostanzialmente differente rispetto alla prima Età moderna.

Nel Seicento l'esclusiva dei sovrani presentata al Sacro Collegio tutto intero e in modo ufficiale, si burocratizzò. In modo più realistico apparve essere specchio dei rapporti di forza internazionali.

I tormentati conclavi che seguirono la morte di Urbano VIII (1644) e poi il successivo alla morte di Innocenzo X (1655) rappresentarono, come ha evidenziato Gianvittorio Signorotto, un momento di svolta.[56] Il veto della Spagna al cardinale Giulio Sacchetti, espresso ripetutamente attraverso

55. *Bullarium Romanum*, t. XII, § 18, p. 623.

56. Signorotto, *Lo Squadrone Volante*, in part., per l'opposizione secentesca all'esclusiva, pp. 102-196.

scritture formali indirizzate al Sacro Collegio, pose un problema di coscienza a molti cardinali.

La questione dell'esclusiva divenne incandescente e provocò una vera guerra di scritture. L'energico cardinale Albizzi, membro dell'Inquisizione, stese un lucido *Discorso sopra il modo di creare il Sommo Pontefice in riguardo all'esclusiva di qualche corona*,[57] nel quale sviluppava due punti: a) se fosse lecito a un principe laico escludere dal pontificato un cardinale; b) se i cardinali potessero negare il voto al cardinale escluso «quando fosse il più degno».

Se nel Seicento l'esigenza di una vera autonomia del Collegio nella scelta del successore di Pietro guadagnava forza e spazio nel ceto ecclesiastico, il consenso era lungi dall'essere unanime come mostrano le argomentazioni svolte da parte del cardinale gesuita Juan de Lugo, celebre giurista-teologo della Università di Salamanca cui si attribuiva una scrittura di risposta ad Albizzi. In questo testo si ammetteva che era possibile praticare l'esclusiva senza offendere la libertà di coscienza se questa era diretta a eleggere un papa «giudice neutrale» e «pacificatore».[58] Il tema dell'atteggiamento del papa in politica internazionale era stato, come abbiamo visto, costantemente inserito dalla seconda metà del Cinquecento nelle capitolazioni che precedevano l'avvio delle procedure di elezione. Nonostante la sua importanza, questo dibattito, che fu contemporaneo all'apparizione nel Sacro Collegio del cosiddetto *Squadrone Volante* (il gruppo dei cardinali che si autorappresentava come autonomi dai condizionamenti dei principi), non ebbe la forza di scardinare l'esclusiva. Al contrario tra XVII e XVIII secolo l'offensiva teorica dei giuristi tedeschi presentò l'esclusiva come immediatamente inerente alla sovranità imperiale, una rivendicazione contemporanea in Italia alla aggressiva politica di *restitutio* delle terre «ab Imperio avulsas».[59] Rispetto

57. ASV, *Fondo Pio*, 417, trascritto in Wahrmund, *Beiträge*, pp. 9-24; cfr. anche BAV, *Barb. Lat.* 4702, ff. 44r-48r, *Discorso responsivo se un cardinale possa essere escluso a richiesta delle Corone*; BAV, *Vat. Lat.* 12178/4, ff. 10r-13r, *Discorso dove si prova che le corone non si possono ingerire nel Conclave con far dar l'esclusiva ad un soggetto per il Pontificato*. Di questi scritti circolarono molte copie anche fuori d'Italia. Su Albizzi cfr. A. Monticone in DBI, 2, 1960, *ad vocem* e la biografia di Cheyssens, *Le cardinal François Albizzi*.

58. BAV, *Barb. Lat.* 1679, *Risposta al discorso del card. degli Albici che le Corone hanno jus di escludere li cardinal dal papato di Lugo*, ff. 307r-314v, citata da Signorotto, *Lo Squadrone Volante*.

59. Cfr. Buder, *Vindiciae Iuris Imperatoris*. Un'apologia dell'esclusiva è il *Discorso Istorico, Politico e Teologico sopra li motivi che si pretendono della Maestà dell'Imperato-*

a queste pretese la tensione alla autoreferenzialità, che pure era fortissima nel Sacro Collegio, si espresse debolmente sul piano normativo. La bolla *Apostolatus officium* di Clemente XII (5 ottobre 1732)[60] non è una bolla contro l'esclusiva, ma un adeguamento legislativo dei meccanismi finanziari e burocratici del conclave alla nuova situazione creata dall'abolizione della venalità delle cariche e dalla grave crisi finanziaria dello stato Ecclesiastico. La bolla aboliva infatti per sempre l'ufficio di governatore del conclave, sopprimeva regalie e proventi previsti in sede vacante per offici ormai soppressi. L'*Apostolatus officium*, che per volontà dello stesso Clemente XII fu aggiunta alle Costituzioni apostoliche sulle quali i cardinali giuravano nella prima congregazione, prescriveva che i cardinali votassero senza lasciarsi influenzare da personali interessi, da vincoli di parentela e senza tenere conto delle raccomandazioni dei principi secolari, rispondendo solo alla propria coscienza. Si trattava, come in altre bolle precedenti, di un'ammonizione e di un'esortazione che non prevedeva una sanzione.[61]

L'esclusiva – che, seguendo Prodi, possiamo considerare «manifestazione» della permanenza della «compartecipazione delle potenze al funzionamento della monarchia elettiva» –[62] nel corso del secolo dei Lumi non solo fu di fatto accettata, ma si ampliò. Il principio che il cardinale colpito una volta dall'esclusione non fosse più papabile entrò normalmente in uso. Sul diritto di escludere si creò una sorta di intesa tra le potenze maggiori, in nome di un «comune indispensabile dovere della propria difesa e sicurezza ad operare in modo che il pontefice da eleggersi sia almeno *indifferente*».[63] Anche sovrani da poco insigniti del titolo regale, come il re di Sardegna, si fecero portatori delle ragioni dell'esclusiva. I conclavi settecenteschi furono lunghi e penosi, spesso drammatici, un «castigo di Dio», come commentarono i contemporanei nelle traversie del conclave del 1740.[64]

re Carlo VI in dar nel futuro conclave l'esclusione alle creature di questo regnante pontefice Benedetto XIII, in ASTo, *Materie Ecclesiastiche*, cat. 29, *Conclavi*, maz. 1/14.

60. *Bullarium Romanum*, t. XXIII, pp. 443-455.

61. Ivi, p. 445.

62. Prodi, *Il sovrano pontefice*, p. 187, n. 44.

63. Cito da un *Parere per la direzione dei ministri austriaci nel conclave* (1740) in ASTo, *Materie Ecclesiastiche*, cat. 29, *Conclavi*, maz. 1, non inventariato; sulla esclusiva nel Settecento cfr. Wahrmund, *Zur Geschichte des exclusionsrechtes*.

64. ASTo, *Lettere Ministri*, Roma, maz. 196, 116/2, Viglietto (copia) dell'Eminentissimo Quirino all'Eminentissimo Petra, non datato ma accluso alla lettera del conte di Rivera al re di Sardegna, datata 30 luglio 1740.

Tuttavia alla fine del secolo la fase rivoluzionaria aperta dagli eventi francesi avrebbe segnato una lunga parentesi, in cui nuove emergenze divennero prioritarie per la Chiesa di Roma.

5. *La legislazione sul conclave e la crisi rivoluzionaria (1797-1814)*

A fine Settecento, nella tempesta rivoluzionaria, la legislazione sul conclave assunse un ritmo concitato. Essa non riformò in modo duraturo il corpus legislativo precedente, che rimase intatto e valido, ma investì piuttosto la scelta del luogo del conclave e soprattutto la possibilità stessa di svolgerlo.

Nell'arco temporale compreso tra il 1789 e il 1814, prese corpo un preciso progetto «di liquidazione ecclesiologica del Papato» da parte della Francia rivoluzionaria che ebbe un cruciale momento nella votazione (12 luglio 1790) della costituzione civile del clero, «atto unilaterale del governo francese» che ruppe il patto plurisecolare concluso con il concordato di Bologna.[65] Nel 1797 dopo l'uccisione in Roma del generale francese Duphot (28 dicembre), la preoccupazione del papa per la situazione della città e della Chiesa si fece più grave. La bolla *Christi Ecclesiae Regendae* dello stesso anno fu stilata «segretissimamente» in un clima di attesa di pericoli imminenti.[66] Prefigurando già il contesto del *conclave dell'esilio*: la bolla prevedeva che, nell'«infelicissima condizione de' tempi», la discrezionalità del Sacro Collegio potesse essere totale non solo riguardo al dove eleggere il papa, ma anche rispetto al vincolo dei novendiali.[67]

L'anno successivo, proclamata il 15 febbraio 1798 in Campidoglio la Repubblica romana, dalla Certosa di Firenze ove restò praticamente prigioniero più di un anno Pio VI lavorò ad una nuova bolla, la *Cum Nos supe-*

65. Boutry, *La tentative française*, in part. p. 83; Pelletier, *24 septembre 1790*. Vedi anche Boutry, *La Roma napoleonica*; Boutry, Pitocco, Travaglini, *Roma negli anni di influenza*; Pelletier, *Rome et la Révolution*; *Chiesa romana e rivoluzione*; Bourdin e Boutry, *L'Église catholique en Révoluion*.

66. Era questa la ricostruzione di quel contesto che, molti anni dopo (1882), sarebbe stata data dalla stessa Segreteria di Stato: «sembra che Pio VI nel dettare siffatte disposizioni non consultasse alcuno dei cardinali ed è certo che coloro che volevano assisterlo nelle cose più gravi e delicate ne rimasero inconsapevoli»: ASV, SS, AAES, *Stati Ecclesiastici*, pos. 1031, 332, p. 83.

67. *Bullarii romani continuatio*, t. X, p. 51. Mutuo l'espressione da Nanni, *Il conclave dell'esilio*.

riori anno (13 nov. 1798), coadiuvato dal segretario Marotti, dal cardinale Leonardo Antonelli e da Mons. Emanuele De Gregorio e l'abate Domenico Sala.[68] Essa si indirizzava ai cardinali scacciati da Roma, in esilio, in alcuni casi imprigionati, mentre i beni della Chiesa erano venduti, gli ordini religiosi secolarizzati, il papa stesso lontano da Roma.[69] In un contesto di persecuzione della Chiesa si autorizzavano i cardinali a derogare «non solo alle leggi già stabilite che l'adunanza s'abbia a fare nel luogo dove è morto il papa, ma ancora a tutte le cerimonie, solennità e consuetudini che *non appartengono punto alla sostanza di un'elezione canonica*».[70]

Si riconosceva inoltre il diritto di eleggere il papa a quei cardinali che al momento della sua morte dimoravano nello stato di un sovrano cattolico in numero maggiore che negli altri paesi europei. In questo contesto di eccezionalità tra la minaccia francese e le pretese territoriali austriache sullo Stato pontifico si svolse il conclave di Venezia (1 dicembre 1799-14 marzo 1800).[71]

Appare chiaro come la preoccupazione del pontefice fosse di impedire che l'elezione potesse avvenire in un paese controllato dalla Francia repubblicana, e che a questa condizione andavano posposte tutte le altre. La sostanza di una elezione canonica non era dunque l'apparato rituale e la prassi cerimoniale, pure stabilita in secoli di complessa elaborazione, ma la libertà ecclesiastica. Di esse era baluardo la maggioranza dei due terzi alla quale neanche la legislazione dei tempi di crisi poteva permettere di derogare.

La logica dell'emergenza si impose anche durante il periodo napoleonico e il tormentato pontificato di papa Chiaramonti. Il primo pronunciamento di Pio VII relativo alla procedura del conclave è dell'ottobre 1804, alla vigilia della partenza (2 novembre) del papa per la Francia in occasione dell'incoronazione di Napoleone. Si tratta di un provvedimento, non pubblicato, che si configura come un richiamo alle due bolle del suo predecessore alle quali nulla di nuovo si aggiunge.[72]

68. *Bullariii romani continuatio*, t. X, pp. 175-178.

69. Ivi, p. 175. La dispersione del Sacro Collegio sarà drammaticamente evocate da Baldassarri, *Relazione*, t. III, pp. 58-123 e 142-148. Pochi mesi dopo la redazione della bolla, cioè nel luglio 1798, erano fuggiti a Napoli undici cardinali.

70. *Bullariii romani continuatio*, t. X, p. 176.

71. Ivi, p. 177; Regoli, *Ettore Consalvi*, pp. 180-204.

72. *Bullarii romani continuatio*, t. XII, pp. 248-249, ma cfr. anche *Bullarii romani continuatio Summorum Pontificum Benedicti XIV...*, t. VII, pp. 644-645, dove espressamente si deroga, se il papa muore in Francia, «illis legibus, quae de habendis comitiis in loco ubi mortuus sit pontifex constitutae sunt». Cfr. anche Ph. Boutry, *Pio VII*, in EP, III, p. 519.

In modo più organico le deroghe previste da Pio VI vengono riaffermate dal suo successore nelle *Novae leges servandae in nova Pontificis electione*, (6 febbraio 1807),[73] nella quale si riverberano le crescenti tensioni che sarebbero poi culminate nell'invasione francese di Roma (2 febbraio 1808) e nell'arresto del papa la notte 5-6 luglio 1809. Nelle *Novae leges* di tutto l'apparato di norme, procedure e cerimoniali – esito di una plurisecolare costruzione – erano preservati sostanzialmente il suffragio dei due terzi dei candidati congregati e le tre canoniche forme di elezione. È però significativo che nel dibattito che precedé le *Novae leges*, nel quale furono particolarmente attivi i cardinali Di Pietro, Antonelli, Pacca, in qualche parere sulla bolla si ipotizzasse che anche tre soli cardinali, purché formalmente convocati dal decano, potessero fare canonicamente il papa, se la situazione di emergenza lo richiedeva.[74]

Come ha scritto Alberto Melloni, questa idea – che si afferma tra XVIII e XIX secolo, secondo la quale in una fase di straordinario pericolo per la sopravvivenza stessa della Chiesa universale fosse non solo legittimo ma doveroso ricorrere a provvedimenti d'eccezione – si ripresenterà dopo la Restaurazione in altre congiunture politiche percepite come minacciose per la realtà stessa della Chiesa.[75]

Il 1 novembre 1844 a pochi mesi dalla sua morte (1 giugno 1846) Gregorio XVI emanava ancora una bolla sulle procedure del conclave *Ad Supremam* che riprendeva le deroghe già previste da Pio VI e Pio VII ai novendiali e la possibilità di svolgere il conclave in qualsiasi luogo "sicuro" ove fosse possibile raccogliere una maggioranza anche relativa degli elettori.

6. *La fine del potere temporale e l'avvio delle riforme del XIX secolo*

Dopo la cesura rivoluzionaria, la fine del potere temporale e la formazione del nuovo Stato unitario italiano rappresentano il contesto di crisi più grave che il papato deve fronteggiare nell'Ottocento. Pio IX tra il 1871 e il

73. *Bullarii romani continuatio*, t. XIII, pp. 92-94.

74. ASV, SS, AAES, *Stati Ecclesiastici*, pos. 1032, 332, pp. 339-343.

75. Melloni, *Il conclave*, p. 68. Da ricordare la costituzione di Gregorio XVI del 1 marzo 1831 (*Auctas undequaque*), nella quale si danno ai cardinali, nel caso il papa morisse fuori Roma, ampie facoltà decisionali sulla celebrazione del conclave (ASV, SS, AAES, *Stati Ecclesiastici*, pos. 657, 253).

1878 (anno della sua morte) legiferò ripetutamente sulla elezione papale, un problema che lo assillava in una situazione assolutamente inedita, in una città che non appariva più sicura e dalla quale dopo Porta Pia meditò seriamente di allontanarsi.[76] La questione del luogo è infatti centrale nella bolla *In hac Sublimi* (23 agosto 1871), pubblicata pochi mesi dopo l'importante enciclica *Ubi nos*, risposta papale alla Legge delle guarentigie appena approvata dal governo italiano (13 maggio 1871). Dichiarando all'inizio del documento di conformarsi all'esempio di Pio VI, Pio VII e Gregorio XVI, Pio IX autorizza a derogare dalle Costituzioni apostoliche nelle clausole riguardanti il tempo e il luogo e quindi, come Pio VI aveva già fatto, a non rispettare i novendiali e ad affidare ai cardinali di curia, la decisione se l'elezione del pontefice dovesse farsi in Roma stessa o altrove.[77]

Nel suo successivo intervento, la bolla *Licet per apostolicas* (8 settembre 1874), confermando tutte le sue disposizioni del 1871, Pio IX aggiunge che ferrea dovesse essere la legge della segretezza. Nulla del conclave doveva trapelare fuori di esso e tale obbligo per i cardinali è tanto più severo quanto maggiore si percepisce l'opposizione da parte del potere secolare.[78] È evidente la preoccupazione del rapporto con gli stati, italiano anzitutto ma non solo. Bismarck nel 1871 aveva avanzato l'idea di un accordo tra i governi per sorvegliare l'elezione del nuovo papa accrescendo i timori della Santa Sede sulla «libertà del conclave».[79]

Dopo Porta Pia, in breve, le preoccupazioni del primo pontefice non più signore temporale si fecero molto più vive, come prova l'esigenza di costituire una commissione *ad hoc*: *De faciendo conclavi*, che si riunì dodici volte tra il novembre 1877 e il gennaio 1878.[80]

Infine il 10 ottobre 1877 papa Mastai pubblicava la sua ultima bolla sul conclave – *Consulturi ne post obitum nostrum* – che ribadiva solennemen-

76. Ivi, pos. 968, 318 (*Risposte di alcuni cardinali alla quaestio: se si dovrebbe pensare al difficile passo della partenza del Santo Padre Pio IX da Roma e per dove*, 1870); cfr. anche Guthlin (alias Lucius Lector), *Le conclave*, pp. 716-773; Martina, *Pio IX*, pp. 247-254.

77. ASV, SS, *Morte di Pontefici e Conclavi, Pio IX*, 1/A, fasc. 1, ff. 5r-10r; cfr. Berthelet, *La elezione del papa*, p. 187.

78. ASV, SS, *Morte di Pontefici e Conclavi, Pio IX*, 1/A, fasc. 1, ff. 32v-39v, in part. f. 35v.

79. Martina, *Pio IX*, p. 504.

80. Ivi, p. 507. Le carte concernenti questa commissione sono nell'archivio della congregazione degli Affari Ecclesiastici Straordinari e ad esse facciamo riferimento in queste pagine.

te il principio della autoreferenzialità ecclesiastica, reiterava le deroghe già ammesse, insisteva lungamente sulla segretezza e enunciava apertamente l'auspicio che il luogo destinato per procedere alle elezioni fosse al di là dei confini della penisola.[81]

Sullo sfondo del dibattito curiale sul conclave negli anni che precedono la morte di Pio IX è la cupa percezione di una complicità tra il «sedicente Regno d'Italia» e il governo di Berlino, nel disegno di impadronirsi dell'istituzione conclave e di stravolgerla. Nella sessione della commissione *De faciendo conclavi*, aperta il 9 novembre del 1877, nella quale si elencavano 29 punti per i quali trovare disposizioni normative adeguate, si era fatto riferimento a un «infernale» progetto italiano di introdurre il suffragio popolare nella elezione del papa come una minaccia reale e ci si era chiesto se convenisse rivolgersi ai governi amici per proteggere il Sacro Collegio.[82]

Pio IX prima della sua morte aggiunse a queste disposizioni un regolamento (approvato nel gennaio 1878) nel cui testo si ammonivano i cardinali durante la sede vacante a non entrare in rapporto con qualsiasi autorità italiana e a non fare funzioni pubbliche.

A elezione avvenuta del successore di Pio IX, Leone XIII, il segretario di stato, mons. Mariano Rampolla, dispose e collaborò alla preparazione di un'opera in due volumi intitolata *Studio delle calamitose vicende della Santa Sede nei pontificati di Pio VI e Pio VII in ordine all'allontanamento di questi pontefici da Roma e all'eccezionale modo di governare la Chiesa*, un corposo inedito scritto che dimostra come, ancora negli anni Ottanta del XIX secolo, lo scenario del papa-ostaggio del nemico condizionasse pesantemente la riflessione sul conclave, e come il collegamento rivoluzione francese-unità d'Italia fosse, almeno per la curia romana, una evidenza.

Nell'Età moderna l'aspirazione all'autonomia ecclesiastica aveva trovato un limite nel permanere del condizionamento espresso attraverso il diritto di veto che durante la Restaurazione le potenze ripresero pesantemente ad esercitare. Tra fine Ottocento e primo Novecento la questione dell'esclusiva da parte dei sovrani si impose anche in un dibattito teorico europeo che ne evidenziò le radici medievali (la conferma imperiale alla elezione) e descrisse l'evoluzione della pratica moderna con un grande

81. ASV, SS, *Morte di Pontefici e Conclavi*, *Pio IX*, 1/A, fasc. 1, ff. 57r-61r, in part. f. 58r e Berthelet, *La elezione del papa*, pp. 203-204.

82. ASV, SS, AAES, *Stati Ecclesiastici*, pos. 999, 323, ff. 2r-6v.

lavoro di scavo archivistico a opera di canonisti come l'austriaco, professore ad Innsbruck, Ludwig Wahrmund o Joseph Guthlin (Lucius Lector), docente di dogmatica presso il seminario di Strasburgo, poi a Roma dopo la sua espulsione per motivi politici dall'Alsazia nel 1878, consigliere teologico dell'ambasciatore di Francia presso la Santa Sede e prelato domestico di Leone XIII.[83]

Sarà però solo all'inizio del Novecento, come vedremo nelle pagine conclusive di questo volume, dopo un drammatico conclave, in cui il problema esplose in tutta la sua complessità con il veto austriaco al cardinale Mariano Rampolla del Tindaro, che il papa eletto da quel conclave, Pio X, con una riforma complessiva dell'istituto del conclave, abolirà questa prerogativa residuo di una relazione ormai esaurita di compenetrazione tra politica e religione.

83. Guthlin (alias Lucius Lector), *Le conclave et le veto*, pp. 28-29; Sägmüller, *Die Papstwahlen* e Id., *Die Papstwahlbullen*; Wahrmund, *Das Ausschließungs-Recht*; Id. *Beiträge*; Id., *Die kaiserliche Exklusive*; Pivano, *Il diritto di veto*.

II
Le cerimonie di avvento

Dalle origini al XV secolo

1. *Vescovo e signore di Roma (secoli III-XI)*

La basilica lateranense – la cattedrale del vescovo di Roma – sembra essere stata considerata fin dall'inizio del V secolo come luogo ideale per eleggere un nuovo papa, ma non riuscì ad imporsi come unico luogo di elezione a causa dei continui conflitti che imperversarono durante quasi ogni elezione papale di quei secoli. Papa Damaso (366-384) fu ordinato il 1° ottobre 366 dal vescovo di Ostia Florenzio nella basilica lateranense – che secondo i suoi oppositori avrebbe occupato con la forza –, ma la sua elezione era avvenuta nella chiesa di San Lorenzo in Lucina il 24 settembre.[1] Mezzo secolo dopo, i numerosi seguaci di Eulalio (418-419) si rinchiusero nella basilica per eleggerlo,[2] ma i sostenitori di Bonifacio I (418-422), che sarà eletto papa il giorno successivo (28 dicembre), si rivolsero all'imperatore di Costantinopoli come supremo arbitro in caso di conflitti in relazione all'elezione papale, accusando gli elettori del rivale Eulalio di avere occupato la basilica con violenza. L'imperatore Onorio si dichiarò a favore di Eulalio anche perché la sua elezione era avvenuta nella basilica lateranense, ritenendo che così fosse stato rispettato uno dei criteri di validità dell'elezione, ossia la "qualità del luogo".[3] Sappiamo inoltre che il diacono Simmaco fu eletto papa (22 novembre 498) nella basilica latera-

1. *Libellus precum Marcellini et Faustini*, in *Avellana qvae dicitvr collectio*, ed. Guenther, pp. 5-44. Sulla basilica lateranense come luogo di elezione del papa, vedi Gussone, *Thron*, pp. 136-137.

2. *Avellana qvae dicitvr collectio*, *epistola* 14, ed. Guenther, pp. 59-60.

3. Ivi, pp. 63-65.

nense, mentre il suo oppositore, il presbitero Lorenzo, si era fatto eleggere lo stesso giorno a Santa Maria Maggiore.[4]

Per i due secoli successivi non possediamo informazioni sulla basilica Lateranense come luogo di elezione di un nuovo pontefice e quando, il 23 luglio 685, Giovanni V fu eletto in quella basilica, l'evento fu considerato come la ripresa di un'antica consuetudine,[5] ma all'elezione del suo successore, il clero non potè entrarvi perché impedito dall'esercito. Il candidato di compromesso – il siciliano Conone, figlio di un ufficiale delle truppe della Tracia – fu finalmente eletto papa nel palazzo papale. Stefano II (752-757) fu eletto in Santa Maria Maggiore e soltanto dopo l'elezione portato nella basilica lateranense.[6] Anche alla morte di Paolo I (28 giugno 767) il presbitero Filippo fu condotto in basilica solo per esservi consacrato. L'elezione di Stefano III (768-772) avvenne nella chiesa di Santa Cecilia di cui era il titolare.

La basilica lateranense fu scelta più di ogni altra chiesa romana per le cerimonie di ordinazione o consacrazione del nuovo pontefice, non però senza contrasti e conflitti. Papa Damaso (366) riuscì a farsi ordinare in Laterano,[7] mentre per il suo avversario, l'antipapa Ursino, la cerimonia si svolse nella Basilica Julia al Foro Romano.[8] Nel 418, l'arcidiacono Eulalio si fece ordinare nella basilica del Laterano dal vescovo di Ostia, mentre il suo contendente, Bonifacio I, fu ordinato nella chiesa di San Marcello, il che fu ritenuto contrario alla tradizione dall'imperatore romano Onorio.[9] Nel 498, l'ordinazione di Simmaco fu celebrata nella basilica del Laterano, mentre quella dell'antipapa Lorenzo avvenne a Santa Maria Maggiore.[10] Nel 530, Dioscoro riuscì a farsi ordinare nella basilica lateranense, mentre Bonifacio II fu ordinato alla Basilica Julia.[11] Stando alle informazioni disponibili, Stefano II (752) e Filippo (768) furono gli ultimi ad essere ordinati nella basilica lateranense.[12] Da tempo si era imposta l'idea che il nuovo

4. LP, I, p. 260.

5. Ivi, p. 366.

6. Ivi, p. 440.

7. *Faustini et Marcellini presbyterorum partis Ursini contra Damasum*, PL 13, col. 82; vedi JL, I, p. 37.

8. Ma secondo Rufino, *Historia ecclesiastica*, l. II, c. 10, PL 21, col. 627, la cerimonia si sarebbe svolta «in basilica Sicinini»; vedi JL, I, p. 36.

9. *Avellana qvae dicitvr collectio*, *epistola* 14-15, ed. Guenther, pp. 59-61.

10. JL, I, p. 96.

11. LP, I, p. 281.

12. Rispettivamente, LP, I, p. 440 e LP, I, p. 470. Sui motivi della scomparsa della cerimonia di omaggio nella basilica, v. de Blaauw, *"Cultus et decor"*, I, pp. 199-200. Sul

papa dovesse essere ordinato e consacrato nella basilica di San Pietro in Vaticano, ossia presso presso la tomba dell'Apostolo di cui il nuovo papa era considerato l''erede'.

Anche la residenza del papa al Laterano fu inserita nelle cerimonie di inaugurazione, ma lo sappiamo per la prima volta soltanto verso la fine del VII secolo, a proposito di Giovanni V. Il *Liber pontificalis* ricorda che il nuovo pontefice, dopo essere stato eletto «da tutti, secondo un'antica consuetudine», nella basilica del Salvatore (la basilica lateranense), fu "introdotto" nell'*episcopium*, ossia nella residenza papale nei pressi della basilica.[13] "Introduzione" e *episcopium* sono termini nuovi, ed é del resto la prima volta che il *Liber pontificalis* ci parla della residenza papale, la cui storia fino agli ultimi decenni del VII secolo è di difficilissima ricostruzione a causa di un quasi assoluto silenzio delle fonti.[14]

Già un secolo dopo, le *Vitae* di Stefano II (752-757) e di Stefano III (768-772) usano un nuovo termine – *patriarchium* – per definire il palazzo del papa. Al sinodo romano del 769, presieduto da Stefano III, l'eletto fu condotto nel *patriarchium* e lì omaggiato come «signore di tutti» – ossia dell'Urbe – dalla milizia, dai notabili laici e dal popolo della città.[15] Soltanto qualche anno prima, secondo il *Liber pontificalis*, Zaccaria (741-753), aveva fatto "restaurare" il *patriarchium* lateranense perché era "caduto in rovina".[16] Questo inedito interesse per il palazzo lateranense affiora proprio nel momento in cui il papato riesce ad imporre la sua autorità sull'Urbe in crescente autonomia da Bisanzio.

Anche le *Vitae* di Valentino (827), Leone IV (847-855) e Benedetto III (855-858) sottolineano che il pontefice fu acclamato come signore dopo essere stato "introdotto" nel palazzo, dove ricevette l'omaggio dei notabili oltre che – e si tratta di altre informazioni inedite – il bacio del

progressivo declino della basilica lateranense come luogo di elezione e di ordinazione del pontefice, vedi Gussone, *Thron,* p. 168.

13. Sull'"introduzione" del papa al Laterano, vedi Gussone, *Thron*, pp. 145-148.

14. Sulla storia della residenza lateranense nei primi secoli, si v. ora la sintesi offerta da Fried, *Donation of Constantine*, pp. 74-88. Sul periodo tardo medievale vedi Le Pogam, *De la* Cité de Dieu *au* Palais du Pape.

15. MGH Concilia, II, p. 86; cfr. Gussone, *Thron*, p. 151 e *passim*. Sul papa come patriarca, vedi Schieffer, *Der Papst als Patriarch von Rom.*

16. LP, I, p. 432. Su questi vari passaggi (*patriarchium, episcopium, palatium*): Elze, *Das Sacrum Palatium Lateranense*, pp. 27-54; Miller, *The Bishop's Palace*, pp. 174-176; Boureau, *La papesse Jeanne*, pp. 77-82; Le Pogam, *De la* Cité de Dieu, pp. 29-30.

piede[17] o la *fidelitas* con giuramento.[18] Nella *Vita* di Valentino il palazzo viene però definito con un nuovo termine: *palatium*;[19] che il *Liber pontificalis* aveva usato per la prima volta nella *Vita* di Leone III (795-816).[20] Leone III è il papa che aveva arricchito lo spazio lateranense con l'edificazione di due aule: la più grande, il Triclinio, imitava il *sacrum palatium* di Costantinopoli, con l'evidente obiettivo di porre il papa sullo stesso livello dell'imperatore, mettendo cioè in particolare risalto il carattere imperiale dell'autorità del papa.[21] Una lettera di Leone III a Carlomagno (25 novembre 815) conferma che il rito di "introduzione" del papa nel palazzo lateranense riflette l'influenza delle cerimonie imperiali costantinopolitane. Il papa infatti vi descrive le fasi essenziali dell'elezione di un imperatore a Bisanzio: «il popolo di Costantinopoli elesse un nuovo imperatore e lo introdusse nel palazzo imperiale, dove gli presentarono le *laudes* e dove l'imperatore si fece incoronare dal patriarca».[22] In quello stesso periodo, Adriano I e Leone III procedono ad una riorganizzazione dell'impianto urbanistico e monumentale, restaurando chiese in decadimento, ripristinando mura e acquedotti, dando vita a nuove infrastrutture di viabilità, fondando alberghi e ospedali per l'accoglienza dei pellegrini a San Pietro, ed abbellendo chiese romane e del suburbio con lampade e vasi d'oro e d'argento e con tessuti preziosi.

La *Vita* di Stefano III (768-772) afferma che l'intruso Filippo fu "introdotto" nel palazzo papale e fu fatto sedere sulla *sella pontificalis*, un gesto rituale che appare come costitutivo.[23] L'informazione è storica, perché è la prima volta che secondo le fonti il neo eletto pontefice doveva sedere su un seggio quando veniva "introdotto" nel *patriarchium* lateranense. Una decina di anni dopo, Leone III (795-816) farà raffigurare san Pietro seduto in cattedra mentre presenta al papa il pallio e a Carlomagno il *vexillum* nel Triclinio, da lui fatto edificare.[24] Gia la *Vita* di Sergio I (687-701) menzionava una *sedes*

17. Valentino, LP, II, p. 72 e Leone IV, ivi, p. 107.
18. Stefano V, ivi, p. 192.
19. Valentino, ivi, p. 72; Leone IV, ivi, p. 107; Benedetto III, ivi, p. 140.
20. Fried, *Donation of Constantine*, p. 85, con riferimento a Jordan, *Entstehung*, p. 11 n. 2.
21. Herklotz, *Der* Campus Lateranensis, pp. 36-37; Fried, *Donation of Constantine*, p. 86 e n. 283.
22. Leone III, lettera 8, MGH Epistolae, V, p. 99.
23. LP, I, pp. 471-472.
24. Sul mosaico, vedi Herklotz, *Gli eredi di Costantino*, pp. 81-87.

«situata davanti alla cosiddetta basilica di Teodoro, sotto gli apostoli», sulla quale il papa sedeva per ricevere gli omaggi dalla milizia e dal popolo.[25]

Il termine *sella* usato dalla *Vita* di Stefano III, generico, fa pensare ad una *sedes curulis* mobile, da tenere distinta dalla sedia patriarcale nell'abside della basilica lateranense.[26] Già mezzo secolo dopo, il *Liber pontificalis* usa però termini più solenni: *pontificalis thronus*, *pontificale solium* e *apostolicum solium*. Questo termine, subito ripreso dalla *Vita* di Nicola I (858-867),[27] darà vita alla formula «Soglio di Pietro» ancora in uso.

Salutare il papa con acclamazioni era una tradizione antica. Già nel 236, secondo quanto racconta Eusebio, Fabiano (236-250) sarebbe stato accolto – e si tratta della più antica attestazione di laude rivolta ad un papa – con una semplice parola: *Dignus*.[28] Nel 495, per onorare Gelasio I (492-496) al sinodo romano si usarono le formule *Exaudi Christe Gelasio Vita! Domne Petre Tu illum serva! Cuius sedem et annos! Apostolum Petrum te videmus!*[29] che sottolineano come il nuovo papa fosse eletto dall'apostolo Pietro. Si tratta di una chiara conferma della concezione, affermatasi un secolo prima, sotto Siricio (384-399), secondo cui il papa è «erede di Pietro», e che cade in un contesto di crescente affermazione dell'autorità del pontefice romano, grazie alla quale Gelasio I elaborò la sua dottrina della distinzione dei due poteri, imperiale e papale.[30]

Il fatto che il *Liber pontificalis* menzioni per la prima volta le laudi in relazione all'elezione di Conone (686-687)[31] e di Sergio I (687-701) conferma l'attenzione che le fonti papali dedicano allora alle cerimonie dell'avvento di un nuovo papa, in particolare all'"introduzione" e all'intronizzazione al Laterano come elementi di *imitatio imperii*.[32]

Le parole stesse dell'acclamazione figurano per la prima volta nella *Vita* di Stefano III (768-772), in relazione all'elezione (31 luglio 768) del suo contendente Filippo. Condotto nella basilica lateranense, fu acclamato

25. LP, I, p. 374.

26. Su troni e seggi pontifici, mi permetto di rinviare anche per quanto segue a Gussone, *Thron*.

27. LP, II, p. 152.

28. Eusebius Caesariensis, *Historia ecclesiastica*, VI, 29; vedi Kantorowicz, *Laudes regiae*, p. 125.

29. Kantorowicz, *Laudes regiae*, pp. 125-126.

30. Benson, *The Gelasian Doctrine*.

31. LP, I, p. 368.

32. Ivi, p. 371.

con le parole: «Filippo papa, san Pietro ti ha eletto Filippo papa».[33] Chi acclama è il "popolo romano", come voleva la tradizione. Le laudi sono ormai l'unico gesto rituale riservato ai laici, che il sinodo romano del 769 aveva tentato di escludere dalle procedure di elezione vere e proprie.

L'*Ordo Romanus* XXXVI, redatto intorno al 900, perscrive che la consacrazione a vescovo (di Roma) doveva essere celebrata allo stesso modo, sia che l'eletto fosse diacono o presbitero. Si potevano dunque "saltare" le ordinazioni intermedie, consacrando l'eletto vescovo *per saltum*.[34] L'ordinazione *per saltum*, motivata dal desiderio di accellerare l'accesso dell'eletto alla piena funzione del potere pontificio, fu però abbandonata nel corso dell'XI secolo sotto l'influsso della liturgia franca e in un contesto di rinnovato interesse sacramentale ed ecclesiologico per la figura del sacerdote.

Prima di essere consacrato, un nuovo vescovo doveva essere sottomesso ad un esame di idoneità – il cosiddetto *scrutinium*, un termine che deriva dalla liturgia del battesimo[35] – e ricevere una solenne informazione sui suoi doveri episcopali. Lo prevedono già la *Didascalia apostolorum* e le Costituzioni apostoliche.[36] Anche a Roma, l'*Ordo Romanus* XXXV[37] prescrive che si proceda allo *scrutinium* di un vescovo alla vigilia della consacrazione. Essendo generalmente celebrato all'ora dei vespri (nell'atrio della basilica di San Pietro in Vaticano), veniva definito *scrutinium serotinum*.

L'ordinazione del pontefice romano viene descritta per la prima volta verso la fine del VI dal *Liber diurnus*,[38] poi dall'*Ordo Romanus* XLA;[39] di fatto, il rito di ordinazione di un nuovo papa seguiva una tradizione molto antica che risale alla *Tradizione apostolica* (215 ca), secondo cui i vescovi presenti il giorno dell'elezione posano in silenzio le mani sul capo dell'eletto, mentre i presbiteri si tengono in disparte.[40] Su richiesta dell'intero collegio vescovile presente, uno dei vescovi – uno solo – pro-

33. Ivi, p. 470; cfr. Schimmelpfennig, *Die Bedeutung*, p. 56.

34. Andrieu, IV, pp. 195-205; vedi Vogel-Elze, II, pp. 150-151.

35. Richter, *Die Ordination*, pp. 16-18.

36. *Didascalia apostolorum*: Achelis-Flemming, *Die syrische Didaskalia*, cap. IV, p. 14; Costituzioni apostoliche: PG, I, col. 598.

37. Andrieu, IV, pp. 41-43 n[i] 44-55.

38. Capitolo *De ordinatione pontificis*: ed. Förster, p. 111.

39. Andrieu, IV, pp. 203-205 n[i] 41-56; vedi Vogel-Elze, II, pp. 150-151 *(De gradibus romanae ecclesiae*, nn. 40-56.

40. Opera di riferimento: Richter, *Die Ordination*.

nuncia la preghiera continuando ad imporre le mani. Tutti pregheranno Dio affinché invii lo Spirito Santo sull'eletto. Alla fine della cerimonia – che riguardava i vescovi in generale e non il papa in particolare –, dopo che i presenti si sono dati il bacio della pace, il vescovo ordinato procede alla celebrazione eucaristica.[41]

A Roma l'ordinazione di un nuovo papa veniva celebrata la domenica mattina. Anche questa tradizione, antichissima, è già menzionata nella *Tradizione apostolica* (215 ca). Il *Liber Diurnus* ricorda implicitamente che l'ordinazione si celebrava di domenica, perché il *Gloria* veniva cantato soltanto di domenica e nelle feste dei martiri.[42]

La *Tradizione apostolica* (215 ca) parlava di un solo vescovo ordinando, ma la consuetudine secondo cui tre fossero i vescovi ordinandi di un vescovo (non solo di Roma) è già attestata all'epoca del concilio di Arles (314) e viene confermata dal concilio di Nicea (325), secondo cui un vescovo doveva essere ordinato da tre vescovi sotto la presidenza del metropolita.[43] Secondo il *Liber pontificalis*, Marco I (336) decise che il vescovo dell'Urbe dovesse ricevere il pallio ed essere consacrato dal vescovo di Ostia,[44] un diritto che sant'Agostino (354-430) attribuisce al fatto che Ostia era la diocesi più vicina a Roma.[45] Antichissimo, il diritto del vescovo di Ostia di ordinare il nuovo pontefice romano conobbe soltanto poche eccezioni,[46] che riguardano soprattutto antipapi.[47] Il diritto degli altri due vescovi, di Albano e di Porto, di prendere parte alla consacrazione del vescovo di Roma viene segnalato per la prima volta verso la fine del VI secolo dal *Liber Diurnus*. La tradizione continuò nei secoli successivi.[48]

41. *Traditio apostolica*, cur. Geerlings, pp. 214-218.

42. Wasner, *De consecratione*, p. 113.

43. Concilio di Arles, Mansi, II, p. 473 n° XX. Concilio di Nicea, ed. *Conciliorum*, pp. 6-7. La presenza di tre vescovi è però attestata per l'ordinazione di Novaziano (251), lettera di Cornelio a Fabio di Antiochia, cfr. LP, I, p. 151 n. 2.

44. Ivi, p. 202.

45. *Breviculus collationis cum Donatistis*, coll. tertii diei XVI, 29, PL 43, col. 641.

46. Come nel caso di Costantino II (767), che fu consacrato dal vescovo di Palestrina (LP, I, p. 469). La presenza del vescovo di Ostia viene invece indicata in relazione all'ordinazione di Leone II (681), Giovanni V (685) e Benedetto III (855): risp. LP, I, p. 360, 366 e II, p. 144.

47. Felice II (355): JL, I, p. 35; Ursino (366): JL, I, p. 36; Pelagio I (555: consacrato dal vescovo di Tivoli): LP, I, p. 303.

48. Per le testimonianze relative a Benedetto III , Adriano II e Stefano V, vedi risp. LP, II, p. 144, 175 e 197 n. 8. Per i secoli XI e XII (elezioni di Gregorio VII, Clemente

Secondo il *Liber diurnus*, le orazioni venivano rivolte all'eletto dai tre vescovi ordinandi in ordine gerarchico. Il vescovo di Albano (terzo in ordine gerarchico) parlava per primo, seguito dal vescovo di Porto. Poi il vescovo di Ostia, primo in ordine gerarchico, consacrava l'eletto, ossia pronunciava la terza orazione. L'eletto viene definito «presule della Sede apostolica», «primate di tutti coloro che sono sacerdoti nell'orbe terrestre» e «dottore della Chiesa universale». È a lui, dice ancora l'orazione, che Dio ha scelto di affidare il «ministero del sommo sacerdozio» ed è quindi a Dio che viene rivolta la preghiera affinché «gli attribuisca la cattedra pontificia per dirigere la Chiesa e l'universo popolo».

Dopo la recitazione della terza orazione da parte del vescovo di Ostia, l'arcidiacono poneva sulle spalle dell'eletto il pallio, un elemento rituale grazie al quale si indicava che il nuovo eletto era il successore legittimo di san Pietro. L'imposizione del pallio è, nei testi antichi ricordati più sopra, e per la prima volta nel *Liber diurnus*, l'unico elemento rituale specifico del pontefice romano. Gli altri – preghiera rivolta all'ordinando, imposizione delle mani, consacrazione – erano infatti identici a quelli previsti, fin dalla *Tradizione apostolica*, per l'ordinazione di un vescovo. Costituito da una striscia di stoffa di lana bianca avvolta sulle spalle, il pallio faceva parte, come la stola e le calzature, del vestiario dei dignitari statali, era quindi un'insegna la cui concessione apparteneva in origine all'imperatore e con la quale veniva riconosciuto un rango statale. Per molti secoli il papa dovette infatti chiedere il permesso all'imperatore per concedere il pallio ad altri vescovi. Nel VI secolo, il pallio viene però progressivamente messo in relazione con san Pietro, ed è per questo che durante la notte veniva posto sulla tomba del Principe degli Apostoli (la cosidetta *Confessione*) prima di essere consegnato al suo destinatario.

Secondo l'OR 36 (fine del IX secolo), il papa, subito dopo l'imposizione del pallio, viene "elevato", ossia posto dall'arcidiacono e dal diacono sulla cattedra (che si trovava nell'abside della basilica). Sebbene non si usino i termini "incattedrare" o "intronizzare", il gesto ha lo scopo di rendere visibile che egli è il successore legittimo di san Pietro. L'espressione "elevare al seggio" sembra dover essere messo in relazione all'intronizzazione praticata nelle chiese franche per le consacrazioni vescovili.

III, Pasquale II, Vittore III, Innocenzo II e Anacleto II), vedi Wasner, *De consecratione*, pp. 109-110.

Descrivendo la cattedra più alta di alcuni gradini,[49] l'OR 36 segnala una sua accresciuta importanza proprio nel momento in cui (fine del IX secolo) vescovi furono per la prima volta eletti al soglio di Pietro. Per descrivere l'accessione al papato di Marino (882-884), il primo vescovo ad essere eletto pontefice romano, un autore contemporaneo usa una formula nuova: il papa fu «intronizzato sulla sede santa ed apostolica».[50] L'*intronizatio* sostituiva la cerimonia di consacrazione e si generalizzerà nel secolo XI.[51] L'intronizzazione nella basilica di San Pietro – ossia la fase rituale di presa di possesso della cattedra absidale – segnalava tutti gli «effetti giuridici relativi all'esercizio del potere giurisdizionale che aveva la consacrazione».[52]

Come al Laterano, anche durante la cerimonia di consacrazione del papa a San Pietro laudi venivano cantate al nuovo papa dal clero con la partecipazione del popolo già all'inizio del IX secolo. Esse venivano offerte dalla *schola cantorum* al nuovo papa dopo il *Gloria in excelsis Deo* e ripetute dai rappresentanti (*patroni*) delle sette regioni romane.

Sempre secondo l'OR 36, alla fine della cerimonia di ordinazione o consacrazione a San Pietro, il papa si recava in sacrestia (*sacrarium*) e sedeva sulla "sedia apostolica".[53] Su quella sedia, Giovanni VIII si sedette qualche giorno dopo l'incoronazione di Carlo il Calvo ad imperatore (25 dicembre 875) per discutere insieme al nuovo imperatore di problemi ecclesiastici, e ciò ha indotto a pensare che la sella apostolica posta nel *sacrarium* fosse il trono che Carlo il Calvo donò alla basilica di San Pietro e fu poi venerato per secoli come cattedra di San Pietro. Considerazioni archeologiche – sostituzione sul sedile di cinghie di cuoio con del lino resistente – permettono infatti di pensare che il trono di Carlo il Calvo fosse stato riposto tra gli oggetti liturgici della basilica di San Pietro, e usato dai papi.[54]

Dopo avere lasciato la sacrestia, il papa si recava in processione al «posto dove lo aspetta il cavallo» papale, ossia alla piattaforma situata davanti alla porta dell'atrio della basilica di San Pietro, ai piedi della gradi-

49. Andrieu, IV, p. 203 n° 48.

50. *Gesta Berengarii*, ed. Dümmler, p. 145, cit. Wasner, *De consecratione*, p. 251.

51. Wasner, *De consecratione*, pp. 252-255.

52. Ivi, p. 255.

53. Andrieu, IV, p. 204 n° 52.

54. Maccarrone, *Die* Cathedra, pp. 188-189; Gussone, *Thron*, p. 175 ss., pp. 225-226 e de Blaauw, *"Cultus et decor"*, II, pp. 610-611. Sulla cattedra di San Pietro, vedi *La cattedra lignea* e *Nuove ricerche sulla cattedra*.

nata. Qui i rappresentanti (*patroni*) delle XII regioni di Roma acclamavano il neo eletto pontefice. Il papa riceveva l'omaggio stando in piedi. Dopo le laudi, il capo degli scudieri si avvicinava al pontefice e gli poneva sul capo la tiara che l'OR 36 descrive come una sorta di elmo di tessuto bianco. Soltanto ora, dopo essere stato incoronato, il papa saliva a cavallo.[55] Che il papa venisse incoronato con il *frygium* viene presupposto già dal *Constitutum Constantini*, secondo cui sarebbe proprio stato Costantino a porre sul capo di Silvestro I «il *frigium* di colore candido a simbolo della Resurrezione di Cristo».[56] Portare la tiara permetteva al papa di apparire come il sovrano temporale dell'Urbe e del Patrimonio di San Pietro.

La processione che conduceva il nuovo pontefice da San Pietro al Laterano[57] rispecchia un ordine gerarchico ben codificato. La vicinanza al papa indica in modo decrescente il rango della persona. Davanti al papa cavalcavano l'arcidiacono e gli altri diaconi, insieme al *primicerius cantorum*, due a due. Davanti a loro avanzavano i suddiaconi, a loro volta preceduti dai *cardinales* preti, in quanto responsabili delle chiese titolari romane, dai cantori, dai notai e quindi dai cardinali vescovi quali rappresentanti delle diocesi vicine a Roma, le cosiddette diocesi suburbicarie. Li precedevano gli abati dei monasteri romani, vescovi e arcivescovi presenti a Roma e i *prefecti navales* la cui vera funzione ci sfugge. L'inizio della processione è formato dalla croce papale tenuta da un chierico, dai *milites draconarii* con i gonfaloni delle dodici regioni e da due chierici con il compito di condurre due cavalli papali, di cui uno portava i paramenti necessari per la celebrazione della messa, nonché dai rappresentanti della nobiltà romana. Tutti i prelati portavano mitre e i loro cavalli erano rivestiti di gualdrappe bianche. Il servizio pubblico era affidato ai *maiorentes*.[58] Arrivando al palazzo del Laterano, mentre era ancora a cavallo, il papa riceveva laudi dai *cardinales* preceduti dal priore dei cardinali preti di San Lorenzo fuori le mura, e così facevano gli *iudices*, guidati dal *primicerius*, l'antico *primi-*

55. Andrieu, IV, p. 205 n° 55 e Vogel-Elze, II, p. 151 (*ordo* CIV 55), cfr. Schimmelpfennig, *Die Bedeutung*, pp. 57-58.

56. *Constitutum Constantini*, ed. Fuhrmann, n° 16.

57. La fonte fondamentale è l'*ordo* XI, redatto da Benedetto, canonico di San Pietro sotto il pontificato di Innocenzo II (1143-1145); cfr. Schimmelpfennig, *Die Bedeutung*, pp. 59-60; Id., *Zum päpstlichen Zeremoniell*, p. 112 ss. Sulle processioni papali dei secoli anteriori alla Riforma gregoriana vedi Noble, *Topography*.

58. LC, II, p. 146 n° 21; Vedi anche ivi, I, p. 292 n° 7 (Cencio); Schimmelpfennig, *Zum päpstlichen Zeremoniell*, p. 112.

cerius notariorum. Sceso da cavallo, il papa veniva condotto attraverso il palazzo nella sua camera dal *primicerius defensorum* e dal *secundicerius*.

2. *Capovolgimenti cerimoniali (secolo XII)*

2.1. *Eleggere il papa a Roma e fuori di Roma*

Intorno alla metà dell'XI secolo si assiste ad una grande novità: nel 1058 un papa fu per la prima volta eletto fuori di Roma. Stefano IX morì a Firenze e Gerardo, vescovo di Firenze, fu eletto a Siena con il nome di Niccolò II. Ed è proprio questa grande novità che il decreto di elezione del 1059 – che abbiamo preso in considerazione nella prima parte – ha avuto il compito di giustificare. Già qualche anno prima, Leone IX era stato eletto a Worms nel mese di dicembre 1048. La sua elezione era stata imposta dall'imperatore Enrico III con il consenso dei legati romani, ma, stando al suo biografo, Bruno di Segni, Leone IX rifiutò di accettare la dignità pontificia prima che la sua elezione non fosse stata ratificata dal clero e dal popolo di Roma.[59] L'antichissima consuetudine secondo cui il papa veniva eletto a Roma – dal clero e dal popolo – era ancora considerata la norma. Ma già nel corso del XII secolo numerosi furono i papi eletti fuori di Roma, il che modificò notevolmente il tradizionale ordinamento delle cerimonie di inaugurazione di un nuovo pontefice. Lo dimostrano due biografie del *Liber pontificalis* dei primi decenni del XII secolo, le *Vitae* di Pasquale II (1099-1118) e di Onorio II (1124-1130), le cui ricchissime e inedite descrizioni rituali nascono proprio dal desiderio di giustificare tali novità.[60]

Dopo essere stato eletto nella chiesa romana di San Clemente 13 agosto 1099, dove fu acclamato, Pasquale II fu rivestito del manto rosso e gli venne imposta la tiara.[61] Le fonti precedenti al XII secolo parlavano soltanto di due "intronizzazioni" lateranensi: sulla cattedra situata nell'abside della basilica e sulla *sella pontificalis* cui doveva sedere durante l'"introduzione" nel palazzo. Ora invece veniamo informati del fatto che il neo eletto pontefice deve compiere tre "intronizzazioni". Il primo seggio si trova nel portico della basilica e non ha nome; il secondo è la *sedes* marmorea

59. Bruno di Segni, *Vita sancti Leonis papae IX,* pp. 546-554.
60. LP, II, p. 296 (Pasquale II), p. 327 (Onorio II).
61. Ivi, p. 296. Il testo è identico nel codice di Tortosa, LP, III, p. 144.

posta nell'abside, che il biografo definisce *patriarchalis*. Sugli altri due seggi il papa siede dopo essere salito al palazzo. Essi si trovavano dunque all'ingresso. Sedendovisi il papa si munisce di «un cingolo cui pendono sette chiavi e sette sigilli»; mentre è seduto riceve la ferula. Le chiavi e i sigilli che pendono dal cingolo simbolizzano i doni dello Spirito Santo che devono guidare il neo eletto nel governare «le sante chiese», «aprendo e chiudendo». La ferula che gli viene offerta rinvia invece al governo "del palazzo" di cui prenderà poi possesso «attraversandone» i vari luoghi.[62] Altri seggi attendono l'eletto all'interno del palazzo. La *Vita* dice infatti che l'eletto porta a compimento il "rito di elezione" «sedendo o attraversando gli altri luoghi del palazzo». Questi seggi non vengono però meglio precisati, non avendo un valore simbolico preciso.

La *Vita* di Onorio II (1124-1130) è assai più succinta. Dopo avere acclamato papa il vescovo di Ostia Lamberto nella chiesa di San Pancrazio (presso la basilica del Laterano), gli elettori di Onorio II lo hanno posto sui seggi situati davanti alla chiesa di San Silvestro che sono a forma di sigma e vengono quindi chiamati *symae*.[63]

Una visione più completa ci viene offerta qualche decennio dopo da quattro *ordines*. Due sono noti con il nome dei loro "redattori": Albino e Cencio,[64] due altri, anonimi, sono tramandati rispettivamente da un codice di Basilea e di Londra.[65] Per la prima volta libri cerimoniali presentano le cerimonie di inaugurazione di un papa nelle sue tre componenti – Laterano, Vaticano, processione dal Vaticano al Laterano – pur tenendo conto della possibile elezione di un papa fuori di Roma e delle corrispondenti conseguenze cerimoniali. Per Cencio (1) Se l'elezione avviene a Roma, nella basilica di San Pietro, l'eletto viene condotto all'altare accompagnato dal canto del *Te Deum laudamus*. Lì vi si prostra in adorazione, poi viene posto

62. Per l'autore della prima *Vita* di san Bernardo le varie fasi del possesso sono *sessiones* che corrispondono ad antica consuetudine. Anche qui il riferimento a gesti cerimoniali serve a sottolineare la legittimità di Innocenzo II (1130), la cui elezione fu effettuata da «coloro che erano rimasti nella parte cattolica».

63. LP, II, p. 327.

64. L'*ordo* di Albino e Cencio è stato da me già analizzato in *Il corpo del papa*, pp. 37-50. La presente disamina è stata condotta su una rilettura di tutti e quattro gli *ordines*.

65. Edizioni: Albino, LC, II, pp. 123-125 n° 3; Cencio, ivi, I, pp. 311-313 (XLVIII.77). L'*ordo* di Basilea è stato pubblicato da Schimmelpfennig, *Ein bisher unbekannter Text*, pp. 43-70; quello di Londra, da Id., *Ein Fragment*, pp. 323-333; Id., *Die Zeremonienbücher*, pp. 14-15 e Id., *Die Bedeutung*, pp. 49-50.

sulla cattedra absidale, dietro l'altare, dove riceve i (cardinali) vescovi e gli altri cardinali, «e tutti coloro che vorrà» per il bacio del piede e della pace. La domenica successiva verrà celebrata la cerimonia di consacrazione cui farà seguito «il ritorno al Laterano». (2) Se la presa di possesso del Laterano non è stata celebrata prima della consacrazione in San Pietro, il papa dovrà, giungendo al Laterano, dapprima sedere sulla sedia *stercorata* e procedere al rituale triplice lancio di denaro. (3) Se il papa è eletto fuori dell'Urbe sarà libero di recarsi prima a San Pietro per farsi consacrare o al Laterano per la tradizionale presa di possesso. (4) Se l'elezione e la cerimonia di consacrazione del nuovo papa si sono svolte fuori di Roma, e se il nuovo papa, giungendo a Roma, si reca in Laterano per le cerimonie del possesso, dovrà sedere sulla sede *stercorata* prima di entrare in basilica. Poi non si recherà subito all'altare e al trono che si trova nell'abside ('sedia patriarcale') ma assisterà prima, nel coro maggiore, al canto del *Te Deum*. Soltanto in seguito dovrà prostrarsi davanti all'altare e ricevere, seduto in trono, i canonici al bacio del piede e della pace. (5) Se invece, già consacrato, entrando a Roma il nuovo papa si reca dapprima alla basilica di San Pietro, vi si celebreranno le stesse cerimonie che al Laterano (*Te Deum*, prostrazione, riverenza).

Albino (1189), Cencio (1192) e gli *ordines* di Basilea e di Londra sono unanimi nel segnalare che subito dopo l'elezione l'arcidiacono o il più anziano dei (cardinali) diaconi ammanta il neo eletto con il piviale rosso.[66] In tutte queste fonti, l'*immantatio* è dunque l'elemento rituale che rende visibile il legittimo accesso alla dignità pontificia alla pari, se non addirittura al di sopra, della *intronizatio*.[67] Ed è un gesto rituale che precede, secondo Albino e Cencio, la stessa imposizione di un nuovo nome.

Il diritto del papa di portare il manto rosso risale al *Constitutum Constantini* secondo cui l'imperatore avrebbe donato a Silvestro I (314-335) «diversi indumenti imperiali», tra cui la «clamide purpurea».[68] Il manto rosso appare nelle fonti sempre più frequentemente dalla fine del X secolo in poi. Silvestro II (999-1003) viene accusato da Arnolfo di Orléans di sedere «sul sublime solio irradiato da una vesta purpurea e aurea».[69] Que-

66. Albino (LC, II, p. 123); Cencio (ivi, I, p. 311).

67. Zoepffel, *Die Papstwahlen*, p. 168 ss.; Braun, *Die liturgische Gewandung*, p. 351 ss.; Klewitz, *Die Krönung*, p. 120 e Wasner, *De consecratione*, pp. 249-281.

68. *Constitutum Constantini*, ed. Fuhrmann, p. 87 n° 14; cfr. quanto ho esposto in *Il corpo del papa*, p. 119.

69. MGH SS, III, p 672.

sta prima attestazione dell'uso della *cappa rubea* pontificia rimane però a lungo isolata. Pier Damiani chiese polemicamente all'antipapa Cadalo (1061-1064), di cui contestava l'elezione: «sei forse stato rivestito del manto rosso dei pontefici romani, come lo vuole la consuetudine»[70]? Subito dopo la sua elezione, Gregorio VII (1076) ricevette il manto rosso e fu incoronato con la tiara.[71] Le testimonianze si infittiscono tra Urbano II (1088-1099) e Alessandro III (1159-1181).[72] Bruno di Segni ricorda che «il sommo pontefice porta la tiara [...] e si serve della porpora [...] perché l'imperatore Costantino donò a suo tempo tutte le insegne dell'impero romano al beato Silvestro».[73] Il manto rosso del papa si distingue da quello bianco dei vescovi. Riferendosi all'elezione di Urbano II (1088), Pietro Diacono scrive: «lo prendono e dopo avergli tolto la cappa di lino [ossia il manto bianco vescovile di lino] lo rivestono del [manto] purpureo e [...] lo pongono sul trono pontificio».[74]

Dopo avere ammantato il nuovo papa, secondo Cencio – e gli altri *ordines* del XII secolo –, il più anziano dei cardinali diaconi gli «impone il [suo] nome».[75] L'informazione è inedita, il che potrebbe sorprendere. Il fatto è che all'epoca degli *ordines* più antichi contenenti informazio-

70. Petrus Damiani, *Die Briefe*, ed. Reindel, III, p. 189.

71. LP, II, p. 361; vedi Eichmann, *Weihe*, p. 34.

72. Urbano II è investito nel 1088 della cappa rubea (MGH SS, VII, p. 760); Calisto II «vix cappa rubea amiciri sustinuit» (LP, II, p. 322); Onorio II ha dapprima, secondo la tradizione, rifiutato «mitram et mantum» (ivi, p. 379); gli elettori di Innocenzo II scrivono nel 1130 al re Lotario attestando di aver attribuito al neo eletto «omnia insignia pontificalia» (Ebers, *Devolutionsrecht*, p. 171); l'antipapa Anacleto «cappam rubeam indecenter induit fictitiaque pontificatus insignia arripuit» (*ibidem*); nel 1160, il capitolo di San Pietro scrive a Barbarossa a proposito dell'avvenuta elezione dell'antipapa Ottaviano (Vittore IV): «electus est et manto indutus ac in sede beati Petri positus» (Watterich, II, p. 475); il *Liber Pontificalis* annota a proposito dell'elezione di Alessandro III: «electum [...] papali manto induerunt» (LP, II, p. 397); nel settembre 1159, Alessandro III si lamenta che Ottaviano gli abbia tolto con violenza «mantum quo nos [...] iuxta morem ecclesiae prior diaconorum induerat» (PL 200, col. 69 = JL 10584); per tutte queste informazioni, ed altre fonti, vedi Eichmann, *Weihe*, pp. 43-44. Sulle elezioni dei papi da Vittore III (1086) alla doppia elezione di Alessandro III e Vittore IV, vedi ora le analisi dettagliate di Schludi, *Die Entstehung des Kardinalkollegiums*, pp. 179-333.

73. Bruno di Segni, *Tractatus*, PL 165, col. 1108, cit. Klewitz, *Die Krönung*, p. 106 n. 33.

74. *Chronicon Cassinense*, l. IV, MGH SS, VII, p. 761, cit. Eichmann, *Weihe*, p. 44.

75. LC, I, p. 311.

ni sulle cerimonie legate all'avvento di un papa – e per questo bisogna risalire alla fine del IX secolo (OR 36) – i papi non cambiavano generalmente nome.[76]

L'*ordo* di Basilea ricorda che il nome dell'eletto veniva reso noto a voce alta dall'ambone.[77] Lo conferma quanto avvenne all'elezione di Gregorio VII (1073-1084). Nel 1073, Ildebrando «corse al pulpito» non per annunciare la sua elezione ma – così almeno racconta Bonizone da Sutri[78] – per calmare il popolo che lo acclamava papa. Per l'agitazione, la sua intronizzazione avvenne poi a San Pietro in Vincoli. Se ne può comunque dedurre che non appena il papa era stato eletto se ne dava l'annuncio dall'ambone della basilica in cui era avvenuta l'elezione. In tempi più antichi sappiamo (OR 36, fine del IX secolo) che i rappresentanti (*patroni*) delle XII regioni di Roma acclamavano il neo eletto pontefice annunciando il suo nome: «Signor ... papa, che san Pietro ha eletto affinché regnasse (*sedere*) molti anni» oppure «San Pietro ha eletto il signor papa...».[79]

Alla fine del Duecento l'*ordo* XIV affiderà questo compito al priore dei diaconi, ossia al più anziano dei cardinali diaconi: «Annuntio vobis gaudium magnum».[80] È la formula che il più anziano dei cardinali diaconi pronuncia ancor oggi quando sale sulla loggia della basilica vaticana per annunciare il nome del nuovo papa. La frase ricalca un passo di san Paolo relativa a Cristo: «Costui è Cristo Gesù che io vi annuncio».[81] e ancor più Luca 2,10-11: «Ma l'angelo disse loro: 'Non temete, ecco vi annunzio una grande gioia, che sarà di tutto il popolo: oggi vi è nato nella città di Davide un salvatore, che è il Cristo Signore».[82]

76. Sulla scelta di un nuovo nome, vedi Hergemöller, *Die Geschichte der Papstnamen* e Id., *Die Namen*, pp. 4-47. Per casi più specifici: Carpegna Falconieri, *Soprannomi*, pp. 161-63; D'Acunto, *L'importanza*, pp. 649-79 e Freund, '*Est nomen omen?*', pp. 53-83.

77. *Ordo* di Basilea, ed. Schimmelpfennig, *Ein bisher unbekannter Text*, p. 60 n° 3.

78. Bonizone da Sutri, *Liber ad amicum*, ed. Dümmler, p. 601.

79. Andrieu, IV, p. 204 n.° 54.

80. Dykmans, II, pp. 268-269 n.° 11.

81. Atti degli Apostoli 17, 3: «Hic est Jesus Christus, quem ego annuntio vobis».

82. Luca 2,10: «Et dixit illus angelus: Nolite timere: ecce enim evangelizo vobis gaudium magnum, quod erit omni populo, quia natus est vobis hodie Salvator, qui est Christus Dominus, in civitate David».

2.2. *L'intronizzazione al Laterano: novità e prima visione d'insieme*

Sull'intronizzazione al Laterano, Albino, Cencio e gli *ordines* di Basilea e di Londra non presentano divergenze fondamentali.[83] Al Laterano i due cardinali più anziani accompagnano il nuovo pontefice fino alla sedia in pietra «che si chiama *stercorata*» (*vel stercoraria*, Albino), situata davanti al portico. Il papa non vi siede da solo ma vi viene posto «con onore» (*honorifice*) da quei due cardinali. Il significato del nome viene spiegato con riferimento ai 1 Samuele 2, 8 in cui si dice: «Solleva dalla polvere il misero, innalza il povero dalle immondizie, per farli sedere insieme con i capi del popolo e assegnar loro un seggio di gloria».[84]

Dopo essere rimasto seduto «per un po' di tempo» sulla sedia *stercorata*, l'eletto riceve dal grembo del camerlengo tre pugni di denari che lancia esclamando: «Questo argento e questo oro non mi sono dati per mio diletto; ciò che ho te lo darò». Il riferimento, biblico, non è segnalato dagli *ordines*: «Ma Pietro gli disse: "Non possiedo né argento né oro, ma quello che ho te lo do" (Atti degli Apostoli, 3, 6)». Albino, Cencio e gli *ordines* di Basilea e di Londra si limitano ad aggiungere le parole *ad delectandum* (*ordo* di Londra) o *ad delectationem* (gli altri *ordines*).

Alzatosi dalla sedia *stercorata*, l'eletto viene accolto dal priore della basilica lateranense e da uno dei cardinali, ossia «da uno dei suoi confratelli», i quali lo accompagnano alla basilica lateranense percorrendo il portico. Durante il tragitto il papa viene acclamato a gran voce: *San Pietro ha eletto il signore N.* e al popolo risponde: *Deo gratias*. Entrato nella basilica, il papa si reca all'altare maggiore, dove si conservano – aggiungono gli *ordines* di Basilea e di Londra – importanti reliquie: l'Arca dell'Alleanza, la verga di Aronne «che sempre rifiorisce», le tavole dell'Antico Testamento, un'urna d'oro con la manna, e molte altre magnifiche reliquie «dal numero quasi infinito» (*ordo* di Londra).[85]

83. Cencio, LC, II, pp. 311-312. Vedi quanto ho già avuto modo di esporre in *Il corpo del papa*, pp. 38-49.

84. Salmo 112, 8-9.

85. A proposito di queste reliquie gli *ordines* di Basilea e di Londra possono avere trovato informazioni nella *Graphia aureae urbis* (ed. Valentini-Zucchetti, *Codice topografico*, III, p. 83 s. con n. 5), nella *Descriptio Lateranensis basilicae* (ivi, p. 337 et 341) e nel *Liber politicus* (LC, II, p. 164 n. 60, p. 166b e p. 170 n. 4); cfr. Schimmelpfennig, *Ein bisher unbekannter Text*, p. 61 n. 9.

Davanti all'altare il papa si prosterna in orazione, mentre il primicerio, il priore della basilica, i suddiaconi e la *schola cantorum*, con i cardinali (*ordo* di Londra), cantano il *Te Deum laudamus*. E tutte le campane si mettono a suonare. Finita l'orazione, il papa viene posto a sedere sulla cattedra "maggiore" (ossia la cattedra episcopale che si trovava nell'abside) della basilica, dove riceve, secondo il suo beneplacito, i vescovi e i cardinali per il bacio dei piedi e della pace. Quando il papa lascia la basilica, il corteo sale i gradini della porta in cui si entra nel palazzo. Lì, le più alte cariche laiche del palazzo accolgono il pontefice e lo accompagnano attraverso il Triclinio fino alla basilica di San Silvestro, sotto il cui arco «si trova l'immagine del Salvatore che sanguinò quando un Ebreo la percosse sulla fronte». Albino e Cencio esitano sull'assoluta veridicità del racconto, poiché aggiungono: «secondo quanto oggi si crede». L'*ordo* di Basilea è invece categorico: «come si può chiaramente vedere».

Giunto alla basilica di San Silvestro, i giudici arretrano, perché la cerimonia entra in una nuova fase, più «apostolica». Il papa deve allora sedere sulla sedia che sta alla sua destra e che viene definita di porfido, pur essendo di marmo rosso antico. Secondo gli *ordines* il papa «deve sedere», il che si deve intendere "da solo", senza aiuto alcuno. Il priore gli consegna la *ferula*, definita «simbolo del governo [*regimen*]», oltre che le chiavi della basilica e del palazzo. La spiegazione data dai vari *ordines* rinvia non tanto al fatto che ormai il papa è il «signore del palazzo», ma all'autorità di Pietro che viene ora trasmessa al nuovo pontefice: «perché in modo speciale a Pietro, il principe degli apostoli, è dato il potere di chiudere e di aprire, di legare e di sciogliere».

Tenendo in mano la ferula e le chiavi, il nuovo pontefice raggiunge quindi l'altro seggio, identico al primo, anch'esso ritenuto di porfido. Sedendovisi, restituisce al priore della basilica di San Lorenzo in Palazzo la ferula e le chiavi, verosimilmente per poter celebrare la successiva fase rituale.

Mentre «resta seduto su questa sedia per qualche tempo», il neo eletto pontefice viene cinto dal priore di San Lorenzo con un cingolo rosso, da cui pende una borsa purpurea contenente dodici sigilli di pietre preziose, e del muschio. L'*ordo* di Basilea aggiunge che questi oggetti – cingolo, borsa, sigilli e muschio – il priore li riceve dal camerlengo. L'*ordo* di Londra precisa che nelle pietre preziose erano scolpiti i nomi dei dodici apostoli. Albino, Cencio e gli altri due *ordines* sono più prolissi: «nel cingolo, con il quale [il nuovo pontefice] viene cinto, risiede la continenza della castità, nella borsa, il tesoro grazie al quale i poveri di Cristo e le vedove vengono nutriti; con i dodici sigilli di pietre preziose viene reso manifesto il potere dei dodici apostoli». Il «muschio serve a far percepire il profumo (*odor*) che significa buon comportamento (*conversatio*) così come viene affermato da Pietro: *Christi odor bonus sumus deo* (2 Cor. 15)».[86] Seduto sulla sedia di porfido posta alla sinistra, il nuovo pontefice riceve gli ufficiali del palazzo per l'omaggio del bacio dei piedi e della pace. Ricevute dal camerlengo delle monete d'argento – del valore di dieci soldi provisini (Cencio) – le lancia verso il popolo ripetendo per tre volte: «Distribuendo diede ai poveri e la sua giustizia rimarrà nei secoli dei secoli» (2 Cor. 9, 9).

Albino, Cencio e gli altri due *ordines* precisano che l'eletto deve «sedere su quei due seggi come se fosse visto giacere tra due lettucci, ossia come se si stendesse tra il primato del principe degli Apostoli, Pietro, e la predicazione del dottore delle Genti, Paolo».

Sedes stercorata *e seggi di "porfido"*

Passando ora all'interpretazione simbolica di questi seggi, conviene ricordare che la prima sedia si trova davanti al portico della basilica lateranense.[87] Gli *ordines* la definiscono con un termine inedito e insolito – *stercorata* (o *stercoraria*) – che non può essere di origine popolare perché essi ne indicano la fonte di ispirazione, ossia, come si è già detto, il passo del primo libro di Samuele (I Sm 2, 8), in cui si dice che Dio «solleva dalla polvere il misero, innalza il povero dalle immondizie per farli sedere insieme con i principi e assegnar loro un seggio di gloria». Le parole bibliche *de stercore pauperem* erano del resto già presenti in una formula (85) del *Liber Diurnus*, che risale alle fine del VI secolo, con cui il neo eletto comunicava la propria elezione.[88]

Il passo del *Liber Diurnus* ha una funzione retorica, per cui non può essere addotto per dimostrare che già allora la sedia *stercorata* fosse in uso. Intorno alla metà del XII secolo, un cronista inglese ricorre ad un'immagine analoga per parlare dell'elezione a pontefice di Adriano IV (1154-1159), suo

86. Per una più ampia ricostruzione e interpretazione delle vicende rituali relative al muschio nei riti della rosa d'oro e della presa di possesso del Laterano, vedi ora il mio *Il bestiario del papa*, pp. 172-183.

87. Herklotz, *Gli eredi di Costantino*. Sulla storia della *sedes stercorata*, riassumo, rivisitando, quanto ebbi l'occasione di presentare in *Il corpo del papa*, pp. 43-43. Si veda anche Twyman, *Papal Ceremonial*, pp. 135-139.

88. *Liber diurnus*, ed. Förster, p. 158; vedi Maccarrone, *La cathedra*, p. 1315 n. 196.

conterraneo. È un discorso che riecheggia la retorica di umiliazione rivolta qualche anno prima da san Bernardo a Eugenio III (1145-1153).[89] Il nome che viene attribuito a questa sedia da Albino, Cencio e dagli *ordines* di Basilea e di Londra aveva dunque allora conosciuto una certa diffusione al di fuori degli ambienti curiali. Simbolo di autoumiliazione, forse il più radicale che sia mai stato riservato al pontefice romano (per il legame fra la sedia e la parola *stercus*, ossia letame, fango, immondizia, e escrementi), il suo significato è evidente: giunto al culmine della gloria e della ricchezza, il papa deve richiamare alla propria mente la sua condizione di uomo, e quindi autoumiliarsi.[90] Il rito opera però anche una trasformazione religiosa dell'eletto, che può ora occupare il trono di gloria. La sedia *stercorata* poggiava infatti su un basamento marmoreo coevo o non di molto posteriore, su cui erano raffigurati, in alto rilievo, serpenti, leoni e dragoni: immagini che costituivano «un chiaro richiamo al simbolismo del trono regale altomedioevale», ispirato da un versetto biblico, espressione dell'idea del sovrano «dominatore dei mostri».[91]

Il papa veniva accompagnato al «sacrosanto altare» maggiore della basilica dal priore della basilica lateranense oltre che da un cardinale. Un «ponte di legno» – l'antesignano della sedia gestatoria (e dell'attuale papamobile!) – portava il papa dalla porta della chiesa all'altare maggiore. Attestato già verso la fine del XII secolo,[92] misurava cinque piedi d'altezza (un metro e mezzo) e sei o sette piedi di larghezza (circa 2 metri) e doveva servire al papa a non essere «oppresso dalla moltitudine del popolo».[93]

Degli ultimi due seggi, «situati davanti alla chiesa di San Silvestro», la *Vita* di Onorio II descrive la forma: a *sygma*; Albino, Cencio ritenevano che fossero di porfido, il marmo imperiale per eccellenza, perché «rosseggiava come la porpora».[94] In realtà, i seggi erano di marmo detto rosso antico: un marmo che era comunque considerato fra i più costosi e pregiati, in uso

89. Guilelmus Neubrigensis, *Historia Anglicana*, in MGH SS, XXVII, p. 228.

90. Nella *Vita* della papessa Giovanna, Bartolomeo Platina definì così la *sedes stercoraria*: «questa sedia è stata così preparata affinché colui che è investito di un sì grande potere sappia che egli non è Dio, ma un uomo; che egli è così sottomesso alle necessità della natura e che deve defecare. Per questo motivo questa sedia viene giustamente definita stercoraria (escremenziale)»; per il testo latino vedi Gayda, *Vitae pontificum Romanorum*, pp. 151-152.

91. Salmo 90, 13; vedi Maccarrone, *La cathedra*, p. 1311 n. 190.

92. Schimmelpfennnig, *Ein bisher unbekannter Text*, p. 61 n° 13.

93. Dykmans, *L'oeuvre*, I, p. 82 n. 159.

94. Isidoro, *Etymologiae*, XVI, 5, 5.

a Roma fin dall'epoca della Repubblica.[95] La forma a *sygma* del sedile li accomuna a seggi di bagni pubblici, provenienti con ogni verosimiglianza dalle vicine terme.[96] Nella *Vita* di Pasquale II, i seggi erano ancora definiti "curuli", un termine che serviva a designare nella Roma antica "troni" di alti magistrati[97] e metteva quindi l'accento sulla funzione giurisdizionale del neo eletto pontefice. Il passaggio dai seggi curuli ai troni di "porfido" era elemento di *imitatio imperii.*

Il porfido aveva però anche una valenza spirituale oltre che temporale (imperiale), ed é per questo che Albino, Cencio e gli *ordines* di Basilea e di Londra indicano unanimamente[98] che il papa deve «sedere» e «sembrare di giacere» su seggi di "porfido" – dapprima su quella di destra e poi su quella di sinistra — che simboleggiano il primato di Pietro e la predicazione di Paolo.

Cencio afferma che «nessuna di queste sedie, nemmeno quella *stercorata*, sarà coperta o addobbata [parata], ma nuda».[99] Mentre nelle cerimonie solenni si ricorreva spesso a cuscini, coperte, tappeti su tavole o sedie, i seggi lateranensi di "porfido" e persino la sedia *stercorata* dovevano dunque rimanere senza coperture e decoro: la loro "nudità" doveva rendere visibile che il papa si sedeva su questi seggi. L'insistenza sulla loro visibilità e autenticità sottolinea l'importanza dell'atto di prenderne "possesso" da parte del neo eletto pontefice, e quindi della loro forza simbolica.[100]

Ferula, chiavi, cingolo, sigilli e muschio

All'eletto seduto sul seggio di porfido di destra, il priore di San Lorenzo in Palazzo (cappella *Sancta Sanctorum*) consegna la ferula e le chiavi.

Secondo la *Vita* di Pasquale II, il pontefice tiene la ferula in mano sedendosi su ambedue i seggi; «già sovrano», egli porta «a compimen-

95. Con il Trattato di Tolentino, Napoleone fece portare uno di questi seggi a Parigi, oggi al Louvre; cfr. *Il corpo del papa*, p. 76.

96. Maccarrone, *La* cathedra, p. 1319 n. 200.

97. *Vita Honorii II*, LP, II, p. 327.

98. Albino (LC, II, p. 123 n° 3); Cencio (LC, I, p. 312 n° 79); cerimoniale conservato nell'*ordo* di Londra (Schimmelpfennig, *Ein Fragment*, p. 328 n° 14).

99. LC, II, p. 312; cfr. *ordo* XIII, ed. Dykmans, I, p. 179 n° 81; *ordo* XIV, ivi, II, p. 285 n° 29.

100. Wasner, *De consecratione*, p. 55; Eichmann, *Weihe*, p. 45; Déer, *The Dynastic Porphyry Tombs*, pp. 142-146.

to il rito di elezione, sedendo o attraversando i vari luoghi del palazzo destinati ai soli pontefici romani». Albino e Cencio definiscono la ferula «segno di governo e di correzione»; ma il papa la restituisce recandosi all'altro seggio; egli non la tiene dunque più in mano mentre procede per il palazzo.[101] La ferula, una verga diversa dal pastorale dei vescovi, è un bastone diritto, forse uno degli *imperialia sceptra* menzionati nel *Constitutum Constantini*.[102]

Ancor più che nella *Vita* di Pasquale II, in Albino e Cencio e negli *ordines* di Basilea e Londra le chiavi si caricano di apostolicità, poiché, con chiaro riferimento a Matteo 18, 18, hanno «il potere di chiudere e di aprire, di legare e di sciogliere [che] è stato dato specialmente a Pietro, il primo degli Apostoli, e attraverso di lui, a tutti i romani pontefici».

Gli oggetti che l'eletto riceve sul seggio di porfido che sta alla sinistra sono come concatenati: ad un cingolo è appesa una borsa che contiene dodici pietre preziose e muschio. Il cingolo allude alla castità. La borsa è il tesoro (*gazofilacium*) che deve permettere al pontefice di essere «servitore dei poveri e delle vedove». I dodici sigilli simbolizzano gli Apostoli. Il modello è di origine imperiale: il Pontificale Romano-Germanico commentò quel lungo passo dell'Esodo (28, 17-30) in cui le dodici pietre preziose del vestito del sommo pontefice simboleggiano le dodici tribù di Israel.[103]

Il muschio viene aggiunto «per percepire l'odore» di cui parla l'Apostolo (2 Cor. 2, 15 e 16): «Siamo il buon odore di Cristo». Il neo eletto pontefice deve essere *Christi bonus odor*, rappresentare cioè nella sua persona il profumo della dottrina di Cristo. Borsa, sigilli e muschio sono appesi al cingolo. Come a dire che castità ed innocenza di vita, e il rispetto della dottrina, sono premesse indispensabili per l'esercizio della sua nuova funzione apostolica.

Albino, Cencio e gli *ordines* di Basilea e di Londra proseguono il loro racconto ricordando che il nuovo pontefice viene condotto – dal priore della basilica lateranense e da un cardinale (*ordo* di Londra); dall'arcidiacono e dal priore della basilica (*ordo* di Basilea) – lungo il portico, passa sotto «le icone degli Apostoli che giunsero a Roma per mare portate da nessuno»

101. Maccarrone, *La* cathedra, pp. 1316-1317.

102. *Das Constitutum Constantini*, ed. Furhmann, p. 87 (n° 14). Cfr. Salmon, *La férule*, pp. 313-327 e Ladner, III, p. 309.

103. Vogel-Elze, I, pp. 292-306 (*ordines* LXXXI-LXXXIII); Schimmelpfennig, *Ein bisher unbekannter Text*, p. 62 n.

ed entra nella basilica di San Lorenzo (*Sancta Sanctorum*). Lì si trattiene a lungo in preghiera «davanti al proprio altare speciale» (Cencio e Albino), «dove nessuno osa cantare messa se non il solo pontefice romano» e dove sono «nascosti l'ombelico e il prepuzio di Cristo, con il latte di sua Madre, in una croce d'oro ornata di preziosissime pietre» che papa Silvestro I aveva ricevuto in dono dal «principe Costantino» insieme alle teste di Pietro e Paolo e «altre ineffabili reliquie» (*ordo* di Basilea). Dopodiché, il papa si reca nella sua dimora privata, dove riposa a suo piacere prima di raggiungere la mensa per il tradizionale banchetto.

La basilica di San Lorenzo fu chiamata *Sancta Sanctorum* fin dal tempo in cui Leone IV (847-855) fece scolpire queste due parole su una cassa di cipresso che conservava alcune fra le più preziose reliquie della cristianità.[104] Come diceva un'iscrizione, «non vi è al mondo un luogo più santo di questo». Le reliquie vengono elencate da Giovanni Diacono nella *Descrizione della basilica lateranense*:[105] la croce con l'ombilico di Cristo, i sandali di Cristo, frammenti delle teste di san Pietro e di san Paolo, il capo di sant'Agnese, resti di san Lorenzo e così via. Sull'altare era posta l'immagine Acheropita – ossia «non fatta da mano umana» – del Salvatore che, secondo la leggenda, era stata portata miracolosamente dal mare, da Costantinopoli a Roma. Si credeva che fosse stata dipinta dall'Evangelista Luca e completata da un angelo.[106] L'avvicinamento a Cristo continuerà ad essere uno dei temi centrali della creatività simbolica ed ecclesiologica del papato romano nel Duecento. Il programma pittorico ordinato da Niccolò III (1277-1280) nella cappella del *Sancta Sanctorum*, consacrata il 4 giugno, e prima del 1280, costituisce, da questo punto di vista, un indiscutibile apice di grandissima efficacia aristico-ecclesiologica. Niccolò III è rappresentato in effigie, nell'affresco della parete orientale, che si trova sopra l'altare e la volta mosaicata che copre la cappella privata del papa, e presenta il modello della cappella al Cristo in trono; è raffigurato di tre quarti, a metà inginocchiato, mentre reca in mano la cappella, riprodotta in modo molto fedele. Con il gesto della mano sinistra, Cristo sembra accogliere lo sguardo che gli viene offerto dagli apostoli Pietro e Paolo e dal

104. Grisar, *Die römische Kapelle*.

105. *Descriptio Lateranensis Basilicae*, ed. Valentini-Zucchetti, *Codice topografico*, III, p. 356; cfr. ivi, p. 337.

106. Romano, *L'Acheropita*, pp. 39-41; Bolton, *Advertise the Message*; Burkart, *Das Blut der Märtyrer*.

papa. Se il papa si alzasse, sarebbe più alto degli apostoli e verrebbe così ad avvicinarsi all'altezza in cui si trova Cristo.[107]

Consacrazione o benedizione a San Pietro

Seguendo un'antichissima tradizione di cui si è già detto, la domenica successiva alle cerimonie di insediamento nel palazzo del Laterano, l'eletto, accompagnato dai prelati di curia oltre che dai nobili romani, si recava nella basilica di San Pietro per l'ordinazione o consacrazione (o soltanto benedizione nel caso in cui il neo eletto fosse già vescovo).[108] Il pontefice, rivestito del piviale rosso e di una mitra decorata d'oro (*ordo* di Basilea), si soffermava sulla *rota* (di porfido)[109] infissa nel pavimento della basilica vaticana per recitare una preghiera, e si recava poi in sacrestia per rivestire i sandali e i paramenti sacri. Nel frattempo il clero indossava i paramenti solenni. Iniziava allora la processione con dodici candelabri che conduceva il papa all'altare maggiore di San Pietro, si deve presumere, sotto un baldacchino e preceduto da un suddiacono recante la croce processionale.

Albino e Cencio descrivono quindi in modo succinto la cerimonia di consacrazione. Soltanto gli *ordines* di Basilea e di Londra citano l'inizio delle orazioni che i vescovi di Albano, Porto ed Ostia dovranno recitare e ricordano che alla fine delle orazioni, il vescovo di Albano dovrà fare tre croci sulla fronte dell'eletto e dargli il segno della pace. A proposito della tradizionale imposizione del pallio viene precisato che il priore della basilica di San Lorenzo in Palazzo lo prepara e lo pone sull'altare «con le proprie mani». Poi l'arcidiacono con l'aiuto di un diacono lo consegna nelle mani del pontefice e pronuncia – da solo – le parole di rito, «e soltanto quelle»:

> Ricevi il pallio, simbolo della pienezza della funzione del papa, ad onore di Dio onnipotente e della gloriosissima Vergine sua genitrice, e dei beati apostoli Pietro e Paolo e della santa Romana Chiesa.

107. Precisa analisi artistico-ecclesiologica: Romano, *Cristo, Niccolò III e l'antico*, pp. 45-50, cui rinvio, anche per l'ipotesi secondo cui il Cristo in trono nel *Sancta Sanctorum* prende il posto della Vergine/*Ecclesia*. Vedi anche quanto già esposto in *Le Chiavi e la Tiara*, pp. 43-50.

108. Albino, LC, II, pp. 312-313.

109. Nei secoli medievali, soltanto l'*ordo* di Basilea menziona il fatto che il papa entrando nella basilica di San Pietro nel giorno della sua ordinazione o consacrazione si soffermava sulla rota di porfido, ed. Schimmelpfennig, *Ein bisher unbekannter Traktat*, p. 63 n° 2.

È la prima volta che si riscontra questa formula per la consegna del pallio come segno della *plenitudo potestatis* papale.[110] Il rinvio ai due apostoli romani deve essere messo in relazione con l'interpretazione che Albino e Cencio danno dell'insediamento del neo eletto sui due seggi di "porfido", il che conferma la grande attenzione – anche terminologica – che esso riserva al primato papale.[111] L'arcidiacono e il priore della basilica di San Lorenzo aggiustano quindi il pallio sulle spalle del pontefice, inserendovi tre spille d'oro, davanti, dietro e a sinistra. Sulla sommità di ciascuna di queste spille è infisso un giacinto. Così ornato il papa procede verso l'altare e vi celebra la messa solenne. Nel frattempo, il cardinale diacono, i suddiaconi e gli scriniari della basilica intonano le laudi come fanno a Pasqua.

Un'altra novità riguarda l'intronizzazione del nuovo papa a San Pietro. Prima di celebrare la messa, il papa si reca alla «cattedra del beato Pietro» sulla quale siede «brevissimamente per tre volte con le lacrime (agli occhi)». L'*ordo* di Basilea aggiunge che su quella cattedra il papa «deve sedere soltanto se consacrato», perché soltanto allora è pienamente vescovo di Roma.[112] Anche l'*ordo* di Londra cita questa triplice sessione sulla «cattedra di San Pietro».[113] Nessun altro *ordo* menziona però questa triplice intronizzazione, il che induce a pensare che si trattò di una variante rituale di breve durata,[114] forse ad imitazione della triplice intronizzazione che si celebrava al Laterano.

La «cattedra di San Pietro» è, sembra, il trono di legno di Carlo il Calvo che fin dall'inizio del XII secolo era venerato come il seggio sul quale si era seduto Pietro.[115] Già intorno al 900, il neo eletto pontefice si sedeva in sagrestia, al termine della cerimonia di ordinazione, su un seggio di legno o *sella pontificalis*. Ed è forse a questa intronizzazione che pensa l'autore dei *Gesta Innocentii III* quando dice che il papa «fu insediato sulla cattedra dello stesso apostolo, non senza un evidente presagio e con l'ammirazione

110. Eichmann, *Weihe*, p. 51.

111. Ivi, pp. 52-53 sottolinea come questi *ordines* usino termini come *culmen apostolicum, in capite ecclesiarum, primatum tenere, in thronum apostolorum principis sublimare*, mentre parlano in tono minore dell'atto dell'elezione.

112. Schimmelpfennig, *Ein bisher unbekannter Text*, p. 65 n° 16; n° 17; n° 18.

113. Schimmelpfennig, *Ein Fragment*, p. 330 n° 29.

114. De Blauuw, *'Cultus et decor'*, II, p. 730. Non ne parla Pietro Mallio, cfr. Schimmelpfennig, *Ein bisher unbekannter Text*, p. 65 n[1] 16-18.

115. Maccarrone, *Cathedra S. Petri*, pp. 426-429, secondo cui la triplice sessione rinvierebbe alle «tre cattedre» dell'apostolo Pietro: Alessandria, Antiochia e Roma.

di tutti». Eletto papa l'8 gennaio 1198, Innocenzo III fu ordinato sacerdote il 21 febbraio (Sabato delle Quattro Tempora) e consacrato la domenica successiva (22 febbraio), festa della cattedra di San Pietro.[116]

La cavalcata bianca attraverso Roma

L'autore dei *Gesta* di Innocenzo III, attento conoscitore dei riti pontifici, si sofferma sulla tradizionale processione che conduceva il papa, ormai ordinato e consacrato, da San Pietro al Laterano. La cura con cui descrive l'ordinamento di questa processione ci permette di riscontrare importanti novità.[117] I cardinali non sono più lontani dal papa ma a lui vicini, il che sottolinea la loro funzione di collaboratori immediati del pontefice nel governo della Chiesa universale, in perfetta sintonia con la definizione che proprio Innocenzo III diede dei cardinali, quali *pars* o *membrum* «del corpo del papa».[118] L'ordine processuale riflette quindi la visione di papato di Innocenzo III, improntata all'universalità e alla centralità della Chiesa romana.[119]

L'interesse dell'autore dei *Gesta* di Innocenzo III fu presto sorpassato dal biografo di Gregorio IX (1227-1241), la cui descrizione della cavalcata da San Pietro al Laterano costituisce senza alcun dubbio una novità testuale, per l'ampiezza dei dettagli e il desiderio di metterne in evidenza il carattere di assoluta regalità. Il papa fu dapprima «magnificamente incattedrato» (21 marzo) al Laterano, un rito che aveva permesso alla Chiesa di «mutare le sue vesti lugubre e le mura quasi distrutte dell'Urbe ritrovarono in parte l'antico splendore». La domenica seguente (28 marzo) il papa ricevette il pallio nella basilica di San Pietro. A Pasqua (11 aprile), dopo la messa solenne a Santa Maria Maggiore, Gregorio IX venne «incoronato con tripudio». Il giorno seguente, lunedì di Pasqua (12 aprile), il papa, «Cherubino trasfigurato» e *pater Urbis et Orbis*, attraversò la città «incoronato con il duplice diadema» (ossia con la tiara),[120] cavalcando un cavallo ricoperto di «panni preziosi», in compagnia dei cardinali «in porpora». Il senatore e il prefetto dell'Urbe lo seguirono a piedi, reggendo le staffe

116. *Gesta di Innocenzo III*, trad. Fioramonti, p. 55.
117. Ivi, p. 56.
118. Paravicini Bagliani, *Il corpo del papa*, pp. 87-89.
119. Schimmelpfennig, *Die Krönung*, pp. 219-229; Id., *Die Bedeutung*, p. 60.
120. Sul *diadema duplex* vedi Ladner, *Der Ursprung*, p. 474.

(*lora*) del suo cavallo.[121] L'abitudine di celebrare il primo *festum coronae* il lunedì di Pasqua, in maniera così solenne, è elemento che fa parte dell'*imitatio imperii*; a Bisanzio, il lunedì di Pasqua il Basileus si recava incoronato dalla chiesa al palazzo; i patrizi portavano il *loros*, simbolo «dello splendore della Risurrezione di Cristo».[122] L'interesse dell'autore della *Vita* di Gregorio IX per la corona pontificia è visibile anche nel passo in cui si polemizza con Federico II, accusato di aver voluto che il papa «riceva della cenere al posto della corona».[123]

L'incontro rituale con la comunità ebraica di Roma

Le cerimonie di inaugurazione di un nuovo pontefice, così come le le descrivono i cerimoniali del XII secolo, mettono due volte il nuovo papa in diretta relazione con gli Ebrei. Il primo incontro è di natura simbolica. Durante l'insediamento al Laterano, dopo avere attraversato il Triclinio – la grande aula fatta costruire da Leone III (795-816) –, il nuovo papa si reca alla basilica di San Silvestro e passa «sotto l'arco in cui si trova l'immagine del Salvatore che sanguinò quando un Ebreo la percosse sulla fronte».

Il secondo incontro avviene durante il corteo che porta il neo incoronato pontefice da San Pietro al Laterano. Almeno dalla fine del VI secolo, comunità ebraiche compivano un simile gesto in occasione di cerimonie di inaugurazione di sovrani laici, rivolto a permettere agli Ebrei di acclamare un nuovo sovrano insieme alla popolazione e ad altri gruppi "forestieri".[124] Albino e Cencio riprendono dunque una tradizione che, non attestata prima di allora in relazione alle cerimonie di insediamento di un nuovo papa, viene però sovente segnalata in occasione di solenni avventi (*adventus*) di nuovi pontefici romani, sia al loro ritorno a Roma (Leone II, Calisto II, Eugenio III e Alessandro III) sia altrove (Innocenzo II a Saint-Denis).[125]

121. LC, II, p. 19. Vedi quanto ebbi modo di esporre in *Il corpo del papa*, p. 33.

122. Sulla «Erstkrönung» imperiale e papale vedi Deér, *Byzanz*, pp. 61-62.

123. LC, II, p. 33.

124. Su queste fonti, si veda sempre l'importante rassegna di Coulet, *De l'intégration*, pp. 672-683 che in gran parte seguo. Il problema è stato proseguito fino all'Età moderna da Ginzburg, *Saccheggi rituali*.

125. Ivi, pp. 674-676; sul XII secolo, v. anche Twyman, *Papal Cerimonial*, pp. 193-200. Sulla doppia elezione di Alessandro III e Vittore IV (e più in generale sulle elezione dei papi dal 1086 al 1159, v. ora Schludi, *Die Entstehung des Kardinalkollegiums*, pp. 179-333).

Descrivendo il solenne ingresso di Innocenzo II a Saint-Denis (1131), l'abate Suger, giocando sul fatto che gli Ebrei presentavano al papa la Toràh sotto forma di rotolo protetto da una custodia, si rivolge agli Ebrei invitandoli alla conversione: «Che il Dio ognipotente levi il velo dai vostri cuori!».[126] A proposito dell'*adventus* di Calisto II a Roma (3 giugno 1120), un contemporaneo definisce gli Ebrei, frammisti ai cristiani, latini e greci, venuti ad acclamare il pontefice, «un popolo cieco».[127] Sono interpretazioni nuove, intrise di negatività, che devono essere messe in diretta relazione con il tema iconografico della Sinagoga cieca che si stava diffondendo proprio all'inizio del XII secolo.[128] Suger fa rappresentare su una delle vetrate di Saint-Denis l'immagine di Cristo circondato da un lato dalla Chiesa, incoronata, e dall'altro dalla Sinagoga, di cui strappa il velo che le copriva gli occhi. Qualche anno dopo, in una miniatura del *Liber Floridus*, Lamberto di Saint-Omer raffigura la Sinagoga con le sembianze di una donna priva della corona, che reca un vessillo spezzato ed è cieca alla storia della salvezza e si precipita all'inferno.[129] Non a caso, forse, questi nuovi accenti antigiudaizzanti affiorano nelle fonti proprio all'indomani della vittoria del papato nell'ambito della Lotta delle investiture (Concordato di Worms, 1122), in un momento di forte affermazione del papato.

Elementi analoghi riappariranno alla fine del Duecento in occasione delle cerimonie di insediamento di Bonifacio VIII (1294-1303). Nel descrivere il corteo che accompagnò il neo papa incoronato dalla basilica di San Pietro al Laterano, il cardinale Jacopo Caetani Stefaneschi ricorda che il papa gettò dietro le spalle la legge che gli fu presentata dagli Ebrei di Roma e pronunciò in direzione degli Ebrei parole di radicale reprobazione: «Dio, che una volta ti era noto, ora lo ignori. Tu, che eri il suo popolo, sei diventato il suo nemico». Persino l'invito alla conversione sa di minaccia: «Torna, se vuoi, al giorno del Giudizio, prendere parte alla sorte dei giusti che il Signore in gloria accoglierà in ragione dei loro meriti».[130] Il papa deve fare l'elogio della Legge e condannare l'interpretazione erronea che

126. Coulet, *De l'intégration*, p. 677.

127. Ivi, p. 677.

128. Liebeschütz, *Synagoge und Ecclesia*.

129. Coulet, *De l'intégration*, p. 680.

130. *Iacobi sancti Georgii ad velum aureum diaconi cardinalis De coronatione...*, ed. Seppelt, *Monumenta Celestiniana*, p. 104, vv. 290-309.

ne danno gli Ebrei ostinandosi ad attendere il Messia.[131] Dagli ultimi decenni del Duecento in poi, il cerimoniale di inaugurazione del nuovo papa manterrà parole e gesti di disapprovazione e di rifiuto della legge ebraica. Se crediamo al racconto del cronista inglese Adamo di Usk, Innocenzo VII (1404), dopo avere compiuto quello stesso gesto di rifiuto, per restituire agli Ebrei il rotolo della Toràh che gli era stato offerto, lo gettò dietro la sua spalla sinistra, rifiutando di pronunciare le parole di conferma che la comunità ebraica attendeva. Adamo di Usk aveva inteso che il gesto del papa era «quasi di opprobrio», ossia di chiaro disprezzo della legge ebraica.[132] Verso la metà del Quattrocento, il cerimoniale redatto per l'avvento di Niccolò V (24 marzo 1455) attesta che gli Ebrei erano vittime di aggressioni nel momento in cui presentavano la legge al papa.[133] Forse proprio per proteggere gli Ebrei da eventuali lapidazioni, l'incontro rituale tra il nuovo pontefice romano e la comunità ebraica di Roma fu, dall'incoronazione di Innocenzo VIII (1484) in poi, spostato a Castel Sant'Angelo.[134]

Distribuzioni di denaro

Durante le cerimonie di inaugurazione di un papa erano previste quattro distribuzioni di denaro, tre delle quali venivano effettuate dallo stesso pontefice. Il nuovo papa lanciava monete di denaro mentre era seduto sulla *sedes stercorata* e su uno dei seggi di "porfido"; poi, al termine della cerimonia, al suo ritorno al palazzo, distribuiva delle gratifiche (il cosiddetto *presbyterium*) ai membri della curia. Durante il percorso di ritorno del papa da San Pietro al Laterano il camerlengo lanciava in quattro punti monetine alla folla che attendeva il passaggio del papa: alla torre *de Campo*, al palazzo di Cinzio Musca *in Punga*, a San Marco e a Sant'Adriano, dalla finestra del palazzo di Santa Martina.[135]

131. Dykmans, II, p. 301 n° 3; vedi Coulet, *De l'intégration*, p. 678. L'*ordo* XIII, ed. Dykmans, I, p. 176 n° 66 (vedi *Le pontifical de la curie romaine*, p. 115 n° 36) non prevedeva che il papa rivolgesse tali parole agli ebrei.

132. *Chronicon Adae de Usk*, ed. Thompson, p. 91; cfr. Coulet, *De l'intégration*, p. 682.

133. Tamburini, *Le cérémonial apostolique*, p. 35. Il rituale dell'incontro (p. 35) riprende l'*ordo* XIV.

134. Coulet, *De l'intégration*, p. 679.

135. Dykmans, I, p. 176 e II, p. 283 e 321. Cfr. Ingoglia, «'I have neither Silver nor Gold', pp. 531-540 che qui seguo soltanto parzialmente. Si veda anche Rollo-Koster, *Raiding Saint Peter*, pp. 61-67.

Seduto sulla *sedes stercorata*, il papa riceveva dal grembo del camerlengo tre manciate di denari che lanciava esclamando: «Questo argento e questo oro non mi sono dati per mio diletto; ciò che ho te lo darò». Il riferimento, quasi letterale, è agli Atti degli Apostoli (3, 6), dove si legge che Pietro disse: «Non possiedo né argento né oro, ma quello che ho te lo do». Il papa si comportava quindi come Pietro.

Il lancio di monetine dalla *sedes stercorata* rinviava simbolicamente alla ricchezza cui ascende colui che è stato eletto pontefice. È l'ascesa alla ricchezza – e la necessità di non considerarla come propria – che viene sottolineata da Albino, Cencio e dagli altri due *ordines*, che interpretano il passo degli Atti degli Apostoli dicendo: il papa deve «dare» ciò che «ha» (ricevuto) «per diletto» (*ad delectationem*). Più che di una distribuzione ai poveri e di giustizia, in questo caso il papa ha il dovere morale di non considerare suoi i beni che gli vengono assegnati con la sua elezione e di non usarli per proprio diletto.

Seduto sulla sedia di porfido che sta alla sinistra, dopo l'omaggio del bacio dei piedi e della pace da parte degli ufficiali del palazzo, il papa riceveva di nuovo dal camerlengo manciate di denaro che lanciava verso il popolo. Questa volta le monete erano d'argento, del valore di dieci soldi provisini, e il papa doveva recitare per ben tre volte parole che provengono dalla seconda lettera di S. Paolo ai Corinti (9, 9) e si riferiscono a Cristo: «Distribuendo diede ai poveri e la sua giustizia rimarrà nei secoli dei secoli». Qui il papa si comporta come Vicario di Cristo. La triplice recitazione delle parole bibliche rendeva il messaggio simbolico insito nel secondo lancio più incisivo e non è un caso se ciò avveniva quando il papa sedeva su uno dei due seggi di "porfido", carichi di simbolismo apostolico, come si è visto.

3. *L'incoronazione a San Pietro*

All'inizio delle riunioni per eleggere il nuovo papa, dopo avere celebrato «una messa solenne in onore dello Spirito Santo» – così riferisce l'autore dei *Gesta Innocentii tertii* (1208), ed è la prima volta – «tutti (i cardinali) vollero umilmente chinarsi a terra e poi uno a uno scambiarsi il bacio della pace». Dopo averlo eletto «sommo pontefice», i cardinali «lo chiamarono Innocenzo, mentre prima il suo nome era Lotario».[136]

136. *Gesta di Innocenzo III*, trad. Fioramonti, p. 55.

Quest'ultima affermazione è in linea con quanto avevano segnalato per la prima volta gli *ordines* del XII secolo.

Anche l'*ordo* XIII (1273-1274) insiste sul cambiamento del nome, in un paragrafo peraltro molto ricco di informazioni sulle fasi rituali previste subito dopo l'elezione. L'eletto si recherà al luogo in cui i cardinali elettori «tengono il loro concistoro», ossia dove si sono riuniti per procedere all'elezione. Il più anziano dei cardinali diaconi gli toglierà la cappa o la clamide di cui è rivestito e gli porrà – «se non ha la camicia» (l'*alba romana*, ossia la tunica bianca) – la stola sulle spalle, «come si usa fare per i presbiteri», se il nuovo papa è un presbitero, o sulla spalla sinistra, se è diacono. Lo stesso cardinale lo rivestirà del manto – secondo una tradizione che risale all'XI secolo –, pronunciando le parole di rito: *Investio te de papatu romano, ut presis urbi et orbi*, e gli consegnerà l'anello «del quale usavano servirsi i suoi predecessori» e la mitra, secondo il tempo liturgico. Poi gli chiederà «con quale nome vuole essere chiamato».[137] Dopo essere «fatto sedere» sul trono o sul faldistorio verranno cambiate le calzature, perché il nuovo pontefice dovrà calzare «calzature pontificie rosse». Poi i cardinali, ognuno secondo il proprio ordine, prima i vescovi, poi i preti ed infine i diaconi, si inginocchieranno davanti al papa che li riceverà al bacio del piede e della pace. Così faranno i capellani e gli altri chierici e laici, «grandi e piccoli».

Prima dell'*ordo* XIII, nessun libro cerimoniale romano aveva insistito sui due colori delle vesti di cui viene rivestito il nuovo papa subito dopo la sua elezione, il colore bianco della tunica (*alba romana*), il colore rosso delle calzature. I libri cerimoniali precedenti (Albino, Cencio e gli *ordines* di Basilea e di Londra) menzionavano soltanto il colore del manto (che l'*ordo* XIII non cita forse perché lo dà per scontato). Il colore rosso della clamide papale si ispirava alla veste scarlatta del sommo sacerdote dell'Antico Testamento. Il modello risale ad un passo dell'Esodo (28, 1-43) che troviamo descritto nel pontificale romano-germano, e in uno dei sermoni di Innocenzo III dedicati a Gregorio Magno, figura emblematica del pontefice romano.[138] Al colore bianco delle vesti del papa, Innocenzo III rivolse la sua attenzione anche nel sermone VI pronunciato al IV concilio lateranense (1215): «il sommo pontefice è rivestito di vesti di lino [bianche] perché deve attraversare tutta la Chiesa».[139] Il suo successore,

137. Dykmans, I, p. 159 n° 4.
138. PL 217, coll. 517-521.
139. PL 217, coll. 676-677.

Onorio III, nel sermone pronunciato nella festa dei confessori pontefici romani offrirà la più antica interpretazione della duplice veste quotidiana del papa, rossa (manto) e bianca (tunica). Questa definizione, destinata a diventare classica, sarà letteralmente ripresa intorno al 1286 da Guglielmo Durando nel *Rationale divinorum officiorum*: «Il sommo pontefice appare sempre vestito di un manto rosso all'esterno; ma all'interno è ricoperto di veste candida: perché il biancore significa innocenza e carità; il rosso esterno simbolizza la compassione [...] il papa infatti rappresenta la persona di Colui che per noi rese rosso il suo indumento».[140]

Calzature e sandali riservati ai papi, ai vescovi e ad altri chierici privilegiati sono noti almeno fin dal VI secolo,[141] ma dall'inizio del secolo XII i sandali papali si sono trasformati in una sorta di pantofola, destinata a chiudere il piede del papa in modo più completo di quanto non potessero fare i sandali in uso nel periodo precedente. Da allora in poi, la pantofola è la calzatura ufficiale del papa. Sulle statue funebri di Bonifacio VIII e di Benedetto XI, il ricamo è costituito da raffinati elementi geometrici e vegetali. La più antica raffigurazione di una croce sulle pantofole papali è visibile nel magnifico affresco di Benozzo Gozzoli nel Salone Sistino della Biblioteca Vaticana, che ritrae Sisto IV mentre riceve dalle mani di Bartolomeo Platina la sua Storia delle vite de' pontefici.

Subito dopo la sua elezione, ci dice ancora l'*ordo* XIII, il papa riceve l'anello «di cui si erano serviti i suoi predecessori». Il più antico «anello del pescatore» – questo è il nome che gli verrà dato – fu trovato nella tomba di Clemente IV (1265-1268), immediato predecessore di Gregorio X. È un anello che reca una figura in trono con chiavi e libro, sotto un baldacchino gotico. Il papa, inginocchiato, porta o la tiara o la mitra.[142] Il termine *anulus piscatoris* rinvia al Vangelo di Matteo, che racconta come Pietro e suo fratello Andrea furono fatti da Cristo pescatori di uomini (Mt 4, 19: «E disse loro: "Seguitemi, vi farò pescatori di uomini"»; cfr. Mc 1, 16 e Lc 5, 18). L'«anello del pescatore», sigillo di cera segreto e solenne, diventerà però simbolo della funzione papale, ed è per questa ragione che dovrà essere spezzato alla morte del papa.

140. Honorius III, *Sermo LXIV In festo confessorum Romanorum pontificum*, ed. Horoy, I, p. 289; Guilelmus Durandus, *Rationale divinorum officiorum*, lib. III, cap. XIX, p. 18.

141. Per queste informazioni, vedi Ladner, III, pp. 265-266; e quanto da me esposto in *Le Chiavi e la Tiara*, p. 50.

142. Ladner, II, tavola XXVIIc. Sull'*anulus piscatoris* riprendo le informazioni già riunite in *Le Chiavi e la Tiara*, pp. 27-29.

In un lungo paragrafo, l'*ordo* XIII spiega che il nuovo eletto, a qualsiasi ordine appartenga (diacono, presbitero o vescovo), può utilizzare la matrice completa per «fare bollare» le sue lettere soltanto dopo la cerimonia di consacrazione. Esse venivano perciò chiamate «mezze bolle» (*bulle dimidie*) o «difettuose» (*defective*).[143] Nel periodo di tempo che intercorre tra l'elezione e la consacrazione il nuovo papa può dunque usare soltanto la matrice con i nomi degli apostoli Pietro e Paolo, ossia non la matrice di piombo che reca il suo nome.[144] È una prescrizione che non figura negli *ordines* del XII secolo. L'uso della bolla *dimidia* sottolineava il fatto che fino alla sua consacrazione il papa era soltanto un "eletto" e come tale doveva definirsi alla fine di queste sue lettere.[145] Il ricorso alla bolla *dimidia* aveva motivazioni anche di ordine tecnico: la fabbricazione del verso della bolla con il nome del nuovo papa richiedeva qualche giorno di lavoro. L'uso delle bolle *dimidiae* permetteva però di annunciare rapidamente l'elezione del papa ai sovrani e ai principali vescovi della cristianità, e per interventi su questioni urgenti.[146] I papi annunciavano però la propria elezione il più sovente con una bolla che comportava ambedue i lati, ossia dopo la loro consacrazione. Dall'XI secolo in poi la cancelleria papale elaborò un formulario proprio.[147]

Poco dopo la morte di Gregorio X (1271-1276), il suo biografo si serve del termine *coronare* per definire l'ascensione del papa al soglio di Pietro, laddove per secoli si era usata la parola *consecrare*. Lo stesso Gregorio X aveva giustificato la sua decisione di farsi incoronare a Roma ricorrendo alla Donazione di Costantino.[148] Con il termine *coronare* si dava un'interpretazione nuova all'imposizione della tiara sul capo del papa, che veniva peraltro considerata simbolicamente più importante della consacrazione (o ordinazione). Anche nei secoli precedenti, il papa veniva incoronato sui

143. Sulle *bullae defective*, vedi Baumgarten, *Aus Kanzlei und Kammer*, pp. 163-174 e Barbiche, *Litterae ante coronationem*, pp. 263-275.

144. Sull'iconografia delle bolle papali, vedi Herklotz, *Zur Ikonographie der Papstsiegel* e Paravicini Bagliani, *Grégoire VII et l'excommunication*.

145. Dykmans, I, p. 161 n° 8.

146. Il 4 marzo 1272, Gregorio X incarica suoi inviati di affidare all'arcivescovo di Corinto una somma di 25.000 marchi d'argento destinati ad armare le galere e a pagare i ballestrieri che difendevano la Terra Santa, cfr. Barbiche, *Litterae ante coronationem*, pp. 263-275.

147. Su queste lettere in generale, vedi Gutmann, *Die Wahlanzeigen*; Egger, *Päpstliche Wahldekrete*, pp. 89-125.

148. *Vita Gregorii X*, ed. Campi, *Dell'historia ecclesiastica di Piacenza*, II, p. 346.

gradini davanti al portico della basilica di San Pietro, al termine della cerimonia di consacrazione, ma riceveva la tiara perché incoronato doveva attraversare la città di Roma per fare ritorno al Laterano come nelle altre "feste della corona". Non si trattava quindi di un'incoronazione avente un carattere costitutivo.

La parola *incoronatio* figura nel titolo dell'opera che il cardinale Jacopo Caetani Stefaneschi dedica alla descrizione, appunto, dell'incoronazione di Bonifacio VIII.[149] Stefaneschi ha fatto inserire in uno dei primi fogli del codice contenente la sua opera, nel margine inferiore, una miniatura ad illustrazione della scena dell'incoronazione (23 gennaio 1295) che risulta essere la più antica raffigurazione di una incoronazione papale corrispondente ad un avvenimento reale.[150] Il minaturista ha seguito il testo dello Stefaneschi alla lettera: Benedetto Caetani, eletto papa Bonifacio VIII (1294-1303), riceve la tiara a doppia corona, dalle mani di Matteo Rosso Orsini, priore dei cardinali diaconi. Il neo eletto pontefice indossa il manto rosso con il pallio bianco crucigero, la dalmatica colore violetto di cobalto e le pantofole bianche; le mani sono coperte da guanti bianchi. In terra, ai piedi del cardinale diacono, è la mitra che il cardinale aveva tolto dal capo del pontefice per porvi la corona «che è chiamata *regnum*»: così voleva, infatti, il cerimoniale. Il cardinale Orsini veste un'ampia e preziosa casula bianca intessuta d'oro e gallonata di verde. Al lato destro del portico, un gruppo di persone, preceduto da una croce e con le spalle rivolte al pontefice, sta per iniziare la processione. Pietro del Morrone-Celestino V è stato identificato con la figura barbata sul cui capo viene tenuto l'alto ombrellino a righe dalla policromia alterna, ma si tratta di un'ipotesi peraltro non del tutto convincente. Il suo abbigliamento è quello di un laico: egli porta infatti una tunica violacea che cade dritta fino ai piedi; sulle spalle, un mantello di tono appena più chiaro, fermato davanti al collo da una specie di laccio nero; sul capo, una sorta di berretta.[151] L'incoronazione avviene davanti al portico vaticano, ossia all'esterno, così come la descrive lo Stefaneschi.

149. *Iacobi sancti Georgii ad velum aureum diaconi cardinalis De coronazione...*, ed. Seppelt, *Monumenta Celestiniana, Opus metricum*, pp. 92-109.

150. Biblioteca Apostolica Vaticana, Barb. lat. 4933, f. 7v.

151. Per l'identificazione con Celestino V, vedi Maddalo, *Bonifacio VIII* e quanto già da me esposto in *Le Chiavi e la Tiara*, pp. 73-74.

Definire incoronazione l'ascesa del papa alla sua nuova funzione significava portare a conclusione una delle più profonde aspirazioni dei papi dall'XI secolo in poi: essere Vicario di Cristo e nello stesso tempo *verus imperator*. A questo proposito non è certo un caso se l'autore dei *Gesta Innocentii III*[152] ricorda con insistenza che il giorno della sua consacrazione, il papa attraversò la città di Roma «solennemente incoronato» per far ritorno al Laterano.[153] La *Vita* di Gregorio IX mette ancor più in evidenza il fatto che il papa, «dopo aver celebrato la messa, fu incoronato» e descrive la tiara come «duplice diadema».[154] Descrivendo l'incoronazione di Bonifacio VIII, Jacopo Caetani Stefaneschi usa le parole *spera* e *cubitus* per raffigurare la tiara con la quale il papa fu incoronato: il cardinale diacono Matteo Rosso Orsini pose sulla testa del papa «l'immagine della sfera e del *cubitus*».[155] La sfera definisce la forma circolare del diadema che si trova alla base della tiara. La parola *cubitus* rinvia invece al versetto con il quale la Genesi (6,16) definisce la sommità dell'Arca di Noé.[156] Il significato dei termini *sphera* e *cubitus* fu spiegato proprio dal teologo di Bonifacio VIII, Egidio Romano: l'Arca, nella sua parte inferiore è «molto lunga e ampia», perché rappresenta la Chiesa dei fedeli; la sommità dell'Arca – espressa nella misura di un cubito – rappresenta invece il papa.[157] La tiara non è dunque più soltanto simbolo dell'impero (*signum imperii*) come l'aveva definita Innocenzo III, ma simbolo dell'autorità del papa in quanto capo della Chiesa.

L'*ordo* XIII non contiene informazioni sulla cerimonia dell'accensione della stoppa in relazione con la cerimonia di consacrazione del papa nella basilica di San Pietro in Vaticano. Eppure una decina di anni prima, il domenicano Stefano de Borbone, autore di una delle più importanti collezioni medievali di *exempla* (1250-1261), ne aveva esplicitamente parlato proprio in relazione con quella cerimonia.[158] È difficile interpretare il silenzio dell'*ordo* XIII su questo punto, perché il suo autore ricorda che una

152. Fuhrmann, *"Der wahre Kaiser ist der Papst"*.

153. *Gesta di Innocenzo III*, trad. Fioramonti, p. 56.

154. Vedi *supra*, p. 93.

155. Jacopus Caietanus de Stefaneschis, *Opus Metricum*, partie II, vv. 141 ss., ed. Seppelt, p. 98.

156. Ladner, II, p. 287.

157. Aegidius Romanus, *Contra exemptos. Primus tomus operum*, Romae 1555, fol. 8v-9r.

158. Ho presentato la storia della cerimonia della stoppa in *Il corpo del papa*, pp. 28-36; che qui rivisito aggiornando.

simile cerimonia veniva celebrata a Roma in ambito liturgico, a Natale e a Pasqua.[159] La testimonianza di Stefano de Borbone contiene per la prima volta le parole *Sic transit gloria mundi* che appartengono ancor oggi al linguaggio comune, che sono qui poste in relazione al papa. Il riferimento, biblico, è identico, come vedremo, a quello che ha ispirato il rito della stoppa.[160] Anche la seconda attestazione in ordine cronologico di queste parole ci riporta alla corte papale. Intorno al 1285, il chierico tedesco Alessandro de Roes, originario di Colonia, usa le parole *Sic transit gloria mundi* in un verso del *Pavo* – una parodia in cui il papa viene rappresentato come un pavone. Il verso non contiene riferimenti ad un qualsiasi cerimoniale, ma è fuor di dubbio che l'autore, che era allora cappellano del cardinale romano Giacomo Colonna, abbia avuto in mente le parole prescritte dal rito della stoppa.[161] La stoppa è simbolo di transitorietà che ricorre in vari passi biblici (Sirach 21, 10-11; Is 1, 11).[162] La sua funzione simbolica si modifica a seconda di chi accende la stoppa. Se il papa procede all'accensione della stoppa, il rito è genericamente escatologico: la stoppa consumata dalla fiamma è simbolo della fine del mondo, destinato ad essere distrutto dal fuoco. Se invece la stoppa viene accesa di fronte al papa – che svolge quindi un ruolo passivo –, allora il rito riguarda la persona del papa. «Come nessun altro simbolizza la transitorietà [...] umana», colta in una prospettiva di esercizio del potere (*gloria*).[163] La stoppa accesa affinché si spenga immediatamente simboleggia in questo caso non la fine del mondo ma significa simbolicamente che la *potestas pape* che gli è stata conferita con la sua elezione termina con la sua morte.

Sulle cerimonie lateranensi, l'*ordo* XIII non segnala novità di rilievo. Al Laterano, il neo eletto pontefice continua ad insediarsi su tre seggi: sulla *sedes stercoraria*, prima di entrare nella basilica del Laterano, e su due seggi di porfido (creduti tali), prima di entrare nel palazzo papale.

Anche a proposito del tradizionale banchetto con cui si concludevano le cerimonie di insediamento di un nuovo pontefice romano e che si teneva

159. *Ordo* di Gregorio X (Dykmans, I, 212 n° 268). La stoppa pende a una corda alla porta del coro, mentre secondo l'*ordo* XI di Benedetto, ad esempio, la stoppa veniva posta su colonne all'entrata della basilica. Ciò vale anche per l'*ordo* XIV (ivi, II, 399, n° 18); il papa continua a svolgere un ruolo attivo.

160. 1 Cor. 7, 31 e 21 Gv 2, 17; cit. Alexander von Roes, *Schriften*, p. 188 n. 3.

161. Ivi, p. 188 n. 3.

162. Sirach 21, 10-11; Is. 1, 31.

163. Ed. Elze, *"Sic transit gloria mundi"*, p. 40.

nel vasto *triclinium* del Laterano decorato di mosaici, l'*ordo* XIII fornisce nuove precisazioni.[164] Il papa portava il manto rosso sulle spalle e il fanone sul capo ricoperto da mitra; al dito aveva l'anello più prezioso, e i sandali ai piedi. Sedeva da solo ad un tavolo, sul quale si trovano vasi d'oro. A destra del papa era imbandita la tavola per i cardinali vescovi e i cardinali preti, ed eventualmente i patriarchi. I cardinali erano rivestiti del loro manto e portavano la mitra. Cardinali e patriarchi sedevano rispettando l'ordine di priorità e di anzianità. Ogni patriarca doveva sedere tra due cardinali. Di fronte, sulla tavola posta alla sinistra del papa, prendevano posto i cardinali diaconi. Altre tavole erano riservate ai prelati e ai nobili. Il servizio era assicurato, per il pontefice, dai laici nobili presenti e il più importante aveva il compito di servire la prima portata. Se fosse presente un re, questo incarico gli sarebbe spettato di diritto. Così avvenne al banchetto tenutosi dopo le cerimonie di incoronazione di Bonifacio VIII (23 gennaio 1295), al quale parteciparono i re di Napoli e di Ungheria.[165] Quel giorno, il banchetto terminò a notte fonda con un vero e proprio massacro: quando i Romani uscirono dal palazzo e cominciarono a scendere lo scalone, l'agitazione della folla provocò la caduta di un gran numero di persone, e tra queste cinquanta tra chierici e laici perirono calpestati dalla folla. Persino Iacopone da Todi parla di quaranta morti pur non rinfacciando al papa la responsabilità dell'accaduto; anzi, il poeta lo considera – forse ironicamente... – un miracolo:

> Quando fo celebrata la coronazione,
> non fo celato al monno quello che ce scuntròne;
> quaranta omin fuor morti all'oscir de la mascione;
> miracol Dio mustròne quanto gli eri en piacere.[166]

4. *Avignone senza Roma: abbandoni, novità e adattamenti rituali (1308-1377)*

Ad Avignone il cerimoniale dovette anzitutto essere adattato a nuove realtà urbanistiche. Lione non era Roma, ed è per questa ragione che stando all'*ordo* del 1316, tutto il cerimoniale dell'insediamento del papa al La-

164. *Ordo* XIII, ed. Dymans, I, p. 174-175 e *ordo* XIV, ivi, II, pp. 287-288.
165. Su queste informazioni, mi permetto di rinviare al mio *Bonifacio VIII*, p. 89.
166. Iacopone de Todi, *Laude LVIII*, Coste, *Boniface VIII*, p. 67 (PR 4, vv. 39-42; Cfr. il mio *Bonifacio VIII*, p. 89.

terano dovette essere soppresso. Non vi si parla né di senatori né di archi di trionfo. E manca in questo *ordo* qualsiasi accenno alla *sedes stercorata* e ai due seggi di "porfido" che non hanno mai lasciato Roma. La loro assenza rese necessario una modifica per quanto riguarda il lancio del denaro, che non viene più effettuato dal papa ma dal maresciallo papale o da familiari del papa e soltanto durante il corteo. Un intero paragrafo si sofferma infatti sul «lancio di denaro da fare cinque volte in vari luoghi». Dapprima, sembra, davanti alla cattedrale dove il papa sale a cavallo per dare inizio alla processione solenne. Il maresciallo papale dovrà allora lanciare a tre riprese del denaro verso il popolo. Le altre quattro distribuzioni sono affidate a membri della *familia* del papa: quando il corteo giunge sulla piazza davanti alla chiesa Saint-Nizier (tra il Rodano e la Saône); sulla piazza dove risiede Pietro Colonna, cardinale diacono di Sant'Angelo e sulla piazza dove risiede il vescovo di Viterbo e quando il nuovo papa entra nel suo palazzo.[167]

Secondo l'*ordo* scritto per l'incoronazione di Giovanni XXII, la cerimonia si doveva svolgere, sempre a Lione, nella cattedrale Saint-Jean, poi la cavalcata avrebbe raggiunto il convento dei domenicani, dove si era tenuto il conclave, fino alla piazza Bellecour. Entrando in cattedrale, come già ricordava l'*ordo* XIII, si stenderà un drappo sul capo del papa. In cattedrale, il papa non si recherà dietro l'altare come a San Pietro; il faldistoro sarà posto tra l'altare e il coro. Il papa siederà dunque di fronte all'altare. I cardinali presenteranno l'omaggio al papa tre volte – e si tratta di una novità[168]: quando il papa entrerà in basilica, dopo le orazioni che gli rivolgeranno i cardinali vescovi di Porto, Albano e Ostia, e dopo che il papa avrà ricevuto il pallio, seduto sul trono dietro l'altare. Al termine della cerimonia, dopo la benedizione, il papa, seduto sul trono, distribuirà il *presbyterium* ai cardinali e ai prelati, i quali, in ginocchio, terranno davanti al papa la mitra aperta – una tradizione bene attestata già nel secolo XII –, perché il papa vi possa gettare il denaro che il camerlengo gli porgerà su un bacile.

Come di consueto, i partecipanti saranno vestiti di bianco, secondo il loro rango. Il papa porterà una mitra preziosa, il pallio, l'anello episcopale e i guanti. La processione si muoverà verso la porta della cattedrale Saint-Jean dove il papa siederà su un seggio solennemente decorato posto su una

167. Dykmans, II, pp. 300-301.
168. Ivi, II, p. 170.

struttura di legno, il cosiddetto *catafalco*,[169] ad imitazione dei gradini della basilica di San Pietro in Vaticano. Un simile "catafalco" è attestato per le incoronazioni del 1335 e del 1342 celebrate nella chiesa dei domenicani ad Avignone.[170] Al papa seduto sul "trono" il priore, ossia il più anziano dei cardinali diaconi toglierà la mitra e porrà sul capo la corona «che si chiama *regnum*», ossia la tiara, con le acclamazioni del popolo. Tutto ciò seguiva il rituale tradizionale. Il più anziano dei cardinali vescovi darà l'indulgenza al popolo, «se così piacerà al papa».

Si organizzava quindi la processione verso il convento dei domenicani. Uno dei cavalli del papa riccamente decorato, e il suddiacono che portava la croce erano seguiti dal primo gruppo: dodici portatori di altrettante bandiere rosse e due uomini che portavano due cherubini su delle lance.[171] Le dodici bandiere presentavano le armi della Chiesa romana, la tiara e le chiavi incrociate, anch'esse in oro su porpora. Dietro di loro, i "prefetti navali" e altri alti funzionari laici dai titoli tradizionali (qui ripresi da testi cerimoniali più antichi) – *scriniarii*, *advocati*, *iudices*, *cantores*. Il terzo gruppo consisteva nel personale liturgico della messa di incoronazione, il coro con i suddiacono che aveva letto il vangelo e l'epistola. Seguiva il quarto gruppo, ormai tradizionale fin dai tempi di Innocenzo III, ossia il clero rappresentante la Chiesa universale e romana, abati, vescovi, arcivescovi, patriarchi, cardinali vescovi, cardinali preti e cardinali diaconi. Chiudevano la processione il suddiacono incaricato di tenere pronto un tovagliolo (per asciugare il papa dal sudore) e l'"inserviente" con l'ombrello pontificio. Forse già ad Avignone il papa era seguito dai più alti ufficiali della sua corte che non erano cardinali: camerlengo, correttore, *auditor*, *auditor contradictarum*, maresciallo di giustizia. Questo gruppo comprendeva i laici di alto rango, come il Delfino, presente all'incoronazione di Clemente V. Davanti alle dimore dei cardinali Pietro Colonna e del vescovo eletto di Viterbo Giovanni venivano fatte le tradizionali elargizioni di denaro da fare al popolo che a Roma avvenivano davanti alla torre del Campo, nel rione Parione e presso le chiese di San Marco e di Sant'Adriano. Ad un certo punto, il papa avrebbe incontrato la comunità di Ebrei, ricevuto le loro laudi e condannato,

169. Ivi, II, p. 299 n° 2.

170. Ivi, II, p. 299 n° 63 e Schimmelpfennig, *Papal Coronations*, p. 189.

171. Dipinti in oro come attesta una miniatura del XV secolo, *Vat. lat.* 1145, fol. 36v, riprodotta in Dykmans, *D'Avignon à Rome*, pl. I-II.

come era ormai tradizione, la loro dottrina come obsoleta. In modo inedito, l'*ordo* osserva che si dovrà evitare ogni aggressione popolare contro di essi, il che è una testimonianza indiretta delle violenze che potevano verificarsi proprio nel momento in cui il papa incontrava gli Ebrei. Il senescalco papale faceva le veci del marescalco di curia. Al banchetto si suppone che vi partecipino dei re. Filippo V e i suoi zii Carlo di Valois e Louis d'Évreux arrivarono ad Avignone il giorno stesso dell'incoronazione di Giovanni XXII.[172]

Non sappiamo nulla sull'itinerario scelto in occasione delle elezioni di Benedetto XII (8 gennaio 1335) e di Clemente VI (19 maggio 1342).[173] Per l'incoronazione di Innocenzo VI (1352), completati gli edifici del palazzo papale, «tutti i riti, ad eccezione della processione di incoronazione si tennero esclusivamente all'interno del complesso palatino».[174] All'elezione di Urbano V (1352), la processione fu persino cancellata perché il papa desiderava evitare «eventi indecorosi». Da allora in poi, dunque, ad Avignone, nel giorno dell'incoronazione, il papa fu visto soltanto durante la breve incoronazione con la tiara, sul catafalco. Il papa entrava dai suoi appartamenti nella cappella del palazzo costruito da Clemente VI, dedicata a san Pietro,[175] forse a causa della sua ampiezza. Dopo la consacrazione gli veniva rivolta la tradizionale benedizione (se era già vecovo) ed imposto il pallio. Il catafalco era situato davanti al portale principale della cappella e il pontefice incoronato era visibile attraverso la cosidetta «finestra delle indulgenze» (o delle benedizioni).[176]

Viste nel loro complesso, le cerimonie di incoronazione che si sono svolte ad Avignone appaiono contrassegnate da un'involuzione in termini di topografia. L'insediamento di un nuovo pontefice finì per svolgersi all'interno del palazzo papale, con la conseguente eliminazione della popolazione e quindi un crescente distacco tra la curia e gli abitanti della città. Si tratta forse dell'elemento più importante che distingue le cerimonie avignonesi da quelle che si svolgevano nell'Urbe, dove il papa aveva numerose occasioni di incontro con i fedeli della sua diocesi, in particolare durante la cavalcata che lo conduceva da San Pietro al Laterano.[177]

172. Dykmans, II, p. 179.
173. Schimmelpfennig, *Papal Coronations*, p. 192.
174. Ivi, p. 192.
175. Ivi, p. 192.
176. Dykmans, III, pp. 462-473.
177. Schimmelpfennig, *Papal Coronations*, pp. 179-196.

Nel descrivere l'elezione di Giovanni XXII (1316), avvenuta a Lione, l'autore di una cronaca di Lubecca afferma che il suo precedecessore nell'ufficio di segretario cittadino (*Stadtsschreiber*), presente alle cerimonie di inaugurazione del nuovo papa, aveva visto il nuovo pontefice seduto sull'altare «nel palazzo» mentre si cantava l'antifona *O pastor eterne*.[178] È la prima volta che sentiamo parlare di un rito di intronizzazione secondo cui il papa veniva posto a sedere sull'altare. Attestato per la prima volta nel 1316, il rito si svolse forse per la prima volta nel 1305, a Lione, in occasione dell'elezione del primo papa di Avignone, Clemente V. All'evento partecipò il futuro re di Germania Arrigo VII, il quale, tre anni dopo, il giorno della sua elezione (1308), fu a sua volta posto sull'altare dai sette principi elettori come si può ricavare da un disegno coevo contemporaneo.[179] Anche arcivescovi e vescovi dell'Impero germanico e del regno di Francia furono posti sull'altare, forse già dal 1319 in poi, sicuramente dal 1341, il che fa pensare che fossero proprio le usanze in atto in Germania, sia per il re che per i vescovi, ad avere ispirato la curia romana ad accogliere l'intronizzazione di un nuovo papa sull'altare.[180]

Porre il neo eletto pontefice sull'altare immediatamente dopo l'elezione metteva in grande risalto il ruolo istituzionale dei cardinali, gli unici cui il rito affidava il compito di porre il nuovo papa sull'altare. L'intronizzazione in chiesa stabiliva un rapporto diretto con i cardinali, perché, se ci si attiene ad una rappresentazione iconografica moderna,[181] il papa veniva posto sull'altare dalla parte dell'abside. Seduto sull'altare, non guardava verso il popolo ma verso i suoi elettori. L'espediente aveva anche motivazioni pratiche: nella basilica medievale di San Pietro, il pavimento della navata centrale si trovava a circa due metri e mezzo sotto la mensa dell'altare, ragion per cui i cardinali avrebbero potuto porre il papa sull'altare maggiore con insormontabili difficoltà.[182]

A proposito della cerimonia della stoppa, un *ordo* redatto, sembra, per l'incoronazione di Urbano V (6 novembre 1362), rivela che negli ambienti curiali si discuteva sul miglior modo di celebrare il rito: «alcuni ritengono che sarebbe meglio tenere sul catafalco a causa della presenza del popo-

178. Cfr. Bojcov, *Warum pflegten*, p. 284 n. 104.
179. Ivi, p. 246, ill. 1.
180. Ivi, p. 284, n. 104.
181. Ivi, p. 277 ill. 7 e pp. 307-308.
182. Ivi, p. 307, e p. 309 ill. 14. Si veda anche l'affresco del Pinturicchio con la rappresentazione dell'incoronazione di Pio II (Paravicini Bagliani, *Le Chiavi e la Tiara*, ill. 35).

lo, dove c'è il *luogo di maggior gloria*».[183] L'esigenza di una maggiore visibilità del rito si fa dunque sentire proprio nel momento in cui la curia dispone, nel nuovo palazzo papale, di un *luogo di maggior gloria* per l'incoronazione papale. La discussione mirava forse a ritrovare condizioni analoghe a quelle vigenti a Roma, dove il rito si teneva sui gradini della grande scala esterna della basilica di San Pietro.[184]

Per organizzare il tradizionale banchetto alla fine delle cerimonie dell'avvento di un nuovo papa, ad Avignone i documenti della Camera forniscono informazioni inedite. All'elezione di Innocenzo VI (1352) si dovettero improvvisare nuove cucine, costruire 35 grandi fornelli per le caldaie, acquistare 6.450 scodelle, 6.900 bicchieri ordinari, 300 bicchieri a calice, 100 di lusso, 3.056 coltelli, 2.200 piccoli piatti, 100 grandi conche, 7.000 cucchiai, 1.700 quintali di carbone, e così via. Gli arrosti furono approntati da ben 126 uomini. Le quantità sono notevoli per quanto riguarda il pane (2.000 pani bianchi, 52.599 pani bigi), ma se ne consumarono soltanto circa 20.000. Gli altri furono dati in elemosina ai religiosi e ai carcerati. Abbondantissime le carni, molte delle quali molto pregiate: 325 agnelli, 100 capretti, 4 grù, 18 lepri, 4 volpi, 2 cervi, 22 capponi, diversi quintali di pesce, un cigno, 1.432 pernici, 1.500 conigli, 2.400 galline, 16 porci, 26 vitelli e 25 buoi. Il numero di mele (6.000), pere (1.500), cipolle (9.000), uova (7.800), oltre che le 216 libbre di spezie, i 17 quintali di cacio e i 24 quintali di lardo confermano, se ve ne fosse bisogno, che il numero dei commensali doveva essere molto alto. Per servire il vino furono acquistati più di 300 grandi bottiglioni e circa 1500 bottiglie senza contare decine di brocche e barili. Per il banchetto si spesero più di 4.000 fiorini, ossia una somma analoga a quanto si spenderà per i funerali dello stesso pontefice, ma per tutte le cerimonie di inaugurazione la spesa totale fu più del doppio (9.817 fiorini, 155 scudi, 69 lire e 6 denari).[185]

5. *Saccheggi e novità cerimoniali*

Alla morte di Gregorio XI, avvenuta a Roma il 27 marzo 1378 – il papa era tornato da Avignone l'11 gennaio 1377 –, l'arcivescovo di Bari

183. Dykmans, III, p. 466 n° 14.

184. Per l'incoronazione di Giovanni XXII, nel 1316, a Lione, si allestì un "catafalco" ligneo (Dykmans, II, p. 299 n° 2).

185. Guidi, *La coronazione*, 575-577.

Bartolomeo Prignano fu eletto papa Urbano VI. Erano passati tre quarti di secolo da quando un papa (Benedetto XI, 1303-1304) non era stato eletto a Roma. L'elezione contrastata di Urbano VI fu seguita da quella di Roberto di Ginevra che prese il nome di Clemente VII. Si aprì così uno scisma che durerà ben oltre i primi decenni del secolo successivo. La *Vita* II di Gregorio XI racconta che il disordine fece temere che «tutti i Transmontani e Gallici» sarebbero stati o uccisi o fatti prigionieri. I cardinali convinsero allora il cardinale Tebaldeschi ad appostarsi alla porta del conclave. Questi fece aprire una finestra e cominciò a chiedere alla folla di tacere e di attendere ancora un po' di tempo; ma i presenti, che attendevano da molto tempo, volevano conoscere il nome dell'eletto. Fu loro risposto: «Dominus cardinalis Sancti Petri». La folla sembrò intendere che il nuovo papa fosse il cardinale di San Pietro e gridò: «Papam habemus cardinalem Sancti Petri». Quindi si disperse per tutta la città vociferando: «Viva, viva, Sancto Pyetro». Molti mossero alla residenza di quel cardinale, «depredando e distruggendo ogni cosa».[186] Questi avvenimenti sono confermati dagli interrogatori che seguirono l'apertura dello Scisma. Il cardinale Orsini, apostrofando la folla, si presentò ad una delle finestre del conclave che dava sul secondo cortile del Vaticano. Rivolto alla gente gridò: «Tacete, perché avete un papa». «Chi dunque?» gli risposero. L'Orsini: «Andate a San Pietro». Una parte dei Romani comprese che il nuovo papa era il cardinale di San Pietro e accorse alla casa del cardinale Tibaldeschi per depredarla.[187] Due testimoni presenti a questi fatti – le loro testimonianze furono raccolte nel corso dell'inchiesta che fu aperta dopo il conclave – raccontano che razzie erano avvenute ad Avignone all'elezione di Gregorio XI, ma si tratta di una testimonianza isolata.[188] Un terzo testimone, Franciscus Fernandi, cantore di Palencia, afferma invece che saccheggi si erano verificati ad Avignone in occasione dell'elezione di un papa soltanto nella casa dell'eletto e non nella sede del conclave.[189]

Riferendosi a questo tipo di saccheggio nella sua descrizione degli avvenimenti occorsi in occasione dell'elezione di Innocenzo VII (17 ottobre 1404), Adamo di Usk parla già di consuetudine.[190]

186. Baluze-Mollat, *Vitae paparum Avenionensium*, I, 446. Cfr. *Il corpo del papa*, pp. 224-228.

187. Valois, *La France et le Grand-Schisme*, I, 51.

188. Rehberg, *Sacrum*, p. 233.

189. Ivi, p. 232 n. 173.

190. *Chronicon Adae de Usk*, ed. Thompson, p. 86.

Del saccheggio della *domus* privata del neo eletto pontefice ne parla anche Jacopo di Angelo nella sua lettera ad Emanuele Crisolora, scritta in occasione dell'elezione di Gregorio XII (30 novembre 1406).[191] La prima reazione ufficiale a questo nuovo rito di saccheggio venne dal Concilio di Costanza (1417). L'assise conciliare tentò di reprimere le depredazioni dei beni del cardinale eletto e dei cardinali elettori in generale.[192] La vittima principale del saccheggio era il cardinale eletto pontefice, colui che, come avvertiva il decreto conciliare, era giunto al «culmine delle ricchezze»; l'irruenza popolare prendeva però di mira un po' tutti i cardinali, almeno i più esposti. Il racconto di Enea Silvio Piccolomini sulle depredazioni avvenute in occasione dell'elezione di papa Niccolò V (1447) pare significativo del fenomeno. L'eletto è il cardinale Parentucelli, ma le *domus* messe a sacco sono quelle dei Colonna, del cardinale Capuano e del cardinale di Bologna. Il Piccolomini sembra persino insinuare che il popolo non si sbagliò: «è beneficio del povero di non perdere che poco [...]» .[193]

Oltre a ricordare le razzie avvenute nel palazzo del cardinale eletto pontefice in occasione dell'elezione di papa Niccolò V (1447), Enea Silvio Piccolomini parla di un saccheggio di cui fu vittima in conclave, non appena venne annunciata la sua elezione a pontefice romano (il 19 agosto 1464). Il Piccolomini racconta infatti che la sua cella fu spogliata dell'argento e dei libri «secondo una turpe consuetudine»; quanto alla sua *domus*, il popolo vi era subito accorso per depredarla.[194] Essendosi una volta udito "Genovese", in cambio di "Senese", gli fu presa una gran parte della sua roba.[195] Ma anche nel conclave del 1378 furono asportati libri ed altri valori appartenenti a Roberto di Ginevra, che sarà poi eletto papa Clemente VII. Non tutto ciò che fu trafugato dalle celle del conclave deve però essere messo in relazione diretta con l'annuncio del nome dell'eletto.[196]

191. Jacobus Angeli, *Epistola ad Emmanuelem Chrisoloram*, p. 79.

192. Mansi, XXVII, 1170.

193. Eneas Silvius Piccolomini, *Oratio de morte Eugenii p. IV creationeque et coronatione Nicolai V*, in RIS, III, 2, 894.

194. Piccolomini, *Pii II Commentarii*, ed. Van Heck, I, pp. 106-107; cfr. Piccolomini, *I commentari,* trad. Totaro, II, p. 223. Rollo Koster, *Raiding Saint Peter,* pp. 69-73 interpreta il disegno nel codice Roma, Biblioteca Angelica, ms. 1146, f. 2v, come un'illustrazione della consuetudine criticata da Enea Silvio Piccolomini, di ruberie di una cella cardinalizia.

195. Piccolomini, *Pii II Commentarii,* pp. 106-107; cfr. Piccolomini, *I commentari,* trad. Totaro, *I commentarii*, II, p. 223.

196. Si vedano le testimonianze citate da Rehberg, *Sacrum*, p. 214.

Saccheggiando i beni del cardinale eletto, il popolo romano permetteva all'eletto di svolgere un rito di passaggio. Lasciandosi spogliare, il neo eletto abbandonava l'"uomo antico" e accedeva simbolicamente alla sua nuova "suprapersonalità".[197] Con questo tipo di saccheggio, il popolo romano manifestava però anche folcloricamente la sua partecipazione all'elezione del suo vescovo. Ed è forse soprattutto per questa ragione che le fonti che ci parlano di saccheggi dei beni (palazzo) appartenuti al nuovo eletto pontefice iniziano con il primo conclave che si tenne a Roma dopo il lungo soggiorno del papato ad Avignone.

Proprio in occasione del conclave del 1378, il legame tra il vescovo di Roma e il suo popolo sembra avere dato vita ad un altro gesto rituale di cui ci parla il cronista di Strasburgo Jakob Twinger von Königshofen (1346-1420 ca). Il Twinger racconta che durante il conclave per l'elezione del successore di Gregorio XI la folla nelle strade di Roma chiedeva con forza che si eleggesse papa un cardinale italiano, anzi un romano. Per «calmare» la folla un cardinale avrebbe annunciato l'elezione di un romano, Francesco Tebaldeschi, vescovo della Sabina, detto il cardinale di San Pietro. Il popolo avrebbe reagito «impossessandosi del cardinale di San Pietro e, dopo averlo posto sull'altare, gli baciarono i piedi e gli resero omaggio come è solito fare per un nuovo papa».[198]

Come abbiamo già avuto modo di osservare, il cronista inglese Adamo di Usk, presente a Roma all'incoronazione di Innocenzo VII (1404), è un prezioso testimone oculare, il primo che descrive in modo così dettagliato le cerimonie di incoronazione di un papa accompagnando le sue descrizioni con commenti interpretativi che meritano attenzione. La cerimonia dell'accensione della stoppa comprende tutti gli elementi segnalati da Stefano de Borbone e dall'*ordo* "avignonese": ruolo passivo del papa e triplice recitazione delle parole di rito.[199]

Questo rito fu osservato in occasione dell'incoronazione di Gregorio XII (19 dicembre 1406), celebrata a Roma nella basilica di San Pietro. Jacopo di Angelo ne parla nella sua lettera al Crisolora.[200] Gesti di autoumiliazione alternano con la messa in scena di una regalità di

197. Boureau, *La papesse Jeanne*, 113.

198. Bojcov, *Warum pflegten.*

199. Trad. Balzani, *La storia di Roma*, p. 480, dal testo originale, ed. Thompson, *Chronicon Adae de Usk*, p. 87.

200. *Leonardi Dathi Epistolae XXXII, recensente Laurentio Mehus*, p. 81.

imitazione imperiale: dopo avere rivestito i calzari aurei, che sarebbero stati introdotti da Diocleziano, il papa subisce l'abluzione delle mani; ricevuto l'anello, egli raggiunge l'altare più alto (*sublimius*): l'apparato è «divino»; il papa porta un velo bianco e una croce d'oro sul petto «per la sua santità, non per le delizie»; la descrizione della stoppa segue una lunga riflessione sui *regum ornamenta* dati al papa dall'imperatore Costantino; subito dopo l'accensione della stoppa, il papa procede con un «velo d'oro sul capo».

Età moderna

1. *Persistenza di saccheggi e disordini*

I saccheggi e i disordini che si scatenavano nell'interregno all'elezione e alla morte dei papi nel Medioevo e nell'Età moderna erano convulsioni sociali che assumevano forme simboliche ma che, come vedremo, si modellavano nelle specifiche congiunture di ogni pontificato. Vi era comunque una tipologia di saccheggi simmetrica a quella che caratterizzava la morte del papa e che investiva il neoletto pontefice. Una importante storiografia (Sergio Bertelli, Alain Boureau, Carlo Ginzburg, Laurie Nussdorfer) ha studiato da tempo i saccheggi che si verificavano alla elezione dei pontefici romani leggendoli in modo parallelo con quelli che si verificavano alla morte del papa sistematizzandoli da un punto di vista concettuale sotto la categoria di «saccheggi rituali».[1] Recentemente vi è stata una ampia rivisitazione del tema. J. Rollo-Koster, con una impostazione storico-antropologica ha focalizzato la violenza della sede vacante nei conclavi medievali facendo ricorso la categoria antropologica di liminalità.[2] Andreas Rehberg ha invece espresso le sue perplessità sull'aggettivo «rituale» per qualificare queste violenze di interregno (alla morte del pontefice e alla elezione del successore) ripercorrendole in modo intrecciato, per la cronologia 1378/1534, valorizzando il peso del diritto consuetudinario, il ruolo dei concreti attori sociali e delle fazioni nobiliari.[3] Lo studio di J.M. Hunt, largamente debitore ai precedenti lavori, ha per una cronologia successiva (1559-1655) insistito sul ruolo delle istituzioni capitoline e sul rapporto

1. Ginzburg, *Saccheggi rituali*, Boureau, *La papessa Giovanna*, pp. 108-114; Bertelli, *Il corpo del re* e soprattutto Nussdorfer, *The Vacant See*.
2. Rollo-Koster, *Raiding Saint Peter*.
3. Rehberg, *Sacrum*.

criminalità-violenza della sede vacante utilizzando i processi del tribunale del governatore di Roma.[4] Al di là della differenza degli approcci il grande scisma e il conclave del 1378 (il primo a Roma dopo Avignone) si sono imposti come cesura periodizzante per il fenomeno dei saccheggi interni ed esterni al conclave così come più volte ribadita è stata la valenza simbolica di questi gesti di depredazioni volti ad affermare la partecipazione da parte del popolo romano della elezione del proprio vescovo.[5]

Il saccheggio del palazzo e della cella del neo-eletto è una pratica attestata con regolarità nel corso dell'Età moderna. Come ha mostrato R. Villard anche la voce di una elezione poteva provocare il saccheggio. Così accadde nel 1523 durante il conclave che seguì la morte di Adriano VI e che avrebbe avuto come esito l'elezione di Clemente VII quando si sparse la voce che il decano del Sacro Collegio, il cardinale di Santa Croce (Bernardino de Carvajal), stesse per essere eletto papa e anche per Reginald Pole nel conclave che invece elesse Giulio III.[6] Nell'interregno tra la morte di Marcello II e la elezione di Paolo IV, il 17 maggio del 1555, corse voce dell'esaltazione di Alessandro Farnese al pontificato: a questo rumore, il popolo saccheggiò la casa del cardinale, derubò i suoi beni e solo nella notte quando la verità fu nota il saccheggiò cessò.[7] Nel 1590 durante il lungo conclave successivo alla morte di Urbano VII (27 settembre) la falsa notizia della elezione del cardinale Paleotti provocò non solo ruberie e disordini ma anche la "rottura" del conclave che si dové rimurare.[8] Nella sua nota autobiografia il cardinale di Santa Severina (Giulio Antonio Santori), rievocando le vicende del conclave che seguì la morte di Innocenzo IX e nel quale fu ad un passo dalla tiara, menziona la drammatica notte dell'11 gennaio 1592 quando dové fronteggiare non solo l'amarezza di alcune irriducibili resistenze alla sua candidatura ma anche il saccheggio della sua cella:

> Fui in quella notte e quel giorno in gravi affanni, essendomi anco stata saccheggiata la cella da conclavisti: ma la notte appresso mi fu dolorosissima, sopra ogni altra cosa funesta onde per il grave affanno dell'animo e d'interna angoscia sudai sangue.[9]

4. Hunt, *The Vacant See in Early Modern Rome*.
5. Vedi in questo volume p. 112.
6. R. Villard, *Incarnare una voce*, pp. 57-67.
7. BAV, *Ott. Lat.* 2608, f. 341v.
8. BAV, *Urb. Lat.* 1058, ff. 525r-527r, alla data 13 ottobre 1590.
9. Santori, *Autobiografia*, 13, 1890, p. 204.

Anche lo scrupoloso cardinale von Harrach annota la spoliazione della cella del cardinale Sacchetti nel 1644 e nel 1655 la depredazione della casa del cardinale Carpegna, entrambi papi mancati. Nel 1667, nell'ultimo conclave al quale partecipò, il cardinale di Praga, appena si sparse la notizia della elezione del cardinale Rospigliosi (Clemente IX), ordinò al suo conclavista di custodire con grande cura gli argenti della sua cella.[10] Nel tardo Seicento la decisione di fare papa il cardinale Ottoboni (Alessandro VIII) che fu presa nella cella del cardinale Cibo dai maggiori elettori nei primi giorni di ottobre del 1689 fu immediatamente seguita dal saccheggio della cella del prescelto.[11]

Ma non solo i diari e gli avvisi attestano fino al Settecento la pratica del saccheggio all'interno del conclave e, in alcuni casi, del palazzo del cardinale eletto o che si ritiene eletto, anche lo spoglio dei Bandi del governatore e del camerlengo confermano la persistenza di questa tipologia di azioni violente. Così nei difficili anni tra il settembre del 1590 e l'inizio del 1592 durante i quali si svolsero in tempi ravvicinati quattro conclavi l'editto del cardinale camerlengo Enrico Caetani del 27 ottobre 1591 (Innocenzo IX sarebbe stato eletto il 29 ottobre) proibiva di depredare il palazzo e in particolare di divellere dal Vaticano porte e finestre.[12] Il 1 febbraio del 1592 (Clemente VIII era stato eletto il 30 gennaio) un bando del governatore, notificava le pene contro coloro che avessero asportato mobili e altri oggetti dal Palazzo.[13] Le fonti provano dunque che il palazzo era luogo di saccheggio in due occasioni ravvicinate. Lo era alla morte del papa[14] quando però, come vedremo, la violenza, animata da motivazioni politiche e sociali volta a volta distinte, degenerava nei tumulti e negli scontri generalizzati nella città e persino nello stato Ecclesiastico e alla elezione del successore quando la depredazione del palazzo non si estendeva alla città.

10. *Die Diarien und Tagzettel*, Bd. 2, *Diarium 1629-1646*, p. 589; Bd. 4, *Diarium 1655-1667*, p. 38 e p. 393.

11. ASR, *Conclavi e Possessi*, fascio 4 (1689), *Relazione della morte di Innocenzo XI*.

12. ASV, Arm.IV, 26, f. 227r.

13. Ivi, f. 228r.

14. Frequenti i decreti del governatore e del camerlengo o le bolle papali che ingiungono, terminata la sede vacante, di restituire alla Camera Apostolica gli argenti, gli ornamenti, i gioielli, le gemme, le monete, le stoffe, i manoscritti, i libri, i cavalli e i muli sottratti dal Palazzo durante la malattia e la morte del pontefice. Molto spesso si individuano i familiari del pontefice defunto come attori principali delle spoliazioni. Le pene minacciate sono la scomunica e, nel caso di ecclesiastici, la sospensione a divinis.

Dopo la elezione Roma sarebbe stata invece teatro di gioiosi riti di inaugurali che dovevano rassicurare il popolo che il vuoto della sede vacante era stato colmato. Si trattava di insediare, coronare e presentare il nuovo pontefice al suo Popolo.

2. *Da possesso/incoronazione a incoronazione/possesso*

Tornando a Roma dopo il grande scisma, i papi del Rinascimento trascurarono l'antico sacro palazzo, cioè il Laterano residenza ufficiale dei papi fino al periodo avignonese. Essi predilessero dimore nel centro della città – papa Colonna l'avito palazzo di piazza dei Santi Apostoli, il veneziano Barbo palazzo San Marco – e intrapresero opere di ristrutturazione e allargamento del palazzo Vaticano alle quali pensarono in modo coerente già Niccolò V e poi Sisto IV, cui si deve la prima cappella Sistina oltre che la Biblioteca Vaticana, Alessandro VI con gli appartamenti Borgia, Giulio II con i suoi giganteschi progetti, entrambi i papi Medici e ancora Paolo III.[15]

Nella prima Età moderna sarà il Vaticano il luogo della elezione del papa e la città rinascimentale la cornice materiale dei riti papali di avvento. Non meno rilevante, nella stessa fase, dopo la parentesi conciliarista di Basilea e Costanza fu l'accentuazione della declinazione monarchica del potere papale. In questo contesto la coronazione acquisiva importanza e rilievo come rito a sé. L'autonomizzazione del rito della incoronazione nella sequenza dei riti inaugurali del pontificato sarà definitivamente sancita all'inizio del Cinquecento da un pontefice come Giulio II, il cui papato è segnato dal balzo in avanti del processo di costituzione dello stato papale come principato italiano. Il canonico Giuseppe de Novaes, patrizio portoghese, ex gesuita, autore ottocentesco di opere erudite sui riti attinenti alla persona del papa e in particolare sulla coronazione, avrebbe scritto a questo proposito:

> Conviene qui l'osservare che Giulio fu il primo pontefice a separare la funzione della *Coronazione* da quella della *Processione* alla basilica Lateranense che già fin da Sisto IV aveva cominciato a chiamarsi *Possesso*, lasciato l'antico nome di *Processione*. [...] La necessità in cui erano i pontefici di

15. Taja Agostino, *Descrizione del Palazzo*; Chattard, *Nuova Descrizione del Vaticano*; *Il palazzo apostolico Vaticano*; Firpo, Biferali, *"Navicula Petri"*.

> tornare alla loro abitazione nel palazzo lateranense aveva fatto nascere il rito dell'antica *Processione*, per ultimare alcune cerimonie dopo la *Coronazione*. Ma cessata questa necessità per essere andati ad abitare al palazzo di San Marco [...] poi al Quirinale [...] si cominciò prima a ritardare di qualche giorno la funzione del *Possesso* e poi di qualche mese. È ben vero peraltro che, se l'antica *Processione*, unita alla *Coronazione*, era un argomento della maestà e potestà pontificia, la funzione del moderno possesso, separata dalla coronatione non fa, che riguardare la solennità dell'antico Rito senza aggiungere verun nuovo diritto all'autorità del papa [...] poiché questa cerimonia nulla influisce alla *Potestà* Pontificia, cominciando i Papi a esercitare il loro ministero con tutta la pienezza della loro suprema autorità nel giorno della *Coronazione*, in cui principiano ad apporre il sigillo alle bolle, e a contare gli anni di pontificato [...] non essendo il *Possesso* che una formalità per riguardo al Vescovado che prendono di Roma.[16]

La coronazione era divenuta dunque rito a sé stante, suggello della maestà del papa. Un'idea questa che gli scrittori dell'età della Restaurazione, come il de Novaes enfatizzarono in opposizione ai nuovi nemici del sovrano pontefice – rivoluzionari e massoni – ma che risaliva agli sviluppi della sovranità pontificia tra Medioevo e prima Età moderna.

3. *Accettazione dell'elezione e imposizione del nome*

Sovrano eletto, il pontefice romano basava la sua successione solo sulla legittimità della sua elezione da un punto di vista canonico. L'aspetto procedurale dell'elezione, come abbiamo visto seguendo l'evoluzione della normativa, è dunque cruciale, ma anche essenziale è l'accettazione del prescelto senza la quale l'elezione è un nulla di fatto.

Terminate le operazioni che seguivano lo scrutinio con la bruciatura delle schede, il conclave rimaneva chiuso. Il decano dei cardinali avvicinatosi all'eletto pronunciava la frase di rito: *Acceptasne electionem de te canonice factam in Summum Pontificem?* Il consenso dell'eletto non alludeva affatto a una relazione di tipo pattizio. Esso era certo una manifestazione di volontà nel rapporto mistico che legava la Chiesa e il papa. Era però anche espressione dell'accettazione della grave responsabilità del governo

16. Novaes, *Elementi della storia de' Sommi Pontefici*, t. VI, 1822, pp. 132-133. I corsivi sono nel testo.

della Chiesa alla quale un'elezione divinamente ispirata aveva chiamato il prescelto.

Le vite dei papi e le relazioni sulle elezioni dei singoli pontefici sono ricche di dettagli sulla riluttanza di molti cardinali a ritenersi all'altezza di tale compito. Pio V dichiarò non essere per lui il papato «cosa desiderabile»,[17] Alessandro VII ebbe un momento di dubbio e «si mise alquanto in orazione per implorare il divino aiuto in sì grande risoluzione»[18] Clemente X pronunziò il fatidico «accepto» solo dopo ripetute preghiere di tutto il Collegio.[19] Alessandro VIII rispose che voleva «pigliar consiglio dalla divina provvidenza» e diede il consenso solo dopo essersi ritirato in assorta preghiera.[20] Innocenzo XII si disse «immeritevole e insufficiente di così gran peso».[21] Clemente XI «resisté» per tre giorni prima di accettare in preda a un'«angustia» tanto profonda che gli provocò forti malesseri fisici con febbre e vomito violenti e fu necessario ricorrere a una commissione di teologi per persuaderlo.[22]

L'insistenza con cui le fonti riportano queste resistenze,ma anche il carattere agiografico di molte di esse, ci inducono a ritenere che si tratti di un aspetto di una retorica dell'insufficienza umana rispetto a un compito troppo alto. In ogni caso il dubbio sui propri limiti è parte di una rappresentazione dell'autoconsapevolezza della responsabilità che si richiede a un papa.

Solo dopo il pronunciamento del consenso viene posta al neoeletto la domanda successiva: *Quomodo vis vocari?* La ridenominazione è atto fondante di mutamento di identità: con il nuovo nome il cardinale si trasfigura nel successore di Pietro e vicario di Cristo. La scelta di un nome implica la sua collocazione non in un ordine dinastico, come per i sovrani temporali che non mutano il loro nome di battesimo, ma al contrario il rifiuto almeno "teorico" dell'appartenenza familiare e il posizionamento nella successione petrina. I nove papi eletti nel Quattrocento da Martino V in poi ebbero nove

17. Caraccia da Rivalta, *Vita del Beatissimo Pontefice papa Pio V*, pp. 34-35.

18. ASF, MP, f. 3989, ins. 11 (*Conclave del 1655 per la creazione di papa Alessandro VII e altre scritture a quello attenenti*).

19. *Relatione delle cerimonie*.

20. *Compitissima relatione delle cerimonie*.

21. *Sincero racconto delle cerimonie fatte nell'elezione del nuovo Sommo Pontefice Innocenzo XII*.

22. Novaes, *Introduzione alle vite de' Sommi Pontefici. I. Dissertazione III. Dell'elezione de' pontefici a norma delle leggi stabilite*, p. 220; Id., *Elementi della storia de' Sommi Pontefici*, XII, 1822, p. 11.

nomi diversi, i diciassette pontefici del Cinquecento adottarono undici nomi, gli undici eletti del Seicento utilizzarono sette nomi, gli otto del Settecento quattro nomi fra i quali ritornò per ben quattro volte quello di Clemente e i sei dell'Ottocento solo tre nomi nei quali quello di Pio ricorse tre volte.[23] Tra il 1492 e la fine dell'Ottocento dopo Clemente, nome assunto da ben otto papi, è infatti Pio il nome più frequentemente usato per sette volte,e tra i Pii sembra stabilirsi una genealogia di rinvii e di implicazioni simboliche.[24] Ritroviamo quindi cinque volte Innocenzo, quattro Gregorio e Leone, tre volte Paolo e Alessandro, due volte Giulio, Benedetto e Urbano, una volta Adriano, Marcello e Sisto, nome quest'ultimo assunto però quattro volte fino alla fine del Quattrocento.

Ragioni specifiche vengono addotte per giustificare la scelta.

Guicciardini ci racconta, ad esempio, come Giulio de Medici

> voleva continuare nel nome di Giulio; ma ammonito da alcuni cardinali essersi osservato che quegli che, eletti pontefici, non aveano mutato il nome avevano tutti finita la vita loro infra uno anno, assunse il nome di Clemente settimo, o per essere vicina la festività di quel santo o perché alludesse allo avere, subito che fu eletto, perdonato e ricevuto in grazia il cardinale di Volterra [Francesco Soderini] con tutti i suoi.[25]

Il cardinale eletto con l'assunzione del nuovo nome riprende a volte semplicemente il nome del papa del quale era stato creatura, esplicitando un vincolo di gratitudine personale.[26] Si vuole anche attraverso il nome evidenziare idealmente un nesso con un predecessore anche lontano, alludere a un programma, esteriorizzare un legame devozionale con un santo che si assume come modello.

I diari dei cerimonieri o i racconti delle vite dei papi a volte riportano brevi frasi di motivazioni: così per papa Boncompagni, Francesco Mucanzio annota come «si chiamò [Gregorio XIII] in onore del beato Gregorio Magno nel cui anniversario era divenuto cardinale di Pio IV nel 1565».[27] Il

23. Menniti Ippolito, *Il governo dei papi*, pp. 30-32; Angelini, *Discorso curiosissimo*.

24. Caffiero, *L'importanza del nome*.

25. Guicciardini, *Storia d'Italia*, libro XV, cap. VI, p. 1692.

26. È questo il caso, fra gli altri di Benedetto XIV che volle chiamarsi così in onore del suo "creatore" Benedetto XIII (*Briefe Benedictis XIV*, p. 171).

27. BAV, *Vat. Lat.*12286, *Diarorum caerimonialium Francisci Mucantii caerimoniarum apostolicarum magister, tomus primus*, f. 4v; Maffei, *Degi Annali di Gregorio XIII*, 1742, I, p. 17.

cardinale Albani avrebbe scelto di denominarsi Clemente XI anche perché accettò il papato, dopo molte esitazioni, come si è appena detto, nel giorno della festa di san Clemente I papa e martire (23 novembre). L'imposizione del nome è comunque descritta come un atto fondante dell'immagine che il nuovo papa vuole dare di sé nel momento in cui accetta la chiamata all'alto officio che sarà il suo.

Scelto il nome, il conclave si apre. Questo momento di pubblicazione del nuovo sovrano pontefice è descritto, per la prima Età moderna, in forma sintetica sia da Agostino Patrizi che da Giovanni Burcardo: immediatamente prima dell'assunzione del nuovo nome il decano infila l'*anulus parvus*, cioè l'anello piscatorio, all'anulare del neoeletto che conferma i capitoli sottoscritti prima della elezione e riceve le suppliche.[28] L'annuncio, *aperta sacrarii fenestrella,* è immediato e precede la vestizione del nuovo eletto e la prima venerazione da parte dei cardinali. Nella sagrestia della cappella di San Nicola il papa è spogliato dai cardinali diaconi degli abiti consueti e vestito della tunica bianca con il cingolo rosso, il rocchetto, il berretto rosso, le calze bianche e le scarpe rosse con la croce, poi i due primi diaconi lo aiutano a indossare l'amitto bianco, la stola. Quindi i cardinali gli fanno indossare il piviale rosso e la mitra preziosa. Ogni indumento ha un significato che rinvia simbolicamente a qualcosa di invisibile – l'amitto ad esempio, il rettangolo di lino che si lega sotto il camice, forse un antico cappuccio, è simbolo di mortificazione e di forza nel respingere le tentazioni.[29] Anche il posizionamento degli accessori liturgici ha un significato: la stola è indossata diversamente a seconda se il papa sia o meno già vescovo .[30] Seduto il pontefice sull'altare della cappella – si tratta della prima intronizzazione –, i cardinali lo riveriscono col triplice bacio, l'*osculum pedis*, *manus et oris*. Segue al suono delle campane la discesa del nuovo papa in San Pietro. Nella basilica, dopo una sosta in preghiera senza mitra, il papa, mentre si intona il *Te Deum,* è posto a sedere sull'altare con la mitra – si tratta di una seconda intronizzazione –, dove cardinali, prelati e nobili gli prestano nuovamente riverenza.[31]

28. Dykmans, *L'oeuvre de Patrizi Piccolomini*, I, p. 49; Burchard, *Diarium*, III, p. 277.

29. Paravicini Bagliani, *Le Chiavi e la Tiara*, pp. 61-62.

30. Dykmans, *L'oeuvre de Patrizi Piccolomini*, I, p. 50. Sulle vesti papali importante il trattato inedito di Michele Lonigo (*Tractatus de vestibus Summi Pontificis et S.R.E. cardinalium*) in BAV, *Barb. Lat.* 2966 e Giorgi, *Gli abiti sacri del sommo pontefice*.

31. Dykmans, *L'oeuvre de Patrizi Piccolomini*, I, p. 50; Burchard, *Diarium*, III, p. 278.

Questo cerimoniale, così descritto alla fine del Quattrocento, resta sostanzialmente invariato, pur presentando qualche mutamento non insignificante nella tarda Età moderna. Se il papa è stato eletto nel palazzo del Quirinale riceverà infatti la prima adorazione in quel palazzo, nella cappella Paolina dove si è svolto il conclave. Poi nello stesso giorno o in quello successivo si reca in Vaticano per la seconda adorazione nella Sistina.[32] Quindi il papa scende in sedia gestatoria nella basilica di San Pietro portato da dodici palafrenieri vestiti di rosso mentre i cantori intonano l'*Ecce Sacerdos Magnus*. Nel corteo processionale dalle stanze vaticane alla basilica sfilano i cardinali, i prelati, gli ambasciatori, i conservatori del municipio. In San Pietro il papa, mentre si intona il *Tu es Petrus*, venera il Santissimo all'altare del SS. Sacramento quindi, condotto all'altare maggiore, è posto a sedere al centro di esso ed è ancora adorato.[33]

Le fonti si soffermano con grande enfasi sul rito del bacio del piede del papa. Kristoffer Nyrop, nel suo classico *The Kiss and its History* apparso a Copenaghen nel 1897 aveva considerato il bacio "di rispetto" come un rito polisemico: «bacio di venerazione» prestato al papa come a Cristo, bacio di riconciliazione con Dio ma anche segno di obbedienza, rispetto e sottomissione.[34]

Nel Cinque e Seicento, dopo l'attacco dei riformati che bollavano come idolatria i ripetuti riti di adorazione e il bacio del piede una ricca trattatistica di ispirazione romana avrebbe cercato di tracciarne la storia. A Gregorio XIII nel 1578 il prelato di Valencia José Estève avrebbe dedicato il *De adoratione pedum Romani Pontificis*,[35] un'opera in cui richiamava dalla storia profana (avvalorando quindi l'idea dell'origine imperiale di molti riti ecclesiastici) e dall'Antico e dal Nuovo Testamento (Luc. VII, 38) numerosi esempi del gesto dell'adorazione e del bacio del piede.[36]

A Sisto V, nel 1588, il teologo perugino Marco Antonio Mazzaroni avrebbe dedicato un trattatello sul significato simbolico della tiara e sull'adorazione del papa come atto di onore e gloria a Dio: si adora il pon-

32. Moroni, *Cappella*, DESE, 8, p. 159.

33. Novaes, *Introduzione alle vite de' Sommi Pontefici*, I, *Dissertazione III. Dell'elezione de'pontefici*, pp. 237-241.

34. Nyrop, *The Kiss and its History*, p. 117.

35. Estève [Valentino], *De adoratione pedum*. Lo stesso autore, con dedica a Sisto V, avrebbe pubblicato nel 1588 il *De osculatione pedum Romani Pontificis ... Adiecta eiusdem auctoris disputatione de Coronatione et Elevatione, seu portatione Papae* .

36. Estève, *De osculatione pedum*, pp. 32, 38-41 e 46.

tefice come immagine di Dio in terra.[37] D'altra parte la polemica protestante non fu affatto circoscritta al Cinquecento. A metà Seicento il giurista svedese Lorenzo Banck presente alla festa di incoronazione di Innocenzo X il 4 ottobre 1644, scrisse e pubblicò una relazione sul rito che ebbe larghissima diffusione.[38]

Intenso ricorso al testo di Banck come *testis oculatus* farà il teologo luterano Johann Friedrich Mayer (1650-1712), prussiano, professore di teologia a Wittenberg e poi a Greifswald, autore del *Tractatus de osculatione pedum pontificis romani*, che proponeva una trattazione sistematica della *podolatria papalis* sostenendo la radice orientale e pagana del rito e la sua penetrazione nel mondo occidentale attraverso il culto della persona dell'imperatore.[39] Tra fine Settecento e inizio dell'Ottocento la disputa riprenderà con intensità. Nella risposta all'attacco antiromano di giansenisti e giurisdizionalisti, gli eruditi "papali" riprenderanno alcuni di questi testi, che erano frutto però di una congiuntura storica assai diversa tra Cinque e Seicento, rilanciando con decisione la tesi della radice scritturale del rito.[40]

Al di là della trattatistica possiamo leggere le tre adorazioni come corrispondenti a tre momenti di progressivo accesso alla persona del pontefice dopo la sua elezione. Ancora nel chiuso del conclave la prima era riservata ai soli cardinali, più aperta era la seconda nella quale il papa riceveva l'omaggio del governatore di Roma che andava a consegnargli il bastone del comando, e di altri personaggi illustri come il maresciallo del conclave, il generale di Santa Chiesa ecc.

La terza adorazione – quella pubblica – era comunque la definitiva, ufficiale presentazione del nuovo papa alla curia e alla città, sancita dalla pubblica benedizione e da una festa cittadina che si protraeva per qualche giorno.

Il potere del papa, la cui elezione era ispirata da Dio, poteva dirsi effettivo appena eletto nella corretta applicazione dei canoni: un principio che sarebbe stato riaffermato con forza nel secondo Cinquecento anche in risposta alla polemica antipapale protestante. D'altra parte, la dignità cardinalizia non implicava la dignità vescovile e si poteva essere cardinali anche senza essere preti o diaconi. Bisognerà infatti attendere la bolla di

37. Mazzaroni, *De tribus coronis*, pp. 70-78.

38. Banck, *Roma triumphans*.

39. Mayer, *Tractatus de osculatione*.

40. Per la disputa sul bacio del piede relativamente al Sette e Ottocento, Caffiero, *Religione e modernità*, pp. 78-84.

Sisto V per avere una norma che obbligasse il cardinale a diventare diacono nell'anno successivo al suo ingresso nel Collegio, pena la perdita della voce attiva e passiva nei conclavi, anche se il cardinale non *in sacris* poteva comunque esercitare le sue prerogative con una dispensa papale.[41]

La storiografia più recente ha problematizzato l'idea di una precoce clericalizzazione degli apparati di governo della Chiesa e dello stato papale. In particolare Antonio Menniti Ippolito ha mostrato la frequenza con cui per molti pontefici tra la pubblicazione e la coronazione dové inserirsi il rito della consacrazione episcopale.[42]

Nella prima Età moderna la consacrazione vescovile di un papa non era infatti infrequente: si consacrarono prima della coronazione Sisto IV, Pio III e Leone X, Marcello II, Clemente VIII. Essa si diradò nel Seicento essendo i pontefici successivi a papa Aldobrandini già vescovi al momento della loro elezione, ma tra il Settecento e il primo Ottocento eletti senza essere vescovi furono ancora Clemente XI, Clemente XIV, Pio VI e Gregorio XVI.

La consacrazione vescovile del papa aveva luogo la domenica nella basilica vaticana all'altare della Confessione (il luogo presunto della tomba di san Pietro) e, come fin dai primissimi secoli del papato, attore principale era il cardinale Ostiense come primo dei cardinali-vescovi, assistito dai cardinali di Porto e Albano.

Il cerimoniale infine prevedeva che un papa consacrato, quindi già vescovo, fosse comunque benedetto. Il rito della benedizione precedeva naturalmente l'incoronazione ma poteva essere incorporato in quest'ultima prima dell'imposizione del pallio, l'insegna pontificia che denotava, come sappiamo, l'assoluta pienezza del potere giurisdizionale del vescovo di Roma.

4. *Coronazione*

4.1. *Dal palazzo alla basilica vaticana*

Il cerimoniale che regolava il rito dell'incoronazione era molto complesso sia da un punto di vista liturgico che simbolico. Lo ripercorreremo

41. Così nel 1565 gli *Avvisi* riferiscono: «s'è dubitato se il cardinale de' Medici haverà voto per non essere in sacris però si pensa che finalmente glielo concederanno» (BAV, *Urb. Lat.* 1040, f.159v, 15 dicembre 1565).

42. Menniti Ippolito, Giordano, Regoli, *Chierici e laici nella corte di Roma*; Menniti Ippolito, *Il governo dei papi,* p. 37-75.

brevemente nel suo svolgimento, prendendo come testo di riferimento per la tarda Età moderna la dissertazione di de Novaes sulla incoronazione papale, scritta all'inizio dell'Ottocento, per meglio apprezzarne le differenze rispetto a cerimoniali più antichi come quello di Patrizi con i quali la confronteremo. I luoghi del rito che si svolgeva la domenica (anche se si registrano eccezioni)[43] erano il palazzo vaticano e l'interno e l'esterno della basilica.

Il papa dalle sue stanze in abito privato raggiungeva la «camera della falda» dove i principi del soglio, il magistrato romano e la nobiltà (quindi tutti laici) l'aiutavano a cingersi della falda (l'ampia veste bianca che il papa indossava nelle funzioni più solenni), poi passava nella stanza dei paramenti dove era vestito pontificalmente con il piviale (il manto papale rosso e ricamato) e la mitra preziosa. Cominciava quindi una prima processione interna al palazzo verso la basilica attraversando la Sala Ducale e la Sala Regia, la scala di Costantino fino al portico. Il corteo era aperto dal personale della famiglia del papa e da *officiales* (scudieri, camerieri *extra muros*, il fiscale di Roma, il commissario della Camera apostolica...). I cappellani comuni procedevano poi con le tiare papali e le mitre preziose,[44] seguiti dai cappellani segreti, dai membri di tutti i diversi collegi della prelatura (abbreviatori di parco maggiore, chierici di camera, uditori di Rota...). Quindi avanzava la croce pontificia, inalberata dal suddiacono apostolico/uditore di Rota e innalzata in modo che il volto del Cristo fosse nella direzione del papa: «voltata al papa significa: che Dio l'assista». Intorno ad essa gli accoliti votanti portavano sette candelabri, la cui simbologia appare incerta: potevano rappresentare i sette rioni ecclesiastici antichi della città di Roma ma anche i sette doni dello Spirito Santo o i sette candelieri d'oro dell'Apocalisse. Dopo la croce e i candelabri ecco i cardinali a due a due, l'ambasciatore di Bologna, i conservatori di Roma, i principi del soglio, il governatore, quindi il papa circondato da mazzieri e seguito dal decano di Rota, dall'uditore di Camera, dal tesoriere generale, dal maggiordomo, da arcivescovi, vescovi, abati mitrati, protonotari apostolici e dai generali

43. Furono incoronati nei giorni feriali Clemente VII, Paolo III, Clemente XI (Moroni, DESE, 8, p. 161).

44. I papi usavano tre mitre diverse: una bianca liscia, una ricamata d'oro, la terza con un cerchio nella parte inferiore. Solo la prima era comune a tutti i vescovi (Novaes, *Introduzione alle vite de' Sommi Pontefici*, I, *Dissertazione V, Della solenne coronazione de' Pontefici*, pp. 78-79).

di nove ordini.[45] Il corteo offriva in un microcosmo l'immagine dei vertici della corte-curia, di coloro cioè che avevano «luogo in cappella».[46] L'importanza dei personaggi era visualizzata dalla loro maggiore o minore vicinanza al papa, sia che lo precedessero, sia che lo seguissero. Benché lineare, il corteo aveva dunque un suo centro nella persona del papa che incedeva non alla fine né all'inizio di esso ma alla metà, con la falda retta da due protonotari e la coda del manto da uno dei principi del Soglio. La tradizione prevedeva che lo strascico del piviale fosse retto dal laico di più alta dignità, anche un re o un imperatore, se presenti. All'altezza della Sala Ducale il papa saliva sulla sedia gestatoria, le cui aste erano rette da otto mazzieri fino al portico di San Pietro e qui passate a otto referendari di Segnatura: lo stesso onore nel cerimoniale tardo quattrocentesco di Agostino Patrizi è invece attribuito a otto nobili. All'inizio dell'Ottocento, quando scrive de Novaes, i laici non sono affatto spariti dalla scena dell'incoronazione, ma il loro ruolo è evidentemente diminuito.

In questo percorso papale si inserisce la sosta al portico: mentre i cantori della cappella intonano il *tu es Petrus*, sceso dalla sedia e salito su un trono con baldacchino posto vicino alla Porta Santa, il papa riceveva il bacio del piede e l'obbedienza del clero della basilica.

A partire da questo momento il rituale è tutto interno alla chiesa vaticana. Le prime tappe sono all'altare del SS. Sacramento dove, deposta la mitra, il papa prega e poi alla cappella di San Gregorio, preparata con un trono per il papa e i banchi per i cardinali. Qui si svolge un nuovo rito di obbedienza che viene prestata prima dai cardinali in cappe rosse, che baciano solo la mano del papa, quindi dai patriarchi, dagli arcivescovi e dai vescovi che gli baciano il piede. Dopo di essi si genuflettono baciando la mano, il piede e il ginocchio i penitenzieri di San Pietro, i conservatori in abito d'onore, i principi romani.

Indossati quindi gli abiti liturgici della messa papale (quella dell'incoronazione durava circa sei ore), il papa riprende posto in un corteo processionale in cui si riposizionano le figure che lo avevano accompagnato dal palazzo alla basilica. Risale sulla sedia gestatoria le cui aste sono sostenute ora dai referendari delle due Segnature laddove ritroviamo ancora gli otto nobili o gli

45. Cioè domenicani, francescani, agostiniani, carmelitani, serviti, minimi, mercedari, cappuccini, trinitari.

46. Sulla cappella come organismo amministrativo centrale della corte papale Elze, *Die päpstliche Kapelle*.

ambasciatori nei testi di fine Quattrocento,[47] gli ambasciatori e i conservatori nel diario della incoronazione di Leone X,[48] i caporioni nella seconda metà del Cinquecento.[49] In questo percorso dalla cappella di San Gregorio all'altare maggiore si inserisce una delle sequenze fondamentali del rito: cioè il bruciamento della stoppa mentre il chierico che l'esegue inginocchiato pronuncia per tre volte la frase: *Pater Sancte sic transit gloria mundi…* Si tratta come abbiamo visto di un rito di autoumiliazione attestato dal XIII secolo che simboleggiava il carattere effimero di ogni potere anche di quello papale.[50]

Prima che il papa raggiunga l'altare maggiore, tre cardinali preti, gli ultimi in ordine di anzianità, si avvicinano al pontefice e lo baciano due volte: sulla bocca e sul petto. Novaes riporta possibili interpretazioni: i tre cardinali rappresentano i tre re Magi e i due baci alludono alle due nature del vicario di Cristo. I cardinali erano gli unici a poter baciare il papa sulla bocca e sul petto.[51] In ogni caso questo duplice bacio era certamente annuncio dell'imminente manifestazione della regalità del pontefice che avrebbe avuto il suo *climax* nelle sequenze successive.

Durante la messa avviene infatti il passaggio cruciale della consegna del pallio che, dopo l'epistola, viene fermato dal priore dei diaconi con tre spilloni d'oro sulla pianeta del papa pronunciando la formula: «prendi il Santo Pallio simbolo della pienezza dell'Ufficio pontificale».

Il pallio, la cui imposizione durante il rito della incoronazione era prevista da una antichissima tradizione[52] era assunto *ex corpore Petri*. Per l'immediatezza dell'autorità ricevuta direttamente dall'Apostolo, nessuno lo consegnava al papa che solo permetteva – come denota la formula *accipe* – che gli fosse posto sulle spalle. In Età moderna prevale l'interpretazione "evangelica" della simbologia dell'oggetto. Quella stola/pallio ha infatti un significato mistico: deve risvegliare l'immagine del buon pastore che

47. Burchard, *Diarium*, I, p. 81, agosto 1484; Dykmans, *L'oeuvre de Patrizi Piccolomini*, I, p. 70: «Octo nobiles seu oratores baldachinum supra eius caput ferent».

48. BAV, *Vat. Lat.*12275, *Paridis de Grassis Diarium ab.an. 1513 usque ad an. 1521*, f. 22: "processionaliter delatus est ad Altare maius [...] Oratores regum et Conservatores baldachinum portarunt».

49. Riferimento ai colori delle vesti dei caporioni di seta bianca e velluto rosso nel diario cerimoniale di Mucanzio relativo all'incoronazione di Gregorio XIII (BAV, *Vat. Lat.* 12286, f.11r).

50. Vedi in questo volume p. 103: Elze, *"Sic transit gloria mundi"*.

51. Sull'interpretazione medievale dei baci liturgici dovuti al papa, Paravicini Bagliani, *I baci liturgici del Papa*, pp. 533-544.

52. Vedi in questo volume a p. 76 e alle pp. 91-92.

issa una pecora sulle spalle; perciò il pallio doveva tradizionalmente essere di semplice lana bianca di agnello e ornato da quattro/sei croci.[53]

Al momento del *Gloria*, davanti al papa seduto sul trono e cinto di un grembiule bianco si svolgeva un'altra sequenza di grande significato simbolico. Il primo diacono con una ferula in mano, seguito dai suddiaconi e dagli ufficiali della corte, cantava le *Laudes* del pontefice. Si tratta anche qui di una persistenza di un rito antico di derivazione imperiale come ha mostrato Agostino Paravicini Bagliani nelle pagine di questo stesso volume.[54] Nel rito della messa di incoronazione le *Laudes* sono invocazioni di lunga vita ripetute più volte e richieste di protezione celeste sul nuovo sovrano pontefice.[55]

Esse suggellavano questa parte del cerimoniale dell'incoronazione che si concludeva all'interno della basilica con la fine della messa. Il congedo dal clero di San Pietro avveniva con la consegna di una borsa con 25 paoli di moneta vecchia «per la messa bene cantata»,[56] somma simbolica che il pontefice consegnava al cardinale diacono che aveva cantato il Vangelo.

4.2. *L'imposizione della tiara*

L'ultima parte del rito di incoronazione si svolgeva fuori della basilica. Il papa è seduto su un trono apparecchiato sul gradino più alto della scalinata o sulla loggia delle benedizioni (nel nuovo San Pietro), davanti alla corte, al clero e al popolo. In fondo come compare nella più antica rappresentazione visiva, la incoronazione di Bonifacio VIII.[57] Un cardinale diacono toglieva dal capo del pontefice la mitra e il primo diacono procedeva

53. «Pallium relationem habet ad pastorem Evangelicum, qui ovem depertitam in humeris portat, ergo ab eo originem trahit». Leone, *De auctoritate et usu pallii*, p.18. Cfr. anche Maseri, *De Pallio Pontificio*; Barthel, *Dissertatio historico-canonico-publica*; Vespasiani, *De Sacri Pallii origine*; Schimmelpfennig, *Pallium*.

54. Vedi p. 73.

55. Sul modello delle *Laudes regiae* Kantorowicz, *Laudes regiae*; Nelson, *The Lord's anoited*, pp. 153-156.

56. Novaes, *Introduzione alle vite de' Sommi Pontefici*, II, *Dissertazione V. Della solenne coronatione de' pontefici*, pp. 74-189. Sulla usanza della «messa bene cantata»: Moretti, *Parergon*.

57. Per il passaggio della scena della coronazione dalle scale della Basilica di San Pietro alla loggia in occasione dell'elezione di Innocenzo IX cfr. l'Avviso del 2 novembre 1591: «il papa domani deve incoronarsi nelle logge solite del Vaticano da dove si dà la benedizione, e non da basso nelle scale di San Pietro, dicendo il papa di far ciò per fuggire la spesa» (BAV, *Urb. Lat.* 1059/2, f.351r).

alla imposizione della tiara, mentre i musici intonavano l'antifona *Corona aurea* e il popolo acclamava. De Novaes e prima di lui molti scrittori cerimonialisti di Età moderna attribuivano, secondo la tradizione creata dalla falsa *Donazione di Costantino*, a quest'ultimo l'offerta di un copricapo «frigio» appuntito ma di colore bianco, chiamato anche tiara, a papa Silvestro I, azione che significava la trasmissione di potere imperiale.[58]

Nella trattatistica erudita ecclesiastica di primo Ottocento, quindi dopo la Rivoluzione che del berretto frigio aveva fatto un simbolo di libertà, questo imponente copricapo viene citato come un berretto frigio, significante la libertà che la Chiesa aveva acquistata dal potere imperiale:«essendo simbolo di questa libertà la tiara stessa per la figura che havea di Berrettone antico romano col quale indicavasi la libertà».[59]

I papi del Rinascimento intensificarono l'uso della tiara. Paolo II per indossarla più spesso ne ordinò, avendone già una troppo pesante, una preziosa ma leggera[60] Pure i due papi Medici e ancor più Giulio II, che commissionò un fastosissimo triregno, l'unico destinato a durare a lungo nel tempo, amarono adornare il loro capo di questa imponente corona, simbolo del dominio del mondo che persino i sultani ottomani, ai quali la fede coranica vietava l'uso della corona, pensarono di adottare.[61] Pare dunque un contrappasso che durante il sacco di Roma Clemente VII dové disfarsi dei triregni dei suoi predecessori, eccetto che della tiara di Giulio II, anche se Paolo III, nonostante gli attacchi protestanti a questo oggetto, ne programmò per sé uno nuovo, adornato di gioielli romani antichi e di preziosi zaffiri orientali per comporre i gigli farnesiani.[62]

Ma sarebbe riduttivo vedere in questo più frequente uso della tiara solo un aspetto della mondanità e dello sfarzo del papato rinascimentale. L'adozione di un copricapo imperiale esteriorizzava quello che la trattatistica giuridica affermava sul primato papale e che l'evoluzione del cerimoniale riela-

58. Vedi in questo volume pp. 102-103.

59. Novaes, *Introduzione alle vite de' Sommi Pontefici*, II, *Dissertazione V. Della solenne coronatione de' pontefici*, p.87. Sul berretto frigio e sulle ambiguità della sua origine cfr. Benigno, *Simboli della politica.*

60. Novaes, *Introduzione alle vite de' Sommi Pontefici*, II, *Dissertazione V. Della solenne coronatione de' pontefici*, p.92.

61. Faccio riferimento all'iconografia di Solimano con un copricapo simile a una tiara papale, iconografia significativa della sua aspirazione imperiale sulle quattro parti del mondo (Necipoğlu, *Süleymân*).

62. Moroni, *Triregno*, DESE, 76, 1855, pp. 29-68, in part. pp. 55-56.

bora a livello di rito. Il testo di Burcardo relativo all'incoronazione di Giulio II (1503) ci dice che nella formula che il primo diacono pronunciava al momento dell'imposizione della tiara il papa era detto vicario di Cristo ma anche padre di principi e re, "Rettore" del mondo, un'affermazione molto chiara del potere del pontefice romano come padre comune dei sovrani temporali e supremo regolatore delle sorti della Cristianità.[63] Questa dimensione trionfalistica del rito resse almeno apparentemente la sfida della riforma nonostante l'asprezza degli attacchi come quello di Pier Paolo Vergerio che pubblicava nel 1556 a Tubinga il libello *Ordo eligendi Pontificis et ratio*, una descrizione abbastanza fedele dei riti di insediamento quali erano praticati nel Rinascimento stigmatizzando come diabolica la pompa e il fasto mondano propri neppure di un tiranno ma di un Anticristo.[64] Tuttavia i papi della fase post-tridentina, pure introducendo alcune variazioni nel senso della moderazione ai riti di insediamento, amarono molto il triregno, proprio come simbolo del primato la cui rivendicazione si accentuò in senso antiprotestante. Gregorio XIII volle fare adornare il famoso triregno di Giulio II di uno smeraldo di eccezionali dimensioni, Sisto V amò usare con frequenza la triplice corona papale e Clemente VIII ne fece fare una per il suo viaggio a Ferrara dopo l'annessione di quella città. Anche Urbano VIII non esitò a commissionare un nuovo triregno. Fu nella prima metà del Seicento che il cerimoniere Giovanni Paolo Mucanzio si applicò a giustificare, presso la congregazione dei Riti, l'intenso uso della tiara papale scrivendo che, se certamente nell'antichità i pontefici non la portavano in chiesa, la consuetudine, propria dei suoi tempi, di usarla nelle feste liturgiche non era un abuso ma una pratica «lodevole» e utile a far comprendere al popolo, la dimensione universalistica del potere papale e il «primato» del papa sui sovrani temporali.[65]

I quattro triregni che sfilavano nella processione della incoronazione nel Sei e Settecento erano quelli di Giulio II, arricchito da Gregorio XIII, di

63. La formula recitava: «Accipe Thiaram tribus coronis ornatam et scias te esse Patrem Principum et Regum, Rectorem Orbis, in terra Vicarium N.S.I.C.».

64. *Ordo eligendi Pontificis,* ff. 2v-3r.

65. *Jo. Pauli Mucantii de non deferenda Tijaria in Ecc.a per Summum Pontificem Romanum* (BAV, *Barb. Lat.* 2975, n.n.). Lo scritto era una risposta al trattato di Michele Lonigo, *De non deferenda Tijaria in Ecclesia per Summum Pontificem* (*Barb. Lat.* 1192, ff.139r-143v). Le occasioni in cui il papa indossava la tiara, al di là della coronazione e dei suoi anniversari, erano le feste di Natale, dell'Epifania, quella della cattedra di San Pietro, dell'Annunciazione, di Pasqua, dell'Ascensione, delle Pentecoste, del Corpus Domini, dei SS Apostoli e di tutti i Santi.

Paolo III, di Clemente VIII e di Urbano VIII. Papa Pio VI il quale, secondo de Novaes, «in magnificenza non la cede ad alcuno dei suoi predecessori»,[66] negli anni della Rivoluzione francese pensò di fare ammodernare dal suo gioielliere Carlo Sartori i triregni dei papi precedenti.

Un destino di incertezza, quasi anch'esso simbolico della precarietà del potere, gravava, però, su questi sfarzosi copricapi papali: Pio VI, come già era avvenuto a Clemente VII, dové sacrificarli alle esigenze di guerra per ricavare parte della enorme somma dovuta ai francesi per la pace di Tolentino. Paradossalmente, segno evidente del rovesciamento dell'antica logica del primato, sarà Napoleone I, dopo la sua autocoronazione imperiale, a omaggiare della tiara, attraverso suo zio, il cardinale Joseph Fesch, Pio VII che era stato incoronato a Venezia con un triregno improvvisato. Una corona che gli eredi del papa non esitarono, senza successo, a rivendicare, sostenendo che come dono sarebbe confluita nel patrimonio personale del papa e non nel tesoro della Chiesa.[67] I papi dell'Ottocento furono molto legati all'uso del triregno che ordinarono però durante le rivoluzioni del 1830/1831 e del 1848 di nascondere nel timore che, nei tumulti politici di quegli anni, fosse preso di mira in quanto simbolo del potere sempre più contestato del papa/re.

Nel 1854, Isabella II di Spagna donò a Pio IX una nuova tiara: saranno così tre i triregni che sfileranno nelle cerimonie ottocentesche, quello papale usuale, il dono di Napoleone I e quello di Isabella II di Borbone.[68]

Ma per comprendere bene l'evoluzione cerimoniale dell'Età moderna soffermiamoci ancora per un momento sulla originaria concatenazione dei riti di insediamento e sui mutamenti che si verificano tra XV e XIX secolo. Come abbiamo visto, quando il palazzo Laterano era la sede di residenza del pontefice, dopo la coronazione in Vaticano il papa tornava al Laterano dove aveva luogo il banchetto cerimoniale di incoronazione: anche questo un rituale di evidente derivazione imperiale. Di esso il Patrizi ci ha lasciato una descrizione molto precisa, citando lo splendore ai suoi tempi (*nostra aetate*) dei banchetti di Pio II e Paolo II e rappresentando la scena del banchetto in una sala parata di panni serici aurei. Il papa, su una mensa issata sopra una piattaforma è solo, con indosso i paramenti pontificali; più in

66. Novaes, *Introduzione alle vite de Sommi Pontefici*, II, *Dissertazione V. Della Solenne coronazione de' Pontefici*, pp. 97-99.

67. Menniti Ippolito, *Il Triregno*.

68. Moroni, *Triregno*, DESE, 76, 1855.

basso a destra i cardinali vescovi e preti e a sinistra i diaconi, ancora più in basso (*inferius*) la mensa *pro oratoribus, nobilibus et officialibus*.[69]

Con la separazione della coronazione dal possesso, che poteva avvenire anche molti giorni dopo, il banchetto non fu più parte integrante del rito di coronazione. Le fonti sono spesso confuse sul luogo e le modalità del suo svolgimento, ma comunque non silenti.

Giulio II tenne il convito nel palazzo lateranense però dopo il possesso, fermandosi lì fino a mezzanotte e tornando al Vaticano a cavallo.[70] Anche Leone X come Giulio II tenne il convito dopo il possesso ancora nel palazzo lateranense.[71] Clemente VII volle farlo seguire all'incoronazione «con grandissimo triumpho» nel palazzo vaticano, nell'appartamento di Innocenzo VIII.[72]

I due papi Medici diedero grande rilievo alla loro incoronazione, per la quale ordinarono splendidi apparati classicheggianti. Leone X fece porre sulle scale della basilica vaticana «un grande et amplo palcho ligneo» con otto colonne, sul cui cornicione a grandi lettere dorate poteva leggersi la dedica al papa: «litteratorum praesidio ac bonitatis fautori».[73] Per Clemente VII fu preparato un grande baldacchino a colonne, con un cielo di panno azzurro e la dedica al papa: «orbis universi pacifichatori christiani nominis cultori perpetuo». Le due diciture proponevano un'autorappresentazione dei due pontefici in coerenza con i progetti dinastici medicei, come instauratori di pace e promotori della cultura.

Anche l'incoronazione di Paolo III – la cerimonia sarà rappresentata da Taddeo Zuccari in una delle pitture del palazzo di Caprarola – fu accompagnata da straordinari festeggiamenti nei quali fu protagonista la nobiltà cittadina che organizzò per un papa finalmente romano giostre, fiaccolate, sfilate di carri. Il papa trattenne poi secondo l'antico costume ambasciatori e cardinali per il banchetto rituale.[74] Mondano fu il carattere dato da Giulio

69. Dykmans, *L'oeuvre de Patrizi Piccolomini*, I, p.85.

70. Burchard, *Diarium*, III, p. 315.

71. Paridis de Grassis, *Diarium ab a.1513 usque ad a.1521* (BAV, *Vat. Lat.* 12275, f. 35r).

72. Alvise Lippomano a Tommaso Sanudo, cit. in Cruciani, *Teatro del Rinascimento*, p. 502.

73. Penni, *Chronica delle magnifiche et honorate pompe*, cit. in Cruciani, *Teatro del Rinascimento*, p.391.

74. *Ioannis Francisci Firmani maceratensis Sacrarum Caerimoniarum Magistri incipientia ab anno 1533 usque ad mensem Iulii 1565 et aliqua fragmenta Diariorum Cornelji*

III alla sua coronazione della quale Pier Paolo Vergerio avrebbe duramente stigmatizzato la pompa idolatra, descrivendo la cerimonia, insieme a quella di apertura della porta santa, come uno dei tanti *luda et spectacula* che allietavano la vita della corte romana.[75] Sorprendentemente non meno fastosa fu l'incoronazione di Paolo IV. Il papa inquisitore dopo l'incoronazione diede anche un grande convito in palazzo San Marco, invitando nobili e ambasciatori. Avrebbe commentato Dionigi Atanagi, letterato, già segretario del noto vescovo Giovanni Guidiccioni:

> Di modo che pare che questo papa voglia essere un altro huomo nel pontificato di quanto era nel cardinalato et dicono ch'egli sì è lasciato risentire che vuole lasciare il mondo come l'ha trovato senza essere tanto severo quanto altri dubitavano, anche vuole vivere da principe splendido et con dignità.[76]

Prima di lui Marcello II, la cui consacrazione-incoronazione cadde nella settimana santa, si era astenuto da ogni fasto: «peracta consecratione voluit coronari absque aliqua Pompa et sine expensis».[77] Nella seconda metà del Cinquecento sarà questa la linea prevalente. Pio V secondo gli *Avvisi* tenne il convito – un banchetto serale per i cardinali e gli ambasciatori principali «sontuoso et reale ma non straordinario» – ma durante il ricevimento «mangiò tanto legiermente quanto se fosse stato nel Refettorio de frati».[78] Gregorio XIII trasformò il banchetto in una distribuzione di elemosine e lo stesso fecero Sisto V[79] e Innocenzo IX il quale, incoronato il 3 novembre 1591 nell'infuriare di una drammatica carestia, distribuì grano in elemosina al popolo.[80]

Le fonti riportano con grande enfasi la determinazione dei papi di cancellare dalla festa di incoronazione gli aspetti che potevano sembrare più cortigiani che religiosi. Gli stereotipati resoconti officiali della cerimonia che dalla metà del Seicento, inondano la città e circolano in Europa (ne tro-

Firmani (BAV, *Vat. Lat.* 12279, ff. 44r-.46v). Una descrizione di quanto seguì all'elezione di papa Farnese è nel *Diario* di Marcello Alberini riportato in Orano, *Marcello Alberini*.

75. *Vergerii Coronatio Iulii III ac descriptio de caerimoniis Iubilei.*

76. BAV, *Vat. Lat.* 6327, f. 34r, Dionigi Atanagi a Felice Tiranni vescovo di Urbino, Roma 29 maggio 1555.

77. *Ioannis Francisci Firmani maceratensis Sacrarum Caerimoniarum Magistri incipientia ab anno 1533 usque ad mensem Iulii 1565 et aliqua fragmenta Diariorum Corneljі Firmani* (BAV, *Vat. Lat.* 12279, f. 126r).

78. BAV, *Urb. Lat.* 1040, f. 172v, 19 gennaio 1566.

79. BAV, *Urb. Lat.* 1053, f. 220v, 8 maggio 1585.

80. BL, *Accounts of Papal Conclaves*, f. 178v.

viamo infatti esemplari in tutte le principali biblioteche europee), tacciono sul banchetto mentre insistono sui festeggiamenti che accompagnavano nella città l'incoronazione: le luminarie, i fuochi d'artificio che diventano parte importante della scenografia.

Parallelamente era sparita l'antica consuetudine di gettare nella piazza, nel giorno della coronazione, denaro al popolo, pratica che aveva sempre causato risse, disordini e persino morti; quaranta persone sarebbero morte, secondo le cronache dell'epoca, all'incoronazione di Pio IV.[81] Pio V, perciò, per evitare incidenti fece concentrare, come ci informano gli *Avvisi*, i poveri in Campo Santo e inviò elemosine ai monasteri più bisognosi della città.[82] Dopo di lui i papi seguirono la linea dell'ordinata beneficenza, riempiendo i granai della città in occasione dell'incoronazione[83] piuttosto che ripetere un gesto antico, quella della *sparsio* mutuato dalla regalità precristiana.

5. *Possesso: trionfo ed entrata*

Nella prima Età moderna nella sequenza delle cerimonie di insediamento il possesso subì anch'esso una rilevante trasformazione.

I contemporanei sono concordi nel constatare le novità del possesso di Alessandro VI, che ebbe luogo appena terminata l'incoronazione con una cavalcata che attraversò la città in un tripudio di archi trionfali e di *pageants*. In Laterano fu rispettato l'antico rituale, compresa, secondo il milanese Bernardino Coiro, la verifica della (peraltro indubbia) virilità del papa.[84] Attraverso le pagine del *Diario* di Giovanni Burcardo vediamo Giulio II che effettua il possesso diversamente dai suoi predecessori, non subito dopo l'incoronazione ma a distanza di nove giorni da quest'ultimo rito. In Laterano egli siede

81. Cancellieri, *Storia de' solenni possessi*, p. 109 che riprende la notizia dal diarista Cola Coleine.

82. «Il giorno di Sant'Antonio giorno della sua Natività [17 gennaio] fu coronato con tanto concorso di gente che si giudica esser stato sulla piazza di San Pietro più di 30mila huomini. Non gettò danari ma fece adunar tutti i poveri in Campo santo per uscir per una sola Porta e a tutti fece dare tre giulij per ciascuno» (BAV, *Urb. Lat.* 1040, f. 172v, 19 gennaio 1566).

83. Così Innocenzo IX distribuì grano nel rione Borgo e persino «pane bianco» (BL, *Accounts of Papal Conclaves*, f. 178r).

84. Coiro, *Historie milanesi*, pp. 464-469, cit. in Cruciani, *Teatro del Rinascimento*, pp. 249-252.

ancora sulla sedia stercoraria, sebbene secondo la testimonianza di Antonio Giustiniani il rito della verifica della virilità fosse omesso,[85] e replica il gesto di spargere il denaro che il camerario gli porge pronunciando la frase rituale: «argentum et aurum non est mihi, quod autem habeo, hoc tibi do».

Leone X fu l'ultimo papa a compiere i gesti di sedere sulla sedia stercoraria e di giacere sui seggi forati.[86]

Dopo di lui i seggi di porfido e la sedia stercoraria entrano nell'oblio e intorno ad essi si fanno più fitte le oscurità che di solito avvolgono i riti non praticati.

Se la coronazione ha accentuato i caratteri di rito significativo della regalità papale, il possesso prende le forme trionfali dell'entrata del nuovo sovrano. All'inizio del Cinquecento i riti papali perdono alcune delle misteriose enigmaticità medievali e sembrano allinearsi sul modello dei rituali di insediamento dei sovrani moderni. L'entrata era una sequenza importante dei riti inaugurali – sia che si svolgesse (caso inglese) immediatamente prima dall'incoronazione sia che concludesse le cerimonie di insediamento come avveniva per i re francesi, per quelli spagnoli e anche per i sultani ottomani.[87]

Giovanni Burcardo nel 1484 prepara una sorta di promemoria per la cavalcata al Laterano elencando le figure che sfilano: i *familii* e i membri della famiglia di sangue dei cardinali, i nobili della corte, i caporioni delle tredici regioni di Roma, gli ambasciatori, i dodici familiari intimi del pontefice, i sacristi, i cantori, i segretari e avvocati concistoriali, gli accoliti, i chierici di Camera, gli auditori, i suddiaconi greci e latini, gli abati, i vescovi, gli arcivescovi, i cardinali, quindi il papa sotto il baldacchino seguito da altri ufficiali di curia. Tra il papa e i curiali che chiudevano il corteo procedeva il *marescallus*, un ufficiale municipale (potrà poi anche essere sostituito da un chierico della Camera apostolica) che nel percorso gettava

85. Burchard, *Diarium*, III, pp. 314-315. Antonio Giustiniani, Roma, 5 dicembre 1503, cit. in Cruciani, *Teatro del Rinascimento*, pp. 318-319. Sul nesso tra il rito della verifica della virilità del papa e il mito della papessa Giovanna cfr. Boureau, *La papessa Giovanna*. La Chiesa post-tridentina cercò di rimuovere l'ombra scandalosa della papessa (Ciccarelli, *Le vite de pontefici*, pp. 283-286; Scherer, *Trattato*) la cui leggenda ebbe invece un revival a metà Seicento (D'Amelia, *Nepotismo al femminile*).

86. *Paridis de Grassis Diarium ab an.1513 usque ad an.1521* (BAV, *Vat. Lat.* 12275, ff. 33v-34rv).

87. Riferimenti recenti: *Writing Royal Entries in Early Modern Europe*; *Ceremonial Entries in Early Modern Europe*; in italiano: Visceglia, *Riti di corte*, pp. 103-124.

monete al popolo in punti precisi dell'itinerario: a Ponte Sant'Angelo, a Monte Giordano, in piazza Parione, presso San Marco, a Sant'Adriano al Foro e anche altrove se la folla si faceva opprimente.[88]

Il corteo doveva "ordinare" in successione secondo un uso simbolico dello spazio – destra/sinistra, più vicino o meno al papa – figure ascritte a ambiti diversi di potere – nobiliare, ecclesiastico, quello urbano, – e allo stesso tempo dare visibilità alle rappresentanze internazionali. Nel possesso erano portate in processione anche le tiare, le mitre preziose, la croce papale e tra il sacrista e i dodici familiari intimi sfilava su un cavallo sotto un baldacchino il SS. Sacramento: gli emblemi del potere quindi e l'Eucarestia che di quegli emblemi era fondamento sacro. Svettavano inoltre i vessilli: il vessillo con lo stemma familiare del papa, quello con lo stemma della Chiesa e il simbolo delle chiavi portato dal capitano di Santa Chiesa, quelli dell'Ordine Teutonico e dell'ordine di San Giovanni gerosolimitano, i tredici vessilli dei tredici rioni di Roma inalberati dai caporioni, il vessillo del Popolo romano innalzato dal gonfaloniere. Una selva di bandiere che insieme alla policromia delle livree, alla magnificenza degli apparati, faceva del possesso una occasione importante e ricorrente per il potere papale di propaganda ma anche, per gli attori, di affermazione delle proprie prerogative. E perciò immancabili erano i conflitti tra il baronaggio, gli officiali del papa e il magistrato municipale.

I conservatori avevano il privilegio di condurre il cavallo papale dalla piazza di San Pietro al Laterano e il municipio deputava centoquattro «cittadini» per il baldacchino del Santissimo Sacramento che si alternavano con tredici cambi (otto cittadini dei 13 rioni per volta) in luoghi fissi tra i quali Castel Sant'Angelo, Monte Giordano, piazza Parione, la chiesa di San Sebastiano (dove oggi è la chiesa di San'Andrea della Valle), davanti alle case dei Cesarini (all'ingresso di via della Pellicceria), poi a San Marco, presso la chiesa di Sant'Adriano (dove nella Roma classica sorgeva la Curia Julia), e ancora presso quella di Santa Maria La Nova (oggi Santa Francesca Romana, edificata sul luogo supposto della morte di Simon-Mago), quindi al Colosseo, a San Clemente.

Prerogativa dei nobili era d'altra parte alternarsi nell'onore di reggere la staffa del cavallo (rigorosamente bianco) del papa se questi cavalcava e

88. Burchard, *Diarium*, I (1483-1492), pp. 83-85.

di reggere le aste del baldacchino che sovrastava il pontefice.[89] Le cronache e le descrizioni non di circostanza della cerimonia ci offrono immagini mosse e contrastanti: nel possesso di Giulio II (5 dicembre 1503), che cavalcò con la sua pesante tiara preziosa, i *cives* furono *male vestiti*, i portatori di vessilli tutti troppo armati. Il papa decise di donare il baldacchino al popolo dopo l'arrivo al Laterano, per evitare che l'oggetto fosse preda di una disordinata spartizione, mossa che impedì a stento una rissa come annota Burcardo.[90] Nel possesso di Paolo III i diverbi tra i palafrenieri del papa e i caporioni si manifestarono già sulle scale del palazzo vaticano: i caporioni rivendicarono il privilegio di «custodire la persona del pontefice» senza la presenza dei palafrenieri, pretesa che il cerimoniere rifiutò.

Lungo il filo del tempo vediamo questi conflitti moltiplicarsi e generalizzarsi. Il maggiore impegno internazionale del papa, l'immagine di Roma *caput mundi* rese nel Cinquecento più esigenti gli ambasciatori. Pio V ordinò al senatore di Roma di astenersi dalla cavalcata per non creare una questione di precedenza con l'ambasciatore di Francia, e anche i conservatori non vi parteciparono per un'analoga disputa con gli ambasciatori di Firenze e Venezia.[91]

Gli ambasciatori si ritirarono dalla cavalcata, secondo il de Novaes all'inizio del Settecento in occasione del possesso di Clemente XI, pur di non cedere alle proprie pretese e per sottolineare, attraverso la loro assenza, la minore rilevanza della cerimonia.[92]

Con intermittenze e oscuramenti, la presenza della componente municipale e nobiliare nella cerimonia non venne comunque mai meno. All'inizio del Seicento, anzi, la congregazione Capitolina che decretava in sede vacante prese l'iniziativa, che poi sarà mantenuta, di far celebrare una messa solenne nella chiesa di Ara Coeli il giorno del possesso, invitandovi tutta la nobiltà e offrendo una rappresentazione unitaria di questo eterogeneo segmento sociale.[93] La partecipazione nobiliare doveva dare

89. Dykmans, *L'oeuvre de Patrizi Piccolomini*, I, p.78. All'inizio del Seicento si redige una nota dei papi che avevano preso possesso a cavallo, in sedia gestatoria o in lettiga (ACL, vol.108/3).

90. Burchard, *Diarium*, III, p. 314.

91. Diario di Cornelio Firmano, cit. in Cancellieri, *Storia dei solenni possessi*, p. 111. Anche nel 1592 (possesso di Clemente VIII) il senatore non partecipò alla cavalcata per non creare occasione di scontro con gli ambasciatori.

92. Novaes, *Elementi della storia de' Sommi Pontefici*, XII, 1822, p. 13.

93. A. Cap. Roma, cred. I /6, *Decreti in sede Vacante*, f. 232v.

risalto ai giovani e anche ai bambini, simboli animati del rinnovamento del quale ogni pontificato avrebbe voluto essere portatore almeno negli auspici. I decreti capitolini di sede vacante contengono a partire dalla fine del Cinquecento un ricorrente riferimento ai putti di famiglie di gentiluomini – quaranta/cinquanta, ma anche più numerosi – di età compresa tra i dieci e i quindici anni, che il municipio sceglieva per ogni possesso. Questa presenza giovanile in alcuni casi è raddoppiata: i papi toscani infatti inseriscono nel corteo anche drappelli di *pueri* e *juvenes* della nazione fiorentina. Così nel possesso di Clemente VIII, dopo i quaranta «giovani nobili» romani, vestiti ad «arbitrio» della congregazione capitolina che ha stabilito stoffe e colori degli abiti, incedono trentatrè «giovani nobili» fiorentini, e così in quello di Leone XI sfilano quaranta «nobili e generosi adolescenti fiorentini, vestiti con grandissimo splendore».[94] Anche Urbano VIII fu affiancato da cinquanta paggi romani *adulti et pueri* e da trenta fiorentini, e ancora papa Rospigliosi (Clemente IX) andò al Laterano in una lettiga circondata da ventiquattro paggi fiorentini.[95]

Benché pastore universale, l'identità nazionale del papa non era insignificante e il possesso conteneva oltre questo numerosi altri rinvii ad essa nelle iconografie che accompagnavano le tappe del percorso del corteo papale che doveva suggellare il legame tra il pontefice e le diverse comunità cittadine.

Partendo dal Vaticano l'itinerario era scandito, come abbiamo visto, da tappe che corrispondevano alle «mute» degli ufficiali municipali e ai lanci di monete al popolo in alcuni luoghi simbolici, sia per la loro storia lontana nella Roma precristiana, sia per le presenze che muovevano incontro al papa.

Il primo incontro rituale importante era quello con gli ebrei. A fine Quattrocento come abbiamo visto[96] questa sequenza del possesso si spostò per proteggere gli ebrei in un luogo facilmente controllabile, cioè all'angolo tra i merli bassi e la piazza di Castel Sant'Angelo. Qui ripetendo gesti antichi già attestati nel Medioevo, gli ebrei offrivano al papa la *Toràh* pronunciando in ebraico una formula di supplica. Il pontefice rispondeva con parole che esprimevano il riconoscimento della legge mosaica ma anche la condanna della interpretazione e della osservanza

94. Ivi, f. 215rv.
95. Visceglia, *La città rituale*.
96. Vedi in questo volume alle pp. 94-96.

ebraica.[97] Secondo il testo della relazione redatta dal medico fiorentino Jacopo Penni per il possesso del primo papa Medici, Leone X, preso in mano il libro sacro che gli ebrei gli porsero, «parve» rispondere «confirmamus sed non consentimus»; poi, «lassandosi caschare il libro per terra sequitò il suo cammino».[98]

Come ha sostenuto Adriano Prosperi, le modalità dell'incontro tra il papa e gli ebrei non erano ascrivibili alla logica negoziale di conferma di privilegi e statuti di singole componenti urbane. Esse erano piuttosto incentrate «sul testo della Bibbia ebraica come codice religioso di tutto il popolo ebraico» ed esprimevano «l'enigma» della posizione papale verso gli ebrei «oscillante tra protezione e persecuzione».[99] Nelle relazioni ufficiali di molti possessi cinquecenteschi questa sequenza del rito non è commentata ma per il pontificato di Gregorio XIV il Cancellieri accenna all'omaggio che gli ebrei rendono al nuovo papa, ponendo, sotto l'arco di Settimio Severo «cartelle con motti scritti in ebraico ma con la traduzione latina», segno della «solenne allegrezza» degli ebrei di Roma per il nuovo sovrano.[100] Successivamente nel Seicento si stabilizza la pratica di assegnare agli ebrei come sito dove appendere in ebraico e latino le iscrizioni in onore del papa il tratto compreso fra Santa Maria La Nova (attuale Santa Francesca Romana) e il Colosseo, spazio in cui si ergeva l'arco di Tito. Il significato simbolico della scelta è chiaro: il trionfo di Tito per la distruzione di Gerusalemme era superato dal trionfo del vicario di Cristo sull'antico trionfatore, ma per gli ebrei, che attraverso le loro scritte salutavano, si congratulavano e adulavano il pontefice, si trattava di una duplice sconfitta.[101]

Ma torniamo alle tappe del percorso del corteo papale: dopo ponte Sant'Angelo, la processione si inoltrava tra le attuali via dei Banchi Vecchi e via dei Banchi Nuovi, nel cuore della Roma mercantile e affaristica e in uno dei più rappresentativi insediamenti della *natio* toscana a Roma che lì aveva la chiesa nazionale: San Giovanni dei Fiorentini.[102] Sovente,

97. Burchard, *Diarium*, I, p. 104.

98. Penni, *Chronica*, in Cruciani, *Teatro del Rinascimento*, p. 395; Paridis de Grassis, *Diarium ab a.1513 usque ad a.1521* (BAV, *Vat. Lat.* 12275, f.33v) che non menziona il gesto di gettare il libro ma scrive solo: «Papa ex libro quem socius porrexit, legit in forma».

99. Prosperi, *Incontri rituali*, pp. 506 e 511; Coulet, *De l'integration à l'exclusion.*

100. Cancellieri, *Storia dei solenni possessi*, p. 141.

101. Per il richiamo alla distruzione del tempio, ivi, pp. 224-226, n. 1.

102. Sulla presenza fiorentina, Fosi, *Il consolato fiorentino*; Ead., *Pietà, devozione e politica*; Cicconi, *Costruire l'identità.*

e regolarmente quando si trattava di papi toscani, questo spazio urbano, segnato dal potere economico e politico dei fiorentini a Roma, si trasformava in un palcoscenico teatrale strutturato da sontuosi apparati. Celebri i fasti delle architetture effimere volute da Agostino Chigi e dai mercanti fiorentini per Leone X.[103] Anche per Leone XI Pietro Strozzi e il senese M.A. Ciappi, proprietario della famosa Spezieria del Drago ornarono il percorso tra i Banchi e Pasquino con archi trionfali e un *pageant* in onore di Firenze: un uomo nudo, vecchio che rappresentava l'Arno e una dama inghirlandata, figura di Firenze, che spargeva intorno a sé al passaggio della cavalcata confetti e fiori.[104]

La tappa successiva veramente importante della *via papalis* verso il Laterano era il Campidoglio. Nel percorso tradizionale la collina, simbolo del potere municipale, era contornata ma senza essere attraversata. Fu Pio V che, nel suo possesso, celebrato il 27 gennaio 1566, *ivit per medium Capitolii.* Il pontefice, che aveva voluto eliminare sia dalla coronazione che dal possesso le forme paganeggianti del trionfo, volle anche segnare un cambiamento nel rito rispetto al Campidoglio.[105]

Attraversare il Campidoglio significava riappropriarsene ed è questo il senso dell'innovazione di Pio V che Sisto V replicò.[106] Ma se Pio V e Sisto V, pur avendo come obiettivo di "sottomettere" il Campidoglio, avevano voluto moderare le forme trionfali, i papi del primo Seicento le resero più sontuose e le concentrarono proprio sul Campidoglio. La descrizione dell'insediamento di Urbano VIII del noto letterato Agostino Mascardi enfatizza la «pubblica felicità» con la quale i popolo romano attende il passaggio del papa dal Campidoglio:

> Aspettavasi con desiderio il dì della Cavalcata, con cui doveva Urbano andar a prender il possesso del Principato; perché sperava il popolo di rinovar nel Campidoglio donde passava, le sembianze degli antichi trionfi. Questo necessario privilegio hanno gl'Imperi Elettivi, che si danno in premio della virtù, dove la successione è prerogativa del sangue.[107]

103. Penni, *Chronica*, in Cruciani, *Teatro del Rinascimento*, p. 395.

104. Cancellieri, *Storia de' solenni possessi*, p. 141.

105. Boiteux, *Parcours rituels romains*, p. 37.

106. Sul rapporto tra Campidoglio e Sisto V da un punto di vista prevalentemente storico-artistico cfr. Spezzaferro, Tittoni, *Il Campidoglio*.

107. Mascardi, *Le Pompe del Campidoglio*, p. 20. Sull'ambiente culturale del periodo, Rosa, *Per "tener alla futura mutatione"*.

Le Pompe del Campidoglio del Mascardi mostrano quanto complessa fosse la svolta politica e culturale che investiva Roma e il papato nei primi decenni del XVII secolo. Più povere le fonti successive che si limitano a descrivere le forme dell'ossequio cerimoniale che il municipio prestava al papa.

Sulla piazza il senatore, il primo conservatore e la curia capitolina attendevano il nuovo pontefice, si inginocchiavano e gli prestavano obbedienza a nome del popolo romano. Il papa benediceva e discendeva verso il Foro Boario apparecchiato dagli artigiani di Roma.[108] La svolta definitiva nello svolgimento di questo rito di omaggio che si concludeva con la tradizionale distribuzione di vino e cibi si verificherà nella tarda Età moderna.

Come ha rilevato Marina Caffiero dopo la cesura rivoluzionaria nel primo possesso della restaurazione, quello di Pio VII celebrato nel 1801, con la cui rievocazione Francesco Cancellieri chiude il suo lavoro di raccolta e commento delle fonti su questo rito, sono spariti sia l'omaggio del Campidoglio sia quello degli ebrei, cioè delle due componenti, quella civica e quella ebraica, entrambe investite dal cambiamento rivoluzionario di fine Settecento.[109] D'altra parte, da tempo tra il Campidoglio addobbato con l'arco di trionfo e le iscrizioni presentate dagli ebrei si era inserita una nuova presenza: quella dell'arco trionfale che il duca di Parma faceva erigere nel Foro Boario (Campo Vaccino) di fronte all'arco di Tito, a ridosso degli Orti farnesiani che terrazzavano il Palatino. Questa architettura effimera compare nel possesso di Innocenzo X, ricaduta simbolica della conclusione della prima guerra di Castro, e permane in tutte le cerimonie successive, memoria del peso che i Farnese avevano avuto nella storia del papato romano. Dal possesso di Benedetto XIV sarà però il re di Napoli e di Sicilia, che di quella dinastia poteva considerarsi erede attraverso Elisabetta Farnese, a far innalzare la macchina, spesso opera di grandi architetti, in onore del papa.

Non è la sola novità settecentesca. Nei secoli precedenti, il percorso poteva variare solo perché lo decideva il papa. Così ad esempio Giulio II aveva fatto deviare l'*iter* processionale verso Campo dei Fiori invece che per piazza Monte Giordano semplicemente per costeggiare il palazzo Riario, «il più recente e costoso palazzo della sua famiglia».[110]

108. Una lista delle arti che apparecchiavano questo tratto del percorso è in Cancellieri, *Storia de' solenni possessi*, p. 363.

109. Caffiero, *Religione e modernità*, pp. 86-87.

110. Fagiolo, Madonna, *Il possesso di Leone X*, p. 44.

Papa Farnese, probabilmente per enfatizzare il carattere romano del suo papato, abbandonò per un tratto la *via papalis* tradizionale per fermarsi alla chiesa e al monastero domenicano di Santa Maria sopra Minerva, dove officiò e ricevé le fanciulle elette dalla confraternita dell'Annunciata una delle istituzioni assistenziali di maggiore impronta civica di Roma.[111] Pio V si sarebbe invece fermato alla chiesa del Gesù, scendendo dalla lettiga per abbracciare il generale della Compagnia, padre Francesco Borgia, genuflesso al passaggio del papa.[112] Si trattava comunque sempre di variazioni minime che non mutavano il rapporto antico tra cerimonia e spazio urbano.

Il trasferimento del papa al Quirinale privò invece della partecipazione al rito del possesso i quartieri di Borgo e quelli della popolosa ansa del Tevere. Gli effetti dello spostamento al Quirinale non furono certo immediati. Bisogna attendere infatti Benedetto XIII per vedere il papa partire per il Laterano dal palazzo del Quirinale, decisione che dimezzava la durata del rito. Il percorso si snodava per le vie di Monte Magnanapoli, delle tre Cannelle, di San Romualdo, del Gesù. Qui, dirigendosi verso il Campidoglio, riprendeva l'antico itinerario. Anche Benedetto XIV avrebbe dato inizio alla cavalcata dal Quirinale[113] e dopo di lui Clemente XIV. Pio VI sarebbe invece partito dal Vaticano. Nel nuovo percorso alternativo Quirinale-Laterano la cerimonia era trasformata e anche l'importanza delle iconografie e delle architetture effimere era drasticamente ridimensionata.

Queste architetture originariamente modellavano lo spazio urbano e, come ha giustamente sottolineato Irene Fosi, evidenziavano i simboli della sovranità – la Giustizia innanzi tutto e anche la Clemenza, la Liberalità, la Magnificenza – e i tratti distintivi del neoeletto pontefice.[114]

Torniamo infatti solo per un momento indietro nel tempo all'insediamento di Alessandro VI con cui comincia la storia dei possessi moderni. Papa Borgia mette in scena una iconografia possente della sovranità pontificia improntata sulla rivendicazione del dominio del mondo. Non

111. Cancellieri, *Storia de' solenni possessi*, pp. 92-93. Paolo III avrebbe mostrato la sua predilezione per la chiesa della Minerva erigendovi canonicamente il 30 novembre 1539, con la bolla *Dominus Noster*, una confraternita del Sacramento i cui statuti prevedevano una rappresentanza cittadina rionale (Visceglia, *Tra liturgia e politica*, pp. 160-161).

112. Cancellieri, *Storia de' solenni possessi*, p. 112.

113. ACL, vol.108/1 (Possesso preso da N.S. Papa Benedetto XIV, 30 aprile 1741).

114. Fosi, *"Parcere subiectis"*, p. 93.

soltanto le molte identificazioni – dettate dal suo nome – con la figura di Alessandro Magno ma, sotto i molti archi trionfali i *pageants* rappresentavano, con fanciulle vestite in varie fogge, Oriente e Occidente, Europa e Religione, Liberalità e Giustizia e naturalmente Roma. Sopra uno degli archi eretti tra Campo dei Fiori e Palazzo Massimo campeggiava la scritta: «Cesare magna fuit, nunc Roma est maxima: Sextus / Regnat Alexander; ille vir: iste deus».[115]

Ritroviamo i due motivi che saranno per lungo tempo ispiratori della grammatica simbolica del possesso: da un lato il messaggio personale del papa, legato al suo nome, alla sua famiglia, alla sua provenienza geografica, al suo programma di governo, dall'altro la sacralità della nuova Roma che incorporava e sublimava l'eredità dell'antica nella perennità della Chiesa.

Le iconografie erano perciò allo stesso tempo un commento puntuale della identità del singolo papa e della congiuntura del momento – con riferimenti alla riconciliazione con Enrico IV e alla pace di Vervins ad esempio quelle di Leone XI – ma anche una esaltazione della maestà di Roma. Nel possesso di Urbano VIII le qualità del pontefice erano raffigurate «alle radici del Campidoglio» con statue che rappresentavano la Poesia sacra, la Facondia greca, la Disciplina legale, la Teologia, e le tappe della sua carriera erano precisamente rievocate nei quadri dell'arco trionfale. Più in alto si ergevano le statue della Fede, dello Zelo, della Libertà ecclesiastica e al sommo dell'architettura effimera quella di *Roma regina* sulla cui maestà si fondava la missione del papa in quanto «padre dei Popoli».[116]

Rispetto alla ricchezza delle iconografie del Rinascimento e dell'età barocca quelle dei possessi settecenteschi appaiono stanche e stereotipate repliche di un rito che ha perso gran parte della sua capacità performativa. L'impoverimento del ventaglio degli attori che partecipavano alla cerimonia, il cambiamento dell'itinerario, la perdita di efficacia delle iconografie trasformarono la sostanza del rito, che nell'Ottocento si riduce ad una festa con poche regole formali.

Tuttavia le descrizioni ottocentesche ci mostrano alcuni significativi richiami simbolici alle più recenti vicende del papato: così, ad esempio, la decisione di Pio VIII di prendere possesso il 24 maggio 1829, giorno dell'an-

115. Bernardino Coiro, *Delle Historie milanesi*, in Cruciani, *Teatro nel Rinascimento*, p. 251.

116. *Le pompe del Campidoglio*, pp. 28, 64, 89.

niversario del ritorno trionfale di Pio VII nel 1814.[117] Soprattutto prevalgono un disagio rispetto alla cerimonia e alle sue pompe e il sentimento della necessità di giustificarla. Non è casuale perciò che l'erudito Gaetano Moroni alla voce *Possesso* del suo enciclopedico dizionario richiamasse la memoria di quei papi – Alessandro VII ad esempio – che si tramandava avessero manifestato intenti di trasformarla in un rito esclusivamente religioso.[118]

Il corteo certo si ripete ancora. Esso è ora formato da un treno di carrozze e appare più affollato di soldati. La nobiltà partecipa nelle file della guardia nobile[119] o attende al Laterano, dove presta il consueto omaggio anche il senatore. Sono ora il papa e la *familia* pontificia gli attori esclusivi della cerimonia. L'incertezza sul percorso è regolare. I papi della Restaurazione amano il Vaticano e vi ritornano con Leone XII ma non fanno più partire da San Pietro il possesso. Leone XII, Pio VIII e Gregorio XVI partiranno dal Quirinale e fanno tappa, dopo essere passati per Quattro Fontane, a Santa Maria Maggiore, la grande basilica mariana che Sisto V avrebbe voluto centro sacro della *Roma Sancta* da lui immaginata.

Un opuscolo del 1846, descrivendo il possesso «secondo il rito antico e secondo il presente», precisa che vi sono due itinerari possibili: Monte Cavallo-Gesù-Campidoglio, secondo la pratica inaugurata da Benedetto XIII e continuata nel Settecento da alcuni papi, o Quattro Fontane-Santa Maria Maggiore come avevano fatto fino ad allora i papi ottocenteschi. La *via papalis* è comunque chiusa, il Campidoglio fuori dal percorso.[120] Ragioni di ordine pubblico o presa d'atto dei nuovi assi urbanistici della città?

Qualunque sia la risposta, non è privo di significato che sarà l'ultimo papa-re, Pio IX, ancora inconsapevole del suo futuro, a proporsi di ricondurre «all'antico splendore» il possesso, ripristinando la cavalcata, gli arazzi e persino gli archi trionfali.[121]

117. Moroni, *Pio VIII*, DESE, 53, 1851, pp. 176-178. Sulla scelta della data simbolica del trionfo della Chiesa dopo il martirio della Rivoluzione, Caffiero, *L'importanza del nome*, p. 100.

118. Moroni, *Possesso*, DESE, 53, 1851, pp. 294-295.

119. Le guardie nobili sono il nuovo modello di milizia che i giovani patrizi formano all'inizio dell'Ottocento per attestare la fedeltà al pontefice, formando a proprie spese un corpo di guardia personale del papa. Dopo la parentesi napoleonica fu ripristinato nel 1815.

120. *Descrizione del solenne possesso de' Pontefici.*

121. ACL, vol. 108/22 (*Esatta relazione della Cavalcata con la quale la Santità di N. S. papa Pio IX si portò a prendere il solenne possesso della Basilica Lateranense e delle cerimonie che in essa seguirono il giorno 8 novembre 1846*).

III
La morte del papa

Dalle origini al XV secolo

1. *Morire da vescovo (secoli V-XI)*

Bisogna attendere l'inizio del secondo millennio per disporre di informazioni che attestino l'esistenza di un cerimoniale funebre riservato al pontefice romano.[1] Prima di allora, la sepoltura del vescovo di Roma veniva celebrata secondo riti in uso per qualsiasi altro vescovo della cristianità. Lo ricorda un passo della *Vita* di Benedetto III, una delle rare fonti sulla sepoltura di un papa prima dell'XI secolo: nel caso di morte del pontefice i vescovi (suburbicari), i presbiteri e i diaconi (di Roma) dovranno riunirsi per la sepoltura e la raccomandazione dell'anima del defunto.[2] Prima di allora, il *Liber pontificalis* ricorda l'esistenza di tombe[3] dei papi ma non si sofferma mai su elementi rituali funebri pontifici, il che conferma che i papi nel primo millennio venivano sepolti generalmente lo stesso giorno della morte o il giorno dopo, con cerimonie che non si differenziavano da quelle di un vescovo.

Due testimonianze del VI secolo attestano scene di depredazione delle vesti di cui era rivestita la salma del papa. Nel 526 morì a Ravenna papa Giovanni XII, che era caduto in disgrazia presso Teodorico, il celebre re ostrogoto. Una cronaca contemporanea racconta che il popolo si recò su-

1. Ancor più che nelle due parti precedenti, questa terza parte ha comportato inevitabilmente la ripresa di aspetti da me già trattati in *Il corpo del papa*, in particolare nella parte seconda (*La morte del papa*, pp. 147-253), che costituisce ancor oggi l'unico studio sistematico dei rituali funebri pontifici.

2. LP, II, p. 148.

3. Sulle tombe dei papi nell'Alto Medioevo, cfr. Picard, *Étude*, pp. 725-782; Herklotz, 'Sepulcra' *e* 'monumenta'; Borgolte, *Petrusnachfolge*.

bito a rendere omaggio alla salma del papa defunto. Una persona caduta per terra avvicinandosi alla lettiga «si alzò guarita», al che il popolo e i senatori iniziarono a prelevare «delle reliquie dalle sue vesti». La salma del papa fu poi portata fuori città per essere sepolta, con grande giubilo di popolo. Secondo il celebre racconto dei *Dialoghi* di Gregorio Magno (IV, 30), Teodorico sarebbe stato gettato nell'Etna proprio dal papa che il sovrano ostrogoto aveva osteggiato.[4] Verso la fine di quello stesso secolo il concilio romano tenutosi sotto la presidenza di Gregorio Magno, intervenne per combattere l'usanza – radicatasi «nell'amore dei fedeli» – di coprire la salma dei papi defunti con vesti dalmatiche durante il corteo verso il luogo di sepoltura. Il papa giustificò la sua decisione osservando che, dopo la sepoltura, il popolo riduceva a pezzi le dalmatiche per distribuirle come reliquie tra i fedeli «in segno di riverenza verso la santità (del defunto pontefice)». Alle vesti appartenenti ai «corpi sacri degli apostoli e dei martiri» doveva essere riservato «il più alto rispetto»; se cadevano invece nelle mani del popolo venivano a contatto con «il corpo di peccatori». D'ora in poi – così il decreto conciliare – le salme dei papi dovranno essere portate al loro luogo di sepoltura senza essere ricoperte.[5]

Nel primo caso, il corpo del papa viene identificato come corpo santo, ed è un'operazione che va calata nel contesto della morte di un papa a Ravenna, per di più osteggiato dall'ariano Teodorico; nel secondo, sono le stesse dalmatiche ad essere equiparate a tessuti appartenenti a «corpi sacri degli apostoli e dei martiri», che non possono subire manomissioni sacrileghe. Sono eventi che ricordano che la morte di un papa corrisponde a un momento di «terrore»,[6] ossia a un vuoto – la «Vacanza» – che può provocare, soprattutto in determinate circostanze, sommovimenti popolari e scene di culto. Il sinodo presieduto da Gregorio Magno tenta di far sì che i funerali di un papa si svolgano nell'ambito di una ritualità codificata che lasci sì spazio a devozione e memoria ma non trasformi la salma di un papa in un corpo santo. Nei secoli immediatamente successivi non disponiamo di altre testimonianze su analoghe depredazioni e scene devozionali.

4. *Anonymi Valesiani pars posterior*, in *Chronica minora*, MGH, *Auctores Antiquissimi*, IX, p. 328.

5. MGH, *Epistolae*, I, 346. A proposito delle dalmatiche, cfr. Braun, *Die liturgische Gewandung*, p. 254.

6. Così si esprime Pier Damiani parlando della morte del papa, vedi *infra*, p. 218.

Fin dalla metà del V secolo si hanno invece notizie sull'esistenza di saccheggi e depredazioni che venivano perpetrati in relazione alla morte di vescovi.[7] Già il concilio di Calcedonia del 451 minacciava di degradazione i chierici che avessero rapito beni di proprietà del vescovo defunto.[8] Nel 533, il concilio di Orléans tentò di reprimere l'appropriazione indebita dei beni di un vescovo defunto, ponendo la custodia e la salvaguardia della residenza vescovile sotto la diretta responsabilità del vescovo chiamato a presiedere la cerimonia della sepoltura.[9] Un decreto del concilio di Valenza del 546 impose ai chierici, accusati di rapire i beni del vescovo in fin di vita, il dovere di difendere e conservare i beni del vescovo defunto.[10] L'assemblea sinodale di Parigi del 615 ribadì il rispetto delle ultime volontà dei vescovi e dei chierici, minacciando i colpevoli, chierici o laici, di scomunica dal «consorzio ecclesiastico» o dal «convivio dei cristiani».[11] Il concilio di Châlons del 650 vietò a vescovi e arcidiaconi di appropriarsi di beni di sacerdoti o abati defunti.[12] Quello di Toledo del 655 fu l'ultimo a deliberare su questo tema. Della custodia dei beni del vescovo defunto è responsabile il presule incaricato della cerimonia di sepoltura.[13]

A Roma, la prima fonte che ci parla di saccheggi di beni del palazzo lateranense alla morte di un papa risale all'anno 640. All'elezione del successore di Onorio I – un certo Severino –, il capo dell'esercito bizantino in Italia, Maurizio Cartulario, interruppe le procedure di elezione dichiarando che nel palazzo lateranense giacevano «inutilmente» molti tesori che avrebbero potuto servire al suo esercito. Giunto al palazzo con la ferma intenzione di porre fine a tale situazione, incontrò però resistenze. I fautori del neo eletto pontefice – «dai più giovani ai più vecchi» – si riunirono per difendere i beni del palazzo. Maurizio incaricò allora tre giudici civili di sigillare le camere del palazzo contenenti tesori e ne informò l'esarca di Ravenna, il patrizio Isacco. Quando questi arrivò a Roma, mandò in esilio numerosi ecclesiastici, per convincere il clero romano a non porre resistenza agli ufficiali imperiali. «E pochi giorni dopo, il patrizio Isacco

7. Vedi per questo capitolo quanto da me esposto in *Il corpo del papa*, pp. 148-152.

8. Mansi, VII, p. 390 n° XXII. L'intero capitolo XXII era dedicato alla disciplina del clero.

9. Ivi, VIII, p. 836 n° VI.

10. Ivi, VIII, pp. 614-615 n° XVI.

11. Ivi, X, pp. 541-542 n° X.

12. Ivi, X, p. 1191 n° VII.

13. Ivi, XI, p. 28-29.

penetrò nell'episcopio (*episcopium*) lateranense e vi restò otto giorni, fino a che (gli uomini di Isacco e di Maurizio) non avessero depredato tutto ciò che vi si trovava. Una parte fu inviata nella "città regia" (Bisanzio) all'imperatore Eraclio».[14] Più che una depredazione di natura rituale, questa più antica spoliazione "organizzata" del palazzo lateranense fu un episodio di affermazione dell'autorità bizantina su Roma.[15]

Dopo quasi due secoli di silenzio delle fonti, un capitolare del 824 promulgato da Lotario, figlio dell'imperatore Ludovico il Pio, rivela – e si tratta di un'altra novità – che il popolo romano aveva l'abitudine di depredare il palazzo del papa sia quando questi era ancora in vita sia alla sua morte. Il capitolare di Lotario era stato motivato dai disordini che avevano accompagnato la morte di Pasquale I e l'elezione di Eugenio II.[16] Si doveva trattare di una tradizione. Poco dopo la sua elezione, nell'885, infatti, Stefano V (o VI) scoprì che dai *vestiaria* del «sacro palazzo» erano stati rubati vasi sacri, gioielli, ornamenti liturgici preziosi, e persino la celebre croce aurea donata a San Pietro da Belisario,[17] e volle far ricercare «tutte quelle cose affinché tutti venissero a conoscenza che nulla di simile era mai stato tentato prima di allora».[18] Nel 904, un concilio romano condannò l'abitudine di mettere a sacco, dopo la morte del pontefice, «il patriarchio», la città e i dintorni, definendola una «scelleratissima consuetudine» che «andava aumentando».[19] Alla repressione dovevano concorrere la «censura ecclesiastica» e l'«indignazione imperiale».[20]

Se tra il IX e il X secolo, sia da parte imperiale che dagli stessi pontefici, si tenta di porre fine ai saccheggi dei beni pontifici alla morte di un papa, una lettera di Leone IX del 1049, scritta da uno dei protagonisti della riforma gregoriana, Pier Damiani, pone il problema ad un più alto livello di riflessione istituzionale. Alla morte del loro presule, dice la lettera, gli abitanti di Osimo, una cittadina delle Marche nei pressi di Ancona, avevano invaso e depredato il palazzo vescovile, reciso le viti e gli arbusti e dato fuoco alle case dei contadini. Pier Damiani fonda la sua argomentazione sull'opposizione tra la caducità fisica del presule e l'immortalità di Cristo,

14. LP, I, p. 328. Su questo testo, cfr. anche Bojcov, *Die Plünderung*, p. 65 nota 23.
15. Ivi, p. 67.
16. MGH, *Capitularia*, ed. Boretius, I, p. 323.
17. *Vita Stephani VI*, LP, II, p. 192.
18. *Ibidem.*
19. Mansi, XVIII, p. 225.
20. Ivi, pp. 225-226.

«il vescovo di tutte le nostre anime», lo «sposo immortale della Chiesa», ossia l'«eterno pontefice».[21] Il che equivale a dire che morto il vescovo, rimane la Chiesa, ossia Cristo. E poiché è alla Chiesa che appartengono i beni contenuti nel palazzo del vescovo, essi non possono essere depredati alla sua morte. Ritroviamo riflessioni analoghe nella *Vita* di Leone IX, il quale, già gravemente malato, la mattina del 18 aprile 1054 chiese di essere portato, sul letto in cui giaceva, nella basilica di San Pietro in Vaticano, dove aveva già fatto allestire il suo sepolcro di marmo.[22] Non appena si sparse la notizia, i Romani corsero al Laterano per spogliare il palazzo «come erano soliti fare».[23] L'autore della *Vita* aggiunge però che «grazie ai meriti e alle virtù del beatissimo presule nessuno riuscì a entrare nel palazzo. Impauriti, i Romani fecero marcia indietro vergognandosi».[24] Seduto sul letto in attesa della morte avrebbe pronunciato un discorso sul rispetto dovuto ai beni della Chiesa, in sintonia con il programma della *libertas Ecclesiae*.[25]

2. *Verso una ritualità funebre pontificia (secoli XI-XIII)*

Un'altra coincidenza appare importante: proprio dal pontificato di Leone IX in poi il *Liber pontificalis* ricorda sempre più sovente che la sepoltura di un papa fu celebrata «con onore».[26] La *Vita* di Urbano II offre un ulteriore cenno alle onorificenze della sepoltura, una formula che il *Liber pontificalis* riprende ora come un *topos*: «il suo corpo fu portato, attraverso Trastevere a causa delle insidie dei nemici, nella chiesa di San Pietro come è tradizione, e ivi sepolto con onore».[27] Secondo la *Vita* di Pasquale II,

21. Petrus Damiani, *Die Briefe*, I, p. 338.
22. Poncelet, *Vie et miracles*, p. 290.
23. *Ibidem.*
24. *Ibidem.*
25. *Ibidem.*
26. *Vita* di Leone IX, LP, II, p. 356. La fonte di Bosone – il *Liber ad amicum* di Bonizone da Sutri, ed. Dümmler, MGH, *Libelli de lite*, I, p. 589, diceva analogamente; *Vita* di Gregorio VII, LP, II, p. 368. Cfr. per questo capitolo quanto già da me esposto in *Il corpo del papa*, pp. 155-156.
27. LP, II, p. 294. Vedi anche *Vita* di Pasquale II, ivi, p. 376; *Vita* di Gelasio II, ivi, p. 376; *Vita* di Calisto II, ivi, p. 378; *Vita* di Onorio II, ivi, p. 379; *Vita* di Innocenzo II, ivi, p. 385; *Vita* di Lucio II, ivi, p. 386; *Vita* di Eugenio III, ivi, p. 387; *Vita* di Alessandro III, ivi, p. 397.

prima di essere sepolta con i dovuti ossequi e onori e portata nella basilica del Salvatore (San Pietro), la salma del papa, «preparata con balsamo», era stata rivestita di paramenti sacri secondo le istruzioni dell'*ordo*.[28] La *Vita* ricorda inoltre elementi che concorrono alla costruzione della morte ideale del papa: la confessione del papa prima della sua morte, il canto dei salmi quando il papa è in agonia. Anche la *Vita* di Onorio II richiama l'antichità di un *ordo* romano destinato a definire gli onori dovuti alle salme dei papi.[29] Il *Liber pontificalis* di Pietro Guglielmo (1142), che termina con la *Vita* di Onorio II, sottolinea invece per ben due volte la mancata osservanza di rituali funebri pontifici. Il lamento dell'autore, posteriore agli avvenimenti, è puntigliosa critica di natura cerimoniale: il corpo del papa fu trasportato dal Laterano al monastero dei SS. Andrea e Gregorio da «mani laiche»; la salma era rivestita di sole brache e camicia; il feretro, privo di lenzuoli.[30] L'iniziativa del cardinale cancelliere Aimerico di procedere all'elezione del suo candidato Innocenzo II senza attendere la celebrazione dei funerali di Onorio II, fu considerata dai sostenitori del rivale Anacleto II una prova supplementare dell'invalidità di quell'elezione.[31] Quei tragici avvenimenti del 1130 diedero del resto vita a una riflessione di carattere generale in seno al collegio dei cardinali sul rispetto dovuto al decreto del 607.

Insomma, l'insistenza del *Liber pontificalis* sugli «onori» cerimoniali dovuti al papa defunto – un vero e proprio *topos* tra la fine dell'XI secolo e l'inizio del XII –, non è una semplice coincidenza testuale. La morte del papa deve dar luogo a solennità, speculari all'accresciuto prestigio della funzione pontificia e in grado di assicurare il controllo del trapasso della *potestas pape* anche in termini di protezione dei beni della Chiesa. E non è certo un caso fortuito se proprio le *Vitae* di Pasquale II e Onorio II contengono le più antiche testimonianze relative all'esistenza di un autonomo *ordo* funebre pontificio. Ed è notevole il fatto che, come abbiamo già visto, in quelle stesse *Vitae* riscontriamo le prime attente descrizioni delle sempre più complesse cerimonie lateranensi dell'avvento di un papa.[32] Questo inedito interesse per solenni cerimonie funebri pontificie investe anche la

28. Ivi, p. 305.
29. Watterich, II, p. 189.
30. *Liber pontificalis*, ed. Prérovsky, II, p. 756. Vedi la *Historia Compostellana*, ed. Watterich, II, p. 188.
31. *Historia Compostellana*, ed. Watterich, II, p. 188.
32. A proposito delle cerimonie dell'avvento, descritte da queste due *Vitae* del *Liber pontificalis*, vedi *supra*, p. 105 ss.

salma del papa defunto, la cui «preparazione con balsamo» viene per la prima volta messa in evidenza dal *Liber pontificalis*.

Qualche decennio dopo, nel descrivere il solenne trasporto della salma di Eugenio III da Tivoli a San Pietro in Vaticano, avvenuto lo stesso giorno della morte, il biografo pontificio Bosone usa termini di «lutto e tristezza», che non erano mai stati usati precedentemente dal *Liber pontificalis* e che sanno ormai di *topos*.[33] Qualche decennio dopo, l'autore della *Vita* di Gregorio IX tematizza esplicitamente la morte del papa come lutto della Chiesa. La sua splendida intronizzazione in Laterano permise alla Chiesa di «mutare le sue vesti lugubri», e alle mura semidistrutte dell'Urbe di riprendere parzialmente «l'antico splendore».[34] Anche l'autore della *Vita* di Gregorio X, nel ricordare l'elezione di Innocenzo IV, ricorre al *topos* della «vedovanza della Chiesa Romana», che completa con l'immagine dello sposo, ritrovato «integralmente» con l'avvenuta rielezione del pontefice.[35]

Tra XI e XIII secolo, parallelamente all'interesse per onorifiche cerimonie funebri pontificie nasce e si sviluppa un discorso retorico che riguarda la caducità del papa inteso nella sua dimensione umana. Nel giugno 1064, Pier Damiani dedica a papa Alessandro II un'epistola sulla «brevità della vita dei pontefici romani». È un testo ampio – che ho già analizzato altrove[36] – in cui la morte del papa è per il Damiani superiore a quella di ogni re e incute maggior terrore. Insistendo sulla valenza universale della morte del papa, egli la estrae dalla mortalità comune. Qualche decennio dopo, il tema della transitorietà e della caducità germoglia in un nuovo campo, quello della leggenda e si concretizza nella tomba di un papa celebre, situata per di più nella chiesa cattedrale del vescovo di Roma, il Laterano. Intorno alla metà del secolo XII, in alcune versioni di una celebre leggenda – quella di Gerberto (papa Silvestro II) – appare infatti un elemento che non può passare inosservato: il suo sepolcro emette umidore per annunciare la morte imminente del

33. LP, II, p. 387. Cfr. *Il corpo del papa*, p. 160.

34. *Vita Gregorii IX*, LC, II, p. 19. Su questa e le altre fonti qui ricordate, relative al «lutto della Chiesa», cfr. il mio *Il corpo del papa*, p. 161.

35. Campi, *Dell'historia ecclesiastica di Piacenza*, II, p. 343.

36. PL 145, coll. 471-480 (quale *opusculum vigesimum tertium* e con il titolo *De brevitate vitae Romanorum pontificum, et divina providentia*); edizione critica: Petrus Damiani, *Die Briefe*, III, pp. 188-200. Il tema della retorica della caducità del papa – il cui punto di partenza è proprio l'epistola di Pier Damiani sulla «brevità della vita dei pontefici romani» –, è centrale nella mia ricostruzione de *Il corpo del papa*, pp. 182-187. Si veda anche *infra*, nota 67.

papa regnante.[37] La rapidità con cui il tema della caducità fisica del papa e della transitorietà del suo potere si insedia nella liturgia romana e in fonti autorevoli come il *Liber pontificalis*, già alcuni decenni dopo l'epistola di Pier Damiani, è sorprendente. Nel primo libro cerimoniale della Chiesa romana post-gregoriana, l'*ordo* XI di Benedetto (1143-1145), la caducità fisica del papa è persino al centro di tre riti: il papiro intinto nell'olio di candela, le ceneri e la stoppa.[38] Quest'ultimo rito – l'accensione della stoppa – finirà per entrare nel corso del Duecento nei riti dell'avvento di un nuovo papa, come abbiamo già avuto l'occasione di osservare. Retorica e ritualità di caducità servono da contrappeso alla glorificazione dei pontefici defunti. Proprio il papa per il quale è stato redatto l'*ordo* XI – Innocenzo II – sceglierà per la sua sepoltura una tomba di porfido, pietra "imperiale" per eccellenza. Il papa fece portare da Castel Sant'Angelo in Laterano l'ex mausoleo dell'imperatre Adriano.[39] Uno dei suoi immediati successori, Anastasio IV, trasferì dalla Via Labicana nella basilica lateranense il sarcofago di Elena, la madre di Costantino, rivestito su ogni lato da rilievi trionfali.[40]

Non a caso, la morte di Innocenzo III, il papa forse più potente del Medioevo, è stata oggetto di una duplice lettura retorica, di caducità e di gloria. Giacomo da Vitry, futuro cardinale, giunse a Perugia all'indomani della morte di Innocenzo III (16 luglio 1216). Entrando in cattedrale, dove era stata esposta la salma del papa, si accorse, così afferma, che alcuni sconosciuti l'aveva spogliata durante la notte «furtivamente» dei preziosi paramenti con cui avrebbe dovuto essere sepolta. La salma del papa fu poi abbandonata «quasi nuda» in uno stato di avanzata decomposizione. La riflessione finale del Vitry è un chiaro esempio di retorica della caducità che precede soltanto di qualche decennio la prima apparizione del celebre detto *Sic transit gloria mundi*.

Egli dice infatti di aver potuto così osservare con i propri occhi quanto sia «breve e vano lo splendore ingannevole di questo mondo».[41] In un codi-

37. L'intera leggenda di Gerberto è stata recentemente rivisitata da Oldoni, *Gerberto*. Questi e i testi seguenti sono stati da me discussi in *Il corpo del papa*, p. 19.

38. Si veda la mia ricostruzione di questi riti in *Il corpo del papa*, pp. 28-36.

39. Deér, *The Dynastic Porphyry Tombs*, pp. 146-154.

40. Ivi, p. 152. Il fatto non passò inosservato ai contemporanei; ben «quattro autori raccontano che il papa fu sepolto in quel sarcofago di porfido che era già servito come tomba dell'imperatore Adriano»: Herklotz, 'Sepulcra' *e* 'monumenta', p. 97 e nota 67.

41. *Lettres de Jacques de Vitry*, ed. Huygens, p. 73. Per il problema in generale, cfr. Elze, *Sic transit gloria mundi*, p. 26, e quanto già da me esposto in *Il corpo del papa*, p. 183 ss.

ce dell'inizio del Duecento conservato a Praga,[42] Innocenzo III, seduto sul trono, veste gli abiti pontifici, compreso il fanone, ma non il pallio, i guanti e le scarpe. Sul capo porta la mitra. Con la destra benedice e nella sinistra tiene un libro chiuso. Alla destra del papa, un chierico tonsurato porta una croce processionale molto alta e fa un gesto con la mano destra. A sinistra, un accolito barbuto tiene un ombrellino sul capo del papa. Un'iscrizione in inchiostro rosso, in esametri leonini, inquadra il disegno. La prima parte inizia con una definizione di Innocenzo III, «luce del mondo, guida, via».[43] L'iscrizione ricorda, poi, che il papa, «che è ormai morto», «vedrà il fiore di Jesse [ossia Cristo]» (da Is. 11,1).

Anche la più antica statuaria funebre pontificia e cardinalizia va letta in questa duplice prospettiva, di caducità e di gloria. Il monumento sepolcrale di Clemente IV, conservato oggi nella chiesa dei Francescani di Viterbo,[44] presenta una raffigurazione della vecchiaia che sconfina in quella della caducità fisica. Il viso del papa è stato scolpito con tratti che sembrano colti dal vero; è il viso di un vecchio con occhi chiusi. Respingendo tutti gli attributi della bellezza fisica, il viso stanco e vecchio del papa esprime la verità della morte. Il verismo del giacente papale è forse da attribuire alla riflessione del Maestro generale dei Domenicani, il che è un nuovo indizio dell'interesse dei Frati Predicatori nei confronti del corpo del papa inteso nella sua dimensione di caducità.[45]

Gli *ordines* della seconda metà del XII secolo prescrivevano che durante la Vacanza i cardinali dovevano riunirsi tre volte: «morto il romano pontefice e sepolto»; il giorno dopo, per cantare la messa dei defunti; il terzo giorno, per trattare dell'elezione dopo aver celebrato la messa dello Spirito Santo.[46] Ciò conferma che, come nei secoli precedenti, il papa defunto veniva generalmente sepolto il giorno stesso della morte.[47] Anche all'inizio del Duecento, l'intervallo di tempo che separa la morte del

42. Praga, Biblioteca statale e universitaria, codice XXIII.E.59. Su questa miniatura vedi l'attenta analisi di Ladner, *Eine Prager Bildnis-Zeichnung*, che ho riassunto in *Le Chiavi e la Tiara*, pp. 86-88.

43. *Lux mundi, dux, via, mappa.*

44. Ladner, II, pp. 143-157.

45. Romanini, *Ipotesi ricostruttive*, p. 113; Claussen, *Pietro di Oderisio*, pp. 186-187. Si veda ora anche Olariu, *Réflexions*, pp. 85-88.

46. Vedi, ad esempio, Cencio (1180 ca), LC, I, p. 311, XLVIII n° 77. Su questi sviluppi, vedi quanto già ebbi l'occasione di esporre in *Il corpo del papa*, pp. 37-42.

47. Zoepffel, *Die Papstwahlen*, pp. 18-19.

pontefice dalla sua sepoltura è quello tradizionale. Secondo la lettera di elezione di Onorio III e una fonte coeva, Innocenzo III morì all'ora nona, e fu sepolto l'indomani nella cattedrale di Perugia, nel sepolcro di marmo che si trovava vicino alla finestra dell'altare del beato Ercolano. I funerali furono celebrati «come voleva la tradizione, alla presenza di diciassetti cardinali vescovi, preti e diaconi e di molti altri arcivescovi, vescovi e prelati, e di una moltitudine di chierici e laici».[48] Le esequie di Onorio III si tennero «secondo la consuetudine» il giorno immediatamente successivo alla sua morte.[49] Celestino IV, deceduto diciassette giorni dopo la sua elezione, fu sepolto all'indomani della sua morte.[50] Cosi alla morte di Innocenzo IV.[51]

Martino IV fu invece sepolto quattro o cinque giorni dopo la sua morte (il 1° o il 2 aprile). La sua salma fu esposta per alcuni giorni.[52] Tale allungamento dello spazio di tempo tra morte e sepoltura dei papi è posteriore alla promulgazione della storica costituzione – *Ubi periculum* (1274) – che ordinava ai cardinali di attendere dieci giorni prima di entrare in conclave.[53] Noi non sappiamo se questo spazio di tempo di dieci giorni fosse stato deciso da Gregorio X per permettere di celebrare la cerimonia dei novendiali – ossia funerali papali di nove giorni –, o se questa nuova cerimonia funebre pontificia, attestata dal XIV secolo in poi, fosse stata adottata per colmare il periodo di dieci giorni previsto appunto dall'*Ubi periculum*.[54]

In questo contesto è interessente osservare che, parlando dei funerali di Bonifacio VIII, il cronista vicentino Ferreto de' Ferreti segnala che essi

48. *Regesta Honorii papae III*, n° 1. La testimonianza oculare è edita da Petrocchi, *L'ultimo destino*, pp. 206-207.

49. *Les Registres de Grégoire IX*, n° 1. Per altre tradizioni testuali di questa lettera vedi Potthast, II, p. 677.

50. Hampe, *Ein ungedruckter Bericht*, p. 26.

51. Pagnotti, *Niccolò da Calvi*, p. 119. Questa sequenza coincide con quanto affermerà Alessandro IV nella lettera con cui comunica la sua elezione (*Les Registres d'Alexandre IV*, n° 119, 22 dicembre 1254.

52. Su Niccolò e Martino IV, cfr. Paravicini Bagliani, *Il corpo del papa*, pp. 219-220.

53. *Conciliorum oecumenicorum decreta*, pp. 314-315. Sul prolumgamento dello spazio di tempo tra morte e sepoltura nel Duecento, vedi ora anche Schmitz-Esser, *Der Leichnam im Mittelalter*, pp. 407-408.

54. Rollo-Koster, *Raiding Saint Peter*, pp. 94-97 e *passim*. Sulla nascita dei novendiali mi ero già soffermato in *Il corpo del papa*, pp. 218-223. Vedi ora anche Schmitz-Esser, *Der Leichnam im Mittelalter*, pp. 407-408.

furono celebrati «secondo la tradizione antica».[55] Ciò potrebbe essere un indizio del fatto che non si celebrò allora il "nuovo" rito – quello dei novendiali. Anche secondo Tolomeo da Lucca, papa Caetani «fu sepolto con minore riverenza» di quanto esigeva la dignità pontificia.[56] Nelle *Vitae* dei papi avignonesi Clemente V, Giovanni XXII, Benedetto XII, Clemente VI e Innocenzo VI manca qualsiasi cenno alla novena, eppure alla morte di Clemente VI i novendiali sono stati sicuramente celebrati.[57] Tutte le *Vitae* di Urbano V, tranne la prima, iniziano invece con un riferimento esplicito alle esequie novendiali del suo predecessore (Innocenzo VI).[58] I novendiali furono celebrati anche per Gregorio XI, morto a Roma il 27 marzo 1378.[59]

3. *I primi cerimoniali funebri pontifici (secolo XIV)*

Se i primi indizi dell'esistenza di novendiali funebri pontifici risalgono al secolo XIII, bisogna attendere il tardo secolo XIV per disporre di descrizioni cerimoniali di questa fondamentale innovazione rituale. Gli *ordines* XIII e XIV non comprendevano una sezione relativa ai funerali del papa defunto. L'autore del più antico cerimoniale funebre pontificio è Pietro Ameil, presente alla corte papale dal pontificato di Urbano V alla sua morte, avvenuta il 4 maggio 1401.[60] A questo primo cerimoniale funebre

55. Cipolla, *Le opere di Ferreto de' Ferreti*, I, p. 159 ss. Vedi ora anche Schmitz-Esser, *Der Leichnam im Mittelalter*, p. 408.

56. Tholemeus Lucensis, *Historia ecclesiastica*, RIS, XI, p. 1223; cfr. Cipolla, *Le opere di Ferreto de' Ferreti*, p. 164 nota 1. La sepoltura di Benedetto XI fu celebrata il giorno immediatamente successivo alla sua morte, ma non sappiamo quale rituale funebre fu osservato: Bernardus Guidonis, *Libellus de magistris ordinis Praedicatorum*; cit. in Potthast, II, p. 2038. Per tutte queste fonti, e quelle riportate nelle note successive, vedi il capitolo sulla morte nel mio *Bonifacio VIII*, pp. 367-371.

57. Baluze, Mollat, *Vitae paparum Avenionensium*, I, pp. 272, 288; e v. anche: I, pp. 329-330, 342.

58. Si veda, ad es., la *Vita IV Urbani V*, ivi, I, p. 398.

59. Baluze, Mollat, *Vitae paparum Avenionensium*, I, pp. 442-443.

60. Ed. critica recente: Dykmans, IV, pp. 69-288. Il testo sulla morte del papa è contenuto anche nel ms. Vat. lat. 5944, ff. 230r-234r; cfr. Herklotz, *Paris*, p. 228 nota 45. Nel presente capitolo presento una più sistematica lettura del cerimoniale di Pietro Ameil, sul quale mi ero già soffermato in *Il corpo del papa*, pp. 162-166. Su questo primo cerimoniale funebre pontificio vedi ora anche Schmitz-Esser, *Der Leichnam im Mittelalter*, pp. 224-226.

papale ne seguì poco dopo un secondo, che figura nella collezione di cerimoniali composta da François Conzié.[61]

Pietro Ameil inizia parlando di ciò che dovrebbe avvenire negli ultimi giorni di vita del papa, quando ormai i medici, resisi conto «che la morte si avvicina e che non possono ritardarla» gli devono dire «segretamente» che «per ogni evenienza» egli «pensi alla propria anima e alle proprie cose», mentre loro, per quanto è possibile, penseranno alla salute del corpo. I medici dovranno, in segreto, informare il confessore del papa della prossima agonia del pontefice, «affinché il papa sia indotto a pensare alla salvezza della sua anima, esortandolo e ammonendolo sia in generale che in particolare». Il papa è tenuto a confessarsi, a ricevere l'Eucarestia e a chiedere l'indulgenza *in articulo mortis* (che il confessore gli deve concedere). Essendo il papa «la luce di tutto l'universo, deve dare esempio a tutti i re e ai principi, laici e chierici, che ricorrono a Dio nell'infermità e ordinano (le proprie cose) secondo coscienza». Così deve fare il papa, «che è il capo di tutta la cristianità». A tutti i membri della sua *familia* il papa deve concedere l'indulgenza *in articulo mortis*, concessione che deve essere validata dal sigillo di un prelato appartenente alla casa pontificia. Per compensare eventuali loro furti o *male ablata* deve lasciare loro una certa somma (che Gregorio XI fissò a seicento fiorini).

Il papa o il suo camerlengo deve quindi convocare tutti i cardinali, due o tre giorni prima di «perdere la parola», per dettare in loro presenza il suo testamento ed eleggere sepoltura. Abbiamo così la prova che anche il papa, e non soltanto i cardinali,[62] dovevano redigere un testamento, anche se, conviene sottolineare, proprio per i papi dei secoli XIII-XV ci sono giunti pochissimi testi.[63] Alla presenza dei cardinali, il papa deve dichiarare che vuole

61. Edizioni: Dykmans, III, pp. 262-335 (sulla morte del papa: pp. 262-270, nn. 1-30); per la datazione e la tradizione testuale vedi Schimmelpfennig, *Die Zeremonienbücher*, pp. 120-126; Dykmans, III, pp. 47-73.

62. Paravicini Bagliani, *I testamenti*.

63. I testamenti di pontefici romani, di cui ci è giunta notizia per i secoli XIII-XV, sono rari. A proposito di Martino IV, Salimbene de Adam, *Chronica*, ed. Scalia, p. 823, afferma che il cardinale Giacomo Savelli era stato nominato dal papa suo esecutore testamentario; cfr. Wadding, *Annales Minorum*, V, p. 154. Il testamento di Martino IV non è però giunto fino a noi. Di Giacomo Savelli, futuro Onorio IV, possediamo il suo testamento cardinalizio, ed. Paravicini Bagliani, *I testamenti*, pp. 197-206. Sul «testamento», o meglio, sulla *donatio causa mortis* di Clemente V si veda Ehrle, *Der Nachlass*, pp. 104-149. Il testamento di Gregorio XI è stato pubblicato dal d'Achery, pp. 675-690. Il testamento di Niccolò V è edito dal Muratori, RIS, III, 2, pp. 945-958.

morire «nell'unità della fede e che crede in una Chiesa cattolica e in tutti gli articoli della fede per i quali è pronto a morire». E se non avesse agito bene nel governo della Chiesa, i cardinali lo dovranno perdonare, anche se li avesse offesi indebitamente e ingiustamente. Ai cardinali deve raccomandare i suoi familiari ma anche rivelare loro i debiti da lui contratti per la «Chiesa di Dio», affinché il suo successore li soddisfi. I cardinali devono conoscere anche i nomi dei creditori e sapere dove si trovano i tesori, i gioielli e tutti i beni del papa e della Chiesa. Ai cardinali, il papa morente concederà inoltre alcune «grazie *in foro conscientie*» e a loro dovrà «raccomandare la Chiesa», affinché provvedano secondo la loro coscienza «ad eleggere un buon pastore in pace e tranquillità», capace di essere posto alla guida della Chiesa. Da ultimo, il papa darà loro la benedizione, dopodiché «vadano in pace».

Mentre «il papa si avvicina alla morte», insiste ancora l'Ameil, i cubiculari, ossia le persone che sono addette alla persona e alla camera del papa, devono essere sempre al suo servizio, chiamare il suo confessore e i prelati domestici affinché gli amministrino i sacramenti, secondo quando viene stabilito dal cerimoniale (qui il riferimento è all'*ordo* XII) e dal Pontificale romano, anche per quanto riguarda la raccomandazione dell'anima. Mentre il papa è in agonia, un prelato o un sacerdote terrà la croce concistoriale «davanti ai suoi occhi» e gliela farà baciare frequentemente, «a memoria della passione di Cristo».

Appena sarà avvisato dell'agonia del papa, continua Ameil, il camerlengo dovrà «far raccogliere tutti i beni del papa in un luogo sicuro», onde evitare qualsiasi «saccheggio» (*insultum*). Tutti gli ufficiali, anche i familiari più vicini al papa, ossia i cubiculari, dovranno consegnarli tutto ciò di cui dispongono. Il sacrista gli consegnerà tutti i gioielli appartenenti alla cappella papale, rinchiusi in casse e con inventario. Il sacrista potrà tenere le chiavi della cappella «perché il suo ufficio è perpetuo» e non si spegne con la morte del papa. Egli ne dovrà però rendere conto *sede vacante* al cardinale più anziano di ogni ordine.

Spetta a questi cardinali, uno per ciascun ordine (vescovi, preti, diaconi), anche la responsabilità di evitare soprusi, saccheggi interni e depredazioni del tesoro. La gestione amministrativa è invece compito del camerlengo, un curiale che non era necessariamente cardinale e che durante la vita del pontefice di cui era generalmente un uomo di fiducia gestiva le finanze della curia e della Chiesa romana.

Morto il papa, o, meglio ancora, quando è agonizzante, i penitenzieri si raccolgano per leggere in sua presenza l'ufficio dei morti e i sette salmi penitenziali. Nel frattempo, i «frati della bolla», ossia i due frati cisterciensi addetti alla fabbricazione delle bolle di piombo che venivano apposte alle lettere papali – ed erano perciò chiamati *bullarii* –, laveranno la salma del papa «con acqua calda e con buone erbe», facendosi aiutare dai cubiculari, ossia dai “camerieri” del papa. Il barbiere dovrà radere il capo e la barba.

Dopo essere stato lavato, l’apotecario papale e i *bullarii* devono infatti chiudere ogni foro del corpo con della bombagia, e con mirra e aloe se possibile. La salma deve essere lavata con «del buon vino bianco», riscaldato con erbe odorifere e «con buona vernaccia» che dovrà essere somministrata loro dai cubiculari o dagli addetti alla bottiglieria del papa. La gola sarà riempita di aromi e di spezie. Infine, il corpo del defunto, comprese le mani, dovrà essere unto con del buon balsamo, che verrà loro consegnato dal camerlengo o dai cubiculari o dal sacrista pontificio, che ne hanno la custodia.

Tenendolo «quasi seduto», i penitenzieri rivestiranno allora il defunto con le «brache, la camicia, le calze e la tunica» e «quasi totalmente con delle sacre vesti di colore rosso»: dapprima i sandali bianchi, poi il cingolo e il subcintorio, il fanone, la stola, la tunicella, il manipolo, la dalmatica, i guanti, la pianeta e il pallio «tolto dal corpo di Pietro» (ossia dopo essere stato posto sull’altare della Confessione in San Pietro, esattamente come quando il papa fu consacrato). Il fanone dovra essere piegato sul capo e sulle spalle come se il defunto dovesse celebrare. Sul capo gli verranno poste la berretta bianca e la mitra bianca senza perle e senza oro. Nelle croci del pallio dovranno essere inseriti i tre aghi, secondo la consuetudine. Davanti al defunto dovranno ardere sempre almeno due grandi torce con un numero sufficiente di piccole candele. Tutti i colori di cui ci parla Pietro Ameil sono i tradizionali colori delle vesti del papa, bianco e rosso. Il defunto deve essere rivestito «come se celebrasse». Ed è per questa ragione che porta la mitra e non la tiara. Il riferimento al pallio segnala con chiarezza che il papa deve essere sepolto non soltanto come vescovo («come se celebrasse»), ma come pontefice romano.

Dopo aver lavato e preparato la salma del papa, i penitenzieri porranno il defunto sulla lettiga, su «un buon materasso» ricoperto di seta bianca e di una coperta di seta rossa, sulla quale si troveranno due «panni d’oro nobilissimo» ornati di stemmi. Intorno al feretro dovranno pendere i «suoi stemmi» e «quelli della Chiesa», posti su un panno di seta nero o viola. La testa del defunto riposerà su un cuscino coperto di un tessuto d’oro, e sotto i suoi piedi verrà posto un altro cuscino con cordoni di seta e d’oro e sul quale saranno posti due cappelli del papa. I cuscini devono avere la stessa larghezza del feretro.

La preparazione della salma viene effettuata nella camera "segreta", ossia nello spazio più privato del papa. Ma prima che la salma sia lavata e rivestita, i cardinali, uno dopo l'altro, o tutti insieme, verranno «a visitarlo». Ognuno di loro darà l'assoluzione prima di ritirarsi. I cardinali sono dunque i primi che devono rendere visita al papa defunto, ma devono venire da soli, il che sottolinea il fatto che in questa primissima fase del rituale funebre i cardinali vengono in veste privata.

Il papa, posto sulla lettiga, viene quindi trasferito dai penitenzieri nella cappella. Il corteo è preceduto dal suddiacono che porta la croce ed è rivestito di una cappa nera. I penitenzieri cantano *Subvenite sancti Dei* con i cantori della cappella, e sono preceduti da almeno venticinque piccole torce accese, che devono essere portate da domicelli (giovani nobili, membri della *familia* papale) o scutiferi del defunto.

Il camerlengo e gli altri prelati domestici, e tutti i familiari, coperti i volti con cappucci, accompagnano la salma e vanno a sedersi in cappella. I vespri per i defunti e l'ufficio dei morti vengono cantati dai cantori e dai penitenzieri fino a che non arrivano i chierici delle chiese parrocchiali, i canonici e i religiosi dei quattro ordini (mendicanti) nonché i monaci di qualsiasi ordine. Essi canteranno almeno un notturno con un'orazione e aspergeranno il feretro con acqua benedetta e incenso. Quel giorno, i penitenzieri pranzeranno «splendidamente» nel tinello del papa a compenso dei gravosi lavori e delle vigilie che hanno sostenuto. Durante la notte dovranno infatti vigilare la salma sia nella camera del papa sia nella cappella, metà di loro fino a mezzanotte, gli altri fino all'alba, «pregando sempre per lui». I bottiglieri e i panettieri somministreranno loro «ciò che è necessario per la vita». Il «maestro della cera» provvederà a consegnare loro candele e torce, «quante ne occorrano». Se avessero bisogno di medicinali, li riceveranno «in abbondanza» dai cubiculari.

Nella cappella devono esserci almeno venticinque torce del peso di sei libbre di cera ognuna. Nel palazzo dovranno essere allestiti molti altari, sia nella "grande cappella" che nella "piccola". E ad ogni sacerdote celebrante il tesoriere dovrà dare cinque denari grossi papali per l'anima del papa, ma del suo tesoro non deve essere dato nulla perché ciò sarebbe «male».

L'Ameil aggiunge che se il camerlengo è cardinale non dovrà essere presente alla preparazione della salma e al suo trasferimento in cappella. Se invece il camerlengo non è cardinale, «dovrà sorvegliare ogni cosa», accompagnando la salma con gli altri prelati. Ma dovrà portare la *cauda*, ossia lo strascico del manto dei cardinali, sia egli cardinale o no. L'esposizione del defunto nella cappella è quindi fase rituale privata. I cardinali non vi prendono parte nella loro funzione, perché essi rappresentano la Chiesa durante la Vacanza. Ed è per questa ragione che il cerimoniale prevede che mentre si celebrano le esequie in cappella, se alcuni cardinali vogliono partecipare lo faranno stando nei banchi senza paramenti, indossando cappe di lana «non di colore rosso», ossia non del colore che rinvia alla loro dignità cardinalizia.

Il primo giorno della novena le torce dovranno essere almeno duecento, ciascuna delle quali del peso di sei libbre. Ad ogni angolo del feretro verrà posta una torcia, e al centro in alto un'altra ancora. Se il camerlengo fosse cardinale, dovrà stare nel coro con gli altri cardinali.

Durante la messa, ogni cardinale riceverà una torcia di almeno quattro libbre di cera che uno scutifero dovrà tenere davanti a loro. Le torce dei prelati saranno di tre libbre di cera, quelle dei penitenzieri e degli altri nobili, di una sola libbra. I canonici e gli altri sacerdoti riceveranno torce contenenti un quarto di libbra di cera. Durante tutti gli altri giorni della novena quaranta torce dovranno stare intorno al catafalco (*castrum doloris*), sul quale sarà posta una torcia soltanto il primo giorno. Durante la novena il catafalco dovrà essere ricoperto da un panno di seta con gli stemmi del papa e della Chiesa, e il feretro da due panni d'oro «nobilissimo». Ad ogni capo del feretro, su un cuscino ricoperto dello stesso tessuto verrà posto un cappello «bello» del papa per tutta la durata della novena.

Bisogna ancora sapere, aggiunge Pietro Ameil, che il più anziano dei cardinali vescovi deve celebrare la prima messa e pronunciare la predica, o incaricarne un altro prelato o il maestro di teologia. Finita la messa, il cardinale celebrante si recherà dove stanno gli altri cardinali. Dopo la predica i cardinali riceveranno il piviale nero e la mitra bianca semplice, e si recheranno davanti alla salma, se non è stata sepolta. Se è stata sepolta, procedono due a due, secondo ogni ordine (cardinalizio) al feretro portando la mitra. Seguono l'incenso e le orazioni, secondo il Pontificale romano. Cosi avviene ogni giorno della novena.

La distribuzione di vestiti di colore nero è codificato secondo una precisa gerarchia. Panni di colore nero vengono distribuiti al camerlengo, se non è cardinale, e vestiti «di buon e nobile panno» a due cappellani, a due scutiferi, al tesoriere, al confessore e ai referendari (i funzionari della cancelleria papale incaricati di esaminare le suppliche al papa). Vestiti di «panno minore» verranno consegnati ai cubiculari e ai chierici della camera, ai medici e agli altri scutiferi del papa, oltre che ai responsabili della bottiglieria, della panetteria, dell'acqua, della foresteria, della cera e della cucina. Seguono gli altri ufficiali della curia predisposti alla cucina, alle scuderie, al guardaroba e così via. Se il papa dovesse morire a Roma, anche sei banditori, i rappresentanti delle regioni e gli uffi della città riceveranno vestiti di lutto dal camerlengo. Il senatore dell'Urbe, per rispetto della sua funzione, non vestirà a lutto, a meno che lo voglia fare «per amore del papa».

Il primo giorno della novena i penitenzieri pranzeranno al palazzo. I familiari del papa vi pranzeranno invece durante tutta la novena fino a che non sia stato eletto un nuovo papa. Il tesoriere, su mandato del camerlengo, provvederà alla distribuzione di «grandi» elemosine. Ai quattro ordini mendicanti verranno consegnati in modo uguale cinquanta o venticinque fiorini, pane, carni e vino per ogni giorno. Una simile distribuzione verrà fatta a favore degli ospedali e degli «altri poveri». Alla fine dell'ultimo sermone, i cardinali si recheranno al palazzo per entrare in conclave. I posti verranno loro assegnati dal camerlengo che provvederà a una ripartizione secondo gli ordini. Ogni giorno, dopo la messa e la predica, dovranno tenere concistoro, «pensando e trattando (dell'elezione) del futuro vescovo o papa».

Si deve anche sapere, aggiunge Pietro Ameil, che il barbiere del papa defunto non deve tenere con sé la cassetta contenente i rasoi e la bacinella d'argento. Il nuovo papa dovrà ricompensarlo con dieci o dodici fiorini. La bacinella deve sempre rimanere nella camera del papa con i rasoi e i tovaglioli.[64] Si tratta di oggetti personali, gli ultimi ad aver toccato il corpo del papa defunto, al quale il barbiere aveva raso il capo e la barba.[65] Un secondo articolo precisa che qualora i panettieri e bottiglieri del papa desiderino ottenere le tovaglie sulle quali il papa avrà pranzato per l'ultima volta, e le botti dalle quali avrà bevuto l'ultima volta, non dovranno essere loro consegnate, «perché hanno i loro stipendi». Essi le potranno ottenere soltanto in caso contrario.[66] Gli oggetti che hanno toccato il corpo del papa vengono quindi trasferiti all'istituzione contro il pagamento di uno stipendio.

Il Cerimoniale dell'Ameil distingue nettamente tre spazi: la camera, la cappella, la chiesa. Nella sua camera il papa morente passa gli ultimi istanti

64. Dykmans, IV, p. 227 n° 1042.
65. Ivi, IV, p. 218 n° 970.
66. Ivi, IV, p. 227 n° 1043

della sua vita, che il Cerimoniale codifica imponendo al morente gesti e parole. È nella camera che la salma viene lavata e vestita. La cappella è luogo semi-pubblico di esposizione e di visita. Nella chiesa vengono celebrati i funerali pubblici. Due processioni fanno passare la salma dalla camera alla cappella e dalla cappella alla chiesa. Tre luoghi dunque, per tre funzioni diverse: preparazione e vestizione della salma (camera); veglia liturgica per curialisti e religiosi (cappella); esequie solenni (chiesa). Il periodo di tempo previsto per tutte e tre queste fasi: nove giorni. Le responsabilità amministrative e rituali sono affidate soprattutto a tre protagonisti: il camerlengo, i penitenzieri e i cardinali.

Il cerimoniale sulla morte del papa e l'organizzazione del conclave che figura nella collezione di testi composta da François de Conzié si concentra soprattutto sulla presenza dei cardinali, la professione di fede del papa, la sua esortazione agli elettori del suo successore.[67] Non vi figurano invece prescrizioni relative alla presenza di medici, e anche per il periodo immediatamente successivo al decesso del papa il testo non si sofferma sulla preparazione della salma e la sua imbalsazione. Assai più ampi sono invece i passi che descrivono i compiti del camerlengo, la cerimonia di distruzione della matrice personale delle bolle papali, le misure di protezione del palazzo alla morte del papa e di custodia del conclave. Insomma, la collezione del Conzié offre una visione più attenta delle procedure interessanti il trapasso della *potestas pape* più che di quelle relative alla salma e ai funerali del papa. Le pagine che riserva all'agonia del pontefice e alla novena servono soprattutto a spiegare quali sono i diritti-doveri dei cardinali e come essi devono sovraintendere a un buono svolgimento del periodo di tempo che separa la morte del papa all'apertura del conclave. Obbediscono a questa prospettiva le sue prescrizioni circa le vesti del lutto e l'inventario dei beni mobili.[68]

3.1. *Il papa in agonia: preparazione alla morte e morte ideale*

La morte del papa è un esempio per tutta la cristianità, dice Pietro Ameil. È un concetto che Pier Damiani aveva già espresso con forza nella sua epistola sulla «brevità della vita dei pontefici romani». Alla retorica

67. Presentazione completa del documento: Schimmelpfennig, *Papst- und Bischofswahl*, pp. 242-247, e Rollo-Koster, *Raiding Saint Peter*, pp. 47-60; e vedi anche pp. 201-203 e pp. 225-226.

68. Cfr. il mio *Il corpo del papa*, pp. 166-167.

della morte ideale del papa rinvierà qualche decennio dopo la *Vita* di Pasquale II, secondo cui il papa era morto dopo aver ricevuto l'estrema unzione e aver «fatto la confessione».[69] La *Vita* di Gelasio II aggiungeva altri particolari. Il papa, «colpito da un'improvvisa malattia che i Greci chiamano pleuresi, convocò da ogni parte molti dei suoi fratelli, fece la confessione e la comunione».[70] Anche la *Vita* di Calisto II insisteva sul fatto che il papa «si era addormentato nel Signore», ossia dopo essersi confessato e aver predisposto ogni cosa.[71]

Assai più ampia è la descrizione della morte di Benedetto XI.[72] Il testo vuole essere di per sé il resoconto di quanto accadde alla morte del papa (7 luglio 1304), ma ci presenta di fatto una visione di morte ideale. Benedetto si confessa e riceve la comunione alla presenza dei cardinali; chiede l'estrema unzione che prende devotamente dal cardinale vescovo di Albano; la professione di fede serve implicitamente anche ad autenticare l'ortodossia dell'azione pontificia; il papa morente esorta i cardinali alla concordia; alla scelta del luogo di sepoltura (convento dei Domenicani di Perugia) segue un articolo interamente dedicato ai cardinali, che egli assolve da ogni scomunica, da ogni irregolarità, da ogni peccato.

Un racconto analogo viene offerto dalla prima vita di Urbano V, la cui morte fu accompagnata da miracoli, diffusioni di immagini e scene di culto. Sentendo che la sua malattia si aggravava e pensando che la morte si avvicinava, il papa si «rivolse a tutto ciò che poteva riguardare la salvezza della sua anima». Si confessò più volte «umilmente e devotamente», ricevendo gli altri sacramenti della Chiesa. Erano presenti il camerlengo, il confessore, numerosi altri suoi familiari e molte persone di rango. A loro pronunciò la professione di fede, affermando di credere a tutto ciò che «la Chiesa, santa cattolica e apostolica, insegna e predica». E disse anche di voler revocare o di considerare «come non detto» ciò che avesse potuto nel passato insegnare, predicare e anche disputare, o dire in qualunque altro modo, e di volere sottomettere se e tutte le sue affermazioni all'esame della Chiesa, dalla quale non volle mai «deviare» scientemente.[73]

69. LP, II, p. 305.
70. Ivi, p. 318.
71. Ivi, p. 323.
72. Schimmelpfennig, *Die Zeremonienbücher*, p. 188 (Sammlung A, XVIII)»; cfr. ivi, p. 44 e anche il mio *Il corpo del papa*, pp. 165-166.
73. Baluze, Mollat, *Vitae paparum Avenionensium*, II, pp. 381-382.

Non prima del Duecento disponiamo di fonti sulla presenza di medici al letto di morte di papi e cardinali. Eccezionale, per rarità, è l'informazione del cronista inglese Matteo Paris, generalmente bene informato sulla curia romana, secondo cui Gregorio IX, «quasi centenario», avrebbe regalato al *magister* Riccardo, suo medico personale, il suo crocifisso in avorio per ricompensarlo delle cure ricevute in fin di vita.[74] Matteo Paris dice anche che il cardinale Giovanni da Toledo aveva tentato di curare Innocenzo IV sul suo letto di morte senza che «il sapere medico del cardinale bianco avesse potuto essere utile».[75] Martino Polono, dopo aver descritto gli ultimi istanti di vita di Martino IV, afferma che i suoi medici personali non furono capaci né di riconoscere la malattia né di comprenderne la causa.[76] Dante ricorda quel papa tra i golosi e ne attribuisce la morte al fatto che il «Torso» (prima di essere eletto papa Simone di Brie era stato canonico di San Martino di Tours) era morto per aver mangiato anguille di Bolsena e aver bevuto la vernaccia... «[...] e quella faccia / di là da lui più che l'altre trapunta / ebbe la santa Chiesa in le sue braccia: / dal Torso fu, e purga per digiuno / l'anguille di Bolsena e la vernaccia» (*Purg*. XXIV, vv. 20-24).

Più fantasioso appare il racconto di Giovanni Villani a proposito della morte di Benedetto XI, che sarebbe morto di avvelenamento causato da un «giovane vestito e velato in abito di femmina».[77] «Soffocato», invece, «dall'invidia» sarebbe stato, secondo il cronista inglese Matteo Paris, il cardinale inglese Roberto da Somercotes, «mentre si trattava dell'elezione del papa». L'accusa nasconde la delusione del monaco inglese per la non elezione del suo conterraneo cardinale: «si dice che [il papa] fu avvelenato, perché, pur essendo considerato degno e ideoneo (al papato), i suoi colleghi lo disprezzavano a causa della sua nazionalità».[78] All'avvelenamento si pensò anche per spiegare la morte di Bonifacio VIII obbedendo più a un *topos* tradizionale che sulla base di informazioni più precise.[79]

74. Per le informazioni esposte in questo capitolo, cfr. Paravicini Bagliani, *Medicina*, pp. 17-20.

75. Ivi, pp. 23-24.

76. Ivi, pp. 24 e 35.

77. Giovanni Villani, *Nuova Cronica*, IX, cap. 80, 157.

78. Matthaeus Paris, *Chronica maiora*, IV, 168.

79. Soprattutto le fonti tedesche, cfr. Holtzmann, *Wilhelm von Nogaret*, p. 235 nota 3. Sulla morte di Bonifacio VIII, cfr. Paravicini Bagliani, *Bonifacio VIII*, pp. 367-371.

3.2. *La salma «nuda» del papa*

Oltre all'episodio della spoliazione della salma di Innocenzo III ricordato da Giacomo da Vitry, altre fonti parlano di scene di abbandono della salma di un papa, in modo tale da sembrare corrispondere a una quasi-ritualità. A proposito di Innocenzo IV, morto a Napoli il 7 dicembre 1254, il cronista francescano Salimbene racconta che papa Fieschi «rimase nudo sulla paglia e abbandonato da tutti, secondo la consuetudine dei romani pontefici, quando muoiono». Il defunto sarebbe stato custodito non da infedeli uscieri pontifici, ma da Frati Minori Teutonici, che avrebbero persino provveduto a lavare il corpo del pontefice.[80] Al tema dell'abbandono del papa defunto rinvia anche il *De adventu Minorum* del francescano Tommaso di Eccleston, di qualche anno anteriore alla *Cronica* del Salimbene. L'Eccleston afferma che «in verità alla morte (di Innocenzo IV) tutti i suoi familiari lo abbandonarono, tranne i Frati Minori. Lo stesso accadde con Gregorio (IX), Onorio (III) e Innocenzo (III), alla cui morte san Francesco fu presente». A questo punto, la riflessione sulla morte del papa si fa generale: «Frate Mansueto disse che nessun mendicante, anzi nessun uomo muore in modo così miserabile e vile come un papa». Il racconto termina con la leggendaria scomparsa di Federico II sul Monte Etna, che costituisce un altro efficace tentativo di demonizzazione di uno dei più autorevoli e ostinati nemici dei Frati Minori.[81] La funzione di questi racconti è duplice: insistere sulla consuetudine dell'abbandono, per poter erigere l'Ordine francescano a custode del corpo del papa defunto. A questa stessa prospettiva appartiene la leggenda, riportata per la prima volta dall'Eccleston, secondo cui Francesco di Assisi sarebbe «stato presente alla morte» di Innocenzo III.[82]

Secondo Pietro Ameil, nella camera "segreta" la salma viene lavata e preparata perché possa essere esposta nella cappella e (almeno per qualche giorno) durante i funerali. Ed è proprio per garantire una prolungata esposizione pubblica della salma che fu necessario ricorrere a procedure

80. Salimbene de Adam, *Chronica*, ed. Scalia, p. 608.

81. Thomas de Eccleston, *De adventu fratrum Minorum in Angliam*, ed. Brewer, p. 67.

82. *Ibidem*; riferendosi al contrasto esistente tra tale leggenda e il racconto di Giacomo da Vitry sulla «nudità» della salma di Innocenzo III, lo Huygens, ritiene, giustamente, inattendibile la testimonianza dello Eccleston, in *Lettres de Jacques de Vitry*, ed. Huygens, p. 73 nota 62.

di imbalsamazione sempre più complesse.[83] A questo proposito, la testimonianza più antica è offerta dalla *Vita* di Pasquale II, che non sembra però poter essere messa in relazione con la cerimonia dell'esposizione pubblica. Il biografo papale dice semplicemente che la salma di quel papa fu «preparata con balsamo».[84] Il caso appare del resto isolato. Per almeno due secoli nessun'altra fonte ci permette di sapere se e come le salme dei papi fossero state sottoposte a imbalsamazione.

In un libro destinato a raccogliere i diritti-doveri dei membri della *familia* pontificia, redatto tra il 1261 e il 1294 e contenente norme in vigore sotto Bonifacio VIII, Benedetto XI e Clemente V (1294-1314), la rubrica relativa agli elemosinieri inizia con la descrizione dei loro doveri in caso di morte del pontefice. Ad essi è affidato il compito di preparare la salma del papa e di rivestirla, secondo la consuetudine, con paramenti pontifici prima di consegnarla nelle mani dei penitenzieri. In cambio, gli elemosinieri avevano diritto al letto in cui era morto il papa.[85]

L'imbalsamazione prevista dall'Ameil è di tipo "esterno": la salma non viene sottoposta né a incisione né ad apertura. È la procedura che Guido di Chauliac commenta nel suo celebre manuale di chirurgia, che contiene del resto un lungo, circostanziato capitolo sulla «custodia dei corpi defunti».[86] Medico personale di Clemente VI, Chauliac segnala un secondo modo di preparare i cadaveri, consistente nell'apertura del ventre per estrarne le viscere.[87] Egli precisa di aver ottenuto queste informazioni dall'«apotecario Giacomo che aveva imbalsamato molti pontefici romani».[88] La tradizione era dunque già relativamente antica nel contesto delle usanze curiali. Per l'imbalsamazione "interna" si dovette ricorrere a personale specializzato: la preparazione della salma non è più affidata soltanto a religiosi (penitenzieri), ma a un apotecario.

83. Sull'imbalsamazione del papa avevo richiamato l'attenzione in *Il corpo del papa*, pp. 194-197; in generale, si veda ora Schmitz-Esser, *Der Leichnam*, pp. 165-310.

84. Vedi *supra*, p. 215.

85. Si noti che il passo che ci interessa si trova soltanto nel codice di Napoli, Bibl. Nazionale, IX. D. 15, ed. Haller, *Zwei Aufzeichnungen*, p. 20; e non nella versione, più completa (conservata in un codice dell'Archivio storico del Vescovado di Aosta), scoperta da Frutaz, *La famiglia pontificia*, p. 301; cfr. Paravicini Bagliani, *Il corpo del papa*, p. 210 nota 55.

86. Guido de Cauliaco, *Cyrurgia magna*, tract. VI, doct. I, cap. VIII: «Regimen custodia corporum mortuorum; cfr. von Rudloff, *Über das Konservieren*, p. 37.

87. Guido de Cauliaco, *Cyrurgia magna,* tract. I, doct. I, cap. VIII, p. 274.

88. Ivi, tract. VI, doct. I, cap. VIII.

Pietro Argellata, allievo di Chauliac e illustre professore di chirurgia all'università di Bologna (1397-1421), si dice soddisfatto di essere riuscito a imbalsamare la salma di Alessandro V, morto in quella città, così da poterla conservare per otto giorni. Il viso, le mani e i piedi furono lasciati liberi, perché «le mani e i piedi devono essere visti, così come il viso».[89] Secondo Enrico di Mondeville (m. 1320 ca), chirurgo di Filippo il Bello re di Francia, l'esposizione di una salma a viso scoperto distingue «i re e le regine, i sovrani pontefici e i prelati» dalla gente comune:

> Per preparare i cadaveri vi sono tre procedimenti. Alcuni esigono una semplice, o persino nessuna, preparazione preservativa della corruzione; ciò vale per i corpi dei poveri, e di certi ricchi se l'inumazione deve farsi entro tre giorni d'estate o entro quattro giorni d'inverno. Altri hanno invece bisogno di una preparazione; è il caso degli uomini di condizione modesta, come i soldati e i baroni. Infine, devono essere conservati a viso scoperto i re e le regine, i sovrani pontefici e i prelati.[90]

La corrispondenza con il primo cerimoniale funebre papale (Pietro Ameil) è completa: il viso del papa defunto viene ricoperto quando è esposto nella cappella, rimane scoperto durante l'esposizione pubblica nella chiesa, ed è nuovamente coperto quando la salma viene deposta nel feretro.

Quando fu aperta la tomba di Gregorio VII nel 1578, si trovò che al viso era «sovrapposto un velo»,[91] il che è stato considerato come «indizio che potrebbe parlare a sfavore di una esposizione nella bara».[92] Resta il

89. Argellata, *Cirurgia*, Venetiis 1513, lib. V, tract. XII, cap. III, f. 109r: «Demum fuit indutus ut summus pontifex (ossia con i paramenti liturgici pontifici) *et stetit per dies octo sine aliquo fetore mundi*»; cfr. von Rudloff, *Über das Konservieren*, p. 39. L'informazione non viene contraddetta da una fonte indipendente (*De morte Alexandri papae, et electione... Ex Monacho San-Dionysiano...),* edita dal d'Achery, pp. 254-256, secondo cui la salma di Alessandro V sarebbe stata sepolta alla fine della novena, cui avevano preso parte, *secundum morem*, numerosi cardinali e vescovi. A proposito della visibilità di mani, piedi e viso: Pietro Argellata, *Cirurgia*, lib. V, tract. XII, cap. III, f. 108v; cfr. von Rudloff, *Über das Konservieren*, pp. 37-39. Più in generale, vedi ora Schmitz-Esser, *Der Leichnam im Mittelalter*, pp. 407-408.

90. Pagel, *Die Chirurgie des Heinrich von Mondeville*, tract. III, doctr. I, cap. 7, p. 390 ss.; cfr. von Rudloff, *Über das Konservieren*, 29. Su questo insigne chirurgo vedi in generale Pouchelle, *Corps et chirurgie*.

91. Il rogito salernitano fu edito da Capone, *Il Duomo di Salerno*, I, pp. 124-125.

92. Herklotz, 'Sepulcra' *e* 'monumenta', p. 210 nota 185.

fatto che per quell'epoca non disponiamo di informazioni sull'esposizone pubblica della salma di un papa.

L'11 ottobre 1605 fu aperto il sepolcro di Bonifacio VIII nella Basilica Vaticana.[93] Alcuni medici e chirurghi esaminarono la salma, di cui il canonico Giacomo Grimaldi fornì una descrizione molto dettagliata.[94] Si sollevò prima la figura marmorea del papa giacente, con la tiara a tre corone e le insegne pontificali; poi la placca di marmo, decorata dallo stemma dei Caetani, che ricopriva il sarcofago. All'interno del sarcofago si trovò una bara di abete, nella quale giaceva il corpo del papa. Grande fu la sorpresa di tutti, quando la bara di legno fu aperta: il cadavere del papa era infatti «intatto e non corrotto, e ancora rivestito degli abiti sacri». Solo una parte del naso e delle labbra era danneggiata. Per un uomo che aveva, alla sua morte, raggiunto o passato da poco i settanta anni, la salma del papa si poteva dire ancora ben conservata. Il defunto aveva le mani incrociate, la sinistra poggiata sulla destra, e portava sull'anulare destro un anello d'oro con un grande e prezioso zaffi non sfaccettato e di grande valore: egli portava la mitra di damasco bianco, alta e larga un palmo. Lunghi calzoni ornati, in alto, di fibbie d'argento, gli ricoprivano le gambe e le cosce, «secondo il costume di quei tempi». La fodera era di colore rosso. La sottana era foderata di bianco. Il rocchetto, lungo sino al tallone, e il camice erano di tela di Cambrai. La stola era fissata da un nodo di broccato tessuto d'argento e di seta nera. Il cordone, di seta rossa e verde, era lavorato con bottoni e nodi di seta. Il manipolo, lungo tre palmi, era di seta nera e violetta, tessuta di oro e d'argento in linee ondulate. I sandali, di colore nero, erano «fissati alla maniera gotica». La tunica pontificale di drappo di seta nera aveva le maniche strette ed era di broccato con leoni tessuti di seta e oro su campo azzurro. La dalmatica di drappo di seta nera era ricamata con rose e due cani accovacciati. Le calze erano di seta nera. L'ampia e lunga pianeta di seta nera era tutta lavorata. Il pallio era di seta bianca, finissima, con le croci e le spille d'oro, di cui una si trovava in mezzo al petto e l'altra sul braccio sinistro. I guanti erano ornati di perle e finemente lavorati.

I medici presenti all'apertura della tomba misurarono la testa (due palmi e un quarto) e il corpo del papa, «dal sommo della testa alla pianta

93. Riprendo quanto ho esposto nel capitolo sulla morte di Bonifacio VIII in *Bonifacio VIII*, pp. 367-371.

94. Grimaldi, *Descrizione*, ed. Niggl, pp. 37-39; cfr. Paravicini Bagliani, *Bonifacio VIII*.

dei piedi» (sette palmi e tre quarti, cioè 1, 74 m). Se si tiene conto del fatto che le misure di un cadavere, a tre secoli di distanza, sono probabilmente inferiori a quelle del corpo vivente, il papa doveva avere avuto una statura imponente per la sua epoca. I medici osservarono che il papa, quando era vivo, era stato calvo, soprattutto nella parte superiore del cranio. La fronte era ampia, le sopracciglia marcate, le guancie piene, le orecchie poco sporgenti. Il defunto aveva ancora tutti i suoi denti – che sono definiti «grandi e solidi» –, salvo due «sotto il labbro superiore». Li aveva perduti, ci dice Grimaldi, quando era ancora in vita. Non portava barba, «perché se la faceva radere». Benché il naso e le labbra fossero danneggiati, il viso mostrava un'espressione «più severa che gioiosa». La sua costituzione fu giudicata sana e robusta. Le sue mani erano lunghe e belle, e si poteva ancora osservare il sistema finissimo dei nervi e delle vene. Ci si meravigliò molto «che esse si fossero conservate intatte e incorrotte per così tanto tempo».

3.3. *Esposizione pubblica e* castrum doloris

L'esposizione pubblica della salma del papa, nella cappella e durante i funerali della novena, che viene descritta nel cerimoniale di Pietro Ameil, non costituiva allora una novità ma non corrispondeva nemmeno a una tradizione antica. Il Pontificale romano del XII secolo ordinava che «dopo che l'anima è uscita dal corpo, il corpo del defunto va lavato, quindi pulito, riposto nel feretro e portato in chiesa».[95] La salma sembra quindi ancora essere sottratta alla visione. Nel descrivere il trasferimento delle spoglie mortali di Eugenio III da Tivoli al Vaticano il giorno stesso della sua morte, Bosone insiste invece sul fatto che il corteo funebre, accompagnato da una frequentissima folla di clero e di popolo, percorse la «strada pubblica» e «attraversò la città».[96] Ciò segnala un indubbio (e forse nuovo) interesse per una maggiore visibilità della salma.

La cerimonia di esposizione pubblica della salma fa da contrasto alla nudità e al pericolo di abbandono di cui si è detto più sopra, ed è forse per mettere in evidenza questa tensione che Giacomo da Vitry era ricorso a una così insistente retorica della caducità. L'esposizione pubblica della

95. Andrieu, *Le pontifical romain*, II, pp. 501-504.
96. LP, II, p. 387.

salma, che già durante il secolo XIII è elemento rituale delle cerimonie funebri di cavalieri e alti funzionari di città italiane, è strumento di glorificazione del defunto.[97] Esporre il papa defunto con mani, piedi e viso liberi serviva però anche a garantire l'autenticazione pubblica della sua morte. Imbalsamazione ed esposizione delle spoglie mortali del papa sono quindi aspetti indissociabili, di fondamentale importanza nel trapasso della *potestas pape*. A Bisanzio, la salma dell'imperatore, rivestita degli abiti dell'incoronazione, veniva esposta nella sala dei diciannove Acubiti.[98] Anche Filippo Augusto (1180-1223) fu esposto con gli abiti con i quali era stato consacrato re e e con le insegne regali, il che segnala che tale rito si stava generalizzando in Europa.[99]

Secondo Pietro Ameil, durante i funerali pubblici del papa (la novena) i cardinali non possono indossare abiti di colore nero o rosso (e neanche il colore intermedio verde). I cardinali devono portare un piviale nero soltanto quando celebrano le messe della novena. Il Conzié distingue invece tra i cardinali parenti del defunto o che sono stati creati da lui, e gli altri: soltanto i primi indossano piviali di colore nero; gli altri cardinali, invece, «portano cappe di colore scuro ma non nero». Il Conzié precisa che durante la novena i cardinali dovranno portare cappe di colore scuro, ma non nero, foderate di grigio o di blu scuro, tranne coloro che appartenevano alla parentela del defunto o che erano stati creati da lui.[100] La distinzione di due categorie di curialisti autorizzati a portare o a non portare il lutto è dunque formulata con chiarezza.[101]

Nei confronti dell'esposizione pubblica della salma del papa, le fonti segnalano del resto una crescente insofferenza, a causa di manifestazioni esacerbate di devozione popolare.[102] I novendiali appaiono sempre più distinti dalla sepoltura della salma del pontefice defunto. Lo dimostrano le

97. Davidsohn, *Geschichte von Florenz*, IV, 3, p. 371 ss. Cfr. Herklotz, 'Sepulcra' *e* 'monumenta', pp. 224-225.

98. Constantin VII Porphyrogénéte, *Le livre des cérémonies*, I, p. 69 (60): «On sort la dépouille mortelle par le Caballarios et on dresse, aux Dix-neuf Lits, le lit d'or, appelé lit de deuil, et on expose là ladite dépouille mortelle, couronne en tête avec le divitision, la chlamyde d'or et les mules».

99. Erlande-Brandenburg, *Le roi est mort*, p. 19.

100. Dykmans, IV, p. 266 n° 16.

101. Ivi, p. 268 n° 23; cfr. Schimmelpfennig, *Die Zeremonienbücher*, pp. 120-125.

102. Una cronaca contemporanea, edita dal Finke, *Eine Papstchronik*, p. 389, afferma che il corpo del defunto Alessandro V (m. 3 maggio 1410) dovette essere custodito da gente armata affinché «ciascuno potesse baciare i piedi del papa».

fonti relative alla sepoltura di Innocenzo VII (m. il 6 novembre 1406).[103] Rendendosi autonomi dalla sepoltura "reale" del papa defunto, i novendiali diventano tempo rituale riservato ai cardinali, la cui partecipazione segue ora un ritmo strettamente gerachico: i cardinali vescovi aprono e chiudono la cerimonia dei novendiali. Inoltre, la salma del papa essendo già stata esposta e sepolta, i novendiali si celebrano intorno al catafalco (*castrum doloris*) vuoto. Ciò rese necessario ricorrere ad una finzione per simulare la presenza della salma: due palafrenieri in lutto, in piedi ai due lati del *castrum doloris*, muovevano di continuo e «placidamente» ventagli neri recanti gli stemmi del papa, come se dovessero scacciare mosche.[104] La più antica attestazione di questa rappresentazione fisica della salma risale alla morte di Eugenio IV (23 febbraio 1447). La sua fonte di ispirazione è forse un celebre passo della *Storia romana*, in cui Dione Cassio descrive la statua di cera dell'imperatore Pertinace (m. 193), davanti alla quale «un giovane schiavo allontanava, come se il principe fosse già morto, le mosche con un ventaglio di piume di pavone».[105] Non sappiamo però quando il rito fu accolto nel cerimoniale funebre pontificio. Enea Silvio Piccolomini, testimone oculare, ne offre un malizioso commento, concedendo tuttavia che si trattava di consuetudine.[106]

La dissociazione tra caducità fisica e perennità dell'istituzione del papato è ancor più al centro del secondo cerimoniale funebre pontificio, opera di François Conzié.[107] Il vicecancelliere, il cui ufficio si spegne con la morte del papa, dovrà ricevere dalle mani dei bollatori le matrici delle bolle, che racchiuderà in tela robusta e sulla quale apporrà il suo sigillo, affinché nessuna lettera possa più essere bollata. Il priore dei cardinali vescovi convocherà quindi tutti i cardinali residenti in curia che prenderanno posto, solennemente, in una delle camere del palazzo, per assistere alla cerimonia nel corso della quale verrà spezzata la matrice in cui era scolpito il nome del defunto. Il vicecancelliere consegnerà la matrice destinata ad essere spezzata con un martello appositamente approntato dai bollatori. L'altra matrice, riproducente le immagini degli apostoli Pietro e Paolo, dovrà rimanere «integra e illesa»

103. Infessura Stefano, *Diario della città di Roma*, ed. Tommasini, p. 14.

104. Non sappiamo infatti quanto tempo durò il rito dei «ventagli scacciamosche».

105. Il passo è citato in Giesey, *Le roi ne meurt jamais*, pp. 228-229. Si veda anche Eccle. 10, 1: «muscae morientes perdunt suavitatem unguenti».

106. Wolkan, *Der Briefwechsel des Eneas Silvius Piccolomini*, II. Abt., pp. 255-256: «concedendum est aliquid consuetudini».

107. Si veda per questo capitolo il mio *Il corpo del papa*, pp. 166-167 e 181 nota 115.

ed essere riposta nel medesimo panno, che, chiuso e sigillato dal vicecancelliere, sarà consegnato al camerlengo affinché lo conservi fino all'elezione. Il panno potrà essere tenuto dal vicecancelliere, ma dopo essere stato sigillato dal priore dei cardinali vescovi o da tre priori di ciascun ordine dei cardinali.[108] I cardinali sono quindi i garanti del trapasso della *potestas pape*. Per questa stessa ragione, alla morte del papa, l'anello con il «sigillo del pescatore» viene consegnato al collegio dei cardinali.[109]

4. *Turbolenze, saccheggi e disordini*

Dopo il pontificato di Leone IX, di saccheggi di beni pontifici in relazione con la morte di un pontefice romano se ne sente nuovamente parlare all'inizio del Duecento: il cronista inglese Matteo Paris racconta che dieci giorni prima della sua morte, Onorio III fu portato a una «finestra alta» (del Laterano), «esausto e semivivo», e mostrato al popolo romano che aveva iniziato a «sfogarsi contro i beni pontifici». Tentando di convincere i Romani che il papa era ancora vivo, la curia volle così impedire il tradizionale saccheggio.[110] La ragione di un un silenzio così lungo va forse ricercata nel fatto che tra Leone IX e Onorio III numerosi papi erano deceduti lontano dall'Urbe. Ci si può dunque chiedere se i Romani si abbandonavano a saccheggi di beni pontifici e a scene di disordine soltanto quando la morte del papa avveniva a Roma, ossia quando moriva il "loro" vescovo. La violenza spontanea di cui ci parlano le fonti non può non essere in qualche modo messa in relazione con la presenza fisica del papa a Roma, e con la rapidità con cui si diffondeva la notizia della sua morte. L'episodio narrato da Matteo Paris è del resto isolato: per tutto il Duecento non possediamo altre fonti su spogli del "palazzo" da parte del popolo romano in occasione della morte di un papa.

Anche per l'epoca avignonese mancano notizie su depredazioni popolari del palazzo apostolico alla morte di un papa. Saccheggi e incendi sono

108. Dykmans, IV, pp. 264-265 ni 8-11.

109. Al processo contro i nipoti di Clemente V (1304-1316), il cardinale Raimondo di Santa Maria Nuova dice di sapere «quod lapides pretiosi dicti domini mei una cum sigillo piscatoris fuerunt traditi collegio dominorum meorum cardinalium apud Carpentoratum, in loco ubi omnes conveniebamus, et per aliquos de dictis dominis meis cofi in quo erant, fuit sigillatus», ed. Ehrle, *Der Nachlass*, p. 40.

110. Matthaeus Paris, *Historia Anglorum*, ed. Madden, II, p. 294. Su tutti questi aspetti, vedi quanto da me già esposto in *Il corpo del papa*, pp. 131-132.

segnalati dopo la morte di Clemente V, avvenuta a Carpentras il 20 aprile 1314. Le testimonianze giunte fino a noi concordano però nel mettere in evidenza che i disordini non esplosero alla morte del papa e non erano diretti contro i beni pontifici, ma erano legati al desiderio dei Guasconi di imporre un'elezione loro gradita, e, quindi di far sì che non fosse eletto papa un italiano. Le depredazioni ebbero luogo durante il conclave; le vittime furono gli abitanti della città, i mercanti *curiam sequentes*, nonché alcuni cardinali, anch'essi italiani.[111] Al contrario, nei cerimoniali funebri pontifici avignonesi (Pietro Ameil, François Conzié), i primi nella storia del papato, la salvaguardia del "palazzo" verso l'esterno non desta particolari perplessità a coloro (camerlengo e cardinali) che hanno il compito di garantire un corretto svolgimento della Vacanza apostolica. Va però notato che secondo Pietro Ameil, subito dopo che la salma del papa è stata portata fuori dalla sua camera, il camerlengo deve ricevere tutte le chiavi dai cubiculari; ai cardinali più anziani di ogni ordine deve consegnare tutti i gioielli del papa insieme ad una copia degli inventari, se lo richiedono. E se i cardinali volessero vedere ogni cosa in particolare, il camerlengo non dovrà opporsi ma dovrà aggiornare gli inventari anche in presenza dei chierici di camera, e consegnarne loro una copia. Il camerlengo deve subito far chiudere tutte le porte del palazzo apostolico riservandone una per i servizi necessari, il che dovette corrispondere tutto sommato alla normalità avignonese.[112] Nel prescrivere le indispensabili straordinarie misure di ordine pubblico, il Conzié non fa parola della protezione del palazzo.[113]

Il camerlengo è responsabile dell'ordine pubblico durante l'intera novena e deve fare in modo che la sequenza delle messe non venga interrotta, poiché «ogni giorno un cardinale deve celebrare una messa dei defunti e pronunciare un sermone». Se questa sequenza dovesse interrompersi non potrà essere «sostituita».

5. *Memoria e scene di culto*

Prima dell'XI secolo, il *Liber pontificalis* segnala avvenimenti miracolosi e scene di guarigione alla morte di un papa soltanto in due occasioni.

111. Baluze, Mollat, *Vitae paparum Avenionensium*, III, p. 234, 316 e IV, p. 175.
112. Dykmans, IV, p. 264 n° 7.
113. Ivi, pp. 266-267 ni 17-18.

Al sepolcro di papa Silverio «accorsero malati e furono guariti».[114] Martino I «morì in pace, come confessore di Cristo, e operò molti miracoli fino ai giorni nostri».[115] Per i secoli successivi si osserva il silenzio più assoluto. In occasione della morte di Leone IX si riparla di miracoli verificatisi intorno al suo sepolcro.[116] Un secolo dopo, nella *Descriptio basilicae Vaticanae*, indirizzata a papa Alessandro III, il canonico Pietro Mallio dà un titolo generico di santità ai papi sepolti e parla di santi corpi.[117] Con la morte di Onorio III inizia una lunga serie di avvenimenti miracolosi e scene di guarigione. La sua tomba di porfido nella basilica di Santa Maria Maggiore fu oggetto di devozione pubblica.[118] Nella *Vita* di Innocenzo IV di Niccolò da Calvi le formule sanno già di *topos*.[119] Anche il defunto Clemente IV, che aveva ordinato di essere sepolto nella chiesa domenicana di Santa Maria in Gradi, «incominciò a fare miracoli»; «folle di gente, mosse dalla sua santità e dai suoi miracoli, confluirono verso il cadavere per vederlo, toccarlo e baciarlo».[120] Nella *Vita* di Gregorio X, il racconto dei miracoli avvenuti «vicino al suo sepolcro» corrisponde a un *liber miraculorum* di tipo agiografico.[121] Il lungo elenco fu trascritto su una tavola, e posta nel suo sepolcro nella cattedrale di Arezzo.[122] Alla morte di Martino IV, scene di guarigione si manifestano nella cattedrale di Perugia in relazione con l'esposizione pubblica della salma.[123] Il defunto pontefice aveva scelto di essere sepolto nella chiesa di San Francesco di Assisi. Onorio IV, che era stato nominato esecutore testamentario dal suo predecessore, ne ordinò il

114. LP, I, p. 293.

115. Ivi, I, p. 338.

116. Cfr. il *Liber ad Gebehardum* di Manegoldo, MGH, *Libelli de lite*, I, p. 326. L'informazione si ritrova nella versione del *Liber pontificalis* redatta da Bosone, in *Liber pontificalis*, II, p. 356. Una formula del tutto analoga si ritrova in Bosone in relazione con la sepoltura di Gregorio VII (ivi, II, p. 368).

117. Pietro Mallio, *Descriptio basilicae Vaticanae*, in Valentini, Zucchetti, *Codice topografico*, III, p. 387, 395; cfr. Maccarrone, *Il sepolcro*, p. 755 nota 16.

118. MGH, *SS*, XXII, p. 352.

119. Pagnotti, *Niccolò da Calvi*, p. 119.

120. Cronaca del convento domenicano Santa Maria in Gradi di Viterbo, composta nel 1615 dal domenicano Giacinto de Nobili. Il cronista aveva forse attinto a fonti più antiche (AASS, Propyl. Maii, II, p. 54* ss.), cit. in Ladner, II, p. 155.

121. Campi, *Dell'historia ecclesiastica di Piacenza*, II, pp. 347-49. Sul culto di Gregorio X vedi la documentazione riunita da Vauchez, *La sainteté*, p. 366 nota 160.

122. Ladner, II, p. 174.

123. *Continuatio Romana* della *Chronica pontificum et imperatorum* di Martino Polono, MGH, *SS*, XXII, p. 481: cfr. LP, II, p. 465.

trasferimento dalla cattedrale di Perugia.[124] Ma i Perugini, «per non essere privati di un corpo santo e perdere un tesoro», interposero vari appelli e guadagnarono tempo.[125] Il comune fece persino iscrivere negli Statuti una sanzione pecuniaria di 25 lire per chi «avrebbe osato offendere il sepolcro di papa Urbano IV». Ancor più che di episodi reali di depredazione, l'ingiunzione perugina è preziosa testimonianza del fatto che nel Duecento, per una città come Perugia, la presenza della tomba di un papa nella cattedrale era un tesoro da proteggere e difendere.[126] Anche alla morte del primo papa domenicano, Benedetto XI, «si incominciò a dichiarare miracoli», che furono descritti in un *liber miraculorum* che non ci è però pervenuto.[127]

Testimonianze di miracoli avvenuti alla morte di un papa avignonese ricompaiono soltanto con Urbano V. «Dopo la sua morte si disse che avvennero miracoli *circa ejus corpus*, sia ad Avignone, dove morì, sia a Marsiglia, dove il suo corpo fu traslato per essere sepolto nella chiesa di cui era stato precedentemente l'abate. Ma non per questi miracoli fu canonizzato».[128] La devozione popolare aveva assunto forme non attestate per nessun altro pontefice dei secoli XIII-XIV: «un numero infinito di immagini ceree furono appese davanti al sepolcro e in quasi tutta la chiesa del predetto monastero (San Vittore di Marsiglia); vi erano state portate dalle persone liberate da diversi pericoli e da infermità, che avevano invocato il suo nome». Tali immagini rappresentavano il papa. La *Vita* II di Urbano V termina infatti il racconto affermando con enfasi: «Non vi è chiesa al mondo in luoghi importanti, nella quale non vi sia un'immagine del papa dipinta e onorata con vigilie e oblazioni».[129] Urbano V era per i contemporanei un candidato all'onore degli altari. La devozione popolare esplosa intorno alla sua salma e al suo sepolcro è quella riservata ad un santo.[130]

124. Edizione della lettera: Wadding, *Annales Minorum*, V, p. 168; cfr. p. 154 e 167. Secondo Wadding, ivi, p. 166, il papa avrebbe del resto auspicato di essere sepolto con la tunica francescana. Lo stesso Onorio IV afferma di essere stato nominato esecutore testamentario di Martino IV: ivi, p. 168; cfr. Paravicini Bagliani, *I testamenti*, p. 37.

125. Wadding, *Annales Minorum*, V, p. 167.

126. Statuto della Città di Perugia, n° 437; cfr. Paravicini Bagliani, *Il corpo del papa*, p. 200.

127. Bernardus Guidonis, *Catalogus pontificum Romanorum*, LP, II, p. 472.

128. *Vita V*, Baluze, Mollat, *Vitae paparum Avenionensium*, I, p. 404.

129. Ivi, II, p. 393.

130. Vauchez, *La sainteté*, pp. 368-372.

Età moderna

1. *Malattia: segni e predizioni*

In Età moderna la salute del papa è una importante questione politica per il governo della Chiesa e per gli equilibri istituzionali dell'Italia e dell'Europa. Le malattie del pontefice al pari e anche più di quelle di altri sovrani sono eventi carichi di implicazioni destabilizzanti. Esse generano un clima di vuoto che raggiunge una tensione parossistica in alcune circostanze più gravi, come avvenne nelle due malattie di Innocenzo VIII nel 1488 e nel 1490,[1] in quella di Giulio II nel 1511, in quella di Urbano VIII nel 1637 o, per andare a eventi a noi cronologicamente meno lontani, in quelle di Pio VII tra la fine del 1816 e il 1817 e di Pio IX nel 1873.[2]

Perciò il loro insorgere e il loro decorso rientrava nella sfera del segreto anche in secoli a noi più vicini.

Nel 1873, durante la malattia di Pio IX, per assumere informazioni il ministro degli Esteri del governo italiano Visconti Venosta, si servì del commissario di Borgo Giuseppe Manfroni che in Vaticano aveva i suoi informatori: inservienti addetti alla pulizia delle stanze del pontefice che inviavano notizie giornaliere sulla frequenza delle visite mediche e su quanto di queste ultime trapelava. Ma correvano voci che il papa non fosse malato ma interessato a farlo credere nell'intento di far ritardare la discussione della legge sulle Corporazioni religiose.[3]

1. Burchard, *Diarium*, I, p. 323, 18 novembre 1488. Per il 1490: Infessura, *Diario della Città di Roma*, p. 260.
2. Fiorentino, *La malattia di Pio IX*, pp. 175-204.
3. Ivi, p. 197, *Appendice*, lettera n. 8, Manfroni a Visconti Venosta, 26 aprile 1873.

Nella prima Età moderna peraltro la immancabile moltiplicazione delle voci era resa più assordante dai pronostici che circolavano sulla morte del papa, avvalorati dagli oroscopi. Così il medico e astrologo ferrarese Antonio Arquato, autore del celebre *de eversione Europae*, nel 1491 prediceva la malattia e la morte di Innocenzo VIII.[4] Nel 1512 un francescano osservante di nome Bonaventura, predicando in Santa Maria in Trastevere, con tono ispirato annunciava la morte di Giulio II che usciva appena dalla grave crisi fisica e politica del 1511.[5]

Paolo III fece ricorso costantemente all'umanista e medico campano Luca Gaurico, divenuto l'astrologo ufficiale di corte, per predizioni che concernevano le sorti della sua persona.[6] Nonostante i provvedimenti di Paolo IV che prescriveva nel 1556 l'allontanamento dallo stato Ecclesiastico degli astrologi e la severa condanna di Sisto V nel 1586 (*Coeli et terrae Creator Deus*) contro coloro che esercitavano qualsiasi arte divinatoria (si permetteva però l'astrologia naturale) l'astrologia continuò ad esercitare una straordinaria attrazione nella corte papale.[7]

Andrea Argoli, cattedratico di matematica alla Sapienza fino al 1627, fu particolarmente attivo nel redigere oroscopi e predire malattie ai papi di fine Cinquecento e primo Seicento, da Sisto V a Clemente VIII, da Paolo V a Gregorio XV. Seguì quotidianamente la malattia che portò alla morte Gregorio XV, della quale ricostruì il quadro astrologico nella sua opera *De diebus criticis et de aegrorum decubitu libri duo* pubblicata a Padova nel 1639.[8] Il principio che la conoscenza del futuro fosse solo di Dio poteva coesistere con la fiducia che gli stessi cardinali e pontefici nutrivano in queste predizioni fondate sull'utilità della conoscenza del quadro astrale che predisponeva alle malattie.

Fu comunque durante il pontificato di Urbano VIII che la questione dell'astrologia e della sua ambiguità come sapere al servizio della medici-

4. Casali, *Le spie del cielo*, p. 160. Su Antonio Arquato cfr. E. Garin in DBI, 4, 1962, *ad vocem*.

5. Grassi, *Il diario di Leone X*, p. 36. Su questa figura di frate profetico cfr. G. Tognetti in DBI, 11, 1969, *ad vocem* e anche Rusconi, *Santo Padre*, p. 173.

6. Ernst, *Veritatis Amor Dulcissimus*, p. 57; Zambelli, *Da Giulio II a Paolo III*. Su Gaurico, vedi anche F. Bacchelli in DBI, 52, 1999, *ad vocem*. Per i temi natali dei Farnese sviluppati da Gaurico cfr. BAV, *Vat. Lat.* 14921, ff. 57r-59r.

7. Baldini, *The Roman Inquisition*; Baldini, Spruit, *Catholic Church*; Lavenia, *L'arca e gli astri*, pp. 289-322.

8. Argoli, *De diebus criticis*. Tutto il secondo libro è dedicato alle malattie dei papi.

na ma anche della magia si ripropose drammaticamente quando dalla biblioteca del monastero romano di Santa Prassede uscì, ad opera dell'abate vallombrosiano Orazio Morandi, corredata da «ragionati» oroscopi, la data del 1630 come anno della morte del papa.[9]

Non meraviglia che in questo contesto Urbano VIII, con la bolla *Inscrutabilis iudiciorum Dei altitudo* (1 aprile 1631), non solo ribadisse la condanna sistina della astrologia ma proibisse predizioni e oroscopi sulla salute e la morte dei papi e dei loro parenti fino al terzo grado.[10]

Eventi non ordinari inoltre sembrano annunciare la morte del papa prima che si verifichi o commentarla una volta accaduta. Si tratta spesso di segni del cielo, come fu per le eclissi che accompagnarono o seguirono la morte di vari papi, o di disastri naturali (alluvioni, allagamenti) o di fenomeni abnormi. Il pontificato di Alessandro VI fu punteggiato da eventi climatici catastrofici (l'alluvione del 1495, descritta come «il diluvio di Roma»), da apparizioni di creature mostruose, da segni spaventosi, come i fuochi che apparvero nella Basilica di San Pietro.[11]

Il riferimento a segni del cielo non scomparve nei secoli successivi. Anche la morte di Innocenzo X, il papa stigmatizzato come sovrano debole dominato da una donna (la cognata Olimpia)fu annunciata da alcuni inquietanti fenomeni metereologici.[12]

Ma il riferimento a eventi straordinari nel racconto della morte può assumere anche altri significati, non di condanna celeste del pontefice ma al contrario come positivo segno del cielo che commenta la santità del papa. Così secondo il domenicano Arcangelo Caraccia avvenne per Pio V la cui santità fu immediatamente riconosciuta,[13] così per Gregorio XIII secondo il suo biografo il gesuita Giovanni P. Maffei[14] o per Sisto V secondo il cardinale di Santa Severina[15] e ancora per l'austero Innocenzo XI la cui fama di santità fu repentina.[16]

9. Fiorani, *Astrologi*; Ernst, *Scienza*; Dooley, *Morandi's Last Prophecy*.

10. Ernst, *Dalla bolla "Coeli et terrae"*; Grenet, *La passion des astres*, pp. 56-61.

11. Niccoli, *Rinascimento*, pp. 50-55; Scribner, *Popular culture*.

12. Gigli, *Diario*, pp. 443-445.

13. Caraccia da Rivalta, *Vita del Beatissimo pontefice papa Pio V*, p. 144. Rusconi, *Santo Padre*, pp. 279-286.

14. Maffei, *Degli Annali di Gregorio XIII*, p. 427.

15. *Autobiografia del cardinale G.A. Santori*, p. 195.

16. BNR, Fondo Vittorio Emanuele, *Avvisi Marescotti*, 788, f.93r.

2. *Medici al capezzale*

Il numero dei medici del papa era variabile da un pontefice ad un altro e anche per uno stesso papa da un periodo all'altro del suo regno. Secondo Elisa Andretta poteva oscillare tra sei e diciotto compresi i medici secreti «affiancati da un minimo di due ad un massimo di quattro chirurghi».[17] La stessa studiosa, investigando sul rapporto medici-papi nella prima Età moderna, ha comparato alcuni resoconti medici, in particolare quello di Agostino Ricchi sulla malattia di Paolo IV, quello del *medicus secretus* Giovan Francesco Marengo sulla morte Pio V e la *Relatione della morte di Papa Gregorio XIII* di Michele Mercati, evidenziando le diverse motivazioni dei tre scritti. Apologetico il primo, strumenti di comunicazione scientifica gli altri due. Questi ultimi resoconti evidenziano due modelli di rapporto papa-medico: incurante delle prescrizioni Pio V, disciplinato e paziente Gregorio XIII, capace di equilibrare la cura del corpo con lo scrupoloso rispetto delle pratiche religiose e con l'impegno del governo della Chiesa universale.[18]

Pochi anni dopo, tra l'autunno del 1590 e l'inizio del 1592, Roma assisté alla morte di tre pontefici. Dapprima quella di Urbano VII, cardinale «temperato e sobrio nel vivere» ma già minato dalla febbre malarica prima del suo regno che durò solo dodici giorni.[19] Poi quella di Gregorio XIV, cronicamente ammalato di affezioni urinarie,impietosamente descritte negli *Avvisi*,[20] la cui lenta agonia si consumò in una città stremata dalla carestia e da una violenta epidemia di tifo petecchiale che forse anche il papa contrasse. Infine la morte di Innocenzo IX: parco e austero ma debole e maliconico, non resse alla fatica dei riti dell'incoronazione, del possesso e alla celebrazione della liturgia dell'avvento e regnò solo due mesi.[21] Questi papi – Castagna, Sfondrati, Facchinetti – come anche alcuni anni dopo Leone XI, vissero poco e il loro rapporto con i medici di corte fu breve e non rinsaldato dal tempo. Più complesso fu quello dei papi più

17. Marini, *Degli archiatri pontifici*; Andretta, *Roma medica*, pp. 230-237 e 572-575; Ead., *Medici e Pubblico*; Palmer *Medicine at the Papal Court*.

18. Andretta, *Medici e pubblico*, pp. 84-89. La relazione di Mercati è in Boüard, *La mort de Grégoire XIII*.

19. *Relatione della morte di papa Urbano VII descritta dal Padre Giovanni Pietro Rossi penitentiere Gesuita di San Pietro* in BAV, *Vat. Lat.* 12289, ff. 30v-40v.

20. BAV, *Urb. Lat.* 1059/II, *Avvisi di Roma*, f. 303rv, 9 ottobre 1591.

21. BAV, *Urb. Lat.* 1060/II, *Avvisi di Roma*, f. 3r, 1 gennaio 1592.

longevi. Una storia medica importante caratterizzò, ad esempio, il lungo pontificato (21 anni) di Urbano VIII, eletto relativamente giovane (55 anni) e certamente di fisico vigoroso ma soggetto a crisi periodiche di varia natura. Attorno a lui vi erano medici famosi: primo fra tutti il senese, Giulio Mancini, formatosi a Padova, allievo di Girolamo Mercuriale, a Roma medico dell'ospedale di Santo Spirito in Sassia. Maffeo Barberini durante lo svolgimento del conclave da cui uscì eletto contrasse la malaria che gli fu diagnosticata e curata dal Mancini.[22] Quest'ultimo seguì poi in qualità di medico personale il pontefice fino al 1630, anno in cui il Mancini morì. Nel corso del pontificato saranno il chirurgo Giovanni Trulli, conoscitore e difensore delle teorie di Harvey, e i Collicola – Taddeo e il nipote Stefano – con Sebastiano Vanini e Domenico Rivarola, i medici più vicini al papa. Fu soprattutto Taddeo Collicola a curarlo nella grave crisi del 1637: in quello stesso anno Collicola ottenne la cattedra di Medicina pratica alla Sapienza.[23]

Nella seconda metà del Seicento ritroviamo grandi medici al capezzale dei papi: accanto ad Alessandro VII, il senese Mattia Naldi «amico antico» di papa Chigi e forse Paolo Zacchia;[24] accanto a Innocenzo XI Giovanni Maria Lancisi, che lo accompagnò alla morte (1689)[25] accanto a Innocenzo XII Marcello Malpighi, nominato archiatra nel 1691 e Luca Tozzi.

L'operato di Lancisi, durante la malattia fatale di papa Odescalchi, aveva suscitato qualche perplessità e dalla cattedra bolognese il Malpighi aveva inviato un parere al medico curante del pontefice sulla terapia che egli riteneva più appropriata. Lancisi non fu confermato medico del pontefice successivo (Alessandro VIII), ma la sua reintegrazione all'inizio del pontificato di Clemente XI, nonostante un procedimento inquisitoriale «nel quadro della repressione antiquietista e antiatomista degli anni novanta»,[26] fu una prova chiarissima del prestigio di cui godeva.

Maria Pia Donato, nei suoi numerosi studi sulla cultura medica romana in Età moderna, ha ben individuato in Lancisi un personaggio chiave nel crinale tra Sei e Settecento: alla morte di Innocenzo XII fu medico del

22. BAV, *Urb. Lat.* 1093, *Avvisi di Roma*, f. 656v, 30 agosto 1623; Menniti Ippolito, *Nella corte di Roma*.

23. Renazzi, *Storia dell'Università*, p. 95.

24. Pallavicino, *Della vita di Alessandro VII*, pp.109 e 206; De Renzi, *Per una biografia di Paolo Zacchia*, pp. 50-73.

25. BNR, Fondo Vittorio Emanuele, *Avvisi Marescotti*, 788, f. 92v 13 agosto 1689.

26. Donato, *Morti improvvise*, p. 58.

conclave e poi archiatra e cameriere segreto del nuovo papa Giovan Francesco Albani (Clemente XI) dal quale ebbe protezione, onori, incarichi. Questa fiducia gli consentì di sviluppare, senza incorrere nella repressione censoria, una riflessione scientifica che chiaramente si collocava nella filosofia naturale meccanicistica e atomistica.[27] Il rinnovamento della cultura scientifica nella Roma moderna e il superamento della medicina galenica con i suoi rimedi tradizionali passava dunque anche dalla cura del corpo del papa e dal ruolo-cardine dei medici di corte.

Leggendo le diverse testimonianze sulle malattie dei papi appare evidente però come sia impossibile isolare un resoconto puramente "scientifico" della morte dei papi, un evento la cui dimensione emotiva e devozionale è totalmente predominante. Le cause delle malattie dei papi possono certo essere individuate dai medici in patologie più o meno precise, aggravate da regimi di vita non appropriati, ma quasi regolarmente l'occasione scatenante della morte è attribuita all'eccesso di devozione del papa che non si risparmia neppure nelle sofferenze del corpo. Così Paolo IV, pur essendo molto malato già nella primavera del 1559, volle guidare una processione generale.[28] Gregorio XIII, assai disturbato dall'asma, non si sottrasse alla solenne cavalcata all'Annunziata con i principi di Giappone.[29] Anche Innocenzo IX, febbricitante, compì in pieno inverno il giro penitenziale delle Sette Chiese che gli indusse un rapido peggioramento e la morte.[30] Clemente XI, per far fronte ai suoi doveri, non ascoltò le prescrizioni del suo medico Michelangelo Paoli e tralasciò di curarsi.[31] E allo stesso modo Benedetto XIV volle mostrarsi ai fedeli come il loro pastore anche nelle tormentate e lunghe vicende della sua malattia.[32]

Il rapporto dei medici con il papa non cessava con la morte. L'uso di aprire il corpo morto del papa per imbalsamarlo che risaliva come si è visto al Medioevo si afferma nell'Età moderna insieme alla pratica della autopsia. Se il corpo di Giulio II fu aperto per essere esaminato, dopo di

27. Ivi, pp. 59-60.
28. BAV, *Urb. Lat.* 1039, *Avvisi di Roma*, f. 34v, 1 3 maggio 1559.
29. Ivi, 1053, *Avvisi di Roma*, f. 145, 30 marzo 1585 e f. 174, 3 aprile 1585.
30. Ivi, 1050/II, *Avvisi di Roma*, f. 482v, 28 dicembre 1591.
31. DO 576, pp. 4-5, 16 marzo 1721.
32. BNN, ms. Cod. E 23, *Ragguaglio della Infermità, Morte e Trasporto dal Quirinale a S. Pietro in Vaticano della S.M. di Benedetto XIV*, f. 309r.

lui, la pratica dell'autopsia non si impose immediatamente.[33] Adriano VI fu infatti solo lavato e vestito e così, secondo Cancellieri, anche Giulio III.[34] In generale però i papi dal Rinascimento e fino a Pio X, che espresse la decisione che il suo cadavere non fosse imbalsamato, furono sottoposti ad autopsia e a pratiche di conservazione del corpo.

Nei casi di sospetto di avvelenamento si apriva il corpo del papa anche per cercare la conferma o la smentita del dubbio come avvenne con esiti incerti per Leone X[35] e per Sisto V per il quale l'autopsia sembrò escludere la voce di veleno che pure era circolata.[36] Eccezionalmente ampia fu la produzione di scritture sull'autopsia di Clemente XIV ad opera di medici stimati come Nicola Saliceti ma anche di diplomatici come José Moñino, ambasciatore di Spagna dal 1772.[37] Tutte le fonti concordano nell'attestare come la città si riempì nei giorni dell'autopsia del papa di voci e di scandali.

Più generalmente motivavano l'autopsia esigenze mediche. La cura del papa malato era una grande responsabilità scientifica e politica e l'esame autoptico poteva dare la prova della correttezza della diagnosi e della cura. Purtroppo solo dalla seconda metà del Cinquecento le informazioni su una pratica che è ormai di uso corrente divengono più regolari. Gli *Avvisi* e i *Diari* di Roma riportano commenti puntuali del referto autoptico confrontando i risultati con le notizie sulla malattia del papa che erano circolate prima del decesso. Tra Sei e Settecento, in parallelo al coevo sviluppo dell'anatomia patologica, a queste fonti informative possiamo affiancare qualche resoconto medico che diventa più tecnico e analitico con una relazione sulla situazione anatomica organo per organo.[38] Più complessa appariva la verifica di un'affezione di senescenza mentale anche per le implicazioni che questo aveva *ex post* come giudizio sulle capacità di governo. Non è un caso che, soprattutto nella tarda Età moderna, nel fare riferimento all'autopsia le fonti ufficiali

33. Cancellieri, *Notizie cronologiche*, BAV, *Vat. Lat.* 9156, f. 103rv e Id., *Notizie storiche delle stagioni*, pp. 28-30.

34. Cancellieri, *Notizie storiche delle stagioni*, p. 37.

35. Grassi, *Il diario di Leone X*, pp. 88-89; Giovio, *De vita Leonis Decimi*, p.113; Roscoe, *Vie et pontificat de Léon X*, pp. 346-347.

36. BAV, *Urb. Lat.* 1058, *Avvisi di Roma,* f. 441rv, 29 agosto 1590.

37. Una copia della presunta relazione del ministro di Spagna è riportata da Cancellieri, cfr. BAV, *Vat. Lat.* 9156, ff. 253r-256r. Von Pastor nega questa attribuzione: von Pastor, *Storia dei papi*, XVI.2, p. 410; *Ragguaglio della morte del Sommo Pontefice Papa Clemente XIV*.

38. Cfr. *Apertura del Cadavere della Santità di Innocenzo XII fatta in Quirinale il 29 settembre 1699*, in BAV, *Vat. Lat.* 8194, f. 93rv.

tendono a ribadire che il papa era morto sano di mente. Così la *Memoria della sezione del cadavere di Papa Benedetto XIV*, dopo aver descritto le alterazioni anatomo-patologiche dei vari organi conclude: «Quanto al capo non vi si trovò alcuna cosa notabile, ma tutto bensì in ottimo stato naturale [...] avendo questo santo padre conservato quasi presso gli ultimi respiri la sua mente sempre limpida, e una cognizione perfetta».[39]

Se l'autopsia fornisce la prova medica delle cause della morte essa può anche essere occasione di irrisione blasfema come avvenne con le feroci e irriverenti pasquinate che circolarono dopo la morte di Leone XII[40] o al contrario trasformarsi in una "prova" di santità. La relazione dell'autopsia di Pio V, redatta dal suo medico Giovan Francesco Marengo, attribuisce la causa della morte del papa ai tre grossi calcoli trovati nel fegato ma considera che quella patologia era stata aggravata dai digiuni e dalle pratiche penitenziali. I contemporanei avrebbero interpretato quelle tre pietre come tre spine che avevano trafitto il pontefice alludendo cioè al duro contrasto con Filippo II, alle guerre di religione in Francia e ai dubbi sull'ortodossia di Massimiliano II, incorporando questa interpretazione nelle "prove" della santità del papa.[41]

Riscontriamo una dinamica analoga nel caso della morte di Innocenzo XI. Gli *Avvisi* si limitano a darci un quadro "medico" della autopsia, che è più dettagliato nella relazione ufficiale della morte di papa Odescalchi.[42] Nelle scritture agiografiche sono gli stessi medici rappresentati mentre procedono all'«apertura del sagro cadavere», non esitando a trafugarne qualche parte per conservarla «come reliquia».[43]

Pio IX è ancora in vita quando da Padova, il 30 gennaio 1878, Ludovico Brunetti, professore di anatomia patologica presso quella Università, scrive al segretario di Stato di essere disponibile a eseguire l'autopsia e l'imbalsamazione del pontefice, dichiarandosi «informato delle pratiche rituali che si usano nelle imbalsamazioni delle Salme dei papi». L'unica condizione che pone è che la sua opera non debba essere remunerata poiché è un atto di devozione per la persona sacra del papa.[44]

39. BAV, *Vat. Lat*, 9156, ff. 237-238r.

40. ASR, *Conclavi e possessi*, fasc. 27 nn.

41. Andretta, *Roma medica*, p. 337.

42. ASR, *Camerale* II, *Conclavi e possessi*, fascio 4 (*Relatione della morte di Papa Innocentio XI*), f. 79. BNR, *Fondo Vittorio Emanuele, Avvisi Marescotti*, 788, f. 93v.

43. *Relazione dell'ultima infermità e morte del nostro Signore PP. Innocenzo Undecimomo*, p. 3.

44. ASV, SS, *Morte dei pontefici e Conclavi*, Pio IX 1/B, dasc. 9, f. 614rv.

La sacralità del corpo del papa non contraddice la modernità della scienza che anzi può porsi al servizio della religione.

3. *I racconti dei contemporanei*

Il dotto umanista Giannozzo Manetti dedica un'intera sezione della sua opera *De vita ac gestis Nicolai Summi Pontificis* – al "testamento politico" di Niccolò V raccontando la grandezza del papa durante la malattia e di fronte alla morte. Egli recita salmi, riceve i sacramenti, raccoglie intorno al suo capezzale i cardinali ai quali affida il suo testamento, descrive lo *status Ecclesiae* che egli consegna al suo successore.[45]

Se Manetti delinea un modello di "morte ideale", prova della capacità di governo della Chiesa e dello Stato, nel Rinascimento si impone anche un'altra rappresentazione di segno opposto: la morte nella solitudine e nell'abbandono non solo come metafora della transitorietà del potere e ma anche come cruda realtà di degradazione.

Stefano Infessura, nemico "politico" di Sisto IV, ci tramanda un quadro impietoso del corpo del papa morto: «nero, deforme e con la gola gonfia».[46] Per esso il cerimoniere Burcardo non trova niente nel palazzo apostolico: «Non potei avere un bacile, un lenzuolo e neppure un vaso nel quale mescolare acqua e vino con erbe odorifere per lavare il defunto, né brachette e una camicia pulita per vestirlo».[47] Ancora più macabra l'immagine della la morte di Alessandro VI, un pontefice ritenuto responsabile del declino della Chiesa.[48] Mentre i cardinali, ritenendo la basilica di San Pietro insicura, si radunano in Santa Maria sopra Minerva per le prime decisioni del Collegio, Alessandro VI giace abbandonato e il suo cadavere acquisisce una *facies* sempre più ripugnante.[49]

Una immagine quella del *Diario* del maestro di cerimonie che evoca il dubbio che Alessandro VI Borgia fosse morto avvelenato, ipotesi avvalorata, come è noto, dal Guicciardini nel libro sesto della *Storia d'Italia*.[50]

45. Manetti, *De vita ac gestis Nicolai Quinti*, pp. 165-168.
46. Infessura, *Diario*, cit. in Niccoli, *Rinascimento*, pp. 74-75.
47. Burchard, *Diarum*, I, p. 10
48. Niccoli, *Rinascimento*, pp. 49-78.
49. Burchard, *Diarum*, III, pp. 238-239.
50. Guicciardini, *Storia d'Italia*, I, VI, pp. 601-602.

Tra XV e XVI secolo la voce di veleno era, d'altra parte, circolata anche per Paolo II[51] e per Innocenzo VIII.[52] Essa circolerà per Pio III che invece era già malato al momento dell'elezione[53] e per Leone X, la cui morte sopravvenne dopo tre giorni di letizia alla Magliana per festeggiare la sconfitta dei francesi in Lombardia.[54] Qualche voce corse anche per Adriano VI, per Clemente VII e soprattutto per Sisto V.[55] Se ciò fosse stato vero a nulla avrebbe giovato a quest'ultimo pontefice la presenza al suo fianco dal 1587, come archiatra, di un medico quale Andrea Bacci (professore di Botanica alla Sapienza), autore dell'opera *De venenis et antidotis,* edita a Roma l'anno precedente l'assunzione della carica.[56] Di fatto la notizia della morte per veleno di papa Peretti circola nelle fonti coeve, anche se non abbiamo modo di accertarne la veridicità.

L'ipotesi del veleno usato per procurare la morte del vicario di Cristo riapparve in un contesto diverso a fine Settecento con il caso clamoroso di Clemente XIV, il papa che sciolse la Compagnia di Gesù, i cui ultimi anni di vita trascorsero tra gravi sofferenze psicologiche e fisiche. Secondo alcune fonti, una trasformazione nello stato fisico del papa, di costituzione sana e robusta, si sarebbe prodotta durante la settimana santa del 1774[57] ma già dal 1770 la morte del pontefice era stata predetta dalle profetesse di Valentano (diocesi di Montefiascone)[58]: il castigo di Dio per un papa che si preparava alla risoluzione di sopprimere la Compagnia di Gesù (21 luglio 1773).

Il papa morì il 22 settembre 1774. Il "pubblico" secondo alcune corrispondenze diplomatiche era "persuaso" della morte per veleno[59] e negli ambienti favorevoli al pontefice poté fiorire quasi contemporaneamente anche la leggenda della santità e del martirio del papa, vittima di uno spietato complotto.[60]

51. Gaspare da Verona e Michele Canensi, *Le vite di Paolo II, Michealis Canensii de vita et pontificatu Pauli secundi P.M.*, RIS, III, 16, pp. 172-175. Non accenna al veleno Infessura, *Diario*, p. 73.

52. Ciccarelli, *Le vite de' Pontefici*, p. 218.

53. Burchard, *Diarum*, III, p. 277.

54. Grassi, *Il diario di Leone X*, p. 88.

55. Leti, *Vita di Sisto V*, p. 466, De Hübner, *Sisto quinto*, II, pp. 177-178.

56. Bacci, *De venenis*; *Pastore*, *Veleno*, pp. 35 e 165-166.

57. BAV, *Vat. Lat.* 9156, f.253rv.

58. Caffiero, *Profezia femminile e politica*.

59. von Pastor, *Storia dei papi*, XVI.II Appendice p. 426.

60. *Ragguaglio della vita, azioni e virtù di Clemente Quartodicesimo*, pp. 67-68; Rusconi, *Santo Padre*, p. 297.

Al di là del caso di Clemente XIV possiamo in generale sostenere che, dopo la Riforma luterana, di nessun papa nella morte si dà un quadro così impietoso come era avvenuto per alcuni papi durante il Rinascimento. Spesso la morte dei papi di Età moderna è descritta come il momento della riconciliazione tra nepotismo e ragion di Chiesa e della simbolica richiesta di perdono. Gregorio XIV nel suo discorso di commiato ai cardinali li esorta «a venire ad elezione presta del pontefice per i bisogni in particolare della Lega di Francia», raccomandando loro «insieme con la Sede Apostolica i parenti suoi, domandando infine perdono se alcuna cosa li aveva disgustati per fragilità umana e non già per malizia, terminando queste parole col pianto».[61]Anche Innocenzo X manda a chiamare i cardinali al suo capezzale,chiede loro perdono «se il suo pontificato non aveva dato quelle soddisfazioni che meritavano» e li esorta a eleggere un papa migliore di lui.[62]

Nei racconti che ci sono stati tramandati di queste ore decisive la preoccupazione del pontefice per il governo dello Stato e della Chiesa e il ricorso alla preghiera diventano *topoi* ricorrenti che ritroviamo in modo sempre più insistito. Alessandro VIII, benché gravemente ammalato, chiama a sé i cardinali, raccomanda loro il bene della Chiesa e passa in rassegna la situazione dei paesi europei, soffermandosi sull'Impero Ottomano, esorta quindi i porporati all'elezione di un pontefice degno.[63] Di Innocenzo XII, attivissimo nei momenti della tregua del male si enfatizza come «in tutte queste angustie conservando viva e libera la testa si applica[sse] alle cose del governo», e alla beneficenza.[64]

Clemente XI, che secondo le notizie ufficiali aveva adempito fino alla fine agli obblighi del suo ministero, ricevuto il viatico, si congedò in modo «esemplare» da parenti e ministri e, «avendo ancora libero non solo l'uso della mente, ma ancora quello della parola», si mise a recitare i salmi e a pregare la Vergine.[65] Benedetto XIV nei momenti di tregua della sua malattia «continuò a spedire di giorno in giorno le diverse occorrenti cose: ricevé personaggi, ascoltò istanze, promosse a cariche, assegnò incombenze,

61. BAV, *Urb. Lat.* 1059 /II, *Avvisi di Roma*, f. 299r, 5 ottobre 1591.

62. Gigli, *Diario*, p. 450.

63. BNR, *Fondo Vittorio Emanuele*, *Avvisi Marescotti*, 788, f. 92v13 agosto 1689; ASV, *Fondo Bolognetti* 60, ff.125r-128v.

64. BNR, *Fondo Vittorio Emanuele*, *Avvisi Marescotti*, 789, f. 449r9 gennaio 1700.

65. DO, 576, p. 7, 16 marzo 1721.

distribuì grazie, firmò Brevi, Decreti e suppliche, ordinò opere di Pietà, e di tutto dispose con solito zelo e prudenza».[66]

In alcuni casi non è possibile tratteggiare questo quadro ideale per essere troppo noto l'inverso, cioè la non lucidità del papa nei giorni precedenti la morte. Così fu per Clemente VIII che, nonostante la vigilanza del cardinale Aldobrandini nel sorvegliare l'accesso alla camera papale, si sapeva non essere più in «proposito della mente»[67] e per Paolo V che appare negli ultimi concistori del gennaio 1621«oppresso dalla sonnolenza». Lungo e più inquietante fu lo stato di degradazione fisica di Urbano VIII. Anche l'atmosfera della morte di Clemente XII fu cupa e drammatica. Il 28 gennaio 1740 il papa parve morto al punto che il cardinale Corsini ne annunciò il decesso. Mentre l'agonia durava ancora una settimana il governo della Chiesa e dello stato Ecclesiastico appariva del tutto abbandonato «col biasimo universale di tutta Roma e col pericolo di qualche grave tumulto di popolo».[68]

Il racconto edificante della morte del papa, cosciente, vigile sui destini della Chiesa, intento al governo dello Stato fino agli ultimi istanti che, a parte poche eccezioni, prevale nell'età della Controriforma, è ancor più enfatizzato per quei papi le cui virtù furono riconosciute eroiche e sante. Nel racconto della morte di Pio V che ci hanno lasciato alcuni dei suoi biografi la vocazione alla vita santa accompagna Ghislieri dalla sua elezione e diviene cifra del suo governo. La santità di Pio V si estrinseca nella vita esemplare e si invera in una morte santa. Malato, Pio V ride delle predizioni degli astrologi e si dedica, invece, senza posa a estenuanti pratiche di devozione. Il papa di Lepanto muore «armato di tutti i sacramenti della Chiesa», «soffrendo senza mai si turbasse», ascoltando la lettura dei Salmi penitenziali e delle storie della Passione. Il corpo di Pio V fu apparecchiato con amore e devozione – «cosa non accaduta ad altri pontefici li quali condotti vicino alla morte sono stati per lo più da parenti e servidori abbandonati e di peggiori vestimenti vestiti».

Le vesti del papa morto divennero oggetti di devozione: «la camisciola di lana chiesta dal Generale dei domenicani fu donata al re del Portogallo, berrettino e scarpe ad altri personaggi eccellenti», le suole delle scarpe

66. BNN, ms. E 23, *Ragguaglio della infermità e morte di Benedetto XIV*, f. 308v.
67. BV, Roma, I 38 ff. 273r-275v.
68. ACL, vol.104, *Diario dell'infermità e morte di Clemente XII Corsini.*

che sporgevano dall'inferriata della cappella gli furono tagliate e sottratte, i peli della barba tirati.[69]

Anche la santità di Innocenzo XI, il cui percorso canonico fu molto più difficile di quello di Pio V, fu immediatamente «riconosciuta» dai contemporanei dopo la sua morte.[70] Gli *Avvisi* raccontano dello straordinario flusso di fedeli che volevano vedere, toccare il corpo del papa e prenderne qualcosa. «Fu tentato tagliarli non solo le dita delle mani ma anche li piedi tanto era la devotione universale toccandolo tutti con le proprie corone e spogliandolo di quanto haveva indosso», sicché fu necessario rivestirlo più volte e allontanarlo dall'inferriata.[71]

4. *Saccheggi, violenze e tumulti*

I saccheggi che si scatenavano alla morte del papa morto risalivano come abbiamo visto[72] molto indietro nel tempo e nella loro valenza originaria rinviano alla depredazione dei beni dei vescovi defunti da parte di altri chierici. Una consuetudine che aveva una matrice giuridica – lo *jus spolii* – come riappropriazione di beni ecclesiastici e che poteva essere giustificata sul piano devozionale come atto di sottrazione di oggetti e vesti del defunto in quanto reliquie ma che esprimeva comunque una logica politica di violenza in un momento di sospensione delle leggi e di ridiscussione dei diritti di proprietà.

La dialettica sede piena/sede vacante esprimeva una fortissima tensione tra continuità e discontinuità e tra ordine e disordine propria di ogni transizione di potere, accentuata nel caso del papato dal carattere non dinastico della sovranità pontificia. Questa dialettica non era una anomalia anzi esplicitava la struttura profonda della realtà politica e sociale del dominio papale nelle sue dimensioni ecclesiastiche, temporali e urbane. Allo stesso tempo le Sedi Vacanti rispecchiavano congiunture particolari, ciascuna irripetibile, che devono essere inserite però in una ragionata periodizzazione che renda conto dei processi storici generali.

Nella seconda metà del Quattrocento, i disordini che alla morte del pontefice sconvolgono la città non investono più solo il palazzo papale e

69. Catena, *Vita del gloriosissimo papa Pio V*.
70. Rusconi, *Santo Padre*, pp. 246-270.
71. ASR, *Camerale II*, *Conclavi e possessi*, fascio 4.
72. Vedi in questo volume, pp. 176-177.

i beni della famiglia del pontefice ma sono diffusi e spesso assumono la fisionomia di veri e propri scontri tra fazioni armate. Così alla morte di Sisto IV, il 12 agosto 1484, in un momento di conflitto su scala italiana tra "guelfi e ghibellini" e in un contesto di aspra rivalità (tra il ramo Riario e il ramo della Rovere) all'interno della famiglia del papa appena morto si verificarono scontri armati anche fuori dell'Urbe: in Toscana, in Umbria, in Abruzzo dove le città ghibelline si sollevano con l'aiuto dei Colonna.[73]

In Roma il palazzo Riario fu brutalmente saccheggiato ma il popolo prese di mira anche le botteghe dei fornai e i depositi dei mercanti liguri in un clima di violenza generalizzata.[74] Nonostante alcune precauzioni di carattere legale prese dalla famiglia Borgia, [75] alla morte di Alessandro VI (18 agosto 1503) non si riuscì a evitare il saccheggio del palazzo vaticano mentre la città era messa «a fuoco e sangue».[76] La sede vacante di Alessandro VI si svolse in un clima assai violento e non solo per la forte reazione contro il dominio dei Borgia, ma anche perché ormai – e questa sarebbe stata una costante fino al 1559 – i disordini urbani si intrecciavano alle vicende della guerra franco-spagnola che aveva come teatro la penisola italiana e i suoi fragili stati. Le due Sedi vacanti del 1503 caddero nell'anno che decise il destino spagnolo di Napoli e furono caratterizzate da dinamiche di scontro tra le fazioni baronali mentre nelle campagne del basso Lazio eserciti regolari ed eserciti "privati" si affrontavano per «spogliarsi» ancor più che per combattersi.

Guerra fame e peste segnarono «per tutto il tempo» la sede vacante di Leone X,[77] il cui pontificato si era aperto nel segno della retorica della pace, e riversarono forti tensioni sulla figura del suo successore, Adriano VI, destinato a un breve papato che si concluse con grande "allegrezza" del popolo romano.[78]

Ruberie, assassini, atrocità avvennero anche durante la malattia e la morte del secondo papa Medici, Clemente VII. In una congiuntura ancora segnata dalle conseguenze della peste e dal trauma del sacco di Roma,

73. Visceglia, *Factions in Rome*, pp. 82-103.

74. Conti da Foligno, *Le storie dei suoi tempi*, I; Infessura, *Diario della città di Roma*, p. 161.

75. Rehberg, *Sacrum*, p. 211.

76. *Historia delle vite dei Sommi Pontefici*, f. 253rv

77. Guicciardini, *Storia d'Italia*, libro XIV, cap. X, p. 1591; Roscoe, *Vie et pontificat de Léon X*, IV.

78. ASV, *Fondo Pio*, codice 6, f. 87v; RAH, *Collécion Salazar y Castro* A 29, f. 181r.

la crisi agraria del 1533-1534 non era stata fronteggiata con una accorta politica annonaria. Gli Strozzi, banchieri e agenti del papa, avevano incettato grandi quantità di grano con acquisti fin nelle Fiandre. Quando il papa morì, il 25 settembre 1534, il tumulto scoppiò. Il corpo del papa raggiunse con difficoltà San Pietro per la folla inferocita che aveva però un obiettivo preciso: i magazzini degli Strozzi in Trastevere e la loro banca a Ponte.[79]

Un caso a sé fu invece quello della rivolta urbana che scoppiò già durante l'agonia di Paolo IV, un vero movimento antinquisitoriale che vide il popolo atterrare le porte delle carceri del Santo Uffizio, liberare i prigionieri, dare al rogo i processi e tentare di incendiare l'edificio. Il popolo furibondo corse anche al Campidoglio e si impadronì della statua di marmo di papa Carafa che fu strascinata per la città per tre giorni, insozzata con sterco e con ogni genere di immondizie. Sulla testa decapitata, mutilata nel naso e nelle orecchie, gli ebrei romani imposero un berretto giallo e infine quello che restava del monumento fu gettato nel Tevere.[80]

Quella di Paolo IV fu evidentemente un'esecuzione simbolica eseguita secondo una precisa grammatica rituale di inversione.[81] Successivamente, durante il pontificato di Pio V, marcato dal recupero ed esaltazione della figura di Paolo IV, a questo rituale infamante si farà riferimento come a un martirio subito per il troppo ardente zelo di papa Carafa nella lotta all'eresia.[82]

Rispetto alle Sedi vacanti del primo Cinquecento, durante le quali faide nobiliari e guerre, intrecciandosi, avevano reso le reazioni alla morte del pontefice talmente violente da comportare contraccolpi nella compagine territoriale dello stato Ecclesiastico e della penisola, nel secondo Cinquecento, i disordini dell'interregno sembrano caratterizzati da minore violenza. Si può leggere negli *Avvisi* alla data 15 dicembre 1565 (Pio IV era morto il 9 dicembre): «non si fa strepito nessuno et vanno le cose tanto quiete che dal non esserci la persona del papa in poi non pare che il papa sia

79. A Cap., Roma, Cred. I, vo.14/17; Bullard, *Grain supply*, pp. 279-292; Orano, *Il diario di Marcello Alberini*, p. 384.

80. *Historia delle vite de i Sommi pontefici*, p. 287r. Descrive minuziosamente il rituale di violenza il cerimoniere papale G. Francesco Firmano, BAV, *Vat. Lat.* 12278, f. 174rv. Vedi anche Niccoli, *Rinascimento*, p.133

81. Bertelli, *Il corpo del corpo*, pp. 210-233; Ranum, *The French Ritual*, pp. 63-82.

82. BAV, *Vat. Lat.* 10122, ff. 98r-104r.

morto».[83] La morte dell'immediato successore di Pio IV – papa Ghislieri –, il pontefice domenicano alla cui determinazione si dové la vittoria di Lepanto, fu immediatamente trasfigurata secondo il modulo agiografico del papa santo. Disordini però vi furono e causarono la morte di otto persone; ancora nel secolo successivo l'erudito Agazio di Somma riportava memoria dell'«allegrezza» che regnava alla corte di Roma «parendole d'essersi liberata dal dominio di un vecchio austero».[84] Il modello ufficiale, attraverso l'uso della censura e della propaganda, avrebbe emarginato rappresentazioni non coerenti all'edificazione del mito agiografico.

Roberto Rusconi ha analiticamente dimostrato come poco dopo la metà del Cinquecento si producesse una «duratura e di conseguenza importante trasformazione nell'immagine del romano pontefice».[85] In questa svolta la produzione di fonti fu parte del progetto di rilancio del papato e di Roma santa e il racconto delle sedi vacanti, per effetto di una politica di ordine e "disciplinamento" ma anche per il ricorso ad un registro narrativo celebrativo, divenne più controllato. La sede vacante continuò comunque ad essere momento di potenziale pericolo sociale e sovvertimento. Incontenibili furono effettivamente le reazioni alla morte di Sisto V (27 agosto del 1590), preceduta già nel luglio, quando si sparse la falsa notizia del suo decesso da reazioni di panico dei mercanti ebrei che si affrettarono a chiudere le botteghe e a smontare i loro banchi in Piazza Navona.[86] La sorte del saccheggio toccò invece, morto il papa, il 27 agosto, agli ebrei di Bologna, colpiti nei beni e nel loro edificio di culto, la sinagoga.[87] A Roma la reazioni popolare non fu comunque meno violenta e prese di mira, come già era avvenuto alla morte di Paolo IV, la statua del pontefice, opera di Taddeo Landini che era in Campidoglio.[88] Anche l'effetto dei severi provvedimenti in materia di giustizia di papa Peretti parve di colpo annullarsi: «alla sua morte nel 1590 ogni parte dello stato fu scossa da disordini e da un moto cen-trifugo che, alimentati

83. BAV, *Urb. Lat.* 1040, *Avvisi di Roma*, f. 158r; Caraccia da Rivalta, *Vita del Beatissimo pontefice Papa Pio V*, p. 139.

84. Il dato degli otto morti in van Ortroy, *Le pape saint Pie V*, in part. p. 202. Per Agazio di Somma, *Vita di Pio V Sommo pontefice*, in BAV, Chigi I III 69 f. 111r, citata da Gotor, *Le vite di San Pio V*, p. 213.

85. Rusconi, *Santo Padre*, p.214.

86. BAV, *Urb. Lat.* 1058, *Avvisi di Roma*, f. 365r (14 luglio 1590).

87. Bertelli, *Il corpo del re*, pp. 51-52.

88. Rodocanachi, *Le Capitol*, pp. 110-112.

dalla pressione spagnola nella difficile crisi europea e dalla carestia, parvero annullare tutti gli sforzi fino ad allora compiuti».[89]

Il *topos* del disciplinamento della città, intenta a ricostruire attraverso giubilei, nuove devozioni e rigorosa giustizia, la sua immagine di città santa, vacilla alla prova delle Sedi vacanti anche nell'età post tridentina. L'interregno fa emergere spietatamente i mali strutturali di una società che alla fine del Cinquecento si dibatte nella spirale di crisi annonarie e nella stretta del fiscalismo. Nei terribili anni Novanta del Cinquecento la città nel breve periodo di neppure due anni (27 agosto 1590-30 gennaio 1592) dové affrontare quattro Sedi vacanti in una congiuntura di carestia di grano, di speculazione e di ricatto da parte degli spagnoli che bloccavano a Messina le navi cariche di grano siciliano.[90]

Nel Seicento poi particolarmente violenti furono i disordini alla morte di Gregorio XV dei quali il noto diarista Gigli ci ha lasciato una vivida descrizione:

> Non passava alcun giorno senza molte questioni, homicidj tradimenti. Trovavansi molti huomini et donne uccisi in diversi lochi et molti ne furono trovati senza testa et altri furono similmente senza testa raccolti, che erano stati in quel modo gettati nel Tevere. Molte case furono rotte di notte e arrubbate malamente. Furono sfasciate porte, forzate donne, altre uccise, altre rapite. [...] Ma molti delli disordini furono fatti dalli soldati che per guardia di diversi signori e principi stavano in Roma.[91]

Come Gigli suggerisce era soprattutto la declinazione feudale del potere romano che alla morte del papa prendeva il sopravvento nonostante la politica pontificia di contenimento nei confronti del baronaggio.

La morte di Urbano VIII, dopo un ventennio di ininterrotto dominio dei Barberini, in una difficile congiuntura internazionale e nelle difficoltà finanziarie create dalla guerra di Castro, provocò smodate reazioni di gioia e manifestazioni di odio contro la famiglia del defunto pontefice che aveva così a lungo regnato e che aveva consentito ai suoi nipoti uno sfacciato arricchimento. Le fonti raccontano che, nottetempo, i romani cercavano nelle viscere della città tesori nascosti che gli avidi Barberini avrebbero sepolto.[92]

89. Fosi, *La società violenta*, p. 141.

90. Delumeau, *Vie économique*, II, pp. 634-639.

91. Gigli cit. in Moroni, *Sede Vacante*, DESE, LXIII, 1853.

92. ASV, Misc. Arm. XV 97, ff. 121-147 (*Gli intrighi della Sede Vacante per la morte di Urbano VIII*).

La parola «tirannia» riecheggiò nuovamente nelle strade romane e ancora una volta cuore della rivolta fu il Campidoglio. Il popolo si diresse verso il Municipio mirando alla superba statua del papa opera del Bernini; non riuscendovi ripiegò su un busto in gesso conservato nel cortile del Collegio Romano, che fu fatto a pezzi. [93] L'esposizione del corpo del papa non provocò alcun gesto di devozione ma un concorso di popolo risentito e maledicente, Annotava il Gigli: «che se i Cristiani trattano così il capo della Chiesa cosa avrebbero fatto i Turchi e gli eretici?».

Reazioni molto violente seguirono pure alla morte di Innocenzo X, preceduta da un lungo delirio del papa, durante il quale il governatore di Roma tentò la fuga mentre il popolo bruciava le sue case e attaccava le sue proprietà. Nella città i riti di inversione furono tanti e tanto irriverenti che provocarono l'intervento dell'Inquisizione. Come ha scritto Laurie Nussdorfer, proprio in relazione a questo periodo, «Roma senza il Santo Padre pareva l'hobbesiano stato di natura».[94]

Se tranquille furono le Sedi vacanti di Alessandro VII (1667) e di Clemente IX, morto nel 1669 e subito venerato come santo, [95] sanguinosa fu la lunga sede vacante che seguì la morte di Alessandro VIII (febbraio 1691) durante la quale gli *Avvisi* riportarono la notizia di 182 omicidi.[96]

L'altro dato che caratterizza le Sedi vacanti nel secondo Seicento e ancor più nel Settecento è la loro lunghissima durata che significava un pericoloso protrarsi del vuoto di potere.

Tuttavia, sebbene si ripetesse nel Settecento come nel primo Cinquecento, sia pure in una situazione storica assai diversa, la coincidenza di alcune Sedi vacanti con le guerre europee delle quali l'Italia era nuovamente teatro e preda, si registrarono, in coerenza con quanto già si intravvedeva nell'ultimo Seicento, pochi episodi di vere rivolte.

Nonostante ciò, possiamo identificare anche nel Settecento Sedi vacanti, nelle quali le reazioni alla morte del papa furono più forti. Certamente quella che seguì la morte di Benedetto XIII (21 febbraio 1730) durante il cui papato aveva dominato come favorito il cardinale Niccolò Coscia con un rapace entourage di clienti e *familiares*, originari del beneventano. L'inviato savoiardo in corte di Roma, il conte di Gros, descrive, nella sua

93. Nussdorfer, *The Vacant See*, pp. 173-189.
94. Ivi, p.183
95. Rusconi, *Santo Padre*, pp. 244-245.
96. BNR, *Fondo Vittorio Emanuele*, *Avvisi Marescotti*, 788, f.263r

corrispondenza, la precipitosa fuga dal Palazzo Apostolico, appena morto il pontefice, «dei palatini con le loro robbe».[97]

Il Coscia, odiato dai romani ma anche fieramente avversato da ampi settori della curia, lasciò il palazzo, in piena notte, travestito e portato in barella come un malato. Il terzo giorno della sede vacante scoppiò una vera sommossa che ebbe come bersaglio le case dei beneventani, assaltate e saccheggiate, e lo stesso ex favorito.

Una reazione analoga si verificò anche alla morte di Clemente XIV (22 settembre 1774) contro i favoriti del papa, cioè il frate francescano conventuale, padre I. Buontempi, già segretario del pontefice quando quest'ultimo era consultore del Sant'Uffizio e poi cardinale, «l'arbitro, l'onnipotente, il dispotico del Pontificato, manipolatore delle pratiche delle congregazioni con il suo «strettissimo amico» Nicola Bischi, responsabile dell'Annona. Nelle mani di questi uomini, secondo l'opinione dei contemporanei, era passato «un milione di scudi».[98]

Ci sembra che in queste Sedi vacanti più tormentate del Settecento non sia più la persona del papa morto oggetto della reazione popolare ma che lo siano soprattutto i suoi ministri e il suo entourage. Inoltre, per altre Sedi vacanti settecentesche non si hanno notizie di violenze. Le fonti ufficiali, che però non appaiono smentite da testimonianze di altro tipo, almeno da quelle in nostro possesso, esaltano la quiete e la compostezza con cui la città reagisce alla morte del suo sovrano.

Quiete furono le Sedi vacanti di Clemente XI, di Innocenzo XIII e relativamente quella di Benedetto XIV, calma in Roma ma con tumulti nelle province e soprattutto a Perugia.[99]

Dopo il tormentato pontificato di Clemente XIV, i drammatici papati dell'età della Rivoluzione francese segnarono una cesura. Dal 1774 il primo conclave che si svolse a Roma fu quello che seguì la morte di Pio VII nel 1823: una sede vacante caratterizzata da «universale cordoglio», secondo l'apologetico biografo di papa Chiaramonti, Artaud de Montor, segretario dell'ambasciata francese a Roma dal 1819 al 1830, nella quale «non si ebbe

97. ASTo, *Lettere ministri*, Roma, mazzo 179, lettere del conte Gros da Roma (1730-1731), carta 21, 25 febbraio 1721; Valesio, *Diario di Roma*, I, p. 61; Filippini, *Benedetto XIII*.

98. *Relazione di Brunati a Vienna*, Roma 2 ottobre 1774, cit. in von Pastor, *Storia dei papi*, XVI /II, pp. 466-469.

99. DO 583, p. 23, 9 aprile 1721; ivi 588, p. 5, 19 aprile 1721; ivi 1030, pp. 5-6, 11 marzo 1724; ivi 6369, pp. 20-24, 6 maggio 1758; Moroni, *Sede Vacante*, DESE, LXIII, 1853, pp. 172-188.

a deplorare nessun disgustoso incidente».[100] Le ravvicinate Sedi vacanti alla morte di Leone XII (10 febbraio-31 marzo 1829) e di Pio VIII (30 novembre 1830-2 febbraio 1831) risentirono invece molto dei fermenti liberal-costituzionali del contesto europeo e italiano e coincisero, da parte papale, con importanti operazioni di polizia come quella del 28 febbraio 1829 contro i covi carbonari. Con un registro politico mutato rispetto alla prima Età moderna, la sede vacante era ancora una volta il momento della espressione di un linguaggio e di un progetto politico alternativo rispetto al governo papale. Alla morte di Pio VIII, 30 novembre 1830, mentre movimenti insurrezionali avevano luogo in Polonia, in Belgio, in Francia e il contagio si estendeva allo Stato pontificio, Roma fu immediatamente militarizzata. Furono gli arresti notturni e le operazioni di polizia che scandirono i primi giorni della sede vacante di Pio VIII: e anche l'elezione di Gregorio XVI, che coincise ancora con una nuova ondata di repressione, avvenne dunque in una «città in armi».[101]

Un filo rosso sembra segnare dunque lungo i secoli la storia delle Sedi vacanti; contraddistinte tra XV e XVI secolo da lotte fra fazioni baronali che fanno riferimento ai grandi partiti internazionali, dal riemergere del ruolo della componente municipale del governo urbano che rivendica la sua giurisdizione e, nell'età della Restaurazione, dall'intreccio con l'insurrezione patriottica-liberale. Certamente soprattutto a partire dal secondo Seicento sembra subentrare alla violenza il rispetto per il papa deceduto, mentre nel corso del tempo si attribuiscono alla figura del sovrano pontefice caratteri sempre più sacrali. Dopo la prova dell'esilio e della persecuzione durante il periodo rivoluzionario, si afferma nell'Ottocento, soprattutto con il pontificato di Pio IX, l'idea della «devozione al papa».[102] Tuttavia questo processo di sacralizzazione del papa e di Roma «città santa» si intrecciò sempre e comunque a dinamiche di desacralizzazione, espressioni di una Roma antipapale.

5. *Le esequie in Vaticano*

Il cerimoniale di Agostino Patrizi Piccolomini che accompagnò i papi quattrocenteschi da Niccolò V a Innocenzo VIII e il corposo *Tractatus de fu-*

100. Artaud de Montor, *Storia di Pio VII*, III, p. 272. Di diverso parere Stendhal, *Promenades dans Rome*, p. 419; *Il conclave del 1823 e l'elezione di Leone XII.*

101. *Il tempo dei papa-re*, pp. 30-31, sabato 11 dicembre 1830

102. Horaist, *La dévotion au pape*.

neribus scritto da Paride Grassi nei primi anni del Cinquecento per commissione di Giulio II possono essere assunti come il dettato cerimoniale normativo che consegna l'elaborazione medievale del rituale all'Età moderna.[103]

Inserito nel titolo quindicesimo che tratta anzitutto dei funerali dei cardinali, il rituale delle esequie papali è presentato dal Patrizi in ventisette paragrafi in cui si disegna un'*ars moriendi* pontificia, suggerendo un modo religioso (confessione, richiesta di perdono, sacramenti, assoluzione)[104] e politico (convocazione dei cardinali, esortazione a operare per il bene della Chiesa, testamento) di affrontare la morte. Secondo Paride Grassi la morte del papa, deve essere modello a tutti i re e principi laici. In piena lucidità mentale il papa deve chiamare i cardinali, mostrare loro il suo testamento, scusarsi per le mancanze compiute nell'esercizio del suo ufficio, raccomandare l'elezione di un buon successore, benedirli e prepararsi al trapasso. È significativo che Grassi individui proprio in Niccolò V il papa che aveva meglio interpretato l'*ethos* della morte del Vicario di Cristo.

Morto il papa, tempestivamente il vicecancelliere, la cui carica cessava immediatamente, raggiunge il palazzo e rompe il sigillo delle lettere apostoliche con il nome del papa defunto, gesto rituale che simbolizza la fine del regno del pontefice deceduto. L'uso di rompere l'anello piscatorio, con la raffigurazione del principe degli apostoli in una navicella nell'atto di pescare, anello che fungeva anch'esso da sigillo papale, si sarebbe affermato, almeno secondo Francesco Cancellieri che degli anelli papali scrisse una interessante storia erudita, più tardi all'inizio del Cinquecento.[105]

Nella preparazione del corpo i cardinali cedono il posto ai penitenzieri.

Come nel Medioevo[106] la salma è lavata e vestita «in camera secreta» – i sandali saranno bianchi e del medesimo colore il camauro, la mitra sarà semplice,[107] cioè senza oro – quindi posta sul feretro nella stanza del Pappagallo e poi portata dai penitenzieri in un corteo con la famiglia pontificia, nella cappella maggiore della basilica vaticana dove è impartita, l'assoluzione.[108]

103. Dykmans, *L'oeuvre de Patrizi Piccolomini*; il *Tractatus de funeribus et exequiis in romana curia peragendis* è in BAV, *Vat. Lat.* 5986 e ivi 5944 che contiene anche un annesso denominato *Infrascriptus modus servatur in infirmitate papae et eius morte* (ff. 230r-234v).

104. Dykmans, *L'oeuvre de Patrizi Piccolomini*, I, pp. 233-234.

105. Ivi, I, p. 237, Cancellieri, *Notizie sopra l'origine*, p. 11.

106. In questo volume pp. 170-171.

107. BAV, *Vat. Lat.* 5944, f. 231r; Dykmans, *L'oeuvre de Patrizi Piccolomini*, I, p. 234.

108. Ivi, p. 248.

«Appena il corpo sarà portato fuori della camera – recita il cerimoniale di Grassi – il camerario deve ricevere dai cubiculari tutte le chiavi degli appartamenti pontifici e consegnare a tre cardinali l'inventario scritto delle gioie (*jocalia*) del papa».[109] Un atto che ribadisce il senso profondo del rituale funebre papale: rappresentare il passaggio dalla carica di vicario di Cristo alla semplice condizione umana.

Nella basilica le esequie si scandiscono in due distinte sequenze, prima e dopo la tumulazione della salma. Il corpo, ricevuto dai canonici di San Pietro, viene posto al centro della chiesa presso l'altare maggiore dove è esposto ai fedeli e al popolo per due/tre giorni.[110] Nottetempo il corpo sarà poi riportato nella cappella maggiore e seppellito.

La seconda parte del cerimoniale delle esequie non ha più al centro il corpo del papa ma il *castrum doloris*, la struttura lignea posta nel mezzo della chiesa, illuminata dalla luce di torce e candele e decorata con le insegne papali. Intorno ad essa i familiari del pontefice, gli officiali di curia, i magistrati capitolini in lutto presenziano alle messe funebri, celebrate ogni giorno da un cardinale per ordine di rango ecclesiastico e di anzianità, alle distribuzioni di elemosine, alla declamazione dell'orazione funebre per il papa morto e alle assoluzioni impartite dai cardinali. La recita di un sermone, di solito da parte di un frate domenicano, per concludere la liturgia funebre sarebbe stata sostituita per volere di Niccolò V da un'*oratio*.[111]

Rispetto a questo insieme di regole i *Diari* degli stessi cerimonieri sono ricchi di dettagli su come i funerali papali realmente si svolsero. Le esequie di Sisto IV, già complicate dalle difficoltà nel reperire gli indumenti, furono rapide, con scarsa presenza di prelati, con il sospetto continuo nell'animo del cerimoniere che l'anello di zaffiro e la pianeta preziosa del pontefice potessero essere derubati dallo stesso clero della basilica.[112] Oltre che questo timore tormentava il cerimoniere la consapevolezza di aver compiuto qualche errore nel vestire il papa non ricordando il colore (rosso o bianco?) della lunga veste di damaschino che gli aveva posto sotto i pa-

109. BAV, *Vat. Lat.* 5944, ff. 231v-232r.

110. Sulla durata della esposizione non precisi sia Piccolomini (Dykmans, *L'oeuvre de Patrizi Piccolomini*, I, p. 235) che Burcardo nel suo *In exequiis Summi Pontificis*, il testo che Dykmans pone in appendice al primo volume del cerimoniale di Patrizi Piccolomini (ivi, I, Appendice III, p. 249).

111. Sulle orazioni per le esequie dei pontefici tra 1455 al 1534, McManamon, *The Ideal Renaissance Pope*; Id., *Funeral Oratory*.

112. Burchard, *Diarum*, I, pp. 12-13

ramenti e soprattutto per aver dimenticato di rivestire il corpo, prima che degli abiti pontificali, del saio francescano.[113] Su questo punto, cioè l'abito di sepoltura dei papi appartenenti agli ordini, nel suo *Tractatus de funeribus* Paride Grassi dà una indicazione generale: il pontefice morto, cessa di essere il vicario di Cristo e ritorna uomo, quindi deve vestire l'abito che aveva scelto prima della sua elezione.

A differenza dello splendore delle esequie di Giulio II, i due papi Medici non ricevettero grandissimi onori funebri. Vestiti con modestia i membri presenti (200 *familiares* su circa 1000) della *familia* pontificia, poca la cera distribuita per le candele, poche le elemosine in quello di Leone X, poco accorsato, anche a causa della grande pioggia che cadeva sulla città, pure quello di Clemente VII.[114]

Giulio III ebbe un funerale «senza alcuna cerimonia» e Paolo IV un «piccolo catafalco coperto di un drappo d'oro [che] fu del cardinale Santi Quattro».[115]

Queste testimonianze, per quanto frammentarie, sono improntate a una retorica della modestia delle esequie papali in una fase in cui i funerali dei sovrani laici assumono invece il carattere di cruciali riti di stato. Le cose cambiano nel corso del Cinquecento.

Lo svolgimento del funerale papale in San Pietro, come anche la dislocazione delle salme dei pontefici si intreccia alle vicende dell'edificazione della nuova basilica, il grande cantiere intrapreso da Giulio II e terminato con Alessandro VII. La ripresa dei lavori voluta da Paolo III nel 1538, coincise con la ristrutturazione e l'ampliamento delle cappelle tra le quali quella del SS. Sacramento (consacrata nel 1548), commissionata da Paolo III e dal cardinale nipote Alessandro Farnese, e quella Gregoriana, fatta erigere da Gregorio XIII e inaugurata il 12 febbraio 1578.[116] In essa due anni dopo fu traslato il corpo di san Gregorio di Nazianzo (m. 390), custodito dalle benedettine di Santa Maria in Campo Marzio, ed esposto per tre

113. Ivi, p.11

114. Conciso resoconto delle esequie di Leone X BAV, *Vat. Lat.* 12305 (*Diarorum tomus septimus*, ff. 402v-423r); Grassi, *Diarum*, pp. 481-482; per Clemente VII, BAV, *Vat. Lat.* 12278, ff. 12v-13r.

115. Cancellieri, *Notizie storiche*, pp. 37-38.

116. Alfarano, *De Basilicae Vaticanae antiquissima*, pp. 63-64. Sulla cappella Gregoriana: Cancellieri, *Descrizione della Basilica Vaticana*, p. 86. L'inaugurazione della Gregoriana coincise con l'apertura della tomba di Gregorio VII, cfr. p. 172 in questo volume.

giorni.[117] Gregorio XIII volle che dopo la morte la sua esposizione e la sua tumulazione avvenissero nella medesima cappella Gregoriana.

6. *Traslazioni di corpi papali*

Paolo III fu sepolto nella Basilica di San Pietro in un tumulo temporaneo ma già nel 1550 su commissione di Alessandro Farnese, Guglielmo della Porta intraprese i lavori del celebre e discusso monumento funebre.[118] Proprio durante il papato farnesiano l'assetto delle tombe papali, in conseguenza dei lavori e per altre ragioni, diverse caso per caso, fu stravolto e alcuni corpi papali furono traslati verso chiese alle quali le loro famiglie erano particolarmente legate. Così quello di Onorio IV Savelli (morto nel 1287), per ordine di Paolo III fu trasportato nella cappella Savelli al convento francescano dell'Ara Coeli. I corpi dei due papi Medici che, come abbiamo visto, avevano ricevuto esequie modeste furono trasferiti (6 giugno 1542) a Santa Maria sopra Minerva e sistemati nella cappella maggiore nella chiesa domenicana alla quale i Medici e i Salviati (la confraternita dell'Annunziata era stata designata come erede da Lucrezia Medici Salviati, sorella di Leone X). erano uniti da molteplici legami.[119]

Tra la seconda metà del Cinquecento e il primo Seicento il movimento dei corpi papali nelle chiese della città «santa» sembra accelerarsi in alcuni casi anche per esaudire un'esplicita espressione di volontà del papa defunto. Il 2 ottobre 1566, per volere di Pio V, i resti di Paolo IV furono trasportati da San Pietro, dove era il deposito provvisorio, a Santa Maria sopra Minerva nella cappella di famiglia dei Carafa, costruita sul finire del Quattrocento dal cardinale di Napoli Oliviero Carafa (protettore dei domenicani) e dedicata alla Vergine e a san Tommaso.[120]

A sua volta il corpo di Pio IV, come egli stesso aveva indicato nel suo testamento, fu trasportato da dodici presbiteri il 4 gennaio 1583, nottetempo senza alcuna pompa, a Santa Maria degli Angeli, la chiesa che

117. Fortunio, *Pompa e apparato*.

118. Noach, *The Tomb of Paul III*; Zapperi, *La leggenda del Papa Paolo III.*

119. Pecchiai, *I lavori*; Berthier, *L'église de la Minerve*; Palmiero, Villetti, *Storia di Santa Maria*, p. 121 e sgg.

120. BAV, *Vat. Lat.* 9156, f. 112r; Cerasoli, *Il monumento di Paolo IV*.

Michelangelo aveva "inventato" sui ruderi delle terme di Diocleziano e che il papa aveva consacrato il 5 agosto 1561, realizzando il suo intento di cristianizzare un luogo profano dedicandolo alla devozione mariana e all'antico culto dei Sette Angeli.[121]

Negli anni Ottanta del Cinquecento sono trasferiti nella basilica di Santa Maria Maggiore sia il corpo di Pio V (9 gennaio 1588), sia quello di Sisto V (26 agosto 1591). Il 21 settembre 1606 i resti di Urbano VII furono trasportati nella cappella della confraternita dell'Annunziata di Santa Maria sopra Minerva che egli aveva designato come erede nel suo testamento.[122] Qualche anno dopo, nel 1610, quelli dei due papi Borgia – Callisto III e Alessandro VI – passarono alla chiesa "aragonese" di Santa Maria di Monserrato. [123] Nel 1622 Gregorio XV dispose la ricognizione del corpo di Paolo V e la sua traslazione il 30 gennaio alla chiesa prediletta dal papa Borghese, cioè Santa Maria Maggiore.[124] Nel 1623 anche i corpi dei papi Piccolomini, Pio II e Pio III, lasciarono la prestigiosa cappella di Sant'Andrea della basilica vaticana che era stata disfatta nei lavori voluti da Paolo V per la chiesa di Sant'Andrea della Valle, che sorgeva sul sito dell'antico palazzo Piccolomini. Nel giugno 1646 i resti di Clemente VIII furono trasferiti ancora a Santa Maggiore «senza nessuna pompa e quasi privatamente».[125] Gregorio XV, provvisoriamente deposto in Vaticano, fu poi traslato alla SS. Annunziata presso il Collegio Romano, e infine definitivamente nel 1717 nella cappella fondata nella chiesa di Sant'Ignazio dal cardinale Ludovisi. Il corpo di Innocenzo X dal Vaticano raggiunse la chiesa di famiglia a San'Agnese in piazza Navona, accanto al palazzo Pamphilj, il 4 gennaio 1677 «privatamente e senza pompa».[126]

Tra fine Seicento e Ottocento questo movimento dei corpi papali si dirada, anche se Clemente IX fu portato a Santa Maria Maggiore, Benedetto XIII nella chiesa del suo ordine cioè Santa Maria sopra Minerva, Clemente XII Corsini a San Giovanni in Laterano nella cappella di famiglia e Cle-

121. BAV, *Vat. Lat.* 9156, f. 115r; Cerasoli, *Il testamento di Pio IV*.

122. Gigli, *Diario di Roma*, p. 123, 21 settembre 1606.

123. Alessandro VI era stato frettolosamente sepolto in San Pietro nella cappella di Sant'Andrea detta anche Santa Maria della Febbre dove giaceva Callisto III; Voci, *Il figlio prediletto*, pp. 109-116.

124. Gigli, *Diario di Roma*, p. 55.

125. ACL, vol. 25, f. 18; Gigli, *Diario di Roma*, p. 286, 11 giugno 1646.

126. ACL, vol. 25, f. 20; Cancellieri, *Il mercato*, pp. 115-116.

mente XIV, molti anni dopo la sua morte nella sua chiesa di appartenenza come frate, cioè ai SS. Apostoli.

Come mostra la cronologia, queste traslazioni si infittiscono negli anni a cavallo tra XVI e XVII secolo e sono certamente in rapporto alla riscoperta, nel sottosuolo di Roma, delle reliquie dei martiri. Nell'età di Bosio, di Ugonio, di Baronio, di Severano la vera Roma è la Roma sotterranea delle catacombe e dei cimiteri cristiani ove si celano tesori di reliquie che l'archeologia consente di portare alla luce e l'erudizione di catalogare. I corpi dei papi lasciano San Pietro e si distribuiscono nelle chiese romane per sacralizzare maggiormente tutta la città. Il trasferimento dei corpi morti papali, con questa forte valenza religiosa, è inizialmente notturno, mesto, senza sfarzo, come di fatto fu in molti dei casi che abbiamo citato, ma poteva anche assumere una dimensione di trionfo cristiano, appropriandosi di alcuni caratteri della cerimonia della traslazione dei corpi dei santi. Un modello possibile è proprio, negli stessi anni, il rito della traslazione di san Gregorio di Nazianzo voluto da Gregorio XIII l'11 giugno 1580, al quale abbiamo già fatto riferimento.

Se confrontiamo infatti le relazioni della traslazione del corpo di San Gregorio con il testo del Galesini sul trasferimento del corpo di Pio V notiamo notevoli similitudini: la «grande pompa» della processione, il «concerto dei salmi e delle antifone», la luminosità creata dalle fiamme di torce e candele, la bellezza dei *carmina* in onore del defunto…[127] Il Galesini enfatizza la «sapienza» di Sisto V che aveva voluto questo rito per «testimoniare» i meriti straordinari di Pio V, derogando dalla volontà di papa Ghislieri che aveva chiesto di essere sepolto in «santa umiltà» nel suo villaggio natale.

Il trasporto della salma di Sisto V avvenne a un anno dalla sua morte. Questa ricorrenza era solitamente celebrata con una cappella anniversaria che si teneva nel palazzo abitato dal papa regnante, con una messa solenne cantata dalla più anziana creatura del papa defunto e con una ulteriore assoluzione davanti al catafalco.[128]

Per Sisto V il cardinal nepote Montalto (Alessandro Peretti), volle adempire alla volontà del papa che aveva pensato al suo sepolcro nel luogo più santo della prediletta basilica liberiana, cioè nella cappella del Presepe,

127. Fortunio, *Pompa e apparato*; BAV, *Vat.Lat.* 12286, *Diariorum Caerimonialium F. Mucantii caerimoniarum apostolicarum magister ab initio Pontificatus S.D. Gregorii XIII tomus primus*, ff. 351r-373v, in part. f. 366v; Galesini, *Traslatio corporis*.

128. Moroni; DESE, VIII, 1842, Cappella, p.157.

che era stata inglobata nella cappella di Sisto come una grande reliquia sormontata dal tabernacolo del Sacramento.[129]

Per l'accompagnamento del «gran cadavere del suo Zio» dal Vaticano a Santa Maria Maggiore egli organizzò una straordinaria cavalcata che unì istituzioni caritative e assistenziali, clero e corte e vide alternarsi nel portare il feretro i canonici delle grandi basiliche.[130] Un legame evidente univa le due cerimonie per il luogo prescelto – Santa Maria Maggiore – e per il rapporto che si stabiliva con le precedenti tumulazioni nella stessa cappella di Sisto V, cioè quella di Niccolò IV (m. 1292), che di Santa Maria Maggiore era stato mecenate, e quella appunto di Pio V. Il giorno successivo, nella basilica liberiana, una messa solenne e la declamazione di una seconda orazione *in laudibus* del defunto pontefice, pronunciata dal letterato Lelio Pellegrini, conclusero la definitiva tumulazione di papa Peretti.[131]

Paolo V nello stesso anno della sua elezione, stanziò i finanziamenti per l'edificazione della propria cappella in Santa Maria Maggiore, la cappella Paolina terminata nel 1616, arricchita delle reliquie di santa Francesca Romana e di san Carlo Borromeo, canonizzati rispettivamente da papa Borghese nel 1608 e nel 1610 e dichiarata di patronato della famiglia Borghese. La traslazione del corpo del papa avvenne, come già era accaduto per Pio V, nell'anniversario della morte e seguì il cerimoniale già formalizzato per i precedenti pontefici: la ricognizione del corpo, che fu trovato «conservato con integrità non offesa» e la cavalcata, divenuta ormai una processione trionfale fra popolo festante.

Papa Borghese associò, con una decisione annunciata il 6 agosto 1608, nella sua sepoltura il suo promotore e predecessore Clemente VIII. Forse Clemente IX Rospigliosi avrebbe operato nello stesso modo con Alessandro VII commissionando a Bernini una tomba per entrambi in Santa Maria Maggiore ma la morte lo colse e il solo corpo di papa Rospigliosi riposa nella basilica liberiana.

Appare evidente che tutti questi pontefici privilegiarono quest'ultima basilica rispetto al Vaticano per motivi devozionali legati all'influsso

129. Ostrow, *L'arte dei papi*, ed. or., pp. 21-22; Catani, *La pompa funerale*, p. 7.

130. Ivi, p. 9.

131. *Lelii Peregrini Theologi, Oratio funebris De Sixto V Pont. Max. habita in Basilica Sanctae Mariae Maioris, post eiusdem corporis e Vaticano illuc solemni Funere deportati humationem*, ivi, pp. 93-101.

della spiritualità oratoriana della Roma a cavallo tra i due secoli,[132] e al potenziamento del culto dell'icona *Odighitria* della Vergine con il Bambino, altro tesoro della basilica.[133] Un asse di intensa devozione mariana univa la cappella Paolina alla cappella dell'Annunciazione nel Quirinale, decorata da Guido Reni.[134] La dimensione religiosa delle traslazioni non è però l'unica. Le traslazioni a Santa Maria Maggiore erano funzionali alla forma urbana che la città andava assumendo con l'ampliamento del palazzo papale al Quirinale e si coniugavano a una strategia nepotistica volta attraverso un secondo funerale a rafforzare il prestigio familiare.[135]

In esse appare inoltre un altro elemento nuovo di non trascurabile importanza: una seconda macchina funeraria che non è un semplice *castrum doloris* ma un catafalco barocco dai complessi significati simbolici. L'erezione di un secondo catafalco nella chiesa del sepolcro definitivo del papa fu un'innovazione che si affermò non senza resistenze da parte della congregazione de' Riti restia a una "replica" del *castrum doloris* vaticano:

> tale macchina non s'eresse a papa Leon Decimo nella chiesa della Minerva, né a Papa Adriano VI in quella dell'Anima, né a Paolo IV pure nella Minerva, né a Pio Quarto in Santa Maria degli Angeli, né finalmente a Pio Quinto in Santa Maria Maggiore et di più che li Signori cardinali Nepoti di Pio Quarto volendo in ogni modo alzare detta macchina dalla medesima congregatione furono persuasi a non farlo con questa ragione che, nelle esequie Vaticane di 9 giorni a ciascun papa si drizza il detto castello la qual cerimonia senza replicarla devria bastare usata per una volta.[136]

Un'obiezione alla quale il cardinale nepote di Sisto V, avrebbe risposto che «quelle» [le esequie in Vaticano] erano del Sacro Collegio, «queste» [in Santa Maria Maggiore] della famiglia: «per consolarsi col rinovar la memoria d'un suo congiunto e d'un Principe così degno».[137]

Come in molti altri casi, anche per questo aspetto, cioè l'erezione di un secondo catafalco nella chiesa del sepolcro definitivo del papa, l'innovazione diventerà quasi una regola.

132. Soprattutto Ditchfield, *Leggere e vedere Roma*.

133. Ostrow, *L'arte dei papi*, pp. 122-137.

134. Mann, *The Annunciation Chapel*.

135. Sul rapporto Quirinale-Santa Maria Maggiore: Menniti Ippolito, *I papi al Quirinale*, pp. 111-130.

136. Guidiccioni, *Breve racconto*, pp. 14-15.

137. Ivi, p. 16

Non soltanto. Il tempio esagonale, ideato per Sisto V da Domenico Fontana, che riprendeva un modello di ascendenza classica (il tempio di Vesta a Tivoli ricostruito dal Palladio) divenne un modello anche al di fuori della cattolicità, come mostra la sua fortuna nell'Inghilterra degli Stuart, dove le cerimonie funebri si elaborarono secondo un «Protestant-Catholic Mix».[138]

Essenziale nella traslazione era anche l'approvazione del pontefice regnante che, nel concedere il *placet*, tendeva a sottolineare la continuità tra defunto e regnante, fondata non su un principio dinastico ma sulla Chiesa come istituzione perenne.

Le traslazioni, forse inizialmente motivate dalla durata e complessità del cantiere vaticano, divennero un rito a sé stante trasformando, nel periodo di maggiore intensità della pratica, tra XVI e XVII secolo, la struttura generale del cerimoniale papale delle esequie. L'innovazione sarebbe stata probabilmente, ancora più profonda se l'asse Quirinale-Santa Maria Maggiore si fosse ulteriormente imposto a spese del Vaticano. Ma sappiamo che non andò così e la cerimonia, già diradata nel Settecento, divenne poi assolutamente sporadica: Clemente XIV fu uno degli ultimi papi, prima di Pio IX e di Leone XIII, per il quale fu organizzata in Roma stessa la traslazione del corpo.[139] Straordinarie furono invece, come vedremo, le vicende del corpo morto di Pio VI.

Il «privato trasporto» aveva comunque assunto il carattere di una cerimonia pubblica, per narrare la quale si adoperava il lessico delle traslazioni delle reliquie. È ricorrente, infatti, nelle relazioni il riferimento a un corpo quasi incorrotto, anzi in alcuni casi, come in quello di Clemente XIV, quasi miracolosamente ricomposto rispetto allo stato di devastazione che le fonti avevano documentato dopo la morte. La cerimonia concorreva a rafforzare la sacralizzazione del corpo del papa, un processo che certamente assume una dimensione importante nell'Età moderna.

7. *Tra Vaticano e Quirinale*

Sisto V morì a Monte Cavallo il 27 agosto 1590. Il suo corpo fu portato in Vaticano su una lettiga «con pompa ordinaria» come già era accaduto

138. Woodward, *The Theatre of Death*, pp. 194-195; Visceglia, *A comparative historiographic*; Schraven, *Festive Funerals*, pp. 183-211.

139. BAV, *Vat. Lat.* 9156, ff. 279r-289v.

per Paolo III, morto anch'egli a Monte Cavallo. Nella basilica le esequie seguirono poi il loro corso secondo il cerimoniale ormai consolidato. Alla morte di Sisto V si introdusse tuttavia una innovazione che sarebbe perdurata nel tempo. I precordi del suo corpo – il cuore e le viscere – furono raccolti al momento dell'apertura del cadavere, deposti in un'urna e, «con trasporto privato», trasferiti nella chiesa dei Chierici Minori dei SS. Vincenzo e Anastasio a Trevi nei pressi del Quirinale. Qui furono interrati sotto il pavimento del presbiterio della chiesa, un luogo umile e oscuro. Da allora l'uso di deporre i precordi in un'urna si stabilizzò e continuò ininterrottamente fino a quando i papi furono imbalsamati, cioè fino all'inizio del Novecento. I precordi dei papi morti in Vaticano furono invece deposti nelle grotte vaticane.[140] Il rito del «trasporto privato» dei precordi dei papi non ebbe mai i caratteri mistici del funerale del cuore del re quale era praticato già dal Medioevo nella vicina monarchia di Francia.[141] Solitamente nella parrocchia del Quirinale i vasi erano interrati sotto il pavimento del presbiterio della chiesa, un luogo umile e oscuro, anche se alcuni pontefici diedero istruzioni diverse. Così Innocenzo XI i cui precordi furono deposti nella stessa chiesa ma nella cappella della Madonna del Suffragio, Innocenzo XII che volle che dai precordi fosse prelevato il suo cuore e trasportato a Napoli, nel duomo della città sua patria di origine e Innocenzo XIII che lasciò disposizioni di seppellire il suo cuore nel santuario mariano della Mentorella vicino al feudo avito di Guadagnolo.

Benedetto XIV decretò che dal suo pontificato in poi le urne dei precordi fossero seppellite in una cappella sotto l'altare della chiesa dei SS. Vincenzo e Anastasio e precisamente nella parte laterale di esso, *a cornu Evangelii*.[142]

Con la bolla *Super Universam*, datata 1 novembre 1824, Leone XII riformando le circoscrizioni parrocchiali romane faceva esplicito riferimento al privilegio della chiesa dei SS. Vincenzo e Anastasio, «dove secondo un antico costume alla terra si affidano i precordi dei Sommi Pontefici», che confermava, precisando che non si derogasse da esso anche in caso di morte del papa in Vaticano.[143]

140. Cancellieri, *Notizie storiche*, p. 49; Moroni, *Precordi*, DESE, LV, 1852, pp. 62-63; Cecchetelli-Ippoliti, *I precordi del papa*.

141. Gaude-Ferragu, *Un coeur couronné*, pp. 241-265.

142. DO, 6186, 5 marzo 1757, pp. 10-13.

143. *Bullarii Romani continuatio*, t. decimus sextus, p. 258.

Il Quirinale da Paolo V in poi sarebbe diventata la residenza effettiva del sovrano pontefice e anche luogo di morte con l'eccezione di Urbano VII, Innocenzo IX, Clemente VIII, Urbano VIII, Benedetto XIII che sarebbero morti nei palazzi vaticani e di Gregorio XIV che morì a palazzo San Marco.[144]

Occorreva quindi, restando comunque il centro liturgico della Chiesa universale la basilica vaticana, formalizzare le modalità del trasporto del corpo del papa dal Quirinale al Vaticano.

Il sagro rito delle funzioni che si fanno del trasporto del cadavere del Sommo Pontefice dal palazzo Quirinale alla Basilica Vaticana illustra bene la normativa sulla cerimonia quale si è stabilizzata nella tarda Età moderna.[145]

Appena spirato il papa, il camerlengo, vestito di paonazzo, si rende al palazzo del Quirinale con alcuni chierici di camera vestiti di nero. Il papa, assistito dai penitenzieri ha il volto coperto e il camerlengo compirà il gesto di scoprirlo tre volte, pronunciando il suo nome e dichiarandolo poi realmente morto. Quindi il notaio procede alla redazione dello strumento di ricognizione e riceve in consegna dal maestro di camera l'anello piscatorio. Esso viene conservato in una borsetta per essere infranto nella prima congregazione dei Novendiali con il sigillo di piombo alla presenza dei cardinali. Annunziata ufficialmente la morte del papa dal suono lugubre – per un'ora – della campana capitolina, si procede all'imbalsamazione (che avviene nelle ventiquattro ore successive alla morte) e all'esposizione del corpo su una coltre di broccato rosso fino alla notte, quando ha luogo il trasferimento in Vaticano. Precisa il testo che il «trasporto chiamasi privato e siegue verso le due della notte».[146] Il Sacro Collegio è escluso dal corteo e la presenza di ecclesiastici è limitata al maestro di cerimonie e ai penitenzieri. La partecipazione delle figure della corte è ristretta ai palafrenieri di palazzo che procedono prima della lettiga, vestiti «di livree rosse e ferraioli pavonazzi».[147] La processione notturna è invece affollata di militari – cavalleggeri, guardia svizzera – accompagnati da trombe, tamburi, cannoni. Più che una processione il corteo appare una *cavalcata* e con questo termine è designata in molti documenti dei secoli XVII e XVIII.

D'altra parte l'esposizione del corpo al Quirinale non è aperta al popolo, come recita la relazione successiva alla morte di Alessandro VIII

144. Cancellieri, *Notizie storiche*; Menniti Ippolito, *I papi al Quirinale*.
145. *Il sagro rito delle funzioni*.
146. Ivi, pp. 4-5.
147. *Relazione delle funzioni*.

(1 febbraio 1691) ma riservata alla «nobiltà e a soggetti qualificati», che sono ammessi nell'anticamera del palazzo dove il papa giace prima della cavalcata.[148]

La scelta di dare il carattere di una parata militare a questo rito per preservare l'importanza della funzione liturgica del Vaticano e per ragioni di sicurezza non impediva la partecipazione del popolo come spettatore al corteo notturno che era anzi prevista. Perciò nel trasporto notturno la salma del papa era adagiata su una lettiga «di scarlatto», «aperta da tutte le parti acciò il corpo fosse veduto comodamente da tutti».[149] Memorabile fu il trasporto notturno di Innocenzo XI per l'affollarsi di popolo e carozze lungo il percorso mentre il resto della città appariva spopolata.[150] La folla poteva però anche essere molto temuta come accadde alla morte di Pio VIII (30 novembre 1830), quando si rinviò di un giorno il trasporto effettuandolo poi con molta circospezione e dispiegamento di polizia.[151]

Con il trasferimento del papa al Quirinale, il funerale papale cessa di essere un rito che inizia e termina nel palazzo e nella basilica vaticana. In esso si inserisce una processione notturna che attraversa la città da Monte Cavallo a San Pietro passando per San Silvestro, le Tre Cannelle, San Marco, largo dei Cesarini, continuando poi per la *via papalis* e sacralizzando un nuovo percorso urbano. Nel Vaticano il rito continuava a svolgersi secondo il cerimoniale ormai consolidato con la distribuzione della cera secondo quantità analiticamente determinate, con la vestizione del papa degli abiti pontificali e la sua esposizione nella cappella del SS. Sacramento, che sarà la cappella della basilica in cui nel Sette-Ottocento i papi riceveranno l'addio dei fedeli.[152]Il distacco dal clero avviene invece nella cappella del coro di San Pietro alla presenza del camerlengo, dei cardinali-creature del papa, dei chierici di camera e del Capitolo della basilica. Il corpo con le tre borse di velluto cremisi, in ciascuna delle quali vi sono le monete di oro, argento e bronzo coniate con l'effigie del papa, e una cassetta con pergamino nel quale sono descritte le azioni della sua vita, è ricoperto da molteplici veli. È

148. *Relazione dell'ultima infermità e morte della Santità di N. S. PP Alessandro VIII*; *Della descrizione delle esequie*.

149. *Relazione dell'ultima infermità e morte della Santità di N. S. PP Alessandro VIII*.

150. Cancellieri, *Descrizione della Basilica*, p. 87.

151. BAV, *Barb. Lat.* 4662, *Diario del conclave tenuto nel Palazzo del Quirinale nell'anno 1830*, ff. 20r-96v, in part. p. 119.

152. Cancellieri, *Descrizione della Basilica*, p. 83.

il cardinal nepote o un altro parente prossimo che compie il gesto di coprire il viso del defunto con un velo bianco, il maggiordomo ne depone un altro dello stesso colore sulle mani e il maestro di camera stende ancora un velo candido su tutto il corpo. Infine un grande velo rosso viene disposto «come coltre» dal cardinale più anziano del papa morto in ordine di creazione.[153] Il velo che avvolge il corpo del papa richiama il velo con il quale durante il sacrificio eucaristico si copre l'ostia che si deve consacrare.

Tumulato il corpo nel terzo giorno dei novendiali sono i riti religiosi intorno al *castrum doloris* che acquistano ancora maggiore pompa: le messe solenni officiate dai cardinali preti e le cinque assoluzioni. Come è stato sottolineato, il *castrum doloris*, vuoto ma che«rappresenta» una «presenza», è carico significati simbolici espressi dagli elementi decorativi. Illustrando attraverso l'iconografia le azioni dei papi e commentandole puntualmente nelle iscrizioni, il catafalco riassumeva e mostrava visivamente una biografia, capace di muovere gli animi a sentimenti di devozione verso la persona del papa che aveva compiuto quelle gesta.

Il catafalco posto al centro di San Pietro era un oggetto simbolico anche politico. Non stupisce perciò che la congregazione degli Affari Ecclesiastici Straordinari discutesse a lungo, già durante la malattia di Pio IX, il primo papa non più principe temporale, «se [i funerali] medesimi dovessero essere pubblici nella basilica di San Pietro con l'intervento del Sacro Collegio, overo se convenga che siano privatamente celebrati nella cappella Sistina, cioè all'interno del Vaticano».[154] Si optò per quest'ultima alternativa. Così nel 1878 i riti degli ultimi giorni dei novendiali si celebrarono nella Sistina, nel palazzo dunque, con coloro che erano ammessi ai riti della cappella papale. Un gesto di ritrarsi e isolarsi che esprimeva bene l'*animus* dell'ultimo papa-re, costretto a tagliare i contatti con la città della quale non era più sovrano. Ma su questo torneremo.

8. *Funerali in tempi di avversità: Pio VI e Pio IX*

«Il viaggio di Pio VI prigioniero – scriveva il 7 febbraio 1802 al cardinale Consalvi mons. Giuseppe Spina che aveva accompagnato papa Braschi in esilio – fu un trionfo della Religione. Non lo è meno quello del

153. Moroni, *Cadavere*, DESE, VI, 1842, p. 200.
154. ASV, SS, AAESS, *Stati Ecclesiastici*, pos. 999, 323, f. 10v.

trasporto della sua spoglia».[155] Pio VI spirò il 29 agosto 1799 e il suo corpo, in sottana bianca e stola rossa, fu tumulato senza onori particolari nel sotterraneo della cittadella.

Nel 1802, in una fase di delicati negoziati concordatari,[156] a Mons. Spina si affidò il compito della traslazione del corpo del papa defunto, che era stata definita tra il Primo Console e il papa regnante. Il prelato arrivò a Valence quando l'esumazione del corpo di Pio VI era già avvenuta nottetempo alla presenza del sindaco della città.[157] Il ritorno a Roma del corpo del papa avvenne tra folle di fedeli che esternavano la loro devozione allo sfortunato pontefice. Le istruzioni del papa regnante avevano programmato che l'arrivo a Roma avvenisse il 15 febbraio, giorno della proclamazione della Repubblica Romana e anche anniversario dell'elezione del pontefice defunto, una data simbolica del ristabilimento dell'ordine che la violenza rivoluzionaria aveva solo provvisoriamente sconvolto. Il convoglio giunse alle porte di Roma proprio il 15 febbraio fermandosi a La Storta nella cappella detta di Sant'Ignazio. Qui secondo il racconto della sua autobiografia, una visione avrebbe suggellato il destino di Ignazio di Loyola e anche la scelta del nome Compagnia di Gesù.[158]

Pio VI, morto esule, mentre la sua Chiesa era perseguitata, i suoi cardinali dispersi, e persino minacciato dalla possibile elezione di un antipapa, era stato privato delle esequie rituali riservate ai pontefici romani. Il viaggio, quasi a compenso postumo, ora le moltiplicava nelle singole importanti città italiane (Genova, Massa, Pisa, Siena…) dove il convoglio fece sosta.

Il *Distinto ragguaglio* che descrive le esequie romane di Pio VI fa esplicito riferimento al cerimoniale della traslazione dei resti di Benedetto XIII dal Vaticano a Santa Maria sopra Minerva che aveva seguito, come per altri papi, il modello della traslazione dei corpi santi dei martiri elabo-

155. La corrispondenza indirizzata da Mons. Spina al Consalvi durante la traslazione del corpo di Pio VI da Valenza a Roma fu pubblicata dall'abate Rance-Bourrey, *Documents*, ed. estr. Paris-Valence, Spina a Consalvi 7 febbraio 1802, p. 9.

156. Basdevant-Gaudemet, *Le concordat*.

157. Copie del Procès Verbal della esumazione e della consegna della salma sono in BAV, *Vat. Lat.* 9156, ff. 304r-305v.

158. *Distinto Ragguaglio della funebre solenne pompa*; sulla visione di Ignazio, Ignazio di Loyola, *Il racconto del Pellegrino*, pp. 102-103; DO 120, pp. 11-12, 24 febbraio 1802; 121, 27 febbraio, pp. 16-24; 122, 28 febbraio, pp. 20-24; 123, 6 marzo, pp. 13-22; 124,10 marzo, pp. 12-20.

rato nell'età post-tridentina e rilanciato tra XVIII e XIX secolo con nuove valenze allusive delle avversità che la Chiesa subiva ad opera dei suoi recenti nemici[159]

Confraternite e congregazioni, ordini religiosi, il clero secolare, i prelati di curia sfilarono nella notte del 17 febbraio per la città. Il corteo con il feretro si mosse da Porta del Popolo verso San Pietro in una città controllata dai soldati ma illuminata e festante con il popolo accalcato sui balconi e sui tetti degli edifici. A San Pietro fu lo stesso Pio VII ad accogliere il corpo del suo predecessore e a impartirgli l'assoluzione. Dopo la ricognizione che mostrò un corpo integro e solo leggermente «contraffatto nel volto», il papa, a oltre due anni dalla sua morte, fu finalmente vestito con gli abiti pontificali. Il giorno dopo, nel pomeriggio, nella basilica trasformata in teatro con l'erezione di palchetti per gli ospiti illustri nonché del tradizionale catafalco, il rito prese le forme consuete della messa funebre solenne. Il popolo che nella basilica aveva vegliato il papa – sottolinea il *ragguaglio* – «pareva non sapesse distaccarsi dalla salma del pontefice».[160]

Come ha mostrato Marina Caffiero, negli anni tra Rivoluzione e Restaurazione la città fu scenario di riti inediti che risignificarono spazi e simboli e anche di drammatici esili e ritorni dei papi. Se Pio VII riprese possesso della sua città ben due volte nel 1800 e nel 1814, Pio VI poté tornarvi solo cadavere, ma ciò non impedì che il suo ritorno avesse il carattere di un autentico trionfo cristiano che risacralizzava lo spazio della città.[161]

Ma le peripezie dei resti mortali di Pio VI non terminarono del tutto. La Francia attraverso il vescovo di Valence chiese che qualcosa del corpo del papa tornasse nel paese dove era deceduto. Così il 31 dicembre 1802 l'urna contenente i precordi fu posta in una cassa sormontata da due tiare e imbarcata su una corvetta da Civitavecchia per Tolone, giungendo a Valence il 29 marzo 1803. Un auspicio, secondo l'estensore del resoconto del rito di accoglienza, della «rinascita» della religione cattolica nella Francia post-rivoluzionaria.[162]

159. Boutry, *Les saints des catacombes*; Id., *Une théologie de la visibilité*.

160. *Distinto Ragguaglio*, ff. 299r-303v.

161. Caffiero, *La nuova era*, pp. 139-158; Ead., *L'importanza del nome*.

162. *Ragguaglio dato a Mons. arcivescovo di Aix degli onori resi ai precordi della Santa Memoria di Pio VI*, in DO 225, 26 febbraio 1803, pp. 12-13. Descrive l'arrivo la *Relazione dell'accoglimento fatto in Valenza del cuore e delle viscere di Papa Pio VI*, in Baldassarri, *Relazione dell'avversità*, t. IV, pp. 297-303.

Diverse, ma non meno drammatiche, le vicende del corpo di Pio IX, l'ultimo papa-sovrano temporale. Nell'età della Restaurazione il ristabilimento, dopo la parentesi francese, delle strutture dello Stato pontificio si era strettamente intrecciato al rafforzamento del culto per la persona del papa e al rilancio dell'immagine di Roma santa, centro del mondo cattolico che si riconosceva nel messaggio universale della Chiesa Romana e nell'obbedienza alla sua guida.[163]

In questo contesto reso drammatico dallo scontro politico e culturale tra il papato e la società laica e liberale si inscrive il momento di forte tensione rappresentato dalla morte di Pio IX.

La casualità volle che, prima che il declino fisico del papa giungesse a un esito fatale, Roma fosse teatro di un'altra improvvisa morte, quella del nuovo sovrano Vittorio Emanuele II (9 gennaio 1878) e del suo funerale. Orchestrato abilmente da Cesare Correnti, allora ministro della Pubblica Istruzione e dal ministro dell'Interno Francesco Crispi, esso assunse forme trionfali, un *possesso* della città con un corteo che mosse dall'antica reggia papale, il Quirinale, per giungere al Pantheon, nuovo sepolcro dinastico della dinastia sabauda nella capitale dello Stato unitario. Come è stato scritto, «Crispi era riuscito ad organizzare una vera epopea risorgimentale, e una nuova presa di Roma».[164]

Non vi fu invece nessun corteo per la morte del vecchio sovrano pontefice, spentosi solo un mese dopo tra le mura del Vaticano, evento annunciato al popolo romano non più dal suono della campana maggiore del Campidoglio ma dalle campane delle chiese romane. Il diario del prudente e intelligente commissario di Borgo Giuseppe Manfroni sottolinea ripetutamente l'assoluta novità della situazione: «*Era la prima volta* che la salma di un pontefice veniva esposta al pubblico sotto la custodia non dei suoi soldati ma di una forza che il Papato si ostinava a considerare nemica o almeno straniera».[165]

L'esposizione dietro la grata della cappella del SS. Sacramento dové protrarsi di un giorno per consentire la sfilata di un gran numero di persone (forse 30000) ma, tumulato il corpo del papa la sera del 13 a porte chiuse, alla presenza del Collegio cardinalizio, dei più alti prelati e della nobiltà romana,[166] la seconda parte delle esequie, quelle che avevano

163. Boutry, *La restaurazione*.
164. Martina, *Pio IX*, II, p. 520.
165. Manfroni, *Sulla soglia del Vaticano*, I, p. 334.
166. Ivi, I, pp. 342-343.

come centro rituale il catafalco, si svolsero, come abbiamo già detto, nella cappella Sistina.

Pio IX aveva lasciato disposizioni per esequie senza pompa, un sepolcro semplice, non costoso (la spesa non doveva eccedere i 400 scudi) e aveva indicato come luogo di sepoltura la chiesa di San Lorenzo fuori le mura. Una scelta che aveva una sua coerente valenza religiosa e che esprimeva un legame privilegiato alla Chiesa delle origini. Pio IX che aveva creato la Pontificia Commissione di Archeologia Sacra (6 gennaio 1852), aveva anche promosso gli scavi nella parte costantiniana di San Lorenzo, chiesa tenuta dai Cappuccini che il papa visitava spesso.

Il compimento delle volontà di Pio IX fu preparato dai prelati di curia e dai funzionari dello Stato italiano nell'estate del 1881. Il trasporto fu deciso per la notte tra il 12 e il 13 luglio con un corteo privato, come prevedeva il cerimoniale pontificio e segreto, come consigliava la situazione politica.[167]

Un giornale «democratico e anticlericale», *La Capitale*, divulgò la notizia e alcuni «fedeli» diffusero un invito ad esprimere la devozione verso il defunto pontefice seguendo «la salma adorata» dal Vaticano a San Lorenzo. Di fatto nella notte del 12 luglio, il corteo di dignitari e prelati in carrozza. seguito da una folla di 2.000 persone che, con torce illuminate intonava il *Miserere*, partito da San Pietro, trovò a ponte Sant'Angelo la strada sbarrata da un gruppo di persone che tentò di fermarlo gridando «al fiume, al fiume». Seguì un rapido tentativo di impadronirsi della salma per gettarla nel Tevere e solo l'intervento della cavalleria fece sì che il carro funebre scampasse all'assalto, fuggendo verso San Lorenzo.[168]

Come è stato sottolineato, i fatti del 13 luglio furono solo un episodio del conflitto vivo nel paese tra cattolici intransigenti e anticlericali e una sequenza della complessa dinamica politica della città.[169]

L'incidente urtò Leone XIII al punto da fargli minacciare un allontanamento da Roma, aprendo uno scenario che diede immediatamente all'episodio una dimensione internazionale. Ma sulle conseguenze nello svolgimento dei rituali del divorzio tra il papato e lo stato italiano torneremo nelle pagine finali di questo scritto.

La costruzione del monumento funebre per Pio IX fu il prolungamento di questa vicenda. Secondo le sue volontà papa Mastai fu semplicemente

167. Ivi, II, p. 50
168. Ivi, II, pp. 54-58.
169. Ciampani, *Cattolici e liberali*, p. 266.

deposto nella nicchia centrale della parte costantiniana della chiesa. Ma per dotare il papa, doppiamente martire per la sua detronizzazione e per l'oltraggio subito nella traslazione, di un più degno sepolcro, si mossero il Comitato permanente dell'Opera dei congressi cattolici e la Pontificia Commissione di Archeologia, istituendo un'Opera del sepolcro di Pio IX. Tra l'82 e l'83 si avviò una sottoscrizione per un monumento sepolcrale.[170] L'opera fu compiuta nel 1888 (ma inaugurata nel 1894) ed era un eloquente manifesto della direzione impressa al governo della Chiesa da Pio IX nel suo lungo pontificato.

Nella parete laterale a destra, san Giuseppe, dichiarato nel 1870 patrono della Chiesa universale, era rappresentato tra san Francesco (il papa era terziario) che sorreggeva il Laterano e santa Caterina, al cui intervento Pio IX aveva attribuito sia il suo ritorno dall'esilio di Gaeta nel 1848 sia la salvezza di Roma nel 1867 dall'attacco dei garibaldini nella battaglia di Mentana. A sinistra erano raffigurate santa Ciriaca, la santa della catacomba vicina a San Lorenzo, e santa Agnese. Ai lati dell'ingresso principale del sepolcro i nuovi dottori della Chiesa, sant'Alfonso de Liguori e san Francesco de Sales. Sopra gli architravi alcuni quadri rappresentavano i dogmi di Pio IX – l'Immacolata Concezione (1854) e l'infallibilità papale (1870) – e la raccolta dell'Obolo di San Pietro.

La logica celebrativa che ispirava il monumento a Pio IX, faceva riferimento ai culti e ai pronunciamenti dottrinali del papa che si voleva subito santo e alla sua lotta condotta nella stessa città di Roma, circondata, come al tempo dei martiri, da nemici.[171]

Pio IX non fu l'ultimo papa a scegliere un luogo di sepoltura differente da San Pietro. Leone XIII avrebbe infatti lasciato disposizioni per essere sepolto in San Giovanni in Laterano dove i suoi resti sarebbero stati traslati durante il pontificato di Benedetto XV e tumulati in un monumento funebre simmetrico a quello di Innocenzo III voluto dallo stesso papa Pecci.[172]

170. *Il sepolcro di San Pio IX.*

171. Rusconi, *Santo Padre*, pp. 343-346; Horaist, *La dévotion au pape*, pp. 438-447.

172. Rusconi, *Santo Padre*, p. 429.

Epilogo: dall'Ottocento ad oggi

1. *Continuità e innovazioni nell'elezione tra Leone XIII e Pio XII*

Il processo di unificazione nazionale aveva cancellato dalla mappa politica dell'Italia lo stato della Chiesa. Questa cesura, come abbiamo visto,[1] condizionò tutta l'attività normativa di Pio IX in materia di conclave in un clima che aveva riattualizzato i timori e le domande che avevano angosciato i papi nell'età della rivoluzione francese e della dominazione napoleonica. Il problema maggiore che si pose al collegio cardinalizio alla morte di Pio IX (8 febbraio 1878) fu il dilemma, che aveva già tormentato il papa defunto, in previsione della sua morte[2] se cercare asilo per lo svolgimento del conclave in un luogo più sicuro dell'ostile capitale del Regno d'Italia. Prevalse la ragionevole opzione di svolgere l'elezione del pontefice romano all'interno delle mura della cittadella vaticana. Un conclave di soli due scrutini portò al trono di Pietro il cardinale camerlengo Vincenzo Gioacchino Pecci (Leone XIII): una scelta condivisa dagli ambienti politici internazionali, giudicata improntata alla moderazione e volta a stemperare i toni intransigenti che avevano caratterizzato l'ultimo periodo del papato di Pio IX.[3] Ma nella sua lunga esperienza politico-amministrativa (Benevento) e diplomatica (nunziatura di Bruxelles, 1842) il cardinale

1. Vedi in questo volume pp. 62-65.

2. ASV, SS, *Morte di Pontefici e Conclavi (1878-1922)*, *Elezione di Leone XIII*, scatola 3 A, fasc.1, n.358, 47v-55r: si tratta di copia di un documento di Pio IX presentato ad una congregazione particolare di cardinali con il quale si invitavano i porporati ad tener conto del pericolo rappresentato dalle possibile ingerenze del governo italiano sulla futura elezione del papa con il tacito accordo di altre potenze europee (s.l.d).

3. Melloni, *Il conclave,* pp. 70-76.

Pecci aveva conosciuto momenti di dura tensione rispetto ai movimenti politici progressisti degli ambienti in cui si era trovato ad operare, anche se il suo lungo governo episcopale di Perugia, durante il papato di Pio IX, sarebbe stato improntato alla volontà di ricucire il rapporto Chiesa-società civile.[4] Comunque il futuro Leone XIII aveva considerato una ferita la fine del potere temporale al quale nel 1860 pensava come a una necessità pastorale e questo convincimento sarebbe perdurato fino al termine del suo pontificato accompagnandosi ad un sentimento di accerchiamento, acuito dalle implicazioni dell'intesa politica fra Austria-Germania-Italia (1882), considerata caratterizzata anche da una valenza antivaticana. Questi scarni elementi sono essenziali per comprendere come, per quanto attiene alla legislazione sul conclave, Leone XIII si pose in assoluta continuità con le preoccupazioni dei suoi predecessori. Il testo della costituzione *Predecessores nostri* (24 maggio 1882) alla quale fu allegata una istruzione ai cardinali in 32 punti precisava quali dovessero essere le misure da adottare nel caso di occupazione dei palazzi vaticani per ordine del governo italiano, prevedendo lo scenario della interruzione e traslazione del conclave e facendo perciò preciso riferimento agli ultimi documenti del pontefice precedente.[5] La costituzione che dava disposizioni straordinarie fu sottoposta al segreto pontificio e successivamente integrata da nuove istruzioni, datate 30 maggio 1889, anch'esse riservate. I condizionamenti esterni più temibili si ipotizzava potessero venire dal giovane stato italiano e non dalle potenze europee cattoliche: soprattutto Francia e Austria. Alla fine degli anni Ottanta il quadro fu reso ulteriormente complesso dal nuovo corso impresso dal cardinale Mariano Rampolla del Tindaro, segretario di Stato dal 1887, alla politica vaticana tendente allo «scardinamento della Triplice, allineamento franco-austriaco, isolamento dell'Italia sabauda e liberale».[6] Nel 1901 il vecchio pontefice affidò al suo segretario Mons. Rinaldo Angelini un documento segreto in cui ribadiva le sue preoccupazioni sulla scelta del suo successore, ribadendo i pericoli di un asservimento del papato da parte dell'"altro" potere insediato a Roma e esortando alla più severa intransigenza sulla questione romana. Per Leone XIII il cui pontificato aveva avuto una direttrice nel progetto di una coesa «costruzione di

4. F. Malgeri, *Leone, XIII*, EP, pp. 575-593; Launay, *La papauté*, pp. 17-20.

5. ASV, SS, *Morte di Pontefici e Conclavi (1878-1922)*, *Conclave di Pio X*, scatola 14 A, fasc. 3. ff. 204r-212r e 213r-217v.

6. Rumi, *Austria e Santa Sede*, p. 499, cit. in Trincia, *Conclave e potere politico*, p. 84.

una civiltà cristiana sintesi di valori spirituali e temporali»,[7] la compresenza in Roma di due supremi poteri contrastava «alla natura stessa delle cose e all'esperienza di tanti secoli» e creava una situazione del tutto «nuova e anormale» del pontificato romano. Nel conclave che si aprì il 31 luglio 1903 il documento, detto il *Testamento Politico* di Leone XIII, sul quale gli storici hanno a più riprese richiamato l'attenzione, fu letto nella cappella Sistina dopo l'ingresso in clausura dei 62 cardinali presenti.[8] Come è ben noto, questo primo conclave del XX secolo fu reso drammatico dal «fatto doloroso» che si verificò nella "giornata memorabile" del 2 agosto quando il cardinale Jan M. Pawel Puzyna, arcivescovo di Cracovia, lesse – si è anche molto discusso se fosse un'iniziativa ispirata dai gruppi politici polacchi preoccupati dell'avvicinamento di Rampolla alla Russia o solo un'istruzione austriaca o il frutto di un accordo del quale anche gli italiani erano parte – il *veto exclusionis*, pronunciato *jure et privilegio antiquo*, da parte dell'imperatore d'Austria sulla candidatura del cardinale Rampolla del Tindaro che pareva affermarsi negli scrutini precedenti.[9]

L'esigenza dell'autonomia del Collegio aveva, come si è visto nelle pagine di questo volume, ispirato tutta la normativa del conclave di Età moderna ma non era stata oggetto di una legislazione specifica e direttamente mirata ad abolire una pratica mai codificata ma alla quale si era fatto ricorso con frequenza nell'Europa delle monarchie assolute.

Dopo l'elezione di papa Sarto, un pontefice che comunque avrebbe mostrato, forse anche per le sue origini venete, attaccamento alla dinastia austriaca, pur essendo quest'ultima protagonista dell'ultimo clamoroso episodio di veto,[10] il problema apparve ormai ineludibile. Una delle prime preoccupazioni di Pio X fu infatti quella di incaricare la congregazione per gli Affari Ecclesiastici straordinari, dicastero deputato a curare i

7. Veneruso, *Papato, chiesa e società*, in part. pp. 76 e ss.

8. Martina, *Il testamento politico di Leone XIII*, che pubblica il documento in appendice; De Marco, *Il testamento politico di Leone XIII*; Trincia, *Conclave e potere politico*, pp. 172-174. Se i due primi studiosi avevano sostenuto che il documento non fu letto in conclave, Trincia, sulla base dell'inedito *Diario* di Mons. Rafael Merry del Val, segretario del Sacro Collegio, da lui pubblicato, ha potuto dimostrare che invece fu letto alla presenza di tutti i cardinali, chiuso il conclave.

9. *Conclave di Pio X di Raffaele Merry del Val, Segretario del Sacro Collegio*, in Trincia, *Conclave e potere politico*, Appendice di Documenti, pp. 249-280, in part. pp. 274-276. Sull'intransigente cardinale che pronunciò il veto: Lenart, *Il cardinale Jan Puzyna*, pp. 49-64.

10. Rumi, *La santa Sede*; Regoli, *La diplomazia di Pio X*.

rapporti della Chiesa con gli stati della quale dal 1901, dopo importanti missioni diplomatiche in America latina, era segretario Mons. Pietro Gasparri[11] – che si servì di un suo giovane e dotto collaboratore, il sacerdote Eugenio Pacelli[12] – di studiare le radici e la pratica del veto per offrire materiali ad una commissione di cardinali creata ad hoc che avrebbe formulato proposte sulle modalità più opportune per giungere ad un pronunciamento papale chiaro e solenne sulla illegittimità del diritto di veto. I verbali della commissione cardinalizia convocata il 29 gennaio 1903 per preparare questa revisione normativa registrarono pareri unanimi nell'auspicare un documento pontificio che proibisse il veto. Come ebbe a dire il cardinale Francesco Satolli, «le ragioni di tacere sono cessate [...] anzi le ragioni di parlare sono sopraggiunte e un simile atto è reclamato dalla coscienza cattolica».[13]

Molti porporati espressero l'opinione di non condannare il passato. In particolare il cardinale Antonio Agliardi consigliò cautela fino a suggerire di attendere la morte dell'imperatore d'Austria per la pubblicazione del documento papale. Fu zittito da altri cardinali. Meglio toccare al volo il passato, come suggerì ancora Satolli, dicendo che qualunque fossero state le ragioni in passato esse non sarebbero state valide per il futuro.[14] Il cardinale Andreas Steinhuber aggiunse come «la Santa Sede non ha approvato mai la prassi del veto, ma semplicemente la ha tollerata per ragioni di prudenza, queste ragioni sono passate [...]».[15] Articolata fu la discussione sullo strumento da adottare per rendere pubblica la condanna papale della pratica del veto. Il cardinale Girolamo Maria Gotti consigliò come strumento un atto solenne: una costituzione apostolica da far giurare ai cardinali sotto pena di scomunica.[16] Altri ipotizzarono un intervento segreto o un semplice motu proprio. Ma in sostanza tutti convennero che l'elezione di un papa a capo di una istituzione ormai solo e tutta spirituale, senza dominio temporale, era incompatibile con la

11. C. Fantappié, R. Astorre, *Gasparri, Pietro*, DBI, 52, 1999, *ad vocem.*

12. Sul ruolo preponderante del minutante Pacelli – futuro Pio XII – nella redazione dei documenti papali sulla abolizione del veto: Chenaux, *Pie XII Diplomate et pasteur*, pp. 53-57.

13. *Veto di Esclusione nel conclave*, in Trincia, *Conclave e potere politico*, Appendice di documenti, p. 282

14. Ivi, p. 283.

15. Ivi, p. 284.

16. Ivi,p. 283.

prassi del veto e che bisognava farlo intendere in modo forte e chiaro con una costituzione apostolica o con una costituzione diretta ai soli cardinali o con entrambe. Una discussione così approfondita e appassionata sul conclave non si registrava dai tempi della preparazione della riforma di Gregorio XV. Pio X procedé nel 1904 alla definitiva abolizione dello *jus exclusivae* con la Costituzione apostolica, *Commissum nobis* (20 gennaio) nella quale in modo perentorio si imponeva (*vehementer hortamur*) ai cardinali, al segretario del Sacro Collegio e a tutti coloro che avevano una parte nel conclave (*aliosque omnes in Conclavi partem habentes*) di non esprimere veti, «sia per iscritto, sia oralmente, direttamente o indirettamente», «anche sotto forma di semplice desiderio», pena la scomunica *latae sententiae*.[17] Nello stesso anno Pio X emanava una seconda costituzione la *Vacante Sede Apostolica* (25 dicembre) nella quale prevedeva una più organica revisione della normativa sul conclave.[18] La *Commissum Nobis* insieme alla *Praedecessores Nostri* di Leone XIII sarebbe stata oggetto di lettura e giuramento da parte dei cardinali nella prima congregazione generale dopo la morte del pontefice, ad indicare il significato cruciale che Pio X attribuiva alla abolizione del veto ma allo stesso tempo il legame che intendeva stabilire con il suo predecessore e con la legislazione pregressa.[19] Rispetto a quest'ultima una innovazione importante era apportata nelle modalità dello scrutinio, laddove si sopprimeva l'accesso (punto 76) che, come si è visto, permetteva di rivotare per uno dei candidati che aveva ottenuto i maggiori suffragi esprimendo una preferenza diversa dalla precedente. L'accesso fu sostituito con una seconda votazione, stabilendo dunque la regola di 4 votazioni giornaliere, due alla mattina, due al pomeriggio. Pio X manteneva comunque le tre forme della elezione nella loro minuta regolamentazione prevista da Gregorio XV, conservava i conclavisti, laici ed ecclesiastici, e anche l'ormai anacronistica figura del maresciallo del conclave, accresceva la severità sulla clausura e, ribadendo la pena della scomunica per chi si fosse macchiato di questa pratica, dichiarava comunque legittima l'elezione di un papa simoniaco. La severa bolla di Giulio II era quindi dopo

17. *Commissum nobis*, www.documentacatholicaomnia.eu_SS_Pius X, *Commissum nobis*.

18. ASV,SS, *Morte di Pontefici e Conclavi (1878-1922)*, *Elezione di Benedetto XV*, scatola 25, fasc. 13, ff. 179r-224v.

19. Scaduto, *I precedenti di una riforma*.

quattrocento anni in parte cancellata per assicurare comunque la certezza del voto: una linea alla quale si sarebbero attenuti da allora in poi tutti i pontefici successivi.

Il giudizio secondo il quale Pio X «nella sua produzione normativa segna il passaggio dalla tradizione alla modernità»[20] ci appare pertinente se consideriamo la svolta radicale impressa da papa Sarto alle dinamiche del conclave con l'abolizione dell'esclusiva e anche se contestualizziamo il suo intento di una riforma dell'istituto conclave all'interno della complessiva riorganizzazione della curia. Quest'ultima fu varata con la costituzione *De Romana Curia Sapienti consilio* (29 giugno 1908)[21] nella quale, pur mantenendo lo schema di Sisto V, si prendeva atto della necessità di un adeguamento della struttura curiale alla assenza del potere temporale e si riducevano le congregazioni romane da 20 a 11, inserendo però la nuova congregazione per la disciplina dei Sacramenti, non prevista nel precedente assetto e potenziando le funzioni della Segreteria di Stato.[22] L'intervento del pontefice sui cardinali vescovi delle diocesi suburbicarie al fine di eliminare l'inconveniente, con i rapidi mutamenti di titolarità, della instabilità del governo pastorale (*Apostolicae Romanorum Pontificum*, 15 aprile 1910)[23] e soprattutto la messa in opera del grande cantiere della codificazione, iniziato col motu proprio *Arduum sane munus* (19 marzo 1904)[24] e sostanzialmente terminato alla morte del pontefice (20 agosto 1914), delineano, insieme alle riforme della curia, della catechesi e della liturgia, il quadro complessivo di un articolato programma di *Instaurare omnia in Christo*, come recitava il motto del pontificato di Pio X.[25] All'interno di questa pluralità di iniziative, volte anche razionalizzare e meglio gerarchizzare gli organismi della Chiesa, va collocata la riforma del conclave del 1904 che resterà per tutta la prima metà del Novecento il testo normativo di riferimento. Il *Codex Iuris canonici* che Benedetto XV pro-

20. Melloni, *Il conclave,* p. 87

21. *Constitutio apostolica de Romana Curia Sapienti consilio.*

22. Varnier, *La riforma della curia*; Launay, *La papauté,* pp. 147-151 e soprattutto Iankowiak, *La curie romaine de Pie IX à Pie X*, pp. 517-535.

23. *Apostolicae romanorum pontificum,* 15 aprile 1910, AAS, 2, 1910, pp. 277-281; Piazzoni, *Storia delle elezioni*, pp. 256-257.

24. *Arduum sane munus*, 19 marzo 1904, ASS, 36, 1903-1904, fasc. CDXXIX, pp. 549-552; della Torre, *Il Codice di diritto canonico*; Valdrini, *Pio X e l'elaborazione del Codex Iuris Canonici*, e soprattutto Fantappié, *Chiesa Romana e modernità giuridica*, t. I, *Il Codex Iuris Canonici (1917)*, pp. 923-970.

25. Riprendo il giudizio di M. Guasco, *Pio X, santo*, EP, III, pp. 593-608, in part. pp. 596-597.

mulgò il 27 maggio 1917 e che avrebbe avuto forza di legge dal 19 maggio del 1918 includeva tra i suoi canoni le norme cardini sulla elezioni papali come, ad esempio, il diritto esclusivo dei cardinali ad eleggere il pontefice, a meno che fossero stati deposti o avessero rinunziato alla porpora. Il principio stabilito da Pio IV, dopo l'offensiva inquisitoriale di Paolo IV, nella bolla *In eligendis* che nessun cardinale potesse esser escluso come elettore attivo o passivo era dunque ripreso nella codificazione novecentesca e parallelamente un'altra norma varata nell'età tridentina e ribadita da Pio IX nel 1868 che escludeva in modo categorico che un concilio potesse eleggere un papa. Il *Codex* non chiudeva però il travaglio legislativo sul conclave che sarebbe stato oggetto di numerose altri interventi per adeguarlo al mutamento delle condizioni storiche. Come ha sostenuto Alberto Melloni pare quasi che la prerogativa che il *Codex* attribuisce al papa di legiferare sul conclave debba essere esercitata da ogni pontefice anche solo per mutare elementi di dettaglio.[26] Così fece, ad esempio, Pio XI con il motu proprio *Cum Proxime* del 1 marzo 1922 nel quale introduceva rispetto alla Costituzione di Pio X del 1904 piccole variazioni portando da 10 a 15 giorni – l'obbligo di attendere 10 giorni prima di iniziare il conclave era stato imposto dalla bolla *Ubi periculum* di Gregorio X, pubblicata al secondo concilio di Lione II (1274) –, l'intervallo tra la morte del papa e la chiusura del conclave con facoltà al collegio di procrastinare ancora per 2 o 3 giorni e riduceva da due a uno per ciascun cardinale la presenza dei conclavisti.[27] Centrale sarà il riferimento alla costituzione di Pio X anche per papa Pacelli eletto nel conclave che si aprì il 1 marzo 1939. La costituzione *Vacantis Apostolicae Sedis*,[28] varata da Pio XII dopo sette anni di pontificato, l'8 dicembre 1945, giorno della festa dell'Immacolata Concezione, è nel segno di una insistita continuità con quella di papa Sarto: "abbiamo deciso di promulgare questa Costituzione che è la stessa di quella della Sacra Memoria di Pio X ma qua e là ritoccata" (*quae eadem est ac illa a Pio X S.M.data, sed passim reformata*). Il lungo documento riprende con ricchezza di dettagli le norme preesistenti sull'incapacità di legiferare del Sacro collegio in sede vacante, eccetto che per casi limitati e urgentissimi, sulle modalità di funzionamento e i compiti delle congregazioni generali e particolari che preparano il conclave, sulla decadenza degli ufficiali di curia dalle loro cariche eccetto il camerario, il penitenziere maggiore

26. Melloni, *Il conclave,* p. 100.
27. *Cum proxime*, 1 marzo 1922, AAS, 14, 1922, pp. 145-146.
28. *Vacantis Apostolicae Sedis*, 8 dicembre 1945, AAS, 38, 1946, pp. 65-99.

e il cardinale Vicario di Roma. Si perpetuava così una norma – per quanto riguarda il camerario e il penitenziere – che vigeva fin dal secolo XIII. Come papa Sarto – ma la fondamentale distinzione tra uffici che permangono alla morte del papa in quanto *officia Sanctae Ecclesiae* e offici che cessano era molto chiara già nella bolla *In eligendis* di Pio IV – Pio XII prevede la cessazione del Segretario di Stato e il mantenimento nelle loro funzioni di Nunzi e Legati. Pio XII fa sue anche le lievi modifiche introdotte da Pio X con *Cum Proxime* ribadendo che il tempo di attesa possa essere di 15 giorni estensibile fino a 18 giorni e che i cardinali, pur avendo diritto ad avere due conclavisti, possano in clausura condurre con sé uno solo. Confermando l'abolizione dell'accesso Pio XII si limitava ad innovare le modalità di computo della maggioranza prescrivendo per raggiungere il *quorum* un voto in più dei 2/3 previsti e eliminava la prassi di siglare le schede, instaurata per controllare se un cardinale avesse votato per sé medesimo. Certamente nei precedenti drammatici anni del suo pontificato in una Europa sconvolta dalla guerra e nell'Italia invasa e divisa del 1943, quando la sua stessa persona poteva essere in pericolo, Pio XII avrà ipotizzato, come suggerisce Melloni, scenari di sede impedita[29] ma niente di questo traspare nel meticoloso e burocratico dettato della Costituzione del 1945 che riprende alla lettera i due grandi modelli normativi di riferimento: quelli di Gregorio XV e di Pio X.

La decretazione papale in materia di conclave della prima metà del Novecento appare dunque abbastanza coerente alla evoluzione della normativa di età Moderna ma è pure condizionata dal senso di arroccamento del papato rispetto al mondo ostile del liberalismo e alla nuova realtà dello stato nazionale italiano che aveva scelto la città del papa come sua capitale anche se dopo Leone XIII le nostalgie temporaliste andarono man mano attenuandosi e Pio XI avrebbe "concluso" l'11 febbraio 1929 con una soluzione concordataria la questione romana pur senza rinunziare ad una intransigente posizione restauratrice del «potere della Chiesa nella vita pubblica».[30] Sarà solo dopo la morte di Pio XII (9 ottobre 1958) e la importante "svolta" del Concilio Vaticano II che elementi di vera innovazione saranno introdotti nella legislazione sul conclave.[31]

29. Melloni, *Il conclave*, pp. 102-103.

30. F. Margiotta Broglio, *Pio XI*, EP, III, pp. 617-630, in part. p. 621.

31. Sul Vaticano II come "svolta" della storia della Chiesa: Alberigo, *Il Vaticano II dalle attese ai risultati: una svolta?*.

2. *La normativa sul conclave nella temperie conciliare e post-conciliare*

Giovanni XXIII annunciò dalla Basilica di San Paolo fuori le Mura il 25 gennaio 1959 la convocazione di un Concilio ecumenico[32] e anche il proposito di una riforma del *Codex Iuris canonici* «smentendo l'opinione di chi riteneva ormai superata al vertice della Chiesa ogni dinamica conciliare».[33] Papa Roncalli morì il 3 giugno 1963 e il Concilio, in applicazione dei canoni del *Codex Iuris canonici*, fu sospeso. Giovanni XXIII attendendo al Concilio legiferò poco sul conclave ma le sue decisioni sul collegio cardinalizio mostrano le sue preoccupazioni per rivitalizzare questa istituzione centrale della Chiesa romana che si era sclerotizzata negli ultimi anni del pontificato Pacelli.[34] Infatti nel 1961 con il motu proprio del 10 marzo (*Ad suburbicarias dioceses)*[35] abrogò il can. 236 del *Codex Iuris canonici* che sanciva lo *jus optionis* dei cardinali sulle sedi suburbicarie riservando al papa la nomina in tali sedi e nei titoli ad esse connesse. L'anno successivo tornò sulla stessa materia nell'11 aprile (motu proprio *De Suburbicariis sedibus*) dettagliando il regime delle diocesi suburbicarie e i compiti pastorali dei cardinali titolari.[36] Il quasi contemporaneo motu proprio del 15 aprile 1962 (*Cum gravissima*) chiarisce molto bene il disegno del papa di riformare il Sacro Collegio e riplasmare la figura del cardinale a partire dal suo primo concistoro in cui aveva aumentato il numero dei membri del Sacro Collegio derogando alle prescrizioni del can.231 (che riaffermava la dimensione di 70 cardinali voluta da Sisto V con la costituzione del 1586) fino al provvedimento contenuto proprio nella *Cum gravissima* che determinava il conferimento della dignità vescovile a tutti i cardinali a motivo del carattere genuinamente ecclesiastico della attività del Collegio.[37] Era una innovazione importante che scioglieva le storiche contraddizioni del rapporto dignità vescovile/dignità cardinalizia e andava in senso inverso al corso impres-

32. Melloni, *«Questa festiva ricorrenza»*.

33. F. Traniello, *Giovanni XXIII, beato*, EP, III, pp. 646-657, in part. 650.

34. Sulla complessità dell'ultima fase del papato di Pio XII e sulle chiusure sia rispetto alla politica italiana che al problema della crisi della autorità episcopale: Riccardi, *Il "partito romano" nel secondo dopoguerra*, in particolare alle pp. 225-239 per il dibattito sui vescovi nel 1952.

35. A*d suburbicarias dioceses*, 10 marzo 1961, AAS, 53, 1961, p. 198.

36. *Suburbicariis sedibus*, 11 aprile 1962, AAS, 54, 1962, pp. 253-256.

37. *Cum gravissima* (15 aprile 1962), AAS, 54, 1962, pp. 256-258.

so da Pio XII agli ultimi anni del suo pontificato quando il rapporto diretto tra papi e vescovi era andato affievolendosi fino a scomparire.[38] E finalmente il 5 settembre del 1962 Giovanni XXIII decretava la *Summi Pontificis Electio*, una lettera apostolica data motu proprio che conteneva alcuni aggiustamenti rispetto alla *Vacantis Apostolicae Sedis* di Pio XII nelle modalità della elezione papale, il più importante dei quali era il ripristino del quorum al 2/3 del collegio senza il voto aggiuntivo previsto da Pacelli, confermando «pienamente la legge già stabilita e religiosamente conservata sempre da molti secoli» (*confirmamus legem iam latam ac plura deinde saecula semper religiosissime servatam*). Solo quando il numero dei cardinali presenti non fosse stato divisibile per tre si doveva esigere un voto in più. Molti articoli di questa lettera papale prevedono una semplificazione delle complicate sequenze dei giuramenti di cardinali e conclavisti (art.10) e l'obbligo per il camerlengo, al quale i cardinali consegneranno qualsiasi scritto sugli scrutini in loro possesso (art.16), di redigere una relazione del conclave con l'andamento delle votazioni che potrà essere aperta solo con il consenso del futuro pontefice. La preoccupazione del segreto, sempre presente e anzi anche accresciuta in relazione alla pervasività dei nuovi strumenti di comunicazione, si coniuga quindi in queste clausole a quella della trasparenza.[39] L'intento maggiore del documento del vecchio e molto malato pontefice che sentiva approssimarsi la fine, fu tuttavia quella di proteggere la dignità della morte del papa dalla invadenza della malsana curiosità mediatica. Ma su questo torneremo.

Il 18 giugno del 1963 ottanta cardinali (l'incremento del Collegio era comunque stato limitato rispetto alla soglia dei settanta teoricamente ancora valida) entrarono in conclave per eleggere il 21 giugno 1963 il cardinale Giovanni Battista Montini, arcivescovo di Milano, già ai vertici della Segreteria di Stato di Pacelli dopo un lungo apprendistato diplomatico in quel dicastero. Il nuovo pontefice che prese il nome di Paolo VI si pose in una linea di continuità rispetto allo straordinario programma del suo predecessore e, a pochi giorni dalla sua elezione, stabilì che il concilio che aveva terminato l'8 dicembre 1962 solo la prima fase dei lavori, sarebbe ripreso il 29 settembre. Si sarebbe chiuso solennemente tre anni dopo l'8 dicembre 1965. In quegli anni il concilio «rappresentò la prima

38. Riccardi, *Governo e «profezia»*, p. 36.

39. *Summi Pontificis electio*, 5 settembre 1962, AAS, 54, 1962, pp. 632-640.

e più urgente preoccupazione del papa»[40] che intendeva imprimere alla assemblea conciliare un forte impulso in direzione del rinnovamento liturgico e dell'ecumenismo come mostrarono le sue prime costituzioni: la *Sacrosanctum Concilium* (4 dicembre 1963) che articolava un programma di riforma liturgica che prevedeva la celebrazione comunitaria, una partecipazione più attiva dei fedeli e la restaurazione di una più variata e riflessa lettura della Bibbia, e la cruciale costituzione dogmatica *Lumen gentium* (21 novembre 1964), manifesto di una Chiesa santificata e santificante, fondata sull'unità del corpo episcopale con il pontefice, in cui tutti gli uomini sono chiamati a formare il popolo di Dio.[41] Appare chiaro come in questo disegno complessivo non potesse non rientrare anche una ridefinizione del cardinalato. Lo dimostrava già la prima creazione cardinalizia che includeva tre patriarchi cattolici orientali (22 febbraio 1965). Essa fu preceduta dal motu proprio dell'11 febbraio *Ad Purpuratorum Patrum Collegium* che annunciava la deroga del canone 231 del *Codex* e stabiliva l'ingresso dei patriarchi orientali nell'ordine episcopale del Collegio[42] e il successivo motu proprio *Sacro Cardinalium consilio* (26 febbraio 1965)[43] in cui si introduceva «mutando una superata norma del diritto canonico» la regola che le mansioni di decano e sottodecano non fossero automaticamente attribuite ai cardinali più anziani promossi a qualche sede suburbicaria, ma a porporati eletti dagli stessi cardinali vescovi suburbicari vincolati dall'obbligo di risiedere a Roma. Cinque anni dopo la fine del concilio Paolo VI avrebbe varato la sua norma più "rivoluzionaria" riguardante il cardinalato: il motu proprio *Ingravescentem aetatem* (21 novembre 1970), volendo estendere quanto già deciso per i vescovi (6 agosto 1966) e i gli officiali maggiori della curia (21 gennaio 1968), considerava «il problema dell'età avanzata anche in relazione all'eminente ufficio cardinalizio» così intimamente connesso a quello papale. Perciò i cardinali erano «pregati di voler spontaneamente presentare, al compimento del settantacinquesimo anno di età, la rinuncia al loro ufficio», che il papa a sua discrezione avrebbe accettato o respinto. All'ottantesimo anno i cardinali sarebbero decaduti da funzioni

40. Giovanni Vian, *Paolo VI*, Enciclopedia dei Papi, III, pp. 657- 674 in part. p. 664

41. *Paul VI et la modernité dans l'Église*; *Le rôle de G.B. Montini-Paul VI dans la réforme liturgique*.

42. *Ad purpuratorum patrum collegium*, 11 febbraio 1965, AAS, 57, 1965, pp. 295-296.

43. *Sacro cardinalium consilio*, 26 febbraio 1965, ivi, pp. 296-297.

eventualmente esercitate nei dicasteri di curia e avrebbero perso il diritto di eleggere il papa, pur restando membri del Sacro Collegio.[44]

I provvedimenti di Giovanni XXIII e di Paolo VI che, pur emanando da due diversi pontefici sono espressione di una stessa ratio, rappresentano, dopo l'intervento di Sisto V, la riforma più importante attinente allo statuto del cardinalato. Essi preludevano ad una radicale revisione della legislazione sul conclave che papa Montini avrebbe varato con la costituzione apostolica *Romano Pontifici eligendo* (1 ottobre 1975).[45] Si tratta di un lungo testo nel quale il dettato delle norme è preceduto da una sorta di preambolo che richiama le radici medievali dell'evoluzione storica dell'istituto, ribadendo – un riferimento al dibattito che aveva prospettato, ma senza esito positivo, di introdurre tra gli elettori i patriarchi orientali e i presidenti delle commissioni episcopali per una «risignificazione ecumenica del papato romano»[46] – come si dovesse «escludere che gli elettori del pontefice potessero essere eletti o designati durante la vacanza della Sede Apostolica» e «riconfermando il principio per cui l'elezione del Romano Pontefice è, secondo l'antica tradizione, di competenza della Chiesa di Roma, cioè del collegio dei cardinali che la rappresentano». Riaffermato che solo i cardinali debbono eleggere il papa, Paolo VI affidava questo alto compito a 120 cardinali elettori (numero massimo previsto) che non avessero compiuto l'ottantesimo anno di età all'ingresso nel conclave. Questo significava che la taglia del collegio poteva superare questo numero ed era infatti concesso ai cardinali ultraottantenni la facoltà di partecipare alle congregazioni generali precedenti il conclave che potevano tenersi nel palazzo apostolico o, con motivata decisione, in altro luogo più opportuno. Nella costituzione veniva vietato ai cardinali, salvo speciali deroghe, di portare inservienti. Spariva così la figura del conclavista che aveva animato in modo a volte ambiguo i conclavi di Età moderna e dell'Ottocento e si restringeva il numero delle figure ammesse al conclave. Papa Montini manteneva i tre tradizionali sistemi di elezione ripristinando nello scrutinio la norma stabilita da Pio XII di aggiungere un altro suffragio ai due terzi dei voti. L'ansia di assicurare che la sede vacante non si prolungasse lasciando la Chiesa priva di guida spinse il pontefice a prevedere

44. *Ingravescentem aetatem*, 21 novembre 1970, AAS, 62, 1970, pp. 810-813. Sulle reazioni dei segmenti più conservatori della curia a questa bolla: Riccardi, *Il potere del papa*, pp. 293-294.

45. *Romano Pontifici eligendo*, 1 ottobre 1975, AAS 67, 1975, pp. 609-645.

46. Melloni, *Il Conclave*, p. 128; Piazzoni, *Storia delle elezioni*, pp. 393-94.

che dopo tre giorni di votazioni senza esito ci fosse una sospensione di un giorno da trascorrere in riflessione e preghiere, seguita da sette scrutini e così ancora, in caso di non avvenuta elezione, per una seconda volta per poi passare o alla modalità dell'elezione per compromesso o al ballottaggio tra i due cardinali più votati. La costituzione inoltre stabiliva che le norme in essa contenute dovessero applicarsi anche nel caso in cui la vacanza della Sede Apostolica avvenisse per rinuncia e non per morte del papa, una eventualità che si era posta nell'ultimo doloroso periodo del pontificato di Pio XII[47] e che pure per Paolo VI aveva costituito un rovello in alcuni difficili momenti del suo papato come nel vortice di critiche e attacchi per l'enciclica *Humanae Vitae* (25 luglio 1968).[48] Come era avvenuto, in un contesto e con intenti molto diversi, già per Pio X anche per Paolo VI la riforma del conclave si configurava in modo parallelo e intrecciato alla riforma della curia decretata il 15 agosto 1967 (*Regimini Ecclesiae Universae*) in cui si inserivano accanto alle dieci congregazioni,[49] tre segretariati[50] e il consiglio dei laici (istituito nel gennaio 1967), potenziando la internazionalizzazione e il ruolo attivo dei vescovi.[51] Si ridisegnava così un edificio assai diverso da quello di Età moderna che, al di là del coerente disegno di Sisto V, era andato crescendo in modo anche disordinato e occasionale attraverso la venalità e la istituzione accanto ai dicasteri permanenti di congregazioni temporanee. Il 28 marzo 1968, infine, Paolo VI con la lettera apostolica *Pontificalis Domus* aggiornava e semplificava le funzioni della famiglia pontificia e della cappella, asserendo come molte delle antiche attribuzioni affidate ai membri della Casa pontificia fossero ormai prive della loro funzione o ridotte a anacronistici simulacri di onore, laddove, dopo il concilio, l'opinione pubblica mondiale chiedeva valori più schiettamente religiosi. Questo importantissimo provvedimento significava la fine della Corte romana, quella complessa struttura di

47. Chenaux, *Pie XII*, pp. 406-407.

48. AAS, 60, 1968, pp. 481-503.

49. Segreteria di Stato, Sacro Consiglio per gli affari pubblici della Chiesa, congregazione per la dottrina della Fede (il mutamento di nome della congregazione del S.Offizio era stato decretato il 7 dicembre 1965 con il motu proprio *Integrae Servandae*), congregazione per le Chiese Orientali, congregazione dei vescovi, congregazione per la disciplina dei Sacramenti, congregazione dei Riti, congregazione per il clero, congregazione per i religiosi, congregazione per l'educazione cattolica, congregazione per l'evangelizzazione dei popoli o per la propagazione della fede.

50. Segretariati per l'unità dei Cristiani, per i non cristiani con l'annesso ufficio per le relazioni con i musulmani e per i non credenti, composti da cardinali e vescovi.

51. *Paul VI et les réformes institutionnelles dans l'Église.*

ecclesiastici e minoritariamente di laici che per secoli aveva rappresentato l'istituzione sociale centrale del papato e dello stato Ecclesiastico, protagonista dei riti e delle cerimonie pontificie.

3. *«L'unica forma... sia quella dello scrutinio segreto»: la* Universi Dominici Gregis *di Giovanni Paolo II (22 febbraio 1996)*

Nel 1996, più di venti anni dopo la *Romano Pontifici eligendo,* papa Giovanni Paolo II, Karol Woityła, il primo papa non italiano dopo il fiammingo Adriano di Utrecht, il giorno della festa della Cattedra di San Pietro – una ricorrenza altamente simbolica della centralità romana e del primato papale[52] – promulgava la sua costituzione in materia di conclave richiamando come fosse «preciso dovere non meno che specifico diritto» che i pontefici aggiornassero, pur senza deflettere dalla tradizione, le norme sulla elezione papale alle mutate situazioni del tempo. Due sono i richiami significativi nel preambolo della costituzione *Universi Dominici Gregis*. Il primo è alla revisione del codice di diritto canonico, un progetto che, come abbiamo ricordato, era stato già annunciato da Giovanni XXIII nell'allocuzione tenuta il 25 gennaio 1959 insieme alla convocazione del Sinodo Diocesano e del Concilio e che papa Woityła aveva portato a compimento pubblicando il nuovo codice, promulgato con la costituzione *Sacrae Disciplinae Leges*, il 25 gennaio 1983. Il secondo è alla riforma della curia varata il 28 giugno 1988 (costituzione apostolica *Pastor Bonus*)[53] sulla scia della precedente riforma di Paolo VI, volta ad accentuare il carattere ecclesiale dell'organizzazione curiale per rendere più efficace l'esercizio dei compiti di pastore universale del papa romano.[54]

Giovanni Paolo II confermava a 120 il numero massimo di cardinali elettori del papa, manteneva la soglia degli ottanta anni per aver diritto all'elettorato, ribadiva l'intervallo di 15 massimo 20 giorni e perimetrava lo spazio del conclave al territorio della città del Vaticano, nella quale il recente complesso detto *Domus Sanctae Marthae* (l'*Hospitium Sanctae Marthae* fatto edificare da Leone XIII vicino alla basilica) avrebbe, invece delle tradizionali celle approntate nel palazzo apostolico, ospitato i cardinali (art. 41,

52. Rusconi, *Santo Padre*, pp. 54-65.
53. *Pastor Bonus*, AAS, 89, 1988,II, pp. 841-858.
54. *Costituzione apostolica* Universi Dominici Gregis, pp. 167-193.

42 e 43). Luogo delle azioni liturgiche e delle procedure elettive restava la Sistina come il più idoneo alla «sacralità dell'atto [...] ove tutto concorre ad alimentare la consapevolezza della presenza di Dio».[55] Le disposizioni sul segreto sono ribadite in modo assolutamente dettagliato (art. 42 e 55-61): per tutta la durata delle operazioni di elezione i cardinali sono «tenuti ad astenersi da corrispondenza epistolare e da colloqui anche telefonici o per radio» con persone estranee al conclave. L'obbligo del segreto include le persone previste per i servizi ai vari livelli necessari allo svolgimento della elezione, pena la scomunica, e si estende temporalmente «anche dopo l'avvenuta elezione del nuovo pontefice»[56] La novità di rilievo della bolla di papa Woityła è però nel merito della stessa forma dell'elezione. Per secoli la normativa aveva ribadito la validità delle tre modalità canonicamente ammesse: ispirazione, compromesso, scrutinio. La riforma di Gregorio XV era nata, come abbiamo visto, da una reazione all'abuso nel corso del Cinquecento del ricorso all'elezione per ispirazione o adorazione ma, benché fortemente innovativa, si era limitata a regolamentare in precise sequenze le operazioni dello scrutinio, non abolendo le altre due forme di elezione che potevano essere praticate dopo un pronunciamento dei cardinali. Giovanni Paolo II varcava finalmente questo guado e stabiliva che l'unico modo in cui il collegio potesse esprimersi fosse lo scrutinio segreto. Recita la costituzione:

> Infine, ho ritenuto di dover rivedere la forma stessa dell'elezione, tenendo anche qui conto delle attuali esigenze ecclesiali e degli orientamenti della cultura moderna. Così mi è sembrato opportuno non conservare l'elezione per acclamazione quasi *ex inspiratione*, giudicandola ormai inadatta ad interpretare il pensiero di un collegio elettivo così esteso per numero e tanto diversificato per provenienza. Ugualmente è parso necessario lasciar cadere l'elezione *per compromissum*, non solo perché di difficile attuazione, com'è dimostrato dalla congerie quasi inestricabile di norme emanate in proposito nel passato, ma anche perché di natura tale da comportare una certa deresponsabilizzazione degli elettori i quali, in tale ipotesi, non sarebbero chiamati ad esprimere personalmente il proprio voto.[57]

Per la validità della elezione, minutamente regolata nelle tre fasi – sempre ripetute nei documenti papali – di pre-scrutinio, scrutinio vero e proprio e post-scrutinio, la *Universi Dominici Gregis* ribadisce, a diffe-

55. Ivi, p. 170.
56. Ivi, pp. 184-185.
57. Ivi, p. 170.

renza della norma introdotta da papa Pio XII e reinserita da Paolo VI che avevano prescritto l'aggiunta di un voto, il ritorno alla maggioranza dei due/terzi come anche Giovanni XXIII aveva previsto. Papa Woityła, con qualche variante rispetto a Paolo VI, inseriva la disposizione di sospendere gli scrutini dopo tre giorni di votazioni infruttuose e di riprendere dopo un pausa di preghiera per sette scrutini ripetibili altre due volte e infine procedere ad una ultima votazione a maggioranza assoluta dei suffragi o al ballottaggio (art. 74 e 75). Tutto il regolamento del conclave era valido – precisazione anche questa già inserita da Paolo VI nella *Romano Pontifici eligendo* – anche se la vacanza era dovuta alla rinuncia al papato, eventualità peraltro prevista dal nuovo codice di diritto canonico.[58] Benedetto XVI, eletto il 19 aprile 2005,[59] poco ha mutato di questa accurata costituzione di Giovanni Paolo II. Il motu proprio *De aliquibus mutationibus in normis de electione Romani Pontificis* (11 giugno 2007) infatti si limita a intervenire – si tratta comunque di una modifica significativa – sugli appena richiamati articoli 74 e 75 della *Universi Dominici Gregis* stabilendo che, finiti i cicli di votazione previsti, si proceda al ballottaggio tra i due nomi che hanno ottenuto il numero maggiore di voti, ma senza recedere dal requisito della maggioranza di almeno 2/3 dei cardinali presenti e votanti.[60] Non si tratta di una innovazione ma piuttosto di un ripristino, volto a ribadire una differenza fra sistema elettorale ecclesiastico e quello civile, della tradizionale maggioranza qualificata che era stato principio intoccabile fin dalla promulgazione, al secondo concilio di Lione (1274), del decreto *Ubi periculum* di Gregorio X e durante tutta l'Età moderna fino appunto a Giovanni Paolo II, anche nelle elezioni dei momenti di eccezionale crisi del papato. Questa disposizione è reinserita nella più articolata lettera apostolica di papa Ratzinger *Normas Nonnullas* (22 febbraio 2013) che conferma l'intervallo di 15 giorni per l'inizio del conclave lasciando però al collegio dei cardinali la possibilità non solo di protrarre questo tempo ma anche, in presenza di tutti i cardinali, di anticiparlo e richiama in più articoli l'obbligo dello stretto segreto con qualsiasi persona estranea al collegio.[61]

58. Il rinvio è al canone 332/ 2: «nel caso che il Romano Pontefice rinunci al suo ufficio si richiede per la validità che la rinuncia sia fatta liberamente e che venga debitamente manifestata; non si richiede invece che qualcuno l'accetti».

59. Regoli, *Santa Sede*; Melloni, *L'inizio di papa Ratzinger*.

60. AAS, 99, 2007, pp. 776-777.

61. AAS, 105, 2013, pp. 329-330.

Considerando questi sviluppi contemporanei alla luce della plurisecolare evoluzione dell'istituzione conclave nell'età medievale e moderna emerge una complessa dialettica tra continuità e progettualità innovativa. Superata la logica dell'emergenza che aveva caratterizzato la fase compresa tra la Rivoluzione francese e la fine della questione romana, l'elaborazione normativa recupera respiro: gli interventi sulla legislazione del conclave procedono all'unisono con la promulgazione e revisione del Codice di diritto canonico e con la riforma della curia. La liquidazione dello *jus exclusivae* che tanto aveva condizionato la storia del papato in Età moderna, la dissoluzione della corte nella curia come struttura volta solo ad obiettivi di governo religioso della Chiesa universale, la dilatazione per taglia e provenienza geografica del sacro collegio, la liquidazione delle arcaiche modalità di votazione per acclamazione e per compromesso a vantaggio della forma più "democratica" dello scrutinio, l'inserimento della possibilità della libera rinuncia all'ufficio papale come causa, oltre la morte, di una nuova elezione riplasmano nel corso del Novecento le procedure sul conclave. In questo processo un ruolo cruciale ha senza dubbio il rinnovamento conciliare ma occorre sottolineare come le innovazioni novecentesche non scalfiscano alcuni capisaldi: il diritto che solo i cardinali hanno di eleggere il papa, il requisito della maggioranza dei 2/3, l'obbligo del segreto che viene rafforzato nella misura in cui i mezzi di comunicazione si moltiplicano e si fanno più invasivi. La romanità del papato, pur ridefinita in senso ecumenico, esce comunque rafforzata dalla recente legislazione sulla elezione papale: ai romani pontefici compete in modo esclusivo di legiferare sul conclave adattando le norme al cambiamento dei tempi, solo la Città del Vaticano e non qualsiasi luogo nel quale converga la maggioranza dei cardinali può essere la sede del conclave. Questo non significa che il rapporto tra il papa e la "sua città" non sia andato profondamente mutando nel corso del Novecento come appare chiaro guardando ad un altro aspetto della morte e elezione del papa e cioè a quello dei riti di avvento e di morte.

4. *Riti di insediamento, riti funebri: semplificazione del cerimoniale e amplificazione mediatica*

Nella lunga Età moderna, dal ritorno dei papi a Roma, all'inizio del Quattrocento, sino alla prima metà dell'Ottocento, nonostante la crisi dell'età rivoluzionaria, teatro dei rituali di insediamento e di morte dei pontefici romani era stata la città di Roma, capitale dello stato Ecclesiastico oltre che sede del Vicario di Cristo, nell'ampiezza di tutto il suo spazio urbano. Protagonisti dei riti intorno alla persona del papa e al Sacro Collegio erano i membri della corte-curia nella complessa articolazione dei suoi ranghi e le autorità civili della città che rendevano omaggio al loro sovrano. Questo rapporto tra la città e il papa si interrompe in modo brusco e drammatico nel 1870. I riti si ritirano dalla città nello spazio interno dei Palazzi Vaticani e assumono forme più ripiegate anche se sempre conformi alle norme codificate dal cerimoniale romano che prevedono a elezione avvenuta le sequenze del *consensus electi,* chiesto dal cardinale decano per tutto il Collegio, dell'assunzione del nome, della pubblicazione al popolo e quindi, a distanza di qualche giorno l'incoronazione da parte del cardinale primo diacono. Il 3 marzo 1878 l'incoronazione di papa Leone XIII, si svolse però nella cappella Sistina: un rito non visibile se non da un pubblico ristretto e selezionato. Pochi anni dopo il 13 luglio 1881, papa Pecci, come abbiamo già ricordato,[62] subì il trauma dell'episodio dei tafferugli intorno al corteo che trasportava la salma di Pio IX dal Vaticano a San Lorenzo, un evento violento, lenito solo in parte dalle attestazioni di solidarietà che cittadini di ogni classe sociale fecero pervenire al pontefice aderendo ad una lettera prestampata che ribadiva la fedeltà al pontefice dei "buoni romani", riaffermava la cattolicità della città («Sì B.mo. Padre, Roma è cattolica, è papale e sarà sempre con Voi») e chiedeva la benedizione del pontefice ai suoi figli, «convinti di difendere l'onore e gli interessi della patria».[63] Non meraviglia che alla sua morte,[64] un collegio cardinalizio diviso da forti tensioni e condizionato dal difficile rapporto con la politica italiana che aveva contraddistinto il pontificato di Leone XIII, affrontasse nelle congregazioni preparatorie il problema dello svolgimento dei riti di interregno in una città ormai capitale di un governo che si percepiva come usurpatore e ostile. Nella seconda congregazione generale

62. In questo volume, pp. 217-218.

63. Due grossi volumi elegantemente rilegati raccolgono questa lettera, riprodotta in molti esemplari, ciascuno seguito da firme: ASV, SS, *Morte di Pontefici e Conclavi (1878-1822)*, *Morte di Leone XIII*, scatola 9/A, I, ff. 1r-382r (1883) e II, ff.1r-274r (1884); scatola 9/B, I, ff. 1r-401v(1885) e II, ff.1r-260r (1886).

64. Il racconto agiografico della morte di papa Pecci in *Derniers jours de Léon XIII et le conclave de 1903*; sulla "sobrietà" del clima di lutto per l'austero Leone XIII e sul contrasto tra questo clima e l'attenzione del pubblico all'evento: Rusconi, *Santo Padre*, pp. 428-431.

i cardinali, consultandosi sul funerale del papa, ammisero all'accompagnamento funebre del pontefice «le Società Cattoliche di Roma che sempre e in ogni occasione si erano prestate a servire la Santa Sede» interrogandosi sulla opportunità di aprire al pubblico per le esequie nella Basilica di San Pietro.[65] Un dubbio però superato dalla decisione, già peraltro annunciata nella notificazione al clero e al popolo romano dal cardinale vicario Pietro Respighi (20 luglio 1903) di tenere «funerali pubblici e solenni» nella Basilica Vaticana, collocando, com'era costume, la salma nella Cappella del SS. Sacramento. Il corpo di Leone XIII fu imbalsamato, l'urna dei precordi trasportata, come di consueto, nella chiesa dei SS. Vincenzo ed Anastasio a Trevi, e il corpo esposto e venerato «dalle persone che munite di speciale biglietto, rilasciato da Monsignor Maggiordomo venivano ammesse».[66]

Comunque non meno spinosa apparve la questione affrontata nella sesta congregazione (26 luglio 1903) «sul modo con cui il futuro papa, appena eletto, impartirà la prima benedizione». Nel 1878 Leone XIII aveva dato la benedizione dalla loggia interna. Cosa avrebbe fatto il nuovo pontefice? I 42 cardinali si pronunciarono in ordine gerarchico manifestando il loro parere sinteticamente o in modo più argomentato. Così il cardinale Rampolla sostenne che «un cambiamento nel modo di dare la benedizione apparisce più dannoso che utile, mentre non mancano altri mezzi per consolare il popolo, né la benedizione può considerarsi come atto di giurisdizione». Il cardinale Ferrari rilevò che «i Liberali sarebbero i primi a rallegrarsi del cambiamento, cercando di trarne profitto». Al momento del voto 36 dei 42 porporati presenti si pronunciarono contro il cambiamento, gli incerti furono soltanto 6. Quindi, fatto salvo il diritto del papa a decidere diversamente, il suggerimento che venne dal collegio fu un *nihil innovetur*.[67] A elezione avvenuta, papa Sarto fece sua la volontà del collegio e impartì la prima benedizione dalla loggia interna della basilica che si era gremita di fedeli.[68] Come ha notato Francesco Margiotta Broglio, «dopo

65. R. Card. Merry del Val, *Conclave di Pio X tenuto nel Palazzo Apost.co del Vaticano dopo la morte del pontefice Leone XIII,* luglio e agosto 1903, in Trincia, *Conclave e potere politico*, Appendice, pp. 249- 280, in particolare p. 252 e p. 254.

66. «L'Osservatore Romano», a. XLIII, venerdì 24 luglio 1903. Sulle esequie di Leone XIII: ASV, SS, *Morte di Pontefici e Conclavi (1878-1822)*, *Morte di Leone XIII*, scatola 7/A, fasc. 13, nn. 1595-1612.

67. Merry da Val, *Conclave di Pio X tenuto nel Palazzo Apost.co del Vaticano*, pp. 262-266.

68. Ivi, p. 278.

l'autoreclusione in Vaticano di Pio IX e dei suoi successori» bisogna attendere Pio XI perché la prima benedizione papale del nuovo pontefice sia impartita dalla loggia esterna della Basilica.[69] A differenza di Leone XIII che, come abbiamo appena ricordato, fu incoronato all'interno del palazzo nella cappella Sistina, Pio X fu solennemente incoronato la mattina del 9 agosto 1903 nella basilica di san Pietro le cui colonne erano state ricoperte da damaschi rossi a liste d'oro alla presenza del corpo diplomatico accreditato presso la santa sede e della aristocrazia romana. La guardia nobile e la guardia palatina assicurarono il servizio d'onore e la cerimonia si svolse secondo la consueta liturgia con la processione tra il palazzo e la basilica e, all'interno di quest'ultima, tra la cappella del SS. Sacramento, la cappella di San Gregorio dove era stato istallato il trono papale e l'altare della Confessione. Probabilmente fu a causa della guerra scoppiata da poco che Benedetto XV tornò a scegliere la Sistina e il suo spazio più ristretto rispetto a San Pietro per un rito di incoronazione che si svolse in sordina.[70] Ma anche se con queste precisazioni possiamo comunque dire che i papi del primo Novecento – giova ricordare a questo proposito che Pio XI istituì con la sua seconda enciclica *Quas primas* (11 dicembre 1925) la festa di Cristo-Re da celebrarsi nell'ultima domenica dell'anno liturgico prima dell'inizio dell'Avvento[71] – non rinunciarono alla sacra pompa del rituale dell'incoronazione. Esso ricevé un nuovo "splendore" nella fastosa incoronazione di Pio XII, eletto il 2 marzo 1939 dopo un brevissimo conclave mentre minacciosi venti di guerra soffiavano in Europa. Pacelli era il primo papa che si insediava in Vaticano dopo i patti lateranensi. La cronaca della sua incoronazione che si svolse il 12 marzo, radiotrasmessa e filmata, ci mostra i rappresentanti dell'esercito italiano che si dispongono per formare il cordone d'onore nella piazza, i principi di Piemonte che entrano nella basilica, ove prendono posto gli esponenti di 45 famiglie reali e i rappresentanti di 40 missioni estere tra cui Galeazzo Ciano per il governo fascista, quindi il corteo papale che, procedendo dal Palazzo, fa sosta nel portico dove il neoletto, sceso dalla sedia gestatoria e assiso su un trono istallato presso la porta santa, riceve il consueto omaggio del clero della basilica per poi en-

69. Margiotta Broglio, *Pio XI,* p. 620; Piazzoni, *Storia delle elezioni*, pp. 269-70.
70. Qualche notizia sulla incoronazione di Benedetto XV nella Sistina in ASV, SS, *Morte di Pontefici e Conclavi (1878-1922)*, *Elezione di Benedetto XV*, scatola 30, fasc. 3, ff. 67-72; e ivi, Appendice, scatola 39, fasc. 4, ff. 185r-188v.
71. AAS, 17, 1925, pp. 593-610.

trarvi, risalito sulla sedia gestatoria. La sequenza dell'imposizione della tiara avviene sulla loggia esterna al cospetto del pubblico acclamante, secondo una prassi rituale che risale al tardo secolo XIII. Diciannove anni dopo nel novembre del 1958 l'incoronazione di papa Roncalli, eletto il 28 ottobre, formalmente identica nella liturgia, si svolge in una situazione politica mondiale radicalmente diversa, meno drammatica del 1939 ma segnata dalle contrapposizioni della guerra fredda e in un momento di stanchezze e di attese della storia del papato. L'attenzione mediatica è naturalmente accresciuta: 16 televisioni trasmettono l'evento a milioni di spettatori di tutta l'Europa occidentale, sono presenti le delegazioni di 56 paesi di tutti i continenti e anche rappresentanti della Chiesa ortodossa. Giovanni XXIII, vestito dei ricchi paramenti sacri, riesce a inserire nei gesti rituali previsti dal cerimoniale, come nota qualche commentatore, messaggi di «familiare affabilità» come quando aiuta anziani porporati prostrati nel rito di obbedienza o come quando si rivolge alla folla, circa 100.000 persone nella Piazza S. Pietro, dopo la benedizione. Segni di incrinatura nel rituale si colgono, negli anni del Concilio, nell'incoronazione di papa Montini il 30 giugno del 1963. La fase finale della cerimonia si svolge sulla piazza come avveniva – lo abbiamo visto – nella prima Età moderna ma non più dal XVII secolo. Ma la vera novità è nelle parole – trasmesse dalle televisioni di tutto il mondo e ascoltate in San Pietro da 200.000 persone, da 6 capi di stato, dai rappresentanti di 82 paesi e di 9 organizzazioni internazionali – che il papa pronuncia. Paolo VI enuncia un programma centrato sull'accrescimento delle virtù pastorali di una Chiesa «libera e povera», «madre e maestra», rispettosa, comprensiva, invitante... Annuncia la ripresa già decisa del concilio interrotto dalla morte di Giovanni XXIII e auspica la ricomposizione dell'unità dei cristiani nella verità e nella carità. Poco più di un anno dopo, il 13 novembre 1964, durante una liturgia celebrata secondo il rito bizantino papa Montini offrì la sua tiara ai poveri per non più usarla.[72] Il 3 settembre 1978, l'anno dell'assassinio di Aldo Moro (9 maggio) la cerimonia di insediamento del successore di Paolo VI Giovanni Paolo I, papa per soli 32 giorni, fu una messa inaugurale senza tiara e senza trono, e perciò anche senza la tradizionale cerimonia di incoronazione sulla loggia della Basilica di San Pietro. Nella fase di aggiornamento conciliare e post conciliare, nella quale, come abbiamo visto, importanti innovazioni furono introdotte nella normativa sul conclave, una

72. Vian, *Paolo VI*, p. 666.

svolta non meno significativa si verifica quindi nei riti di insediamento del pontefice romano. Tiara e trono, simboli materiali della regalità del papa e del fasto mondano della corte del sovrano pontefice sui quali tanto si era tanto accanita la polemica riformata nel Cinque e Seicento furono finalmente, a oltre un secolo dalla fine del potere temporale dei papi, aboliti. Terminava qui una storia secolare che risale per l'intronizzazione al lontano VII-VIII secolo, e per la incoronazione al tardo secolo XIII. I termini incoronazione/intronizzazione scompaiono dal lessico cerimoniale. I riti papali non perdono però il fascino del loro simbolismo e la loro capacità performativa. Lo prova bene la cerimonia inaugurale del pontificato di Benedetto XVI (24 aprile 2005) che si scandisce in due fasi. La prima si svolge all'interno dello spazio vuoto della basilica Vaticana: il papa, accompagnato dai cardinali, processionalmente va nella *Confessione*, dove gli scavi archeologici promossi da Pio XII avevano identificato il sepolcro dell'apostolo Pietro,[73] sul quale dalla sera prima erano stati deposti il pallio e l'anello del pescatore; la seconda si svolge fuori, sulla piazza, dove il papa celebrerà la messa papale solenne. Il passaggio dall'interno all'esterno della basilica è accompagnato dal canto delle *Laudes*, invocazioni che, secondo gli *ordines* medioevali, erano cantate a conclusione del rito di insediamento, costituendo allora «un'acclamazione, un'approvazione espressa dal personale di palazzo»,[74] laddove nella cerimonia del 2005 le *Laudes* sono preludio alla liturgia della messa, implorazioni rivolte a Dio, a Cristo, alla Vergine, agli Apostoli, ai Santi ma anche ai primi successori di Pietro di assistenza e conforto al nuovo papa. Terminata la messa, in luogo della tiara, attributo ormai rifiutato della regalità, al pontefice saranno consegnati il pallio, sin dal IV secolo ornamento liturgico del papa in quanto vescovo – che, come ebbe a dire lo stesso Benedetto XVI nella omelia pronunciata in quella messa inaugurale del suo ministero, è segno della missione pastorale del pontefice che accoglie «la pecorella perduta, malata e anche quella debole», ma anche simbolo della pienezza dell'ufficio papale[75] – e l'anello del pescatore. La dimensione pietrina e la dimensione cristica si intrecciano così nella sofisticata semplicità del rituale di Benedetto XVI che risignifica una sequenza liturgica antica come le *Laudes*.

73. Chenaux, *Pie XII*, pp. 405-408: Pio XII alla fine dell'anno santo del 1950 annunciò il ritrovamento della tomba dell'Apostolo.

74. Schimmelpfennig, *L'incoronazione papale nel tardo Medioevo*, in part. p. 968.

75. Ivi, p. 972.

Il rito conclusivo delle cerimonie di insediamento, cioè il Possesso della Basilica di San Giovanni in Laterano, era stato addirittura sospeso dopo il 1870. Solo dopo la stipula dei patti che dal Laterano mutueranno la loro denominazione, Pio XI, il 20 dicembre 1929, compirà la cerimonia di possesso in forma molto semplice.[76] Sarà Pio XII a rilanciarla, l'8 maggio 1939, raggiungendo il palazzo lateranense in macchina – ed era la prima volta che un papa usava l'automobile in tale circostanza, poiché per il Possesso i papi si recarono, come abbiamo visto, per secoli a cavallo, poi in carrozza – con l'accompagnamento di un lungo corteggio per poi in sedia gestatoria entrare nella basilica del vescovo di Roma. Papa Pacelli menzionerà il rito del possesso nella *Vacantis Apostolicae Sedis* insieme alla incoronazione riferendosi alla liturgia prescritta.[77] A Pio XII farà riferimento il suo successore Giovanni XXIII, quando celebrerà il suo possesso, il 23 novembre 1958, pronunciando una omelia che era sia una breve storia del rito sia una espressione di volontà di risignificazione dello stesso in senso più spirituale e più consono al rilancio della pastoralità che era al cuore del progetto religioso di papa Roncalli.[78] A cavallo tra Novecento e secondo millennio la cerimonia del possesso, pur non essendo più sistematicamente la prima uscita pubblica del papa – lo stesso Giovanni XXIII si è recato prima a Castel Gandolfo e Benedetto XVI a San Paolo fuori le mura [79] – ha acquistato rilevanza per quello che il papa dice nella omelia conclusiva – una novità rituale, non prevista dall'antico cerimoniale del Possesso – che insieme alla omelia pronunciata il giorno della messa inaugurale è divenuta un messaggio programmatico di inizio pontificato. Questo è evidente per papa Roncalli,[80] ma anche per Paolo VI e per Benedetto XVI. Papa Ratzinger facendo coincidere il suo possesso con la festa dell'Ascensione il 7 maggio 2005 pronunciò una significativa omelia centrata sulla potestà

76. Isnenghi, *I luoghi della memoria*, p. 415.

77. «Tandem per Cardinalem Protodiaconum Pontifex coronatur, et cum sibi placuerit Patriarchalis Archibasilicae Lateranensis possessionem, ritu praescripto, capit».*(Vacantis Apostolicae Sedis*, in AAS, 38, 1945, art. 108). La stessa formula ricorre nella *Romano Pontifici eligendo*, 67, 1975, art. 92 e nella *Universi Dominici Gregis,* art. 92).

78. Hebblethwaite, *Giovanni XXIII*, p. 44 che fa riferimento alle entusiastiche riflessioni dello stesso pontefice sulla cerimonia.

79. Schimmelpfennig ha considerato la scelta di papa Benedetto XVI di visitare il giorno dopo il suo insediamento San Paolo e solo una settimana dopo la basilica Lateranense volta a «mostrare come, assieme a Pietro, il *doctor gentium* Paolo sia indissolubilmente legato alla Chiesa di Roma» (*L'incoronazione papale*, p. 968).

80. Riccardi, *Il potere del papa*, pp. 158-159.

di insegnamento del papa, il cui simbolo è la Cattedra di Pietro, nell'interpretazione autentica delle Sacre Scritture sotto l'ispirazione dello Spirito Santo non come minaccia alla libertà di coscienza ma «servizio di obbedienza alla fede».[81]

Meno complessa l'evoluzione dei rituali funebri. I documenti normativi novecenteschi sulla elezione papale che abbiamo passato in rassegna nelle pagine precedenti contengono generalmente nella regolamentazione della sede vacante paragrafi sulle esequie il cui dettato è caratterizzato da una monotona ripetitività. Si affidano – come era tradizione fin dal Due e Trecento – al cardinale camerlengo i compiti di verificare giuridicamente il decesso, di sigillare l'appartamento pontificio, di spezzare l'anello del Pescatore, di prendere possesso dei palazzi apostolici e di comunicare al cardinal vicario la notizia della morte del papa. Si ribadisce la durata del rito a nove giorni consecutivi – una norma che non aveva subito modifiche da quando era stata introdotta dalla bolla *Ubi periculum* del 1274 – e si delega alle congregazioni dei cardinali la decisione di fissare, giorno, ora e modalità del trasporto del corpo del papa nella basilica di San Pietro per esporlo alla venerazione dei fedeli, nonché la scelta degli ecclesiastici che reciteranno l'orazione *Pro Pontifice defuncto*. La *Vacantis Apostolicae Sedis* di Pio XII e la *Romano Pontifici eligendo* di Paolo VI prevedono la compilazione di più documenti della tumulazione nella Basilica Vaticana, un resoconto redatto dal notaio del Capitolo della stessa basilica – una tradizione ben documentata fin dal Cinquecento – e due attestati da parte di due delegati, rispettivamente della Camera Apostolica e del Prefetto della Casa pontificia. Entrambe le costituzioni genericamente recitano che se il papa morisse fuori della città di Roma sia compito del collegio dei cardinali organizzare «una degna e decorosa traslazione della salma nella Basilica di San Pietro»,[82] che funge dal XV-XVI secolo in poi come necropoli papale, anche se alcuni papi e da ultimo Leone XIII avevano indicato altre chiese romane come definitiva dimora delle spoglie terrene.[83] Paolo VI recepì senza variazioni di rilievo le disposizioni di Pio XII che si atteneva a un consolidato cerimoniale. C'è però altro. La fine di Pio XII avvenne – come è noto

81. *Patriarchalis Archibasilicae Lateranensis Possessio* (17 maggio 2005), AASS, 97, 2005, pp. 746-752.

82. *Constitutio Vacantis Apostolicae Sedis*, in AAS, 38, 1945, art. 30 e 31; *Romano Pontifici eligendo*, ivi, 67, 1975, art. 28 e 29.

83. Leone XIII decise infatti di farsi seppellire nella basilica di San Giovanni in Laterano: Rusconi, *Santo Padre*, p. 463.

– all'alba del 9 ottobre 1958 a Castel Gandolfo in una situazione di isolamento del papa morente, circondato da un ristretto e interessato entourage, e di insana curiosità mediatica.[84] Il duplice scandalo dell'oltraggio dei giornali listati a lutto usciti prima del decesso e dell'agonia violata dalla circolazione delle foto del papa nei suoi ultimi momenti non furono compensati dall'apoteosi del ritorno a Roma in un carro funebre riccamente adornato che attraversò tra la folla la città dal Laterano al Colosseo a San Pietro passando per i Fori, in sostanza il percorso della antica *via papalis* modificata dalle demolizioni e ristrutturazioni volute dal progetto urbanistico del fascismo. Un trionfo forse non eguagliato neppure dagli antichi imperatori romani: così avrebbe commentato nell'elogio funebre del defunto pontefice il patriarca di Venezia, cardinale Roncalli[85] Nella basilica davanti all'altare della Confessione il corpo del papa che, come era accaduto per molti pontefici di altre epoche, mostrava segni di disfacimento – va ricordato che Pio X aveva per sua espressa volontà interrotta la consuetudine dell'imbalsamazione, ordinando un'esposizione di poche ore[86] – fu issato su un letto funebre sostenuto da un altissimo piedistallo per meglio essere visibile ai fedeli che sfilarono per l'ultimo omaggio. Quello di Pio XII fu un funerale barocco fuori tempo il cui corteo ebbe ancora per scenario le strade romane. A causa della dissacrante vicenda delle immagini di papa Pacelli agonizzante Giovanni XXIII inserì nella sua *Summi Pontificis electio* (5 settembre 1962) un articolo che prescriveva che a nessuno fosse permesso durante la malattia del pontefice registrare le sue parole per poi riprodurle o ottenere fotografie del papa infermo o anche defunto prima che fosse rivestito degli abiti pontificali e che la traslazione della salma, terminate le esequie, nella cripta di san Pietro, avvenisse con l'accompagnamento di pochi cardinali: il decano di ogni ordine, l'arciprete della Basilica vaticana, l'ultimo segretario di stato e alcuni canonici[87] Paolo VI riprese anche questa norma nella *Romano Pontifici eligendo*[88] che è rimasta vigente. Come papa Pacelli papa Montini morì a Castel Gandolfo ma il suo ritorno non assunse le forme sontuose del corteo di Pio XII: le figure della corte – le guardie nobili in uniforme, i bussolanti, i nobili romani – erano scomparse

84. Riccardi, *Il potere del papa*, pp. 151-153.
85. Rusconi, *Santo Padre*,p. 495
86. Ivi, p. 463.
87. *Summi Pontificis electio*, AASS, 54, 1962, art. 1 e 2.
88. *Romano Pontifici eligendo*, AASS, 67, 1975, art. 30

dalla scena. Per la prima volta la messa delle esequie si volse in piazza san Pietro con la bara deposta per terra. Fu così anche per la messa funebre di Giovanni Paolo II che si spense il 2 aprile 2005 nel palazzo vaticano dopo una malattia seguita dall'attenzione mediatica di tutto il mondo, condivisa con i fedeli per volontà dello stesso papa che non esitò a mostrarsi nella sofferenza del suo corpo provato in brevi apparizioni fino a pochi giorni prima della morte. Già durante il pontificato di Paolo VI, inoltre, l'ufficio delle celebrazioni liturgiche aveva recepito nel *De funere Summi Pontificis*, che fu usato sia per le esequie di papa Montini che per quelle di papa Luciani, l'indicazione espressa dal Vaticano II di improntare il rito funebre «all'indole pasquale della morte cristiana». Questa revisione è proseguita durante il papato di Giovanni Paolo II che nella *Universi Dominici gregis*[89] menzionava un nuovo *ordo exsequiarum Romani Pontificis* (poi approvato nel febbraio 1998 e edito dalla Tipografia Vaticana nel 2000).

Come si vede la lettura della normativa sul conclave intrecciata alla considerazione delle modalità di svolgimento dei riti papali nel lungo periodo compreso tra 1870 e il papato di Benedetto XVI consente di individuare alcune coerenze tra i due processi leggibili secondo una analoga periodizzazione. Per un secolo, fino a Paolo VI, la normativa sul conclave è caratterizzata da una straordinaria continuità rispetto all'Età moderna. Elementi sostanziali come la validità dell'elezione del papa soltanto con i due terzi dei cardinali, o l'inizio del conclave a 10 giorni dalla morte del papa o ancora la non decadenza delle cariche del camerario e del penitenziere maggiore erano rimasti sostanzialmente immutati dal Duecento in poi, ossia dalla costituzione del conclave nel 1274 con la bolla *Ubi Periculum* di Gregorio X. Una innovazione di grande rilievo avviene però all'inizio del secolo. La perdita del potere temporale dei papi crea anche le condizioni di recupero dell'autonomia ecclesiastica dai poteri civili rappresentata dalla abolizione del veto (1904). D'altra parte nella fase di dura contrapposizione al governo italiano che occupa la "città del papa" che si conclude definitivamente solo con la stipula dei patti lateranensi i riti si contraggono – il possesso è addirittura omesso – anche se nulla cambia nella liturgia delle cerimonie. La incoronazione conserva la sua importanza e viene anche rilanciata con fasto solenne da Pio XII. Il Concilio Vatica-

89. *Universi Dominici Gregis*, in *Sede Apostolica Vacante Storia-Legislazione-Riti*, art. 27.

no II darà invece un grande impulso all'aggiornamento anche in materia di legislazione del conclave e di prescrizioni cerimoniali. Fondamentale appare il rinnovamento impresso da Paolo VI che si articola – seguendo la linea già delineata da Giovanni XXIII – in una revisione della composizione del Sacro Collegio (taglia, limiti di età, maggiore internazionalizzazione), nella ristrutturazione della Curia e della Casa del pontefice e in una semplificazione e spiritualizzazione dei riti di insediamento. Giovanni Paolo II completerà questa opera di riforma, imponendo il solo scrutinio come forma di elezione del pontefice. Questo processo di aggiornamento e semplificazione avviene in un mondo in cui lo sviluppo dei mezzi di comunicazione mondializza l'evento conclave – dalla morte del pontefice alla elezione e insediamento del successore – tanto che si è potuto sostenere che oggi «il vero potere di condizionamento è legato all'indirizzo dei mass media» e alle campagne della grande stampa.[90] È una novità del nostro tempo che distingue nettamente il conclave contemporaneo da quello di Età moderna quando le notizie circolavano attraverso la comunicazione segreta dei conclavisti e la circolazione di torrenziali e spesso tendenziose relazioni manoscritte che affollano oggi gli scaffali di archivi e biblioteche europee. Infine un ulteriore aspetto che conviene evidenziare è, nonostante la costante riaffermazione del rispetto della tradizione, il carattere aperto dell'opera di revisione del conclave affidata, come Giovanni Paolo II ha ribadito con forza, in modo indiscusso alla autorità del pontefice. Si tratta dunque di accettare il principio della storicità del conclave senza mettere in discussione la sostanza della linea della tradizione. Un sfida anche per il futuro.

90. Regoli, *Oltre la crisi della Chiesa*, p. 26.

Abbreviazioni

Archivi e biblioteche

A Cap	Archivio Capitolino, Roma
ACL	Archivio dell'Ufficio delle celebrazioni liturgiche del Sommo Pontefice, Città del Vaticano
AGS	Archivo General de Simancas, Simancas
AHN	Archivo Histórico Nacional, Madrid
AMAE	Archives du Ministère des Affaires Etrangères, Paris
ASF	Archivio di Stato di Firenze, Firenze
	MP: *Mediceo del Principato*
ASMn	Archivio di Stato di Mantova, Mantova
	AG: *Archivio Gonzaga*
ASMo	Archivio di Stato di Modena, Modena
	Estero, Documenti di Stati e Città: *Archivio Segreto Estense, Cancelleria, Sezione Estero, Documenti di Stati e Città*
ASR	Archivio di Stato di Roma, Roma
ASTo	Archivio di Stato di Torino, Torino
ASV	Archivio Segreto Vaticano, Città del Vaticano
	SS: *Segreteria di Stato*
	AAES: *Archivio Affari Ecclesiastici Straordinari*
BAV	Biblioteca Apostolica Vaticana, Città del Vaticano
BL	British Library, London
BNN	Biblioteca Nazionale di Napoli, Napoli
BNR	Biblioteca Nazionale Centrale, Roma
BV	Biblioteca Vallicelliana, Roma

Altre abbreviazioni

AAS	Acta Apostolicae Sedis, I, Typis Polyglottis Vaticanis, Romae 1909-
Achery	Achery, L. d', *Veterum aliquot scriptorum Spicilegium*, VI, Parisiis 1664
Andrieu	Andrieu, M., *Les* Ordines Romani *du haut Moyen Âge*, 5 voll., Paris 1931-1961 (Spicilegium sacrum Lovaniense, 11, 23, 24, 28, 29)
ASRSP	Archivio della Società Romana di Storia Patria
ASS	Acta Sanctae Sedis, Typis Polyglottae officinae S.C. de Propaganda Fide, 1884-1909
Dykmans	Dykmans, M., *Le cérémonial papal de la fin du Moyen Âge à la Renaissance*, 4 voll., Bruxelles, Roma 1977-1985
DBI	*Dizionario biografico degli italiani*, Istituto dell'Enciclopedia Treccani, Roma 1960-
DO	*Diario ordinario di Roma*, in Roma nella stamperia del Chracas presso san Marco al Corso, 1716-1808
EP	*Enciclopedia dei papi*, Roma, Istituto dell'Enciclopedia Treccani, Roma 2000, 3 voll.
JL	*Regesta pontificum Romanorum, ab condita ecclesia ad annum post Christum natum MCXCVIII*, ed. Ph. Jaffé-S. Löwenfeld, 2ª ed., 2 voll., Lipsiae 1885-1888
Ladner	Ladner G.B., *Die Papstbildnisse des Altertums und des Mittelalters*, 3 voll., Città del Vaticano 1941-1984 (Monumenti di antichità cristiana, s. II, 4).
LC	*Le* Liber censuum *de l'Église Romaine*, ed. P. Fabre, L. Duchesne, 4 voll., Paris 1905-1952 (Bibliothèque des Écoles françaises d'Athènes et de Rome, 2ᵉ série, 6).
LP	*Le Liber pontificalis*, ed., introd., comm., L. Duchesne, 2 voll., Paris 1886-1892 (Bibliothèque des Écoles françaises d'Athènes et de Rome, s. II, [3]).
Mansi	Mansi G.D., *Sacrorum conciliorum nova et amplissima collectio*, ed. altera, 53 voll., Paris 1901-1927
MEFRIM	«Mélanges de l'École française de Rome. Italie et Méditerranée»
MEFRM	«Mélanges de l'École française de Rome. Moyen Âge-Temps modernes»
MGH	Monumenta Germaniae Historica SS: *Scriptores*, vol. I-XXXIX, 1826-2009

	Constitutiones: *Constitutiones et acta publica imperatorum et regum*, voll. I-IV, Hannoverae 1893-1906
	Libelli de lite: *Libelli de lite imperatorum et pontificum saec. XI et XII conscripti*, 3 voll., Hannoverae 1891-1897
Moroni, DESE	G. Moroni, *Dizionario di erudizione storico-ecclesiastica*, dalla Tipografia emiliana, in Venezia 1850-1861, 103 voll.
OR 36	*Ordo Romanus* 36, ed. M. Andrieu, *Les Ordines Romani*, vol. IV
PG	*Patrologiae cursus completus. Series graeca*, ed. J-P. Migne, 166 voll., Parisiis 1857-1866.
PL	*Patrologiae cursus completus. Series latina*, ed. J-P. Migne, 221 voll., Parisiis 1841-1864
Potthast	Potthast A., *Regesta pontificum Romanorum inde ab a. post Christum natum MCXVIII ad a. MCCCIV*, 2 voll., Berolini 1875
RAH	*Real Academia de la Historia*, Madrid
RIS	*Rerum Italicarum Scriptores*. Raccolta degli storici italiani dal Cinquecento al Millecinquecento ordinata da L.A. Muratori, ed. di G. Carducci, S. Lapi, Città di Castello, [poi] N. Zanichelli, Bologna 1900-1975 (successivamente a cura di Vittorio Fiorini, Pietro Fedele e Istituto storico italiano per il Medioevo)
Vogel-Elze	Vogel C., Elze R., *Le pontifical romano-germanique du dixième siècle*, 3 voll., Città del Vaticano 1963-1972
Watterich	Watterich Johann Matthias, *Pontificum Romanorum qui fuerunt inde ab exeunte saeculo IX usque ad finem saeculi XIII vitae ab aequalibus conscriptae*, 2 voll., Leipzig 1862

Opere citate

Achelis H., Flemming J., *Die Syrische Didaskalia*, Leipzig 1904 (Texte und Untersuchungen, 25)

Aegidius Romanus, *Contra exemptos. Primus tomus operum*, Romae 1555

Alberigo G., *Il Vaticano II dalle attese ai risultati: una svolta?*, in *Volti di fine concilio. Studi di storia e teologia sulla conclusione del Vaticano II*, a cura di J. Doré e A. Melloni, Il Mulino, Bologna 2000, pp. 395-416

Alberini Marcello, *Il Diario*, vedi Orano D., *Il diario di Marcello Alberini*

Alexander von Roes, *Die Schriften des Alexander von Roes*, ed. H. Grundmann, H. Heimpel, Stuttgart 1958 (MGH. Staatsschriften, I, 1)

Alfarano Tiberio, *Tiberii Alpharani De Basilicae Vaticanae antiquissima et nova structura*, ed. M. Cerrati, Tipografia Poliglotta Vaticana, Città del Vaticano 1914

Andretta E., *Medici e pubblico al capezzale dei papi. Gian Francesco Marengo, Michele Mercati e la narrazione della morte del pontefice*, in *Pubblico e Pubblici di Antico Regime*, a cura di B. Borello, Pacini, Pisa 2009, pp. 73-99

Andretta E., *Roma medica. Anatomie d'un système médical au XVIe siècle*, École française de Rome, Rome 2011 (Collection de l'École française de Rome, 448)

Andrieu M., *La carrière ecclésiastique des papes et les documents liturgiques du Moyen Âge Andrieu, Michel* (1947), in «Revue des sciences religieuses», 21 (1947) pp. 3-4, 89-120

Andrieu M., *Le pontifical romain au Moyen Âge*, I, *Le pontifical romain du XII*[e] *siècle*, II, *Le pontifical romain de la curie au XIII*[e] *siècle*, III, *Le pontifical de Guillaume Durand*, 3 voll., Città del Vaticano 1938-1941 (Studi e testi, 86-87, 99)

Angelini N., *Discorso curiosissimo di Niccolò Angelini intorno alla mutatione de' nomi de' papi, nella loro creatione. Nel quale si dimostra la vera causa, quando, e da chi hebbe principio questo costume: et si rende la ragione, c'ha mosso molti pontefici a chiamarsi più con vn nome, che con vn'altro, e specialmente da Martino 5. fino al nuouo pontefice, Papa Leone 11*, ad instanza d'Iseppo Marcello, in Venetia 1605

Annales Fuldenses sive Annales regni Francorum orientalis, ed. Fr. Kurze, Hannover 1891 (MGH SS. rer. Germ. 7)

Annales regni Francorum inde ab a. 741 usque ad a. 829, qui dicuntur Annales Laurissenses maiores et Einhardi, ed. Fr. Kurze, G. Fr. Pertz, Hannover 1895 (Scriptores rerum germanicarum in usum scholarum, 6)

Argoli Andrea, *De diebus criticis et de aegrorum decubitu libri duo*, apud Paulum Frabottum, Patavij 1639

Artaud de Montor Alexis-François, *Storia di Pio VII*, presso Giovanni Resnati, Milano 1845 (4ª ed. nuovamente riveduta)

Avellana qvae dicitvr collectio, ed. O. Guenther, Vindobonae 1895-1898 (Corpus scriptorum ecclesiasticorum latinorum, 35)

Bacci Andrea, *De venenis et antidotis Προλεγομενα seu communia praecepta ad humanam vitam tuendam, saluberrima*, Vincenzo Accolti, Romae 1586

Baldassari Pietro, *Relazione delle avversità e patimenti del glorioso papa Pio VI negli ultimi tre anni del suo pontificato*, 2ª ed., Real Tipografia degli eredi Soliani, Modena 1840-1843, 4 voll.; trad. franc. *Histoire de l'enlèvement et de la captivité de Pie VI traduite de l'italien et augmentée d'un Précis historique des XXI premières années du Pontificat par l'abbé de La Couture*, Librairie catholique de Perisse Frères, Paris-Lyon 1842

Baldini U., *The Roman Inquisition's condemnation of astrology: antecedents, reasons and consequences*, in *Church, Censorship and Culture in Early Modern Italy*, ed. G. Fragnito, Cambridge University Press, Cambridge 2001 (Cambridge Studies in Italian History and Culture), pp. 79-110

Baluze E., Mollat G., *Vitae paparum Avenionensium*, 4 voll., Paris 1914-1922

Balzani U., *La storia di Roma nella Cronica di Adamo da Usk*, in «Archivio della Società romana di storia patria», 3 (1880), pp. 473-488

Banck Laurentius, *Roma triumphans seu Actus inaugurationum et coronationum Pontificum Romanorum et in ispecis Innocentii X Pont. Max. brevis descriptio*, editio secunda, typis Johannis Arcerii, Francofurti ad Moenum 1656 (1ª ed. 1645)

Barbiche B., Litterae ante coronationem. *Note sur quelques actes pontificaux originaux conservés aux Archives nationales de Paris*, in *Palaeographica, diplomatica et archivistica. Studi in onore di Giulio Battelli*, II, Roma 1979 (Storia e letteratura. Raccolta di studi e testi, 139-140), pp. 263-75

Barthel Johann Kaspar, *Dissertatio historico-canonico-publica. De pallio,* editio secunda, typis Joan Jacobi Cristophori Kleyer, Herbipoli 1753

Basdevant-Gaudemet B., *Le concordat de 1801, référence pour une politique concordataire*, in «Revue d' histoire de l'Église de France», 87 (2001), pp. 393-413

Baumgarten P.M., *Aus Kanzlei und Kammer. Erörterungen zur kurialen Hof- und Verwaltungsgeschichte im XIII., XIV. und XV. Jahrhundert*, Freiburg i.Br. 1907

Beda, *Historia ecclesiastica gentis Anglorum*, ed. B. Colgrave-R.A.B. Mynors, in *Bede's Ecclesiastical history of the English people,* Oxford 1981

Benigno F., *Simboli della politica. Lo strano caso del berretto della libertà*, in «Storica», 15 (2009), pp. 57- 81

Benson R.L., *The Gelasian Doctrine: Uses and Transformations*, in *La notion d'autorité au Moyen Âge: Islam, Byzance, Occident. Colloques internationaux de La Napoule, session des 23-26 octobre 1978*, ed. G. Makdisi, D. Sourdel, J. Sourdel-Thomine, Paris 1981, pp. 13-44

Bertelli S., *Il corpo del re: sacralità del potere nell'Europa medievale e moderna*, Ponte alle Grazie, Firenze 1995 (1[a] ed.1990)

Berthelet G., *La elezione del papa. Storia e documenti*, Forzano e C. editori, Roma 1891

Berthier J.J., *L'église de la Minerve à Rom*e, Cooperativa tipografica Manuzio, Roma 1910, pp. 238-256

Boiteux M., *Parcours rituels romains à l'époque moderne*, in M.A. Visceglia, C. Brice, *Cérémonial et rituel à Rome (XVIe-XIXe siècle)*, École française de Rome, Rome 1997 (Collection de l'Ècole française de Rome, 231), pp. 27-87

Bojcov M.A., *Die Plünderung der toten Herrscher als allgemeiner Wahn*, in *Bilder der Macht in Mittelaltere und Neuzeit. Byzanz-Okzident-Russland*, ed. O.G. Oexle, M.A. Bojcov, Göttingen 2007 (Veröffentlichungen des Max-Planck-Instituts für Geschichte, 226), pp. 53-117

Bojcov M.A., *Warum pflegten deutsche Könige auf Altären zu sitzen?*, in *Bilder der Macht in Mittelalter und Neuzeit*, ed. O.G. Oexle, M. Bojcov, Göttingen 2007, pp. 243-314

Bolton B., *Advertise the Message. Images in Rome at the Turn of the Twelfth Century*, in *The Church and the Arts*, ed. D. Wood, Oxford 1992 (Studies in Church History, 28), pp. 117-130 (rist. in Ead., *Innocent III. Studies on Papal Authority and Pastoral Care*, Aldershot, Brookfield, VT 1995 [Variorum Reprints. CSS, 490])

Bonacina Martino, *Martini Bonacinae Sacr. Teologi ac Uticensis episcopi Tractatus de legitima Summi Pontificis electione Iuxta Summorum Pontificum, praesertim Gregorij XV et Sanct. D. N. Urbani VIII Constitutiones*, sumptibus Laurentii Durand, Lugduni 1637

Bonora E., *Inquisizione e papato tra Pio IV e Pio V*, in *Pio V nella società e nella politica del suo tempo*, a cura di M. Guasco, A. Torre, Il Mulino, Bologna 2005, pp. 49-83

Borgolte M., *Petrusnachfolge und Kaiserimitation. Die Grablegen der Päpste, ihre Genese und Traditionsbildung*, Göttingen 1989

Boüard M. de, *La mort de Grégoire XIII d'après un récit inédit de son médecin*, in «Revue historique», 168 (1931), pp. 91-97

Bourdin Ph., Boutry Ph., *L'Église catholique en Révolution: l'historiographie récente*, in «Annales historiques de la Révolution francaise», 355 (2009), pp. 3-23

Boureau A., *La papesse Jeanne*, Paris 1988 (trad. ingl. *The Myth of Pope Joan*, London, Chicago 2001; trad. ital. *La papessa Giovanna*, Torino 1991)

Bourilly V.L., Weiss N., *Jean du Bellay, les protestants et la Sorbonne (1529-1535)*, Societé de l'histoire du Protestantisme français, Paris 1904 (edizione estratta)

Boutry Ph., *La Restaurazione (1814-1848)*, in *Roma moderna*, a cura di G. Ciucci, Laterza, Roma-Bari 2002, pp. 371-413

Boutry Ph., *La Roma napoleonica fra tradizione e modernità (1809 -1814)*, in *Roma la città del papa. Vita civile e religiosa dal giubileo di Bonifacio VIII al giubileo di papa Wojtiła*, a cura di L. Fiorani, A. Prosperi, Einaudi, Torino 2000 (Storia d'Italia. Annali, 16), pp. 935-973

Boutry Ph., *La tentative française de destruction du Saint Siège (1789-1814)*, in *"Rome, l'unique objet de mon ressentiment". Regards critiques sur la papauté*, a cura di Ph. Levillain, École française de Rome, Rome 2011 (Collection de l'Ècole française de Rome, 453), pp. 79-100

Boutry Ph., *Les saints des Catacombes. Itinéraires français d'une pitié ultramontaine (1800-1881)*, in «MEFRM», 91 (1979), pp. 875-930

Boutry Ph., *Une théologie de la visibilité. Le projet* zelante *de resacralisation de Rome et son échec (1823-1829)*, in M.A. Visceglia, C. Brice (éd.), *Cérémonial et rituel à Rome (XVIe-XIXe siècles*, École française de Rome, Rome 1997 (Collection de l'École française de Rome, 231), pp. 317-367

Boutry Ph., Pitocco F., Travaglini C.M., *Roma negli anni di influenza e dominio francese, 1798-1814. Rotture, continuità, innovazioni tra fine Settecento e inizi Ottocento*, ESI, Napoli 2000

Braun J., *Die liturgische Gewandung im Occident und Orient nach Ursprung und Entwicklung, Verwendung und Symbolik*, Freiburg i. Breisgau 1907

Briefe Benedicts XIV an den Canonicus Francesco Peggi in Bologna (1727-1758) nebst Benedicts Diarium des Conclaves von 1740, hrsg. von F.X. Kraus, Akademische Verlagsbuchhandlung von J.C.B. Mohr, Freiburg I.B-Tübingen 1884 (rist. Lightning Source Incorporated 2009)

Buder Christian Gottlieb, *Vindiciae Iuris Imperatoris adversus Urbis Romae episcopos ab ipsis Augustis factae*, excudebat Petrus Fickhelscherr, Ienae 1719

Bullard M., *Grain supply and Urban Unrest in Renaissance Rome: the Crisis of 1533-34*, in *Rome in the Renaissance: the City and the Myth*, ed. P.A. Ramsey, Center of Medieval and Early Renaissance Studies, Binghamton N.Y. 1982 (Papers of the Thirteenth Annual Conference of the Center of Medieval and Early Renaissance Studies), pp. 279-292

Bullarii Romani continuatio Summorum Pontificum Benedicti XIV., Clementis XIII., Clementis XIV., Pii VI., PiiVII., Leonis XII., Pii VIII. Constitutiones, litteras in forma brevis, epistolas ad principes viros, et alios; atque allocutiones complectens, in Typographia Aldina, Prati 1849

Bullarii Romani continuatio Summorum Pontificum Clementis XIII., Clementis XIV., Pii VI., Pii VII., Leonis XII. et Pii VIII. Constitutiones, literas in forma brevis, epistolas ad principes viros, et alios atque alloquutiones complectens quas collegit Andreas advocatus Barberi curiae capitolii collateralis, additis summariis, adnotationibus, indicibus opera, et studio Rainaldi Segreti I.C., tomus decimus continens *Pontificatus Pii VI. annum vicesimum secundum ad vicesimum quintum*, ex Typographia Reverendae Camerae Apostolicae, Romae 1845

Bullarium Romanum seu Novissima et accuratissima Collectio Apostolicarum Constitutionum...: Complectens Constitutiones Benedicti XIII, scilicet ab anno II ad VI, tomus duodecimus, typis [et] sumptibus Hieronymi Mainardi, Romae 1736

Bullarium Romanum, diplomatum et privilegiorum Sanctorum Romanorum Pontificum, Taurinensis editio, tt. 1-24, Seb. Franco, H. Fory et Henrico Dalmazzo editoribus, Augustae Taurinorum 1857-1872

Burchard Johannes, *Johannis Burchardi... Diarium sive Rerum Urbanarum Commentarii (1483-1506)*, par L. Thuasne, voll. 3, E. Leroux, Paris 1883-1885

Burkart L., *Das Blut der Märtyrer. Schatz und Schatzbildung in Gesellschaften des Mittelalters*, Köln 2008 (Norm und Struktur, 31)

Caffiero M., *L'importanza del nome. Pio VII, Pio VIII e la costruzione di una continuità*, in Ead., *Religione e modernità in Italia (secoli XVII-XIX)*, Istituti Editoriali Poligrafici Internazionali, Pisa-Roma 2000, pp. 97-110

Caffiero M., *La nuova era. Miti e profezie dell'Italia in Rivoluzione*, Marietti, Genova 1991

Caffiero M., *Profezia femminile e politica in età moderna. Il processo di Valentano (1774-1775)*, in «Cristianesimo nella storia», 20 (1999), pp. 595-638, ora in Ead., *Religione e modernità in Italia (secoli XVII-XIX)*, pp.131-165

Caffiero M., *Religione e modernità in Italia (secoli XVII-XIX)*, Istituti Editoriali Poligrafici Internazionali, Pisa-Roma 2000

Camarda Antonino O.P., *Constitutionum apostolicarum una cum caeremoniali gregoriano de pertinentibus ad electionem Papae Synopsis accurata, et plana, nec non elucidatio omnium fere difficultatum...*, sumptibus Angeli Mancini typographi episcopalis, Reate 1737

Campi P.M., *Dell'Historia ecclesiastica di Piacenza, con mentione di famiglie, huomini illustri, registro de' privilegi, ecc.*, 3 voll., Roma 1651-1662

Cancellieri Francesco, *Descrizione della Basilica Vaticana con una biblioteca degli autori che ne hanno trattato*, Stamperia Vaticana, Roma 1788

Cancellieri Francesco, *Il mercato, il lago dell'acqua Vergine, e il Palazzo Panfiliano nel Circo Agonale detto volgarmente Piazza Navona*, presso F. Bourlié, Roma 1811

Cancellieri Francesco, *Notizie sopra l'origine e l'uso dell'anello pescatorio e degli altri anelli ecclesiasiastici e specialmente del cardinalizio che si consegna nel concistoro segreto dopo la chiusura ed apertura della bocca e l'assegna dei titoli e delle diaconie e sopra il colore dell'abito de' vescovi e de' cardinali regolari ed il barrettino e la barretta rossa data ai medesimi*, presso F. Bourlié, Roma 1823

Cancellieri Francesco, *Notizie storiche delle stagioni e de' siti diversi in cui sono stati tenuti i conclavi nella città di Roma con la descrizione della Gran Loggia da cui si annunzierà il nuovo papa della Scala e Sala Regia, della Cappella Paolina in cui si fanno gli scrutini e di tutto il braccio del Quirinale ove sono le celle del presente conclave*, presso F. Bourlié, Roma 1823

Cancellieri Francesco, *Storia de' solenni possessi de' Sommi Pontefici detti anticamente processi o processioni dopo la loro coronazione dalla Basilica Vaticana alla Lateranense*, presso Luigi Lazzarini stampatore della R.C.A., Roma 1802

Capitani O., *Problematica della* Dysceptatio synodalis, in «Studi gregoriani», 10 (1975), pp. 142-174 (rist. in Id., *Tradizione e interpretazione. Dialettiche ecclesiologiche del secolo XI*, Roma 1990, pp. 49-83)

Capone A., *Il Duomo di Salerno*, 2 voll., Salerno 1927

Caraccia da Rivalta Arcangelo O.P., *Vita del Beatissimo pontefice papa Pio V. dell'ordine de' Predicatori con l'opere sue meravigliose*, per Giacomo Ardizzoni, Pavia 1615

Carpegna Falconieri T. di, *Soprannomi di antipapi nel secolo XII*, in «Rivista italiana di onomastica», 7 (2002), pp. 161-163

Casali E., *Le spie del cielo. Oroscopi, lunari e almanacchi nell'Italia moderna*, Einaudi, Torino 2003

Catani Baldo, *La pompa funerale fatta dall'Ill.mo et Rev.mo Cardinale Montalto nella trasportatione dell'ossa di Papa Sisto il Quinto*, nella Stamperia Vaticana, Roma 1591

Catena Giovanni Girolamo, *Vita del Gloriosissimo Papa Pio quinto*, [per Alessandro Gardano e Francesco Coattino], Roma 1587

Catholic Church and Modern Science. Documents from the Archives of the Roman Congregation of Holy Office and the Index, I. *Sixteenth-Century Documents*, ed. Baldini U., Spruit L., Libreria editrice vaticana, Roma 2009

Cecchetelli-Ippoliti R., *I precordi dei Papi*, in «Rivista d'Italia», (1917), edizione estratta

Cerasoli F., *Il monumento di Paolo IV nella Chiesa della Minerva*, in «Studi e documenti di storia e diritto», 15 (1894), ed. estr. Roma 1894, pp. 1-4

Cerasoli F., *Il testamento di Pio IV*, in «Studi e documenti di storia e diritto», 14 (1893), pp. 373-381

Ceremonial Entries in Early Modern Europe: the Iconography of Power, eds. Mulryne J.R., M.I. Aliverti and A.M. Testaverde, Ashgate Farnham 2015

Chattard Jean Paul, *Nuova Descrizione del Vaticano o sia della Basilica sacrosanta di San Pietro*, eredi Barbiellini [Mainardi], tt. I-III, Roma, 1762-1767

Chenaux Ph., *Pie XII Diplomate et pasteur*, Les Éditions du Cerf, Paris 2003

Cheyssens L., OFM, *Le cardinal François Albizzi (1593-1684). Un cas important dans l'histoire du jansénisme*, Pontificium Athenaeum Antonianum, Romae 1977

Chierici e laici alla corte di Roma: elementi per una discussione (interventi di A. Menniti Ippolito, S. Giordano, R. Regoli), in «Dimensioni e problemi della ricerca storica», 2 (2012), pp. 129-184

Chiesa romana e rivoluzione francese, 1789-1799, a cura di L. Fiorani, D. Rocciolo, École française de Rome, Rome 2004 (Collection de l'École française de Rome, 336)

Chronicon Adae de Usk. A.D. 1377-1404, ed. E.M. Thompson, London 1876

Ciampani A., *Cattolici e liberali durante la trasformazione dei partiti. La "questione di Roma" tra politica nazionale e progetti vaticani (1876-1883)*, Archivio Guido Izzi, Roma 2000 (Biblioteca scientifica per la storia del Risorgimento italiano)

Ciccarelli Antonio, *Le vite de'Pontefici*, ex typographia Dominici Basae, Romae 1587

Cicconi M., *Costruire l'identità, la fabbrica di San Giovanni dei Fiorentini tra il 1508 e gli anni del pontificato di Leone X*, in *Identità e Rappresentazione. Le chiese nazionali a Roma, 1450-1650*, a cura di A. Koller e S. Kubersky, Campisano Roma 2015, pp. 327-355

Cipolla C., *Le opere di Ferreto de' Ferreti Vicentino*, I, Roma 1908 (Fonti per la storia d'Italia, 42)

Claussen P.C., *Pietro di Oderisio und die Neuformulierung des italienischen Grabmals zwischen* Opus Romanum *und* Opus Francigenum, in *Skulptur und Grabmal des Spätmittelalters in Rom und Italien.* Akten des Kongresses Scultura e monumento sepolcrale del tardo Medioevo a Roma e in Italia. Rom, 4.-6. Juli 1985, ed. J. Garms, A.M. Romanini, Wien 1990 (Publikationen des Historischen Instituts beim österreichischen Kulturinstitut in Rom. Abt. 1, Abhandlungen, 10), pp. 173-200

Codex Carolinus, ed. W. Gundlach, in *Epistolae Merowingici et Karolini aevi* I, Hannover 1892, pp. 469-657 (MGH Epistolae, 3)

Compitissima relatione delle Cerimonie fatte dentro e fuori del conclave nell'elezione del Sommo Pontefice Alessandro VIII seguita a 6 di ottobre 1689, per Paolo Moneta, Roma 1689

Conciliorum Oecumenicorum Decreta, ed. G. Alberigo, P.-P. Joannou *et al.*, Basel, Barcelona 1962 (3ª ed. Bologna 1973)

Constantin VII Porphyrogénète, *Le livre des cérémonies*, ed. A. Vogt, 4 voll., Paris 1939-1940

Constitutio Apostolica de Romana Curia 'Sapienti consilio', Typis poliglottis Vaticanis, Roma 1909

Constitutum Constantini, ed. H. Fuhrmann, *Das Constitutum Constantini (Konstantinische Schenkung)*. Text, MGH, Hannover 1968

Conti da Foligno Sigismondo de', *Le storie dei suoi tempi dal 1475 al 1510 ora per la prima volta pubblicate con versione latina a fronte*, Roma [s.n.] (tipografia Barbera, Firenze 1883)

Corpus iuris canonici, ed. Ae. Friedberg, 2 voll., Leipzig 1879-1881

Coste J., *Boniface VIII en procès. Articles d'accusation et dépositions des témoins (1303-1311)*, Édition critique, introduction et notes, Roma 1995 (Publicazione della Fondazione Canillo Caetani. Studi e documenti d'archivio, 5)

Costituzione apostolica Universi Dominici Gregis*, circa la vacanza della Sede Apostolica e l'elezione del Romano Pontefice*, in *Sede Apostolica Vacante Storia-Legislazione-Riti-Luoghi e Cose*, Ufficio delle celebrazioni liturgiche del Sommo Pontefice, Città del Vaticano 2005

Coulet N., *De l'intégration à l'exclusion: la place des Juifs dans les cérémonies d'entrée solennelle au Moyen Âge*, in «Annales. ESC», 34/4 (1979), pp. 672-683

Cruciani F., *Teatro del Rinascimento, Roma 1450-1550*, Bulzoni, Roma 1983 (Biblioteca del Cinquecento, 22)

D'Acunto N., *L'importanza di chiamarsi Urbano. Onomastica papale e canonistica nella riforma ecclesiastica del secolo XI*, in «Cristianesimo nella storia», 23 (2002), pp. 649-679

D'Amelia M., *Nepotismo al femminile. Il caso di Olimpia Maidalchini Pamphilj*, in *La nobiltà romana in età moderna. Profili, istituzionali e pratiche sociali*, a cura di M.A. Visceglia, Carocci, Roma 2001, pp. 353-399

Davidsohn R., *Geschichte von Florenz*, 4 voll., Berlin 1896-1927 (rist. Osnabrück 1969)

De Blaauw S., *"Cultus et decor". Liturgie en architectuur in laatantiek en middeleeuws Rome Basilica Salvatoris Sanctae Mariae Sancti Petri*, Delft 1987

De Hübner J.A., *Sisto quinto dietro la scorta delle corrispondenze diplomatiche inedite tratte dagli archivi di stato del Vaticano, di Simancas, di Venezia, di Parigi, di Vienna e di Firenze,* Tipografia dei Lincei, Roma 1887

De Marco V., *Il testamento politico di Leone XIII*, in «Ricerche di storia sociale e religiosa», 22 (1993), pp. 193-212

De Renzi S., *Per una biografia di Paolo Zacchia: nuovi documenti e ipotesi di ricerca*, in *Paolo Zacchia: alle origini della medicina legale, 1584-1659*, a cura di A. Pastore, G. Rossi, F. Angeli, Milano 2008, pp. 50-73

Decretum Gratiani, ed. Friedberg, *Corpus iuris canonici*, I, Leipzig 1879

Deér J., *Byzanz und die Herrschaftszeichen des Abendlandes*, in *Byzanz und das abendländische Herrschertum. Ausgewählte Aufsätze*, ed. P. Classen, Sigmaringen 1977, pp. 42-69

Deér J., *The Dynastic Porphyry Tombs of the Norman Period in Sicily*, Cambridge/ Mass. 1959 (Dumbarton Oaks Studien, 5)

Della descrizione dell'esequie fatte nella Basilica Vaticana alla Santità di N. S. PP. Alessandro VIII di felicissima memoria, per Gio. Francesco de Buagni, Roma 1691

Della Torre G., *Il Codice di diritto canonico*, in *Pio X e il suo tempo*, pp. 311-332

Delumeau J., *Vie économique et sociale de Rome dans la seconde moitié du XVI*[e] *siècle*, t. I-II, de Boccard, Paris 1957-1959

Denifle H., *Die Denkschriften der Colonna gegen Bonifaz VIII. und der Cardinäle gegen die Colonna*, in «Archiv für Literatur- und Kirchengeschichte des Mittelalters», 5 (1889), pp. 453-529

Derniers jours de Léon XIII et le conclave de 1903, un témoin, in «Revue des Deux Mondes», CCXLI, t. 20 (mars 1904), pp. 241-283

Descrizione del solenne posssesso de' Pontefici alla Basilica Lateranense secondo il rito antico e secondo il presente, Salviucci, Roma 1846

Didache. Zwölf-Apostel-Lehre, übersetzt und eingeleitet von G. Schöllgen. *Traditio apostolica. Apostolische Überlieferung*, übersetzt und eingeleitet von W. Geerlings, Freiburg 1991 (Fontes Christiani, 1)

Die Diarien und Tagzettel des Kardinals Ernst Adalbert von Harrach (1598-1667), Bd. 2: *Diarium 1629-1646*; Bd. 4: *Diarium 1655-1667*, hrsg. K. Keller und A. Catalano, und Mitarbeit von M. Romberg, Böhlau Verlag, Wien-Köln-Weimar 2010

Distinto ragguaglio della funebre solenne pompa colla quale Mercoledì 17 febraro 1802 fu incontrato alla porta Flaminia e trasportato alla Basilica Vaticana il corpo di Santa memoria di Pio VI proveniente da Valenza sul Rodano e della cappella papale che si tenne nella mattina seguente in detta basilica dal Sommo Pontefice Pio Settimo felicemente regnante, nella stamperia di Vincenzo Pilucchi, Roma 1802

Ditchfield S., *Leggere e vedere Roma come icona culturale (1500-1800 circa)*, in *Roma, la città del papa. Vita civile e religiosa dal giubileo di Bonifacio VIII al giubileo di papa Wojtiła*, a cura di L. Fiorani, A. Prosperi, Einaudi, Torino 2000 (Storia d'Italia. Annali, 16), pp. 31-72

Donato M.P., *Morti improvvise. Medicina e religione nel Settecento*, Carocci, Roma 2010

Dooley B., *Morandi's Last Prophecy and the End of Renaissance Politics*, Princeton University Press, Princeton-Oxford 2002

Dykmans M., *L'oeuvre de Patrizi Piccolomini ou le cérémonial papal de la première Renaissance*, 2 voll., Biblioteca Apostolica Vaticana, Città del Vaticano 1980-1982 (Studi e Testi, 294)

Dykmans M., *Le conclave sans simonie ou la bulle de Jules II sur l'élection papale*, in *Miscellanea Bibliothecae Apostolicae Vaticanae*, III, Biblioteca Apostolica Vaticana, Città del Vaticano 1989 (Studi e Testi, 333)

Dykmans M., *D'Avignon à Rome. Martin V et le cortège apostolique*, in «Bulletin de l'Institut historique Belge de Rome», 39 (1968), pp. 203-310

Dykmans M., *Les pouvoirs des cardinaux pendant la vacance du Saint Siège d'après un nouveau manuscrit de Jacques Stefaneschi*, in «Archivio della Società romana di storia patria», 104 (1981), pp. 119-145

Ebers G.J., *Devolutionsrecht vornehmlich nach katholischem Kirchenrecht*, Stuttgart 1906

Egger Chr., *Päpstliche Wahldekrete und Wahlanzeigen. Formen mittelalterlicher Propaganda?*, in *Propaganda, Kommunikation und Öffentlichkeit (11.-16. Ja-*

hrhundert), ed. K. Hruza, Wien 2002 (Forschungen zur Geschichte des Mittelalters, 6), pp. 89-125

Ehrle Fr., *Der Nachlass Clemens' V. und der in Betreff desselben von Johann XXII. (1318-1321) geführte Process*, in «Archiv für Literatur- und Kirchengeschichte des Mittelalters», 5 (1889), pp. 1-158

Eichmann E., *Weihe und Krönung des Papstes im Mittelalter*, ed. K. Mörsdorf, München 1951 (Münchener Theologische Studien III, kan. Abt., 1)

Elze R., *Das* Sacrum Palatium Lateranense *im 10. und 11. Jahrhundert*, in «Studi Gregoriani», 4 (1952), pp. 27-54 (rist. in Id., *Päste-Kaiser-Könige und die mittelalterliche Herrschaftssymbolik*, London 1982 (CS, 152)

Elze R., *Die päpstliche Kapelle im 12. und 13. Jahrhundert,* in «Zeitschrift der Savigny-Stiftung für Rechtsgeschichte Kanonistische Abteilung», 36 (1950), pp. 145-204; ora in R. Elze, B. Schimmelpfennig, L. Schmugge, *Päpste-Kaiser-Könige und die mittelalteriche Herrschaftssymbolik*, Variorum reprints, London 1982

Elze R., Sic transit gloria mundi: *la morte del papa nel Medioevo*, in *Annali dell'Istituto storico italo-germanico di Trento*, 3 (1977), pp. 23-41 (versione ted., Sic transit gloria mundi. *Zum Tode des Papstes im Mittelalter*, in «Deutsches Archiv für Erforschung des Mittelalters», 34 [1978], pp. 1-18; rist. in Id., *Päpste, Kaiser, Könige und die mittelalterliche Herrschaftssymbolik. Selected Studies*, ed. B. Schimmelpfennig, L. Schmugge, London 1982 [Variorum Reprints. CSS, 152])

Enea Silvio Piccolomini papa Pio II, *I Commentarii*, a cura di L. Totaro, 2 vol., Milano 1984 (Classici, 47)

Enea Silvio Piccolomini, *Pii II commentarii rerum memorabilium que temporibus suis contigerunt*, 2 vol., a cura di A. Van Heck, Città del Vaticano, Biblioteca Apostolica Vaticana 1984

Erlande-Brandenburg A., *Le roi est mort. Étude sur les funérailles, les sépultures et les tombeaux des rois de France jusqu'à la fin du XIIIe siècle*, Genève-Paris 1975

Ernst G., *Dalla Bolla "Coeli et terrae" all'"Inscrutabilis". L'astrologia tra natura, religione e politica nell'età della Controriforma*, in Ead., *Religione, ragione e natura. Ricerche su Tommaso Campanella e il tardo Rinascimento*, F. Angeli, Milano 1991, pp. 255-280

Ernst G., *Scienza, astrologia e politica nella Roma barocca. La biblioteca di don Orazio Morandi*, in *Bibliothecae selectae. Da Cusano a Leopardi*, ed. E. Canone, Olschki, Firenze 1993, pp. 217- 252

Ernst G., *Veritatis Amor Dulcissimus. Aspects of Cardano's Astrology*, in *Secrets of Nature. Astrology and Alchemy in Early Modern Europe*, ed. W.R. Newman, A. Grafton, MIT Press, Cambridge Mass. 2001, pp. 39-68

Estève José (Valentino Giuseppe Stefano), *Iosephi Stephani Valentini episcopi Vestani De adoratione pedum Romani Pontificis ad S. D. N. Gregorium 13. P. O. M. adiecta praeterea eiusdem authoris disputatio de Coronatione et Elevatione Rom. Pont.*, apud Franciscum Ziletum, Venetiis 1578

Eusebius Caesariensis, *Die Kirchengeschichte*, ed. E. Schwartz. *Die lateinische Übersetzung des Rufinus*, ed. Th. Mommsen, Leipzig 1903-1909 (Die griechischen christlichen Schriftsteller der ersten drei Jahrhunderte, 9)

Fagiolo M., Madonna M.L., *Il possesso di Leone X. Il trionfo delle prospettive*, in *La festa a Roma dal Rinascimento al 1870*, I, a cura di M. Fagiolo, U. Allemandi § C. per J. Sands, Torino 1997, pp. 42-49

Fantappié C., *Chiesa Romana e modernità giuridica*, t. I, *Il Codex Iuris Canonici (1917)*, Giuffré, Milano 2008

Filippini O., *Benedetto XIII (1724-1730). Un papa del Settecento nel giudizio dei contemporanei*, A. Hiersemann, Stuttgart 2012 (Päpste und Papsttum, 40)

Finke H., *Eine Papstchronik des XV. Jahrhunderts*, in «Römische Quartalschrift», 4 (1890), pp. 340-362

Fiorani L., *Astrologi, superstiziosi e devoti nella società romana del Seicento*, in «Ricerche per la storia religiosa di Roma», 2 (1978), pp. 97-162

Fiorentino C.M., *La malattia di Pio IX nella primavera del 1873 e la questione del conclave*, in «Rassegna storica del Risorgimento» 78/1 (1991), pp.175-204

Firpo M., *Da inquisitori a pontefici. Il Sant'Ufficio romano e la svolta del 1552*, in «Rivista storica italiana», 122 (2010), pp. 911-950

Firpo M., *Inquisizione romana e controriforma. Studi sul cardinal Giovanni Morone e il suo pocesso di eresia*, II ed., Morcelliana, Brescia 2005 (I ed. 1992)

Firpo M., Biferali F., *"Navicula Petri". L'arte dei papi nel Cinquecento, 1527-1571*, Laterza, Roma-Bari 2009

Firpo M., Marcatto D., *Il primo processo inquisitoriale contro il cardinal Giovanni Morone (1552-1553)*, in «Rivista storica italiana», 93/1 (1981), pp. 72-140

Fischer A., *Kardinäle im Konklave. Die lange Sedisvakanz der Jahre 1268 bis 1271*, Tübingen 2008 (Bibliothek des Deutschen Historischen Instituts in Rom, 118)

Fortunio Lelio, *Pompa et apparato fatto in Roma a XI di giugno del LXXX per la Traslatione del Corpo di S. Gregorio Nazianzeno dalla Chiesa di Santa Maria di Campo Marzio alla Chiesa di San Pietro nella Cappella Gregoriana*, appresso Giorgio Angelieri, Venezia 1585

Fosi I., «Parcere subiectis et debellare superbos». *L'immagine della giustizia nelle cerimonie di possesso a Roma e nelle legazioni dello Stato pontificio nel Cinquecento*, in M.A. Visceglia, C. Brice, *Cérémonial et rituel à Rome (XVIe-XIXe siècle)*, École française de Rome, Rome 1997 (Collection de l'École française de Rome, 231), pp. 89-115

Fosi I., *Il consolato fiorentino a Roma e il progetto per la Chiesa nazionale*, in «Studi Romani», 37 (1989), pp. 50-70

Fosi I., *La società violenta. Il banditismo dello Stato pontificio nella seconda metà del Cinquecento*, Edizioni dell'Ateneo, Roma 1985

Fosi I., *Pietà, devozione e politica: due confraternite fiorentine nella Roma del Rinascimento*, in «Archivio Storico Italiano», 149 (1991), pp. 119-162

Franchi A., *Il conclave di Viterbo (1268-1271) e le sue origini. Saggio con documenti inediti,* Assisi 1993

Freund S., Est nomen omen? *Der Pontifikat Gelasius II. (1118-1119) und die päpstliche Namensgebung*, in «Archivum fratrum Praedicatorum», 40 (2002), pp. 53-83

Fried J., *Donation of Constantine and* Constitutum Constantini. *The Misinterpretation of a Fiction and Its Original Meaning*, Berlin 2007

Fuhrmann H., *"Der wahre Kaiser ist der Papst". Von der irdischen Gewalt im Mittelalter*, in *Das antike Rom. Die Kaiserzeit und ihre Nachwirkungen*, ed. H. Bungert, Regensburg 1985 (Schriftreihe der Universität Regensburg, 12), pp. 99-121 (trad. ital. *'Il vero imperatore è il papa'. Il potere temporale nel Medio Evo*, in «Bullettino dell'Istituto storico italiano per il Medioevo», 92 [1985-1986], pp. 367-379)

Galesini Pietro, *Translatio corporis Pii Papae Quinti Beatae Memoriae*, ex Typographia Vaticana, Romae 1588

Gaspare da Verona e Michele Canensi, *Le Vite di Paolo II*, a cura di G. Zippel, coi tipi dell'editore Lapi, Città di Castello 1904 (RIS, III, 16)

Gaude-Ferragu M., *Un coeur couronné: tombeaux et funérailles de coeur en France à la fin du Moyen-Âge*, in «Micrologus», 11 (2003): *Il cuore/The Heart*, pp. 241-266

Gayda G., *Vitae Pontificum Romanorum*, Roma, 1932

Gesta (I) di Innocenzo III, Introduzione di G. Barone, Saggio biografico di W. Maleczek, Traduzione di S. Fioramonti, Roma 2009 (La corte dei papi, 20)

Gesta Berengarii imperatoris. Beiträge zur Geschichte Italiens im Anfange des 10. Jahrhunderts, ed. E. Dümmler, Halle 1871

Giesey R. E., *Le roi ne meurt jamais*, Paris 1987

Gigli Giacinto, *Diario Romano (1608-1670)*, a cura di G. Ricciotti, Tumminelli ed., Roma 1958

Ginzburg C., *Saccheggi rituali. Premesse a una ricerca in corso*, in «Quaderni Storici», 65/2 (1987), pp. 615-636

Giorgi Domenico, *Gli abiti sacri del sommo pontefice paonazzi e neri in alcune solenni funzioni della Chiesa, giustificati con l'autorità degli antichi rituali e degli scrittori liturgici*, Mainardi, Roma 1724

Giovio Paolo, *Pauli Iovii Novocomensis episcopi Nucerini de vita Leonis Decimi Pontificis Maximi… et Pompeii Columnae*, in officina Laurentii Torrentini ducalis typographi, Florentiae 1548

Gotor M., *Le vite di San Pio V dal 1572 al 1712 tra censura, agiografia e storia*, in *Pio V nella società e nella politica del suo tempo*, a cura di M. Guasco, A. Torre, Il Mulino, Bologna 2005, pp. 207-249

Grassi (De Grassi) Paride, *Il diario di Leone X di Paride de Grassi, maestro delle cerimonie pontificie dai volumi manoscritti degli archivi vaticani della S. Sede*, Tipografia della Pace di F. Cuggiani, Roma 1884

Grassi (De Grassi) Paride, *Paridis De Grassis Diarium Curiae Romanae,* hrsg. Ch.G. Hoffmann, in *Nova scriptorum ac monumentorum... collectio*, sumptibus haered. Lanckisianorum, Leipzig 1731-1733

Grenet M., *La passion des astres au XVIIe siècle: de l'astrologie à l'astronomie*, Hachette, Paris 1994

Grimaldi Giacomo, *Descrizione della basilica antica di San Pietro in Vaticano, codice Barberiniano latino 2733*, ed. R. Niggl, Città del Vaticano 1972 (Codices e Vaticanis selectis quam simillime expressi, 32)

Grisar H., *Die römische Kapelle* Sancta Sanctorum *und ihr Schatz: meine Entdeckungen und Studien in der Palastkapelle der mittelalterlichen Päpste*, Freiburg i.Br. 1908 (trad. ital. *Il* Sancta *Sanctorum e il suo tesoro* sacro, Roma 1907)

Guicciardini F., *Storia d'Italia*, presentazione critica e note di E. Mazzali, 3 voll., Garzanti, Milano 1988

Guidi P., *La coronazione d'Innocenzo VI*, in *Papsttum und Kaisertum. Forschungen ... Paul Kehr ... dargebracht*, München 1926, pp. 571-590

Guidiccioni Lelio, *Breve racconto della trasportatione del corpo di Papa Paolo V dalla basilica di San Pietro a quella di Santa Maria Maggiore con l'oratione recitata nelle sue Esequie e alcuni versi posti nell'apparato*, eredi di Bartolomeo Zannetti, Roma 1623

Guilelmus Durandus, *Rationale divinorum officiorum*. I-IV, ed. A. Davril, T.M. Thibodeau, Turnholti 1995 (Corpus christianorum. Continuatio mediaevalis, 140)

Gussone N., *Thron und Inthronisation des Papstes von den Anfängen bis zum 12. Jahrhundert. Zur Beziehung zwischen Herrschaftszeichen und bildhaften Begriffen, Recht und Liturgie im christlichen Verständnis von Wort und Wirklichkeit*, Bonn 1978 (Bonner historische Forschungen, 41)

Guthlin J. (alias Lucius Lector), *Le conclave et le veto des gouvernements*, Vitte, Lyon 1894

Guthlin J. (alias Lucius Lector), *Le conclave: origines, histoire, organisation, législation ancienne et moderne, avec un Appendice contenant le texte des «Bulles secrètes» de Pie IX*, P. Lethielleux, Paris 1894

Gutmann F., *Die Wahlanzeigen der Päpste bis zum Ende der avignonesischen Zeit*, Marburg 1931 (Marburger Studien zur älteren deutschen Geschichte II. Reihe, 3)

Haehling R.V., *Die Religionszugehörigkeit der hohen Amtsträger des Römischen Reiches seit Constantins*, I, *Alleinherrschaft bis zum Ende der Theodosianischen Dynastie*, Bonn 1978 (Antiquitas, III, 23)

Haller J., *Zwei Aufzeichnungen über die Beamten der Curie*, in «Quellen und Forschungen aus italienischen Archiven und Bibliotheken», 1 (1898), pp. 1-31

Hampe K., *Ein ungedruckter Bericht über das Conclave von 1241 im römischen Septizonium, Sitzungsberichte der Heidelberger Akademie der Wissenschaften*, phil.-hist. Klasse (1913), n° 1

Hebblethwaite P., *Giovanni XXIII, il papa del Concilio*, Lit edizioni, Roma 2013

Herde P., *Die Entwicklung der Papstwahl im dreizehnten Jahrhundert*, in «Österreichisches Archiv für Kirchenrecht», 32 (1981), pp. 11-41

Herde P., *Die Wahl Bonifaz VIII. (24. Dezember 1294)*, in *Cristianità ed Europa. Miscellanea di studi in onore di Luigi Prosdocimi*, ed. C. Alzati, Roma, Freiburg i.Br., Wien 1994, pp. 131-54 (rist. in Id., *Gesammelte Abhandlungen und Aufsätze* II, 1 *Studien zur Papst- und Reichsgeschichte, zur Geschichte des Mittelmeerraumes und zum kanonischen Recht im Mittelalter*, Stuttgart 2002, pp. 817-837)

Hergemöller B.-U., *Die Geschichte der Papstnamen*, Münster 1980

Hergemöller B.-U., *Die Namen der Reformpäpste (1046-1145),* in «Archivum historiae pontificiae», 24 (1986), pp. 4-47

Herklotz I., 'Sepulcra' *e* 'monumenta' *del Medioevo. Studi sull'arte sepolcrale in Italia*, Roma 1985 (Collana di studi di storia dell'arte, 5)

Herklotz I., Der *Campus Lateranensis* im Mittelalter, in «Römisches Jahrbuch für Kunstgeschichte», 22 (1985), pp. 1-43

Herklotz I., *Gli eredi di Costantino. Il papato, il Laterano e la propaganda visiva nel XII secolo*, Roma 2000 (La corte dei papi, 6)

Herklotz I., *Paris de Grassi* Tractatus de funeribus et exequiis *und die Bestattungsfeiern von Päpsten und Kardinälen in Spätmittelalter und Renaissance*, in *Skulptur und Grabmal des Spätmittelalters in Rom und Italien*, Akten des Kongresses Scultura e monumento sepolcrale del tardo medioevo a Roma e in Italia (Rom, 4.-6. Juli 1985), Wien 1990, pp. 217-248

Herklotz I., *Zur Ikonographie der Papstsiegel im 11. und 12. Jahrhundert*, in *Für irdischen Ruhm und himmlischen Lohn. Stifter und Auftraggeber in der mittelalterlichen Kunst. Beat Brenk zum 60. Geburtstag*, ed. H.-R. Meier, C. Jäggi, Ph. Büttner, Berlin 1995, pp. 116-130

Historia delle vite dei Sommi Pontefici dal Salvator Nostro sino a Paolo 5. scritta già da Battista Platina cremonese, dal P.F. Onofrio Panvinio da Verona, da Antonio Ciccarelli da Foligno e ora ampliata da D. Giovanni Stringa veneto delle vite di Clemente VIII, di Leone XI e di Paolo V, appresso i Giunti, Venezia 1613

Holder K., *Die Designation der Nachfolger durch die Päpste*, Universitäts-Buchhandlung, Freiburg (Schweiz) 1892

Holtzmann R., *Wilhelm von Nogaret. Rat und Grossiegelbewahrer Philipps des Schönen von Frankreich*, Freiburg i.Br. 1898

Honorii III opera omnia, ed. C. Horoy, in *Medii aevi Bibliotheca Patristica ab anno 1217 usque ad Concilii Tridentini tempora*, 4 voll., Paris 1879-1883

Horaist B., *La dévotion au pape et les catholiques français sous le pontificat de Pie IX (1846-1878), d'après les archives de la Bibliothèque Apostolique Vaticane*, École française de Rome, Rome 1995 (Collection de l'École française de Rome, 212)

Hoyer E., *Die Selbstwahl vor, in und nach der Goldenen Bulle*, in *Zeitschrift der Savigny-Stiftung für Rechtsgeschichte*, kan. Abt., 42 (1921), pp. 1-109

Hunt J.M., *The Vacant See in Early Modern Rome. A Social History of the Papal Interregnum*, Brill, Leiden-Boston 2016

Iankowiak F., *La curie romaine de Pie IX à Pie X. Le gouvernement central de l'Église et la fin des États pontificaux*, École française de Rome, Rome 2007

Ignazio di Loyola, santo, *Il racconto del pellegrino. Autobiografia di Sant'Ignazio di Loyola*, a cura di R. Calasso, Adelphi, Milano 1980[3]

Il conclave del 1823 e l'elezione di Leone XII, a cura di I. Fiumi Sermattei e R. Regoli, Consiglio regionale delle Marche, Ancona 2016

Il palazzo apostolico Vaticano, a cura di C. Pietrangeli, Nardini, Firenze 1994

Il processo inquisitoriale del cardinal Giovanni Morone. Edizione critica, a cura di M. Firpo, D. Marcatto, 6 voll., Istituto storico italiano per l'età moderna e contemporanea, Roma 1981-1995

Il processo inquisitoriale del cardinal Giovanni Morone. Nuova edizione critica, I, *Processo d'accusa*, II, *La difesa*, III, *La sentenza e appendici*, a cura di M. Firpo, D. Marcatto, con la collaborazione di L. Addante e G. Mongini, Libreria editrice Vaticana, Roma 2011-2015 (Fontes Archivi Sancti Officii Romani)

Il sagro rito delle funzioni che si fanno nel trasporto del cadavere del Sommo Pontefice dal Palazzo Quirinale alla Basilica Vaticana: sue essequie, congregazioni, ed altre ceremonie sino all'entrata dell'emi. signori cardinali nel conclave, e tutti quelli che ivi rimangono, con la clausura del medesimo, Stamperia del Casaletti a Sant'Eustachio, Roma 1774

Il sepolcro di San Pio IX nella chiesa di San Lorenzo fuori delle mura di Roma, Tipografia Pontificia di San Giuseppe, Milano 1890

Infessura Stefano, *Diario della Città di Roma*, a cura di O. Tommasini, Istituto storico italiano per il Medioevo, Roma 1890 (Fonti per la storia d'Italia)

Ingoglia R.T., "*I have neither Silver nor Gold": an Explanation of a Medieval Papal Ritual*, in «Catholic historical review», 85 (1999), pp. 531-540

Ingoli Francesco, *Compendio delle cose più principali contenute nel Ceremoniale di Gregorio XV de electione Romani pontificis; di Francesco Ingoli, già segretario della Sacra Congregazione di esso Cerimoniale per facilitare alli signori cardinali il nuovo modo di eleggere il papa e per instruttione delli maestri di ceremonie*, nella stamperia della Reverenda Camera Apostolica, Roma 1623

Ireneo di Lione, *Adversus haereses* III, 3, 3, ed. A. Rousseau, *Contre les hérésies. Édition critique d'après les versions arménienne et latine*, Paris 1974 (Sources chrétiennes, 210)

Isnenghi M., *I luoghi della memoria*, Laterza, Roma-Bari 2010

Jacopus Caietanus de Stefaneschis, *Opus Metricum*, ed. F.X. Seppelt, *Monumenta Coelestiniana. Quellen zur Geschichte des Papstes Coelestin V.*, Paderborn 1921, pp. 1-145

Jasper D., *Das Papstwahldekret von 1059. Ueberlieferung und Textgestalt*, Sigmaringen 1986

Jordan K., *Die Entstehung der römischen Kurie*, in «Zeitschrift der Savigny-Stiftung für Rechtsgeschichte», Kan. Abt., 28 (1939), pp. 97-152

Kantorowicz E.H., *Laudes regiae. A Study in Liturgical Acclamations and Medieval Ruler Worship*, University of California Press, Berkeley-Los Angeles 1946, rist. 1958 (University of California Publication in History, 33); trad. it. Medusa, Milano 2006

Keller H., *Wahlformen und Gemeinschaftsverständnis in den italienischen Stadtkommunen: 12/14. Jahrhundert*, in *Wahlen und Wählen im Mittelalter*, hg. von R. Schneider und H. Zimmermann, Sigmaringen 1990 (Vorträge und Forschungen, 37), pp. 345-374

Kessler P.-J., *Untersuchungen über die Novellen-Gesetzgebung Papst Innocenz' IV. ein Beitrag zur Geschichte der Quellen des kanonischen Rechts*, in «Zeitschrift der Savigny-Siftung fèr Rechtsgeschichte», kan. Abt., 31 (1942), pp. 142-320; 32 (1943), pp. 300-383; 33 (1944), pp. 56-128

Klewitz H.-W., *Die Krönung des Papstes*, in «Zeitschrift der Savigny-Stiftung für Rechtsgeschichte», kan. Abt., 30 (1941), pp. 96-130

Krause H.-G., *Das Papstwahldekret von 1059 und seine Rolle im Investiturstreit*, in *Studi gregoriani per la storia di Gregorio VII e della riforma gregoriana*, 7 (1960)

Krüger Thm. M., *Überlieferung und Relevanz der päpstlichen Wahlkapitulationen (1352-1522). Zur Verfassungsgeschichte von Papsttum und Kardinalat*, in «Quellen und Forschungen aus italienischen Archiven und Bibliotheken», 81 (2001), pp. 228-255

La cattedra lignea di san Pietro in Vaticano. Quattro studi, a cura di Michele Maccarrone *et al.*, Città del Vaticano 1971 (Atti della Pontificia Accademia romana di archeologia, Serie 3, Memorie, 10)

La nobiltà romana nel Medioevo, a cura di S. Carocci, Rome 2006 2006 (Collection de l'Ecole française de Rome, 359)

Ladner G.B., *Der Ursprung und die mittelalterliche Entwicklung der päpstlichen Tiara*, in *Tainia. Roland Hampe zum 70. Geburtstag am 2. Dezember 1978 dargebracht von Mitarbeitern, Schülern und Freunden*, ed. H. A. Cahn, E. Simon, I, Mainz 1980, pp. 449-481

Ladner G.B., *Eine Prager Bildnis-Zeichnung Innozenz' III. und die* Collectio Pragensis, in *Collectanea Stephan Kuttner* I = «Studia Gratiana», 11 (1967), pp. 23-35 (rist. in Id., *Images and Ideas in the Middle Ages. Selected Studies in History and Art*, I, Roma 1983 [Storia e letteratura. Raccolta di studi e testi, 155], pp. 367-376)

Launay M., *La papauté à l'aube du XX*[e] *siècle*, Les Éditions du Cerf, Paris 1997

Lavenia V., *L'arca e gli astri. Esoterismo e miscredenza davanti all'Inquisizione (1587-91)*, in G. Cazzaniga, *Esoterismo. Storia d'Italia. Annali, 25*, Einaudi, Torino 2010, pp. 289-321

Le Pogam P.-Y., *De la* Cité de Dieu *au* Palais du Pape. *Les résidences pontificales de la seconde moitié du XIIIe siècle*, Rome 2005 (Bibliothèque des Écoles françaises d'Athènes et de Rome, 320)

Le pontifical de la curie romaine au XIIIe siècle, ed. M. Goullet, G. Lobrichon et E. Palazzo, Paris 2004

Le rôle de G.B. Montini-Paul VI dans la réforme liturgique, Edizioni Studium, Brescia 1987 (Pubblicazioni dell'Istituto Paolo VI 5)

Leclerq J. O.S.B., *"Simoniaca Heresis"*, in *Studi gregoriani*, I, raccolti da G.B. Borino, Abbazia di San Paolo, Roma 1947, pp. 523-530

Lenart M., *Il cardinale Jan Puzyna. Un discusso protagonista del conclave del 1903 alla luce della documentazione polacca*, in *San Pio X Papa riformatore di fronte alle sfide del nuovo secolo*, a cura di R. Regoli, Pontificio Comitato di Scienze Storiche, Editrice Vaticana, Città del Vaticano 2016, pp. 49-64

Leonardi Dathi Epistolae XXXII, recensente Laurentio Mehus ... accessit elegantissima Jacobi Angeli Epistola ad Emmanuelem Chrisoloram addita ejusdem vita, ed. Jacopo d'Angelo, Firenze 1743

Leone Marco Paolo, *Marci Pauli Leonis Romani S.I. De auctoritate et usu pallii pontificii*, typis Ludovici Gragnani, Romae 1649

Les Registres d'Alexandre IV (1254-1261). Recueil des bulles de ce pape, ed. Ch. Bourel de la Roncière, J. de Loye, pp. Hellouin de Cenival, A. Coulon, Paris 1902-1959 (Bibliothèque des Écoles françaises d'Athènes et de Rome, ser. 2, 15)

Les Registres d'Honorius IV (1285-1287). Recueil des bulles de ce pape, ed. M. Prou, Paris 1886-1888 (Bibliothèque des Écoles françaises d'Athènes et de Rome, ser. 2, 7)

Les Registres de Grégoire IX (1227-1241). Recueil des bulles de ce pape, ed. L. Auvray, S. Clémencet, L. Carolus-Barré, 3 voll., Paris 1890-1955 (Bibliothèque des Écoles françaises d'Athènes et de Rome, ser. 2, 9)

Les Registres de Nicolas IV (1288-1292). Recueil des bulles de ce pape, ed. E. Langlois, 2 voll., Paris 1886 (Bibliothèque des Écoles françaises d'Athènes et de Rome, ser. 2, 5)

Leti Gregorio, *Vita di Sisto V pontefice romano nuovamente scritta*, per Janssonio-Waesberge, Amsteldamo 1721

Lettres de Jacques de Vitry (1160/1170-1240), évêque de Saint-Jean-d'Acre, ed. R.B.C. Huygens, Leiden 1960

Liber diurnus Romanorum Pontificum. Gesamtausgabe, ed. H. Förster, Bern 1958

Liber Pontificalis nella recensione di Pietro Guglielmo e del card. Pandolfo, ed. U. Prérovsky, 3 voll., Roma 1978

Liebeschütz H., *Synagoge und Ecclesia. Religionsgeschichtliche Studien über die Auseinandersetzung der Kirche mit dem Judentum im Hochmittelalter*, Heidelberg 1983

Lucius Lector, vedi Guthlin J.

Maccarrone M., *Die* Cathedra Sancti Petri *im Hochmittelalter. Vom Symbol des päpstlichen Amts zum Kultobjekt*, in «Römische Quartalschrift», 75 (1980), pp. 171-207; 76 (19981), pp. 137-172; ed. It.: *La* cathedra sancti Petri *nel Medioevo: da simbolo a reliquia*, in *Romana Ecclesia, Cathedra Petri*, II, a cura di P. Zerbi, R. Volpini, A. Galuzzi, Roma 1991 (Italia sacra. Studi e documenti di storia ecclesiastica, 48), pp. 1249-1373

Maccarrone M., *Il sepolcro di Bonifacio VIII nella basilica Vaticana*, in *Roma anno 1300*, Atti della IV Settimana di studi di storia dell'arte medievale dell'Università di Roma 'La Sapienza', 19-24 maggio 1980, a cura di A.M. Romanini, Roma 1983 (Mediaevalia. Collana di storia dell'arte medievale, 1), pp. 753-771 (rist. in Id., *Romana Ecclesia, Cathedra Petri*, II, a cura di P. Zerbi, R. Volpini, A. Galuzzi, Roma 1991 [Italia sacra. Studi e documenti di storia ecclesiastica, 48], pp. 1206-1247)

Maddalo S., *Bonifacio VIII e Iacopo Stefaneschi. Ipotesi di lettura dell'affresco della Loggia lateranense*, in «Studi Romani», 31 (1983), pp. 129-150

Maffei Giampietro, *Degli Annali di Gregorio XIII pontefice massimo scritti da padre Giampietro Maffei della Compagnia di Gesù e dati in luce da Carlo Cocquelines sotto gli auspici della Santità di Nostro Signore papa Benedetto XIV*, Girolamo Mainardi, Roma 1742

Manetti Giannozzo, *Iannotii Manetti De vita ac gestis Nicolai Quinti Summi Pontificis*, edizione critica e traduzione a cura di A. Modigliani, Istituto storico italiano per il Medioevo, Roma 2005 (Fonti per la storia d'Italia)

Manfroni G., *Sulla soglia del Vaticano 1870-1901. Dalle memorie di Giuseppe Manfroni a cura del figlio Camillo*, 2 voll., Zanichelli, Bologna 1920

Mann J.W., *The Annunciation Chapel in the Quirinal Palace, Rome, Paul V, Guido Reni and the Virgin Mary*, in «The Art Bulletin», 75 (1993), pp. 113-134

Margiotta Broglio F., *Pio XI*, EP, III, pp. 617-632

Marini Gaetano, *Degli archiatri pontifici*, 2 voll., Stamperia Pagliarini, Roma 1784

Martina G. S.J., *Il testamento politico di Leone XIII*, in «Rivista di Storia della Chiesa in Italia», XL (1986), pp. 121-133

Martina G. S.J., *Pio IX (1846-1878)*, 3 voll., Pontificia Università Gregoriana, Roma 1974-1990

Mascardi Agostino, *Le Pompe del Campidoglio per la Santità di N.S. Urbano VIII quando pigliò il possesso descritte da Agostino Mascardi* (dedicata al duca di Savoia), appresso l'erede di Bartolomeo Zanetti, Roma 1624

Maseri Pellegrino, *De pallio pontificio*, Typ. Barthol. Lupardi, Romae 1678

Matthaeus Paris, *Chronica maiora,* ed. H.R. Luard, 7 voll., Londini 1872-1883 (*Rerum Britannicarum Medii Aevi Scriptores*, 57)

Matthaeus Paris, *Historia Anglorum*, ed. F. Madden, Londini 1886-1869 (*Rerum Britannicarum Medii Aevi Scriptores*, 44)

Mayer Johannes Fr., *Tractatus de osculatione pedum pontificis romani*, literis Io. Godofredi Meyeri, Vitembergae 1728

Mazzaroni Marco Antonio, *De tribus coronis Pontificis Maximi necnon de osculo Sanctissimorum eius pedum tractatus ad Sixtum Quintum*, apud Ioannem Martinellum, Romae 1588

McManamon J.M. (S.I.), *Funeral Oratory and the Cultural Ideals of Italian Humanism*, The University of Carolina Press, Chapel Hill-London 1989

McManamon J.M. (S.I.), *The Ideal Renaissance Pope: Funeral Oratory from the Papal Court*, in «Archivum Historiae Pontificiae», 14 (1976), pp. 9-70

Melloni A., *«Questa festiva ricorrenza». Prodromi e preparazione del discorso di annuncio del Vaticano II (25 gennaio 1959)*, in «Rivista di Storia e Letteratura Religiosa», 28 (1992), pp. 607-643

Melloni A., *Il conclave. Storia di una istituzione*, Il Mulino, Bologna 2001

Melloni A., *L'inizio di papa Ratzinger. Lezioni sul conclave del 2005 e sull'incipit del pontificato di Benedetto XVI*, Torino, Einaudi 2016

Menniti Ippolito A., *"Nella corte di Roma o per dir meglio / nel pubblico spedal della speranza". Note* per *una lettura dall'interno* della *curia romana seicentesca*, in «Annali di storia moderna e contemporanea», 4 (1998), pp. 222-243

Menniti Ippolito A., *I papi al Quirinale. Il sovrano pontefice e la ricerca di una residenza*, Viella, Roma 2004 (La corte dei papi, 13)

Menniti Ippolito A., *Il governo dei papi nell'età moderna. Carriere, gerarchie, organizzazione curiale*, Viella, Roma 2007 (La storia. Temi, 2)

Menniti Ippolito A., *Il Triregno di Napoleone. Simboli del potere papale e interessi ereditari nell'età della Restaurazione*, in *Scritti in memoria di Alberto Tenenti*, a cura di P. Scaramella, Bibliopolis, Napoli 2005 (Istituto italiano per gli studi filosofici. Serie studi, 30), pp. 411-434

Miller M.C., *The Bishop's Palace, Architecture and Authority in Medieval Italy*, Ithaca, NY 2000

Moretti Pietro, *Petri Moretti canonici S. Mariae Trans-Tyberim Parergon ad lucubrationem suam de ritu dandi presbyterium & c. sive de festo in honorem Principis Apostolorum Romae ad diem 25. Aprilis instituto enarratio quam sequitur catalogus castigandorum & supplendorum in eadem lucubratione &c*, ex typographia Bernabò & Lazzarini, Romae 1742

Nanni S., *Il conclave dell'esilio*, in *Pio VII papa benedettino nel bicentenario della sua elezione*. Atti del convegno storico internazionale, Cesena-Venezia 15-19 settembre 2000, a cura di G. Spinelli, Badia di Santa Maria del Monte, Cesena 2003 (Italia benedettina, 22), pp. 99-121

Necipoğlu G., *Süleymân the Magnificent and the Representation of Power in the context of Ottoman-Hapsburg-Papal Rivalry*, in H. İnalcik, C. Kafadar, *Süleymân the Second and his Time,* Isis, Istanbul 1993, pp.163-191

Nelson J.L., *The Lord's anointed and the people's choice: Carolingian royal ritual,* in *Rituals of royalty: power and ceremonial in traditional societies*, ed. by D. Cannadine, S. Price, Cambridge University Press, Cambridge 1987, pp. 137-180

Niccoli O., *Rinascimento anticlericale. Infamia, propaganda e satira in Italia tra Quattro e Cinquecento*, Laterza, Roma-Bari 2005

Noach A., *The Tomb of Paul III and a point of Vasari*, in «Burlington Magazine», october 1956, pp. 376-380

Noble Th.F.X., *Topography, Celebration, and Power: the Making of a Papal Rome in the Eighth and Ninth Centuries*, in *Topographies of Power in the Early Middle Ages*, ed. M. De Jong, Fr. Theuws, C. Van Rhijn, Leiden, Boston, Köln 2001, pp. 45-91

Novaes Giuseppe de, *Elementi della storia de' Sommi Pontefici da San Pietro sino al felicemente regnante Pio Papa VII ed alla Santità Sua dedicati per l'uso de giovani studiosi raccolti dal canonico Giuseppe de Novaes patrizio portoghese*, tt. I-XXI, presso Francesco Bourlié, Roma 1821-1825

Novaes Giuseppe de, *Introduzione alle vite de' Sommi Pontefici o siano dissertazioni storico-critiche*, tt. I-II, nella stamperia dell'Ospizio apostolico, Roma 1822

Nuove ricerche sulla cattedra lignea di san Pietro in Vaticano, a cura di M. Maccarrone, Città del Vaticano 1975 (Atti della Pontificia Accademia romana di archeologia, 3a s., Memorie, 1)

Nussdorfer L., *The Vacant See: Ritual and Protest in Early Modern Rome*, in «The Sixteenth Century Journal», 18 (1987), pp. 173-189

Nyrop K., *The Kiss and its History*, Sands and Co., London 1901

Olariu D., *Réflexions sur l'avènement du portrait avant le XVe siècle*, in *Le portrait individuel. Réflexions autour d'une forme de représentation XIIIe-XVe siècles*, ed. D. Olariu, Bern 2009, p 83-101

Oldoni M., *Gerberto e il suo fantasma,* Napoli 2008 (Nuovo Medioevo)

Orano D., *Il diario di Marcello Alberini (1521-1536)*, in «Archivio della R. Società Romana di Storia Patria», 18 (1895), pp. 319-416

Orano D., *Marcello Alberini e il sacco di Roma del 1527*, in «Archivio della R. Società Romana di Storia Patria», 18 (1895), pp. 51-98

Ortroy F. van, *Le pape saint Pie V*, in «Analecta Bollandiana», 33 (1914), pp. 187-221

Ostrow S.F., *L'arte dei papi. La politica delle immagini nella Roma della Controriforma*, Carocci, Roma 2002 (ed. or. Cambridge University Press 1996)

Pagel J.L., *Die Chirurgie des Heinrich von Mondeville*, Berlin 1892

Pagnotti Fr., *Niccolò da Calvi e la sua Vita d'Innocenzo IV con una breve introduzione sulla istoriografia pontificia dei secoli XIII e XIV*, in «Archivio della Società romana di storia patria», 21 (1898), pp. 6-120

Pallavicino Pietro Sforza, *Della vita di Alessandro VII. libri cinque*, nella tipografia dei fratelli Giacchetti, Prato 1839

Palmer R., *Medicine at the Papal Court in the Sixteenth Century*, in V. Nutton, *Medicine at the courts of Europe 1500-1837*, Routledge, London 1990, pp. 49-78

Paravicini Bagliani A., *Bonifacio VIII*, Torino 2003 (vers. orig. *Boniface VIII. Un pape hérétique?*, Paris 2004 (Biographies Payot)

Paravicini Bagliani A., *Grégoire VII et l'excommunication. A propos des figures des apôtres Pierre et Paul sur les bulles pontificales*, in *L'image en questions: Pour Jean Wirth*, éd. Fr. Elsig, Genève 2013, pp. 120-129

Paravicini Bagliani A., *I baci liturgici del papa nel Medioevo. Prime ricerche*, in *'Come l'orco della fiaba'. Studi per Franco Cardini*, a cura di M. Montesano, Firenze 2010 (Millennio Medievale, 87, Strumenti e Studi, 27), pp. 533-544

Paravicini Bagliani A., *I testamenti dei cardinali del Duecento*, Roma 1980 (Miscellanea della Società romana di storia patria, 25)

Paravicini Bagliani A., *Il bestiario del papa*, Torino 2016

Paravicini Bagliani A., *Il corpo del papa*, Einaudi, Torino 1994(Biblioteca di cultura storica, 204) (trad. franc. *Le corps du pape*, Paris 1997; trad. ted. *Der Leib des Papstes. Eine Theologie der Hinfälligkeit*, München 1997; trad. ingl. *The Pope's Body*, Chicago, IL, London 2000)

Paravicini Bagliani A., *Il papato nel secolo XIII. Cent'anni di bibliografia (1875-2009),* Firenze 2009 (Millennio Medievale, 78. Strumenti e studi, 83)

Paravicini Bagliani A., *Le Chiavi e la Tiara. Immagini e simboli del papato medievale*, Viella, Roma 1998 (La corte dei papi, 3)

Paravicini Bagliani A., *Medicina e scienze della natura alla corte dei papi nel Duecento*, Spoleto 1991 (Biblioteca di Medioevo latino, 4)

Paravicini Bagliani A., *Morte e elezione del papa. Norme, riti e conflitti. Il Medioevo*, Roma 2013 (La corte dei papi, 22)

Pastor L. von, *Storia dei papi dalla fine del Medioevo*, 16 voll., Desclée editori pontifici, Roma 1931-1934

Pastore A., *Veleno. Credenze, crimini e saperi nell'Italia moderna*, Il Mulino, Bologna 2010

Pattenden M., *Electing the Pope in Early Modern Italy, 1450-1700*, Oxford University Press, Oxford 2017

Paul VI et la modernité dans l'Église, Actes du colloque de Rome, 2-4 juin 1983, École française de Rome, Rome 1984 (Publications de École française de Rome 72)

Paul VI et les réformes institutionnelles dans l'Église, Edizioni Studium, Brescia 1987 (Pubblicazioni dell'Istituto Paolo VI 6)

Pecchiai P., *I lavori fatti nella Chiesa della Minerva per collocarvi la sepoltura di Leone X e Clemente VII*, in «Archivi d'Italia», ser. II, 17 (1950), pp. 199-208

Pellegrini M., *Ascanio Maria Sforza. La parabola politica di un cardinale-principe del Rinascimento*, 2 voll., Istituto storico italiano per il Medioevo, Roma 2002

Pelletier G., *24 septembre 1790: la Constitution civile du clergé devant la Curie romaine*, in «MEFRIM», 104 (1992), pp. 695-735

Pelletier G., *Rome et la Révolution française. La théologie et la politique du Saint Siège devant la Révolution française (1789-1799)*, École française de Rome, (Collection de l'École française de Rome, 319) Roma 2004

Penni Jacopo G., *Chronica delle magnifiche et honorate pompe fatte in Roma per la creatione et incoronatione di papa Leone X, pont. opt. max*, Marcello Silber, Roma 1513

Péries G., *L'intervention du pape dans l'élection de son successeur*, A. Roger et F. Chernoviz éditeurs, Paris 1902

Petrocchi M. *L'ultimo destino perugino di Innocenzo III*, in «Bullettino della Deputazione di storia patria per l'Umbria», 64 (1967), pp. 202-7 (rist. in Id., *Il simbolismo delle piante in Rabano Mauro e altri studi di storia medievale*, Roma 1982, pp. 107-116)

Petrus Damiani, *Die Briefe des Petrus Damiani*, ed. K. Reindel, 3 voll., München 1983-1989

Piazzoni A.M., *Storia delle elezioni pontificie*, Edizioni Piemme, Casale Monferrato 2003

Picard J.-Ch., *Étude sur l'emplacement des tombes des papes du IIIe au Xe siècle*, in «Mélanges de l'École française de Rome», 81 (1969), pp. 725-782

Pio X e il suo tempo, a cura di G. La Bella, il Mulino, Bologna 2003

Pivano S., *Il diritto di veto, "jus exclusivae" nell'elezione del pontefice*, in *Studi in onore di Vittorio Scialoja*, UTET, Torino 1905, pp. 1-59

Poncelet S., *Vie et miracles du pape S. Léon IX*, in «Analecta Bollandiana», 25 (1906), pp. 258-297

Prodi P., *Il sovrano pontefice. Un corpo e due anime: la monarchia papale nella prima età moderna*, il Mulino, Bologna 1982 (Annali dell'Istituto storico italo-germanico, 3)

Prosperi A., *Incontri rituali: il papa e gli ebrei*, in *Gli ebrei in Italia,* I, *Dall'alto Medioevo all'età dei ghetti*, a cura di C. Vivanti, Einaudi, Torino 1996 (Storia d'Italia. Annali, 11), pp. 497-520

Ragguaglio della morte del Sommo Pontefice Papa Clemente XIV. Delle funzioni eseguite nel palazzo Quirinale dopo la sua morte e trasporto del corpo dal detto palazzo Quirinale all'altro Vaticano, nella stamperia Cracas, Roma 1774

Ragguaglio della vita, azioni e virtù di Clemente Quartodecimo Pontefice Ottimo Massimo illustrata con medaglie, iscrizioni e altri documenti, nella Stamperia di Domenico Marzi, in Firenze 1775

Rance-Bourrey A.-Joseph, *Documents sur le transport des cendres de Pie VI de Valence à Rome*, impr. de J. Céas et fils, Paris-Valence 1891 (ed. estr.)

Ranum O., *The French Ritual of Tyrannicide in the Late Sixteenth Century*, in «The Sixteenth Century Journal», 11/1 (1980), pp. 63-82

Regesta Honorii papae III, ed. P. Pressutti, 2 voll., Romae 1888-1895

Regoli R., *Ercole Consalvi. Le scelte per la Chiesa*, Editrice Pontificia Università Gregoriana, Roma 2006 (Miscellanea Historiae Pontificiae, 67)

Regoli R., *La diplomazia di Pio X nel contesto internazionale del primo Novecento*, in *San Pio X Papa riformatore di fronte alle sfide del nuovo secolo*, a cura di R. Regoli, Libreria editrice Vaticana, Roma 2016, pp. 64-84

Regoli R., *Oltre la crisi della Chiesa: il pontificato di Benedetto XVI*, Lindau Torino 2016

Regoli R., *Santa Sede: l'elezione della massima carica. Il conclave del 2005*, in «Rivista di Studi Politici», XXVII (2015), pp. 9-30

Rehberg A., Sacrum enim opinantur, quicquid inde rapina auferunt. *Alcune osservazioni intorno ai 'saccheggi rituali' di interregno a Roma (1378-1534)*, in *Pompa sacra. Lusso e cultura materiale alla corte papale nel Basso Medioevo (1420-1527),* Atti della giornata di studi (Roma, Istituto Storico Germanico, 15 febbraio 2007), ed. Th. Ertl, Roma 2010 (Nuovi studi storici, 86), pp. 201-237

Relatione delle cerimonie fatte dentro e fuori del conclave nell'Elettione del Sommo Pontefice Clemente X, Moneta, Roma 1670

Relazione dell'ultima infermità e morte del nostro Signore PP. Innocenzo Undecimo di felicissima memoria col trasporto del suo Cadavere dal Quirinale alla Basilica Vaticana, nella stamperia di Giovan Francesco Buagni, Roma 1689

Relazione dell'ultima infermità e morte della Santità di N.S. PP. Alessandro ottavo Pontefice ottimo maximo di felicissima memoria co'l trasporto del suo cadavere dal Palazzo del Quirinale alla Chiesa di San Pietro in Vaticano, per Gio. Francesco Buagni, Roma 1691

Relazione delle funzioni e di quanto più notabile si pratica dopo la morte del Sommo Pontefice accaduta il dì 2 febraro 1769 d'anni 75 mesi 10 giorni 8 sino all'ingresso degli Eminentissimi e Reverendissimi signori cardinali nel conclave dove si dà notizia delle cerimonie nella ricognizione, per Angiolo Maria Ansillioni, Roma 1769

Renazzi Francesco Maria, *Storia dell'Università degli studi di Roma detta comunemente la Sapienza*, Pagliarini, Roma 1803-1806

Riccardi A., *Governo e «profezia» nel pontificato di Pio XII*, in *Pio XII*, a cura di A. Riccardi, Roma-Bari, Laterza 1984, pp. 31-92

Riccardi A., *Il "partito romano" nel secondo dopoguerra (1945-1954)*, Morcelliana, Brescia 1983

Riccardi A., *Il potere del papa: da Pio XII a Paolo VI*, Laterza, Roma-Bari 1988

Richter K., *Die Ordination des Bischofs von Rom. Eine Untersuchung zur Weiheliturgie,* München 1976 (Liturgiewissenschaftliche Quellen und Forschungen, 60)

Roberg B., *Der konziliare Wortlaut des Konklave-Dekrets* Ubi periculum *von 1274*, in «Archivum historiae conciliorum», 2 (1970), pp. 231-262

Rodocanachi E., *Le Capitol Romain antique et moderne*, Libr. Hachette, Paris 1904

Rollo-Koster J., *Raiding Saint Peter, Empty Sees, Violence and the Initiation of the Great Western Schism (1378)*, Brill, Leiden-Boston 2008 (Brill's Series in Church History, 32)

Romanini A.M., *Ipotesi ricostruttive per i monumenti sepolcrali di Arnolfo di Cambio*, in *Skulptur und Grabmal des Spätmittelalters in Rom und Italien,* Akten des Kongresses "Scultura e monumento sepolcrale del tardo Medioevo a Roma e in Italia" (Rom, 4.-6. Juli 1985), ed. J. Garms, A.M. Romanini, Wien 1990

(Publikationen des Historischen Instituts beim österreichischen Kulturinstitut in Rom. Abt. 1, Abhandlungen, 10), pp. 107-128

Romano S., *Cristo, Niccolò III e l'antico*, in *Roma Caput Mundi. Apogeo e crisi della Roma medievale (1277-1350)*, Atti del Convegno (Roma, Bibliotheca Hertziana, 1 luglio 1999) = «Römisches Jahrbuch», 34 (2001-2002), pp. 43-67

Romano S., *L'Acheropita lateranense: storia e funzione*, in *Il Volto di Cristo*, Catalogo della mosra organizzata dal Palazzo delle Esposizioni e dalla Biblioteca Apostolica Vaticana (Roma, 6 dicembre 2000-16 aprile 2001), Milano 2000, pp. 39-41

Rosa M., *Curia Romana e pensioni ecclesiastiche: fiscalità pontificia nel Mezzogiorno (sec. XVI-XVII)*, in «Quaderni storici», 42 (1979), pp. 1015-1055; ora in Id., *La Curia romana*, pp. 57-99

Rosa M., *La Curia romana in età moderna. Istituzioni, cultura, carriere*, Viella, Roma 2013 (La corte dei papi, 24)

Rosa M., *Per "tener alla futura mutatione volto il pensiero". Corte di Roma e cultura politica nella prima metà del Seicento,* in *La Corte di Roma tra Cinque e Seicento "Teatro" della politica europea*, a cura di G. Signorotto, M.A. Visceglia, Bulzoni, Roma 1998 (Biblioteca del Cinquecento, 84), pp. 13-36; ora in Id., *La Curia romana*, pp. 153-179

Roscoe W., *Vie et pontificat de Léon X*, a cura di P.F. Henry, 2 voll., Gide Fils, Paris 1813

Rudloff E. von, *Ueber das Konservieren von Leichen im Mittelalter. Ein Beitrag zur Geschichte der Anatomie und des Bestattungswesens*, Freiburg i. Br. 1921

Rumi G., *Austria e Santa Sede. Da Leone XIII a Benedetto XV, nella crisi dell'Impero*, in *Storia religiosa dell'Austria*, Centro Ambrosiano, Milano 1997

Rumi G., *La santa Sede, il mondo cattolico italiano e l'Austria degli Asburgo*, in *Pio X e il suo tempo*, pp. 523-538

Rusconi R., *Santo Padre. La santità del papa da San Pietro a Giovanni Paolo II*, Viella, Roma 2010 (Sacro/santo, 14)

Sägmüller J.B., *Die Papstwahlbullen und das staatliche Recht der Exklusive in der Papstwahl,* Verlag der Laupp'schen Buchandlung, Tübingen 1892

Sägmüller J.B., *Die Papstwahlen und die Staaten von 1447 bis 1555 (Nikolaus V. bis Paul IV.). Eine kirchenrechtlich-historische Untersuchung über den Anfang des staatlichen Rechtes der Exklusive in der Papstwahl,* Verlag der Laupp'schen Buchandlung, Tübingen 1890 (nuova ed. Kessinger Publishing 2010)

Saint Cyprien, *Correspondance*, ed. L. Bayard, 2 vol., Paris 1925

Salimbene de Adam, *Chronica*, ed. G. Scalia, 2 voll., Bari 1966

Salmon P., *La férule, bâton pastoral de l'évêque de Rome*, in «Recherches de sciences religieuses», 30 (1956), pp. 313-327

Santori G.A., *Autobiografia di mons. G. A. Santori cardinale di Santa Severina*, a cura di G. Cugnoni, in «Archivio della R. Società Romana di Storia Patria», 12 (1889), pp. 327-372; 13 (1890), pp. 151-205

Scaduto M. SI, *I precedenti di una riforma e le leggi di Pio X sul conclave*, in «La Civiltà Cattolica», XCV (1994), vol. II, pp. 140-149 e 236-246

Scherer Giorgio S.I., *Trattato del padre Giorgio Scherer theologo della Compagnia di Gesù predicatore del Serenissimo Ernesto d'Austria nel quale con verissime raggioni prova non essere vero, che già stato in Roma una donna Pontefice*, appresso Gioliti, Venetia 1586

Schieffer R., *Der Papst als Patriarch von Rom*, in *Il primato del vescovo di Roma nel primo millennio. Ricerche e testimonianze,* Atti del Symposium storico-teologico (Roma, 9-13 ottobre 1989), a cura di M. Maccarrone, Città del Vaticano 1991, pp. 433-451 (Pontificio Comitato di Scienze storiche. Atti e documenti, 4)

Schimmelpfennig B., *Die Bedeutung Roms im päpstlichen Zeremoniell*, in *Rom im hohen Mittelalter. Studien zu den Romvorstellungen und zur Rompolitik vom 10. bis zum 12. Jahrhundert. Reinhard Elze zur Vollendung seines siebzigsten Lebensjahres gewidmet*, ed. B. Schimmelpfennig, L. Schmugge, Sigmaringen 1992, pp. 47-61

Schimmelpfennig B., *Die Krönung des Papstes im Mittelalter dargestellt am Beispiel der Krönung Pius' II. (3.9.1458),* in «Quellen und Forschungen aus italienischen Archiven und Bibliotheken», 54 (1974), pp. 192-270 (rist. in Id., *Papsttum und Heilige. Kirchenrecht und Zeremoniell. Ausgewählte Aufsätze*, ed. G. Kreuzer, S. Weiss, Neuried 2005, pp. 68-132)

Schimmelpfennig B., *Die Zeremonienbücher der römischen Kurie im Mittelalter*, Tübingen 1973 (Bibliothek des Deutschen Historischen Instituts in Rom, 40)

Schimmelpfennig B., *Ein bisher unbekannter Text zur Wahl, Konsekration und Krönung des Papstes im 12. Jahrhundert*, in «Archivum historiae pontificiae», 6 (1968), pp. 43-70 (rist. in Id., *Papsttum und Heilige. Kirchenrecht und Zeremoniell. Ausgewählte Aufsätze*, ed. Georg Kreuzer, Stefan Weiss, Neuried 2005, pp. 1-29)

Schimmelpfennig B., *Ein Fragment zur Wahl, Konsekration und Krönung des Papstes im 12. Jahrhundert*, in «Archivum historiae pontificiae», 8 (1970), pp. 323-331

Schimmelpfennig B., *L'incoronazione papale nel tardo Medioevo con uno sguardo all'«inaugurazione» di Benedetto XVI*, in «Studi Storici», 4 (2006), pp. 959-975

Schimmelpfennig B., *Pallium,* in *Dizionario storico del papato*, a cura di Ph. Levillain, Milano, Bompiani 1996, pp. 767-769 (trad. it. di F. Saba Sardi)

Schimmelpfennig B., *Papal Coronations at Avignon*, in *Coronations. Medieval and Early Modern Monarchic Ritual*, ed. J.M. Bak, University of California Press, Berkeley-Los Angeles-Oxford 1990, pp. 179-196

Schimmelpfennig B., *Zum päpstlichen Zeremoniell in der Zeit des Investiturstreits*, in *Canossa 1077. Erschütterung der Welt. Geschichte, Kunst und Kultur am Aufgang der Romanik*, ed. Chr. Stiegemann, M. Wemhoff, München 2006, pp. 111-116

Schimmelpfennig B., *Papst- und Bischofswahlen seit dem 12. Jahrhundert*, in *Wahlen und Wählen im Mittelalter*, hg. R. Schneider und H. Zimmermann, Sigmaringen 1990 (Vorträge und Forschungen, 37), pp. 173-195 (rist. in Id., *Papsttum und Heilige. Kirchenrecht und Zeremoniell. Ausgewählte Aufsätze*, hg. G. Kreuzer, S. Weiss, Neuried 2005, pp. 231-256)

Schludi U., *Die Entstehung des Kardinalkollegiums. Funktion - Selbstverständnis - Entwicklungsstufen*, Ostfildern 2014 (Mittelalter-Forschungen, 45)

Schmitz-Esser R., *Der Leichnam im Mittelalter. Einbalsamierung, Verbrennund und die kulturelle Konstruktion des toten Körpers*, Ostfildern 2014 (Mittelalter-Forschungen, 48)

Schraven M., *Festive Funerals in Early Modern Italy. The Art and Culture of Conspicuous Commemoration*, Ashgale, Farnham 2014

Scribner R.W., *Popular culture and popular movements in Reformation Germany*, Hambledon Press, London 1987

Seppelt F.X., *Monumenta Celestiniana. Quellen zur Geschichte des Papstes Coelestin V.*, Paderborn 1921 (Quellen und Forschungen aus dem Gebiete der Geschichte, 19)

Serio A., *Una gloriosa sconfitta. I Colonna tra papato e impero nella prima età moderna (1431-1530)*, Viella, Roma 2008 (I libri di Viella, 74)

Signorotto G., *Lo* Squadrone Volante. *I cardinali "liberi" e la politica europea nella seconda metà del XVII secolo*, in *La Corte di Roma tra Cinque e Seicento "Teatro" della politica europea*, a cura di G. Signorotto, M.A. Visceglia, Bulzoni, Roma 1998 (Biblioteca del Cinquecento, 84), pp. 93-137

Sincero racconto delle cerimonie fatte nell'elettione del nuovo Sommo Pontefice Innocenzo XII, stamperia di Domenico Ercole, Roma 1691

Singer H., *Das c.* Quia frequenter, *ein nie in Geltung gewesenes 'Papstwahldekret' Innocenz' IV.*, in «Zeitschrift der Savigny-Stiftung für Rechtsgeschichte», kan. Abt., 6 (1916), pp. 1-140

Stendhal, *Promenades dans Rome*, Gallimard, Paris 1973

Taja Agostino, *Descrizione del Palazzo Apostolico, opera postuma d'Agostino Taja senese rivista e accresciuta dall'eminentissimo cardinale Fra Gioacchino Portocarrero*, appresso Niccolò e Marco Pagliarini, Roma 1750

Tamburini F., *Le cérémonial apostolique avant Innocent VIII. Texte du manuscrit Urbinate latin 469 de la Bibliothèque Vaticane*, Roma 1966 (Bibliotheca Ephemerides liturgicae. Sectio historica, 30)

Thomas de Eccleston, *De adventu fratrum Minorum in Angliam*, ed. J.S. Brewer, *Monumenta Franciscana*, London 1858 (Rerum Britannicarum Medii Aevi Scriptores, 4), pp. 5-72

Trincia L., *Conclave e potere politico. Il veto a Rampolla nel sistema delle potenze europee (1887-1904)*, Edizioni Studium, Roma 2004

Twyman S., *Papal Ceremonial at Rome in the Twelfth Century*, London 2002 (Henry Bradshaw Society. Subsidia, 4)

Valdrini P., *Pio X e l'elaborazione del Codex Iuris Canonici*, in *San Pio X Papa riformatore*, pp. 121-130

Valentini R., Zucchetti G., *Codice topografico della Città di Roma*, 4 voll., Roma 1940-1953 (Fonti per la storia d'Italia 81, 88, 90-91) (rist. Torino 1968-1997)
Valesio Francesco, *Diario di Roma*, a cura di G. Scano, con la collaborazione di G. Graglia, 6 voll., Longanesi, Milano 1977-1979
Valois N., *La France et le Grand-Schisme*, I, Paris 1896
Vanni A., *"Fare diligente inquisitione". Gian Pietro Carafa e le origini dei chierici regolari teatini*, Viella, Roma 2010 (Studi e ricerche. Università di Roma Tre, 23)
Varnier G., *La riforma della curia*, in *Pio X e il suo tempo*, pp. 275-309
Vauchez A., *La sainteté en Occident aux derniers siècles du Moyen Âge*, Rome 1981 (Bibliothèque des Écoles françaises d'Athènes et de Rome, 241) (2ª ed. 1988)
Veneruso D., *Papato, chiesa e società dalla caduta di Bismarck alla fine dell'età giolittiana (1890-1914)*, in *Pio X e il suo tempo*, pp. 21-102
[Vergerio Pier Paolo], *Coronatio Julii III ac descriptio de caerimoniis Iubilei*, s.l. 1559
[Vergerio Pier Paolo], *Ordo eligendi Pontificis et ratio. De Ordinatione & Consecratione eiusdem. De Processione ad Ecclesiam Lateranensem*, s.e., Tubingae 1556
Vespasiani Filippo, *De Sacri Pallii origine. Philippi Vespasiani disquisitio*, Typis S.C. De Propaganda Fide, Romae 1856
Vian G.M., *Paolo VI*, EP, III, pp. 657-674
Villani Giovanni, *Nuova Cronica*, 3 voll, G. Porta, ed., Parma 1990-1991
Villard R., *Incarnare una voce: il caso della sede vacante (Roma, XVI secolo)*, in *Voci, notizie, istituzioni*, a cura di B. Borello, D. Rizzo (= «Quaderni storici» 41/1 [2006], pp. 39-67)
Visceglia M.A., *A comparative historiographic reflection on sovereignty in early modern Europe: interregnum rites and papal funerals*, in *Cultural exchange in early modern Europe*, I. *Religion and cultural exchange in Europe, 1400-1700*, ed. H. Schilling, I.G. Tóth, Cambridge University Press, Cambridge 2006 (European Science Foundation), pp. 162-190
Visceglia M.A., *Factions in Rome between Papal Wars and International Conflicts (1480-1530)*, in *Factional Struggles. Divided Elites in European Cities & Courts (1400-1750)*, ed. by M. Caesar, Brill, Leiden 2017, pp. 82-103
Visceglia M.A., *Fazioni e lotta politica nel Sacro Collegio nella prima metà del Seicento*, in *La Corte di Roma tra Cinque e Seicento "Teatro" della politica europea*, a cura di G. Signorotto, M.A. Visceglia, Bulzoni, Roma 1998 (Biblioteca del Cinquecento, 84), pp. 37-91
Visceglia M.A., *La città rituale. Roma e le sue cerimonie in età moderna*, Viella, Roma 2002 (La corte dei papi, 8)
Visceglia M.A., *La traslation de la dépouille du pontife romain: un rite de secondes funérailles*, in J.Pedro Paiva, *Religious Ceremonials and images: Power and Social Meaning (1400-1750),* Palimage Éditores, Coimbra 2002, pp. 87-102
Visceglia M.A., *Morte e elezione del papa. Norme, riti e conflitti. L'Età moderna*, Roma 2013 (La corte dei papi, 23)

Visceglia M.A., *Riti di corte e simboli della sovranità. I regni d'Europa e del Mediterraneo dal medioevo all'età moderna*, Salerno ed., Roma 2009

Visceglia M.A., *Tra liturgia e politica. Il Corpus Domini a Roma in età moderna*, in R. Bösel, G. Klingenstein, A. Koller (hrsg. von), *Kaiserhof-Papsthof 16.-18. Jahrhundert*, Verlag der Österreichischen Akademie der Wissenschaften, Wien 2006, pp. 147-179

Voci A.M., *Il figlio prediletto del papa: Alessandro VI, il duca di Gandía e la Pietà di Michelangelo in Vaticano. Committenza e destino di un capolavoro*, Istituto storico italiano per l'età moderna e contemporanea, Roma 2001

Wadding L. de, *Annales Minorum*, Ad Claras Aquas 1931

Wahrmund L., *Beiträge zur Geschichte des Exclusionsrechtes bei den Papstwahlen aus römischen Archiven*, F. Tempsky, Wien 1890

Wahrmund L., *Das Ausschließungs-Recht* (jus exclusivae) *der katholischen Staaten Österreich, Frankreich und Spanien bei den Papstwahlen*, mit Benützung unpublicirter Acten des K.K. Haus- Hof und Staatsarchiv zu Wien, A.Hölder, Wien 1888

Wahrmund L., *Die Bulle "Aeterni patris filius" und der staatliche Einfluss auf die Papstwahlen*, in «Archiv für katholischen Kirchenrecht», 72 (1894), pp. 201-334

Wahrmund L., *Die kaiserliche Exklusive im Konklave Innozenz XIII; mit einem Anhang betreffend die Akten des päpstlichen Konsistorialarchivs über Sedisvacanz und Konklave*, A. Hölder, Wien 1912

Wahrmund L., *Zur Geschichte des Exclusionsrechtes bei den Papstwalhen im 18. Jahrhundert*, Verlag von Franz Kirchheim, Mainz 1892

Wasner F., *De consecratione, inthronizatione, coronatione Summi Pontificis*, apud custodiam librariam Pont. Instituti utriusque iuris, Romae 1936

Wassilowsky G., *Dall'"adorazione" allo scrutinio segreto. Teologia e micropolitica nel cerimoniale del conclave riformato da Gregorio XV (1621-22)*, in «Dimensioni e problemi della ricerca storica», 1 (2007), pp. 37-55

Wassilowsky G., *Die Konklavereform Gregors XV. (1621/22). Wertekonflikte, symbolische Inszenierung und Verfahrenswandel im posttridentinischen Papsttum*, A. Hiersemann, Stuttgart 2010 (Päpste und Papsttum, 38)

Wenck K., *Das erste Konklave der Papstgeschichte. Rom, August bis Oktober 1241*, in «Quellen und Forschungen aus italienischen Archiven und Bibliotheken», 18 (1926), pp. 101-170

Wirbelauer E., *Die Nachfolgerbestimmung im römischen Bistum (3.-6. Jh.)*, in «Klio», 76 (1994), pp. 388-437

Wolkan R., *Der Briefwechsel des Eneas Silvius Piccolomini*, ed. R. Wolkan, 4 vol., Wien 1909-1918 (Fontes rerum austriacarum. Österreichische Geschichts-Quellen. Abt. 2, Diplomataria et acta, 61, 62, 67, 68)

Woodward J., *The Theatre of Death. The Ritual Management of Royals Funerals in Renaissance England 1570-1625*, The Boydell Press, Woodbridge 1997

Writing Royal Entries in Early Modern Europe, eds. M.C. Canova-Green, J. Andrews, M.-F.Wagner, Turnhout Brepols, 2013

Zambelli P., *Da Giulio II a Paolo III: come l'astrologo provocatore Luca Gaurico divenne vescovo*, in *La città dei segreti. Magia, astrologia e cultura esoterica a Roma (XV-XVIII secolo)*, ed. F. Troncarelli, F. Angeli, Milano 1985, pp. 299-323

Zapperi R., *La leggenda del Papa Paolo III. Arte e censura nella Roma pontificia*, Boringhieri Bollati 1998

Zöpffel R., *Die Papstwahlen und die mit ihnen im nächsten Zusammenhange stehenden Ceremonien in ihrer Entwicklung vom 11. bis zum 14. Jahrhundert. Nebst einer Beilage: die Doppelwahl des Jahres 1130*, Göttingen 1871

Glossario

accolito – chierico che ministra all'altare o segue qualche personaggio, specie ecclesiastico. Nelle cerimonie ecclesiastiche gli accoliti hanno luogo dopo i suddiaconi. Nel 1655 Alessandro VII nell'ambito della riforma della cappella papale estinse il collegio dei suddiaconi e degli accoliti sostituendolo con i dodici votanti della Segnatura di giustizia.

alba – «camicia bianca», nome antico della veste liturgica oggi detta camice. Il camice bianco del papa viene messo in evidenza dai cerimoniali papali, in relazione con le cerimonie di avvento del nuovo papa, dal Duecento in poi (*ordo* XIII).

ambone – tribuna rialzata o pulpito che nelle chiese serviva alle allocuzioni, alla lettura e ai canti facenti parte della liturgia.

anello piscatorio – Il termine *anulus piscatoris* rinvia al Vangelo di Matteo, che racconta come Pietro e suo fratello Andrea furono fatti da Cristo pescatori di uomini (Mt 4, 19: «E disse loro: 'Seguitemi, vi farò pescatori di uomini'»; cfr. Mc 1, 16 e Lc 5, 18). L'«anello del pescatore», in cui si rappresenta S. Pietro entro una navicella in atto di trarre la sua rete dall'acqua, è consegnato dal camerlengo al papa nel giorno della sua elezione quando i cardinali prestano la prima adorazione al neoletto pontefice. L'anello del pescatore che i papi usarono fino al Quattrocento come sigillo delle lettere private e poi dei brevi è simbolo della perennità dell'ufficio papale. Perciò alla morte del pontefice il maestro di camera lo porge al camerlengo che lo custodisce fino alla prima congregazione generale durante la quale è spezzato e mostrato, infranto a ogni cardinale. Il più antico anello del pescatore è stato trovato nella tomba di Clemente IV (1265-1268), a Viterbo. I papi avevano altri anelli e ne usavano nei Pontificali uno particolare detto appunto anello pontificale.

archiatra – termine già utilizzato per designare il primo medico del palazzo imperiale, indica il medico palatino del papa. I ruoli della *familia* del pontefice, continui dalla metà del Cinquecento in poi, registrano il numero e i nomi dei medici domestici (segreti, intimi) del pontefice. Ad essi toccava il compito di vegliare sulla salute del papa, di assisterlo nella malattia fino alla morte, di affiancare il chirurgo incaricato di effettuare l'autopsia del corpo del pontefice defunto. Come membro della camera segreta il medico palatino aveva lo statuto di cameriere segreto partecipante. Nelle cerimonie l'archiatra si collocava in prossimità alla persona del papa, seguendolo in cappella dopo i due camerieri segreti assistenti, nel possesso marciava sempre vicino al papa per qualsiasi occorrenza. Leone XII, nella riorganizzazione degli studi universitari da lui attuata, stabilì che medico e il chirurgo del papa dovessero appartenere al collegio medico chirurgico dell'Università romana.

benedizione del nuovo papa – se il neoeletto pontefice era già vescovo non veniva consacrato, ma gli veniva rivolta una triplice benedizione da parte di tre vescovi suburbicari, di Albano, Porto e Ostia. Il termine *benedictio* sostituisce in questi casi quello di *consecratio*. La benedizione del nuovo papa è attestata soltanto dal IX-X secolo in poi, ossia da quando anche i vescovi furono eletti papi.

bolla – sigillo di piombo (raramente d'oro), con l'effigie degli apostoli Pietro e Paolo da un lato e il nome del pontefice dall'altro, destinato ad essere appeso alle lettere dei papi spedite dalla cancelleria.

bacio del piede del papa – gesto di omaggio più volte reso al papa durante i riti di insediamento e anche nelle occasioni pubbliche. Nell'ambito della gerarchia ecclesiastica era riservato solo al pontefice. I cerimonialisti papali sostennero l'origine cristica del rito, duramente attaccato come idolatrico dai riformati, ribadendo anche come l'uso di ornare i sandali e le pantofole del papa di una croce ricamata fosse segno visibile che quell'atto di riverenza era riservato al vicario di Cristo e non alla persona fisica del papa.

camerlengo – il cardinale prefetto della Camera Apostolica. Morto il papa soltanto il camerlengo, il cardinale vicario e il penitenziere conservano le loro cariche. Il camerlengo alla morte del papa prende possesso a nome della Camera Apostolica, del palazzo Vaticano o Quirinale e spedisce l'ordine che si suoni la campana maggiore del Campidoglio per annunciare al popolo la morte del pontefice; nei giorni successivi fa battere moneta recante da un lato l'emblema della Sede vacante (due chiavi incrociate sotto il Gonfalone della Chiesa), dall'altro il suo stemma. Le estese prerogative del camerlengo furono ristrette dalla costituzione di Pio VII *Post diuturnas* (30 ottobre 1800).

camera – designazione prevalsa, a partire dal secolo XI, per indicare l'organismo finanziario ed amministrativo che cura gli interessi patrimoniali della Chiesa romana. Era presieduta dal camerario o camerlengo.

cancelleria / cancelliere – ufficio addetto nel Medioevo alla redazione e al rilascio dei documenti sovrani. La cancelleria papale era diretta, secondo le epoche, per lo più o da un cancelliere o da un vice-cancelliere.

cardinale – con il decreto di elezione del 1059, i cardinali ottengono il diritto esclusivo di eleggere il papa. Il collegio dei cardinali comprende tre ordini: i cardinali vescovi, i cardinali preti e i cardinali diaconi. Nel Medioevo, questa ripartizione corrispondeva ad una realtà, i cardinali erano dunque o vescovi, o preti o soltanto diaconi. Fin dai primi secoli e per tutto il Medioevo i vescovi suburbicari di Albano, Porto e Ostia avevano il compito di svolgere la benedizione del nuovo papa. Il compito di consacrare il papa spettava tradizionalmente al vescovo di Ostia. Quello di annunciare il nuovo papa, al più anziano dei cardinali diaconi. Dal conclave del 1378 in poi, tutti i pontefici romani sono stati scelti all'interno del collegio cardinalizio.

cattedra – il neoeletto pontefice veniva insediato sulla cattedra posta nell'abside della basilica lateranense (la cattedra del vescovo di Roma) e su quella che si trovava nell'abside della basilica di San Pietro in Vaticano (il papa è il successore di Pietro). Fin dai primi secoli del cristianesimo, la cattedra è simbolo di alta autorità ecclesiastica (episcopale). In Età moderna Paolo IV nel 1558 potenziò la festa liturgica della cattedra di San Pietro, fissandone la celebrazione al 18 gennaio. Nella ricorrenza la cattedra veniva esposta alla devozione dei fedeli. Nell'età della Controriforma il culto fu sensibilmente rafforzato in risposta agli attacchi protestanti al potere papale e si ricollegò nel tempo all'idea dell'infallibilità papale.

cerimoniali – (*ordines*) libri in cui sono descritte le regole che presiedono alla celebrazione di un atto solenne, avente carattere civile o religioso. I libri cerimoniali interessanti la vita liturgica e rituale del pontefice romano sono i cosiddetti *ordines romani*, i più antichi dei quali risalgono all'VIII secolo. L'*ordo* XII (seconda metà del XII secolo), l'*ordo* XIII (1273-1274) e l'*ordo* XIV (ultimi decenni del Due e primo decenni del Trecento) informano sull'insieme delle cerimonie di avvento del papa. I più antichi cerimoniali funebri pontifici risalgono invece agli ultimi decenni del XIV secolo e recano il nome di coloro che li hanno redatti (Pietro Amiel e François de Conzié). Per l'Età moderna disponiamo della serie completa dei *Diari* redatti dai maestri di cerimonie papali, resoconti analitici delle cerimonie papali che nel tempo tendono a diventare più stereotipati.

cerimonie di avvento – cerimonie destinate a rendere visibile l'ascensione di un nuovo papa alla sua nuova dignità; venivano celebrate nell'Alto Medioevo, dapprima al Laterano (intronizzazione nella basilica, «introduzione» al palazzo), poi, la domenica successiva, nella basilica di San Pietro in Vaticano (consacrazione). Dopo questa cerimonia, il papa attraversava la città di Roma a cavallo e ritornava al Laterano per il banchetto. Dalla seconda metà del XII secolo in poi, l'itinerario poteva essere capovolto; prima la consacrazione in Vaticano, poi la presa di possesso del Laterano.

concilio – adunanza dei vescovi della cristianità. Particolarmente importanti per il nostro periodo furono il terzo concilio lateranense (1179), che decretò che l'elezione del papa è valida se l'eletto ottiene la maggioranza dei due terzi, e il secondo concilio di Lione (1274) che promulgò il decreto *Ubi periculum* che obbliga i cardinali a rinchiudersi in «conclave» per eleggere il nuovo papa.

conclave – parola che nel latino classico significava una stanza che si poteva chiudere "a chiave". Il termine *conclave* fu usato nel decreto *Ubi periculum* promulgato nel 1274 dal secondo concilio di Lione, che obbligava da quel momento i cardinali a richiudersi nel palazzo dove era morto il papa per eleggere il suo successore. Da allora, il termine viene generalmente usato per definire le procedure e le modalità di elezione di un nuovo pontefice.

conclavista – individuo, laico o ecclesiastico, addetto al conclave che si chiude in clausura con i cardinali. La definizione larga di conclavista può attribuirsi sia a quelle figure che condividono con i cardinali la clausura per le necessità spirituali e materiali del conclave, quali il sagrista e sottosagrista, il cappellano, i cerimonieri, il confessore, il segretario, i medici, il chirurgo e lo speziale, ma anche il muratore, il falegname, i facchini, fino agli scopatori, sia a coloro, più numerosi all'inizio del Cinquecento, poi secondo la regolamentazione di Pio IV limitati a due o tre persone, che accompagnavano ogni cardinale dormendo nella medesima cella. Ogni pontefice concedeva grazie e privilegi sociali, fiscali e materiali ai conclavisti, immediatamente dopo la sua elezione. La costituzione *Romano Pontifici eligendo* (1975) di Paolo VI proibiva ai cardinali di portare con sé conclavisti o inservienti personali, eccetto casi eccezionali o motivi di salute.

consacrazione – atto con cui si conferisce la dignità vescovile ad una persona. Il pontefice neoeletto doveva essere dapprima consacrato vescovo, qualora non lo fosse già. È quindi un termine che fu generalmente usato nell'Alto Medioevo, poiché fino alla fine del IX secolo nessun vescovo fu eletto papa. A Roma, come nelle varie diocesi della cristianità – orientale e occidentale – vigeva infatti il divieto di traslazione di un vescovo dalla sua diocesi ad un'altra. Si riteneva che il vescovo fosse legato alla sua diocesi da un legame analogo al matrimonio tra Cristo e la Chiesa, indissolubile come qualsiasi matrimonio.

cornuta – canestro con lunghi bastoni o stanghe per il trasporto delle vivande, ricoperto di tessuti o pelle di colore verde per i cardinali vecchi, rosso per i cardinali creati dal defunto pontefice.

croccia (crocea, crocca, crocula, crocchia) – gran manto con strascico simile a piviale forse di derivazione monastica, era adoperata in conclave dai cardinali per gli scrutini e per la prima adorazione resa al neoeletto pontefice. Di saia o di lana era di colore porpora-scuro o violetto.

cubiculario – membro della *familia* del papa, generalmente chierico o appartenente ad un ordine cavalleresco, addetto alla sua camera (*cubiculum*).

dapifero – letteralmente portatore di vivande, gentiluomo dei cardinali, laico o ecclesiastico, scelto come paggio nel delicato compito del trasporto, secondo precise regole di etichetta, dei pasti dall'esterno all'interno del conclave. Se secolare vestiva l'abito nero con spada, se ecclesiastico sottana e ferraiolo nero. Era considerato l'officio più nobile della famiglia cardinalizia e godeva di grazie simili e in alcuni casi ancora più ampie di quelli dei conclavisti, privilegi che furono ridotti da Pio VIII nel 1829.

diadema – sinonimo di corona.

divieto di traslazione, v. **consacrazione**

falda – veste del papa, di colore bianco dalla vita in giù, lunga con coda. Si sovrappone alla sottana talare e si usa nelle funzioni più solenni. Il papa la indossa ritualmente nella Camera della Falda, contigua, nei palazzi vaticani alla Camera dei Paramenti. L'onore di sollevarla nelle cerimonie spetta agli ambasciatori, grandi principi, alti prelati.

familia del papa – con questo termine si designava nel Medioevo il gruppo di persone che costituivano l'*entourage* immediato del pontefice (come di qualsiasi altro prelato, vescovo o abate). In ambito papale, il termine comprende l'insieme delle persone che accudivano il papa (cubiculari, medici, inservienti ecc.), gli addetti a mansioni amministrative (ad esempio il camerlengo), giudiziarie (gli uditori), cancelleresche (il vice-cancelliere), liturgiche (i cappellani) ed anche economiche (la cucina, la panetteria, la bottiglieria e la marescalchia). Molte di queste persone (come il camerlengo e i cappellani) avevano a disposizione una propria *familia*. Così anche ogni cardinale.

fanone – velo di sottilissima seta bianca, riservato al papa; di forma rotonda, consiste in due liste di seta con striscie parallele di color rosso e oro, con in mezzo un buco per passarvi la testa; il papa l'indossa sopra il camice.

ferula – è il pastorale del papa. Diversamente dal pastorale del vescovo non solo non è curvo, ma è sormontato da una croce. Nei riti di avvento del papa appare come importante simbolo di potere legato alla presa di possesso del palazzo lateranense. Il papa, infatti, entra nel palazzo munito della ferula, segno visibile del suo possesso e dominio.

incattedrazione – sedersi sulla cattedra, segno di autorità (episcopale e papale), e prenderne simbolicamente possesso; fase essenziale dei riti di insediamento del neoeletto pontefice.

incoronazione – dalla fine del Duecento in poi, il termine *coronare* (incoronare) sostituisce sempre più frequentemente quello di *consecrare* per definire le cerimonie di avvento di un nuovo papa. Soltanto da quel periodo in poi, infatti, l'imposizione della tiara sul capo del nuovo papa fu considerata come costitutiva in termini rituali. Il papa riceveva allora la tiara seduto sul trono, sui gradini della basilica di San Pietro in Vaticano.

insediamento – i riti con cui il neoletto pontefice prendeva possesso della basilica e del palazzo lateranense. In epoca moderna, questi riti furono definiti più succintamente con il termine di «possesso».

insegna – oggetto che costituisce l'emblema dell'ufficio esercitato da una persona. Le principali insegne del papa sono il pallio, la tiara, l'*umbraculum* (ombrellino), il fanone.

introduzione – è il termine che il *Liber pontificalis* usa in secoli antichi (VII-VII) per definire la presa di possesso del palazzo lateranense da parte del nuovo papa.

maresciallo del conclave – importante dignità della corte papale attribuita da un laico. Il maresciallo custodiva e difendeva il conclave con le sue truppe acquartierate nel cortile del palazzo apostolico dal quale partiva la scala di ingresso alla clausura detta appunto "la scala del maresciallo". Per assicurare la sicurezza del conclave il maresciallo dormiva nel palazzo per tutta la durata delle procedure di elezione, visitava i cardinali nelle loro celle nel giorno della chiusura e introduceva i cardinali ritardatari e le visite degli ambasciatori. L'importante carica fu appannaggio nel Medioevo e nella prima Età moderna del capo della famiglia Savelli. Con l'estinzione dei Savelli (1712) passò ai Chigi che l'hanno esercitata nei secoli successivi fino all'elezione di Paolo VI (1963).

mitra – copricapo, rotondo, alto e piatto che termina in due punte, con due infule di colore rosso che ricadono sulle spalle, simbolo di giurisdizione, proprio di vescovi, cardinali abati e naturalmente del pontefice. I liturgisti interpretarono la forma bicuspidale come figura dei due testamenti. I papi disponevano di diverse mitre: semplici, di damasco bianco o di tela bianca di lino, dorate di seta bianca e oro, o preziose, di lamina d'argento e d'oro ornata di pietre preziose. Il cadavere del papa era sepolto con la mitra semplice.

novendiali – tempo rituale di dieci giorni, intervallo che i cardinali devono osservare dopo la morte del papa prima di procedere all'elezione del successore, scandito dalle cerimonie funebri e dai preparativi del conclave.

ombrello – insegna di potere e distinzione propria già nell'antichità di imperatori e sovrani. Come simbolo sacrale accompagnava tra i cristiani il trasporto dell'eucarestia. L'ombrellino era prerogativa del pontefice che l'usava negli spostamenti, nei viaggi, nei possessi. Nel corteo del possesso un palafreniere portava l'ombrello papale di damasco rosso ornato di trine d'oro sul capo del nuovo sovrano. Il papa poteva concedere l'onore dell'ombrello ai cardinali in particolari occasioni rituali.

ordines, v. cerimoniali.

pallio – ornamento liturgico proprio del pontefice che lo concede a patriarchi, arcivescovi e vescovi è simbolo della pienezza della giurisdizione papale sulla chiesa universale. Di forma circolare con pendenti anteriori, che si fa passare intorno al collo. È tessuta con la lana bianca di due agnelli offerti ogni anno al papa nella festa di Santa Agnese e ornata da quattro o sei croci rosse o nere. Concesso ai nuovi arcivescovi, che lo indossano nei pontificali, indica la loro unione al sommo pontefice e la partecipazione alla sua autorità.

pastorale – insegna consacrata, simbolo dell'autorità vescovile, che si impugna nella mano sinistra, da non confondere con la ferula, bastone non ricurvo che termina in cima con un globo e una croce, equivalente allo scettro e simbolo della potestà pontificia e perciò legato negli antichi rituali alla presa di possesso del palazzo lateranense. La ferula è stata dismessa in Età moderna, sostituita dalla croce astata.

porfido – pietra durissima, considerata, già nella Roma antica, come pietra imperiale per eccellenza. Nel corso delle cerimonie di avvento del nuovo papa che si svolgevano al Laterano, il papa doveva sedere su due seggi che si credeva fossero di porfido, ma che sono in realtà di marmo rosso antico. Il porfido fu usato, nel XII ed ancora nel Duecento, anche per tombe di papi.

porpora – sostanza colorata che deriva da uno speciale prodotto di secrezione di certi molluschi (*murex*, porpora, *bussinum*, *mitra*). Per estensione, stoffa tinta di porpora, segno di dignità. È prerogativa dei cardinali dal Duecento in poi.

possesso del Laterano – è il termine che verrà usato nel periodo moderno per definire in generale le cerimonie di insediamento del nuovo papa al Laterano (basilica, palazzo).

precordi – il cuore e le viscere del papa defunto che, durante le pratiche di imbalsamazione, si depongono in luogo distinto dal corpo. I precordi furono collocati nel primo Cinquecento nelle Grotte Vaticane, finché Sisto V, morto al Qurinale, volle che i suoi precordi fossero portati nella chiesa dei Santi Vincenzo e Anastasio e così fu anche per i pontefici successivi.

saccheggi del palazzo e della cella del papa eletto – era uso già nel Medioevo e ancora in Età moderna di saccheggiare il palazzo che il neoeletto abitava da cardinale, pratica che forse si legava allo *jus spolii* del palazzo del vescovo defunto. Saccheggi potevano avvenire anche solo perché in città si spargeva la voce di un'elezione invece non avvenuta (così fu in Età moderna per i cardinali Ercole Gonzaga e Alessandro Farnese). Parallelamente all'interno del conclave i conclavisti saccheggiavano la cella del cardinale divenuto papa. Quest'ultima depredazione era in certo modo una concessione e comunque una pratica negoziata e largamente prevista.

sarcofago – urna sepolcrale in pietra o in marmo, per lo più monumentale, ornata da altorilievi o bassorilievi.

scarlatto – oggi indica il colore rosso acceso e, per analogia, un panno pregiato di lana tinta in rosso acceso. Nel basso Medioevo il termine scarlatto (*scarlactus*) poteva essere usato anche per tessuti pregiati di altro colore, ad esempio per il bianco «brillante».

seggio curule – sedile pieghevole, che nella Roma antica era il simbolo del potere giudiziario. Forma di seggio particolarmente in uso presso i pontefici romani durante il Medioevo.

sigillo – impronta ottenuta su un supporto malleabile mediante l'apposizione di una matrice recante i segni distintivi di un'autorità, di una persona fisica o morale, per testimoniarne la volontà certificatrice. Può essere realizzato con cera ma anche con vari metalli (v. bolla).

stoppa – materia secca, ricavata dalla canapa, che brucia rapidamente e perciò simbolo della fragilità e brevità della vita e del carattere transitorio della gloria. Il bruciamento della stoppa era inserito nel rito papale dell'incoronazione per rammentare al neo eletto la precarietà del potere il cui esercizio richiedeva modestia e umiltà.

tiara – copricapo a forma di cono, di tessuto o di pelle in uso anche nel mondo greco e presso i popoli dell'Asia, per i quali costituì un segno di distinzione.

Nel Medioevo fu copricapo riservato esclusivamente al sommo pontefice, e diventò così la «corona» del papa, che ne fece uso in cerimonie solenni (le feste della «corona»). Dalla fine del Duecento in poi, l'imposizione della tiara sul capo del neoeletto pontefice diventa atto rituale e simbolico costitutivo. Da allora in poi, il termine di incoronazione sostituirà progressivamente quello di consacrazione. Paolo VI rinunciò ufficialmente alla tiara nel 1964.

triregno – tiara con tre corone.

Cronologia dei papi

Riprendiamo la *Cronotassi* della *Enciclopedia dei papi*, redatta da Charles Burns con la collaborazione di Sara Esposito e Floriana Santini (vol. III, Istituto dell'Enciclopedia italiana, Roma 2000, pp. 699-730). Tra parentesi quadre sono inseriti i nomi dei papi non ritenuti legittimi.

NOME *tra parentesi quadre i papi non ritenuti legittimi*	NOME SECOLARE *in corsivo i nomi assunti in religione*	INIZIO *elezione/incoronazione in corsivo*	TERMINE *deposizione con asterisco rinuncia in corsivo*
Pietro			64/67
Lino		56 o 58	67 o 79
Anacleto/Cleto		80	92
Clemente		68 o 92	76 o 99
Evaristo		96 o 99	108
Alessandro I		108 o 109	116 o 119
Sisto I		117 o 119	126 o 128
Telesforo		127 o 128	137 o 138
Igino		138	142 o 149
Pio I		142 o 146	157 o 161 o 164/165
Aniceto		150 o 157	153 o 168
Sotero		162 o 168	170 o 177
Eleuterio		171 o 177	185 o 193
Vittore I		186 o 189	197 o 201
Zefirino		198	217 o 218

Callisto I	218	222
[Ippolito]	217	*235
Urbano I	222	230
Ponziano	21.07.230	*28.09.235*
Antero	21.11.235	3.01.236
Fabiano	236	20.01.250
Cornelio	6 o 13.03.251	giugno 253
[Novaziano]	251	258
Lucio I	estate 253	5.03.254
Stefano I	12.03.254	2.08.257
Sisto II	30.08.257	6.08.258
Dionigi	22.07.259	26.12.268
Felice I	5.01.269	30.12.274
Eutichiano	4.01.275	7.12.283
Caio	17.12.283	22.04.296
Marcellino	30.06.296	25.10.304
Marcello I	306 o 307 o 308	308 o 309 o 310
Eusebio	308 o 309 o 310	*308 o 309 o 310
[Eraclio]	308 o 309 o 310	
Milziade	2.07.311	10.01.314
Silvestro I	31.01.314	31.12.335
Marco	18.01.336	7.10.336
Giulio I	*6.02.337*	12.04.352
Liberio	17.05.352	24.09.366
[Felice II]	355	22.11.365
Damaso I	*1.10.366*	11.12.384
[Ursino]	24.09.366	*dopo sett. 367
Siricio	dopo 11.12.384	26.11.399
Anastasio I	27.11.399	19.12.401
Innocenzo I	22.12.401	12.03.417
Zosimo	*18.03.417*	26.12.418
Bonifacio I	28.12.418	4.09.422

[Eulalio]	27.12.418	*3.04.419
Celestino I	10.09.422	27.07.432
Sisto III	31.07.432	19.08.440
Leone I	*29.09.440*	10.11.461
Ilaro	19.11.461	29.02.468
Simplicio	3.03.468	10.03.483
Felice III	13.03.483	25.02/1.03.492
Gelasio I	*1.03.492*	21.11.496
Anastasio II	24.11.496	19.11.498
Simmaco	22.11.498	19.07.514
[Lorenzo]	22.11.498/499	502/506
Ormisda	20.07.514	6.08.523
Giovanni I	13.08.523	18.05.526
Felice IV	*12.07.526*	20 o 22.09.530
Bonifacio II	*20 o 22.09.530*	17.10.532
[Dioscoro]	20 o 22.09.530	14.10.530
Giovanni II	31.12.532	8.05.535
Agapito I	*13.05.535*	22.04.536
Silverio	*8.06.536*	*marzo 537
Vigilio	*29.03.537*	7.06.555
Pelagio I	*16.04.556*	4.03.561
Giovanni III	*17.07.561*	13.07.574
Benedetto I	*2.06.575*	30.07.579
Pelagio II	*26.11.579*	7.02.590
Gregorio I	*3.09.590*	12.03.604
Sabiniano	marzo 604	22.02.606
Bonifacio III	*19.02.607*	10.11.607
Bonifacio IV	*25.08.608*	8.05.615
Deusdedit (Adeodato I)	*19.10.615*	8.11.618
Bonifacio V	*23.12.619*	23.10.625
Onorio I	*27.10.625*	12.10.638
Severino	metà ottobre 638	2.08.640

Giovanni IV	agosto 640	12.10.642
Teodoro I	*24.11.642*	14.05.649
Martino I	*5.07.649*	*17.06.653
Eugenio I	*10.08.654*	2.06.657
Vitaliano	*30.07.657*	27.01.672
Adeodato (II)	*11.04.672*	16.06.676
Dono	*2.11.676*	11.04.678
Agatone	*27.06.678*	10.01.681
Leone II	gennaio 681	3.07.683
Benedetto II	*26.06.684*	8.05.685
Giovanni V	23.07.685	2.08.686
Conone	*23.10.686*	21.09.687
[Teodoro]	687	687
[Pasquale]	687	692
Sergio I	*15.12.687*	7.09.701
Giovanni VI	*30.10.701*	11.01.705
Giovanni VII	1.03.705	18.10.707
Sisinnio	*15.01.708*	4.02.708
Costantino	*25.03.708*	9.04.715
Gregorio II	*19.05.715*	11.02.731
Gregorio III	*18.03.731*	28.11.741
Zaccaria	3.12.741	15.03.752
Stefano II	*26.03.752*	26.04.757
Paolo I	*29.05.757*	28.06.767
[Costantino]	*29.06.767*	30/31.07.768
[Filippo]	31.07.768	31.07.768
Stefano III	1.08.768	24.01.772
Adriano I	*9.02.772*	25.12.795
Leone III	26.12.795	12.06.816
Stefano IV	*22.06.816*	24.01.817
Pasquale I	25.01.817	febbr./maggio 824
Eugenio II	febbr./maggio 824	agosto 827

Valentino	agosto 827	settembre 827
Gregorio IV	settembre 827	25.01.844
[Giovanni]	25.01.844	*25.01.844
Sergio II	25.01.844	27.01.847
Leone IV	*10.04.847*	17.07.855
Benedetto III	luglio 855	7.04.858
[Anastasio Bibliotecario]	21.09.855	*24.09.855
Niccolò I	*24.04.858*	13.11.867
Adriano II	*14.12.867*	metà nov./3.12.872
Giovanni VIII	*14.12.872*	16.12.882
Marino I	dicembre 882	15.05.884
Adriano III	*17.05.884*	agosto/sett. 885
Stefano V	settembre 885	14.09.891
Formoso	*6.10.891*	4.04.896
Bonifacio VI	*11.04.896*	26.04.896
Stefano VI	ante 11.06.896	*luglio/agosto 897
Romano	luglio/agosto 897	*novembre 897
Teodoro II	inizi dicembre 897	dic. 897/genn. 898
Giovanni IX	*dic. 897/genn. 898*	genn./maggio 900
Benedetto IV	*gennaio/maggio 900*	ante agosto 903
Leone V	luglio 903	*settembre 903
[Cristoforo]	settembre 903	*gennaio 904
Sergio III	29.01.904	14.04.911
Anastasio III	*giu. o sett. 911*	giugno o agosto o fine ottobre 913
Landone	luglio o nov. 913	marzo 914
Giovanni X	marzo/aprile 914	*magg./giu. 928
Leone VI	magg./giugno 928	dic. 928/genn. 929
Stefano VII	gennaio 929	febbraio 931
Giovanni XI	marzo 931	inizi gennaio 936
Leone VII	inizi gennaio 936	13.07.939
Stefano VIII	luglio 939	fine ottobre 942

Marino II		30.10.942	inizi maggio 946
Agapito II		10.05.946	ante 15.12.955
Giovanni XII	Ottaviano dei conti di Tuscolo	16.12.955	14.05.964[1]
Leone VIII		4.12.963	inizi marzo 965[2]
Benedetto V		dopo 14.05.964	*23.06.964
Giovanni XIII		1.10.965	6.09.972
Benedetto VI		fine 972	*fine giugno 974
[Bonifacio VII]		fine giugno 974	20.07.985
Benedetto VII		*2/28.10.974*	10.07.983
Giovanni XIV	Pietro (Obertenghi)	*nov./dic. 983*	*fine aprile 984
Giovanni XV		*agosto 985*	marzo 996
Gregorio V	Bruno dei duchi di Carinzia	*inizi maggio 996*	4.02/12.03.999
[Giovanni XVI]	Giovanni Philagathos	febbr./marzo 997	*maggio 998
Silvestro II	Gerberto d'Aurillac	2.04.999	12.05.1003
Giovanni XVII		16.05.1003	6.11.1003
Giovanni XVIII		25.12.1003	giugno/luglio 1009
Sergio IV	Pietro	31.07.1009	12.05.1012
Benedetto VIII	Teofilatto dei conti di Tuscolo	*18.05.1012*	09.04.1024
[Gregorio]		dopo 12.05.1012	*dicembre 1012
Giovanni XIX	Romano dei conti di Tuscolo	19.04.1024	20.10.1032
Benedetto IX (1)	Teofilatto dei conti di Tuscolo	dopo 26.08.1032	*inizi settembre 1044
Silvestro III	Giovanni	13 o 20.01.1045	*marzo 1045
Benedetto IX (2)		10.03.1045	*1.05.1045[3]
Gregorio VI	Iohannes Gratianus	1.05.1045	*20.12.1046
Clemente II	Suidger dei signori di Morsleben von Horneburg	24.12.1046	9.10.1047

1. Deposto: 4 dicembre 963. Reinsediato: febbraio 964.
2. Deposto: 26 febbraio 964. Reinsediato: 23 giugno 964.

Benedetto IX (3)		dopo 9.10.1047	inizi lugl. 1048
Damaso II	Poppone	Natale 1047	9.08.1048
Leone IX	Brunone dei conti di Eguisheim	2.02.1049	19.04.1054
Vittore II	Gebhard	*13.04.1055*	28.07.1057
Stefano IX	Federico delle Ardenne o di Lorena	2.08.1057	29.03.1058
[Benedetto X]	Giovanni	5.04.1058	*1059
Niccolò II	Gerardo	dicembre 1058	27.07.1061
Alessandro II	Anselmo da Baggio	30.09.1061	21.04.1073
[Onorio II]	Cadalo	28.10.1061	*31.05.1064
Gregorio VII	Ildebrando	22.04.1073	25.05.1085
[Clemente III]	Wiberto (o Guiberto) da Correggio	25.06.1080	8.09.1100
Vittore III	Dauferio (*Desiderio*)	24.05.1086	16.09.1087
Urbano II	Eudes (o Oddone o Oddo)	12.03.1088	29.07.1099
Pasquale II	Raniero	13.08.1099	21.01.1118
[Teodorico]		settembre 1100	*entro inizi genn. 1101
[Alberto]		entro febbr. 1101	*entro febbr. 1101[4]
[Silvestro IV]	Maginolfo	novembre 1105	*12/13.04.1111*
Gelasio II	Giovanni	24.01.1118	29.01.1119
[Gregorio VIII]	Maurizio Burdino	*10.03.1118*	*22.04.1121
Callisto II	Guido di Borgogna	2.02.1119	13 o 14.12.1124
Onorio II	Lamberto Scannabecchi	21.12.1124	13/14.02.1130
[Celestino II]	Teobaldo (Tebaldo) «Buccapecus»	15/16.12.1124	*15/16.12.1124
Innocenzo II	Gregorio (Papareschi)	14.02.1130	24.09.1143
[Anacleto II]	Pietro Pierleoni	14.02.1130	25.01.1138
[Vittore IV]	Gregorio	metà marzo 1138	*29.05.1138*
Celestino II	Guido (o Wido) de Castello	26.09.1143	8.03.1144

3. A una rinuncia il 1° maggio 1045 fece seguito una deposizione il 24 dicembre 1046.
4. Lo stesso giorno dell'elezione.

Lucio II	Gerardo	12.03.1144	15.02.1145
Eugenio III	Bernardo	15.02.1145	8.07.1153
Anastasio IV	Corrado	12.07.1153	3.12.1154
Adriano IV	Nicola Breakspear	4.12.1154	1.09.1159
Alessandro III	Rolando Bandinelli	7.09.1159	30.08.1181
[Vittore IV]	Ottaviano dei signori di Monticelli	7.09.1159	20.04.1164
[Pasquale III]	Guido da Crema	22.04.1164	20.09.1168
[Callisto III]	Giovanni	settembre 1168	*29.08.1178*
[Innocenzo III]	Lando	23.09.1179	*gennaio 1180
Lucio III	Ubaldo Allucingoli	1.09.1181	25.11.1185
Urbano III	Uberto Crivelli	fine nov. 1185	20.10.1187
Gregorio VIII	Alberto di Morra	21.10.1187	17.12.1187
Clemente III	Paolo Scolari	19.12.1187	forse 29.03.1191
Celestino III	Giacinto (o Hyacinthus) Bobone	10.04.1191	8.01.1198
Innocenzo III	Lotario dei Conti di Segni	22.02.1198	16.07.1216
Onorio III	Cencio	18.07.1216	18.03.1227
Gregorio IX	Ugolino dei Conti di Segni	19.03.1227	22.08.1241
Celestino IV	Goffredo da Castiglione	25.10.1241	10.11.1241
Innocenzo IV	Sinibaldo Fieschi	25.06.1243	7.12.1254
Alessandro IV	Rinaldo di Ienne	12.12.1254	25.05.1261
Urbano IV	Jacques de Troyes	29.08.1261	2.10.1264
Clemente IV	Guy Foucois	5.02.1265	29.11.1268
Gregorio X	Tedaldo Visconti	1.09.1271	10.01.1276
Innocenzo V	Pierre de Tarentaise	21.01.1276	22.06.1276
Adriano V	Ottobono Fieschi	11.07.1276	16.08.1276
Giovanni XXI	Pietro di Giuliano	16.09.1276	20.05.1277
Niccolò III	Giangaetano (o Giovanni Gaetano) Orsini	25.11.1277	22.08.1280
Martino IV	Simon de Brie (o di Brion o di Mainpicien)	22.02.1281	29.03.1285
Onorio IV	Giacomo Savelli	2.04.1285	3.04.1287
Niccolò IV	Girolamo	inizi 1288	4.04.1292

Celestino V	Pietro del Morrone	5.07.1294	*13.12.1294*
Bonifacio VIII	Benedetto Caetani	24.12.1294	11.10.1303
Benedetto XI	Niccolò di Boccassio	22.10.1303	7.07.1304
Clemente V	Bertrand de Got	5.06.1305	20.04.1314
Giovanni XXII	Jacques Duèse	7.08.1316	4.12.1334
[Niccolò V]	Pietro Rinalducci (o Rainalducci)	aprile 1328	*24.08.1330*
Benedetto XII	Jacques Fournier	20.12.1344	25.04.1342
Clemente VI	Pierre Roger	7.05.1342	6.12.1352
Innocenzo VI	Étienne Aubert	18.12.1352	12.09.1362
Urbano V	Guillaume Grimoard	28.09.1362	19.12.1370
Gregorio XI	Pierre Roger de Beaufort	30.12.1370	26/27.03.1378
Urbano VI	Bartolomeo Prignano	7.04.1378	15.10.1389
Bonifacio IX	Perrino (o Pietro) Tomacelli	2.11.1389	1.10.1404
Innocenzo VII	Cosmato (o Cosimo o Cosma) dei Meliorati (o Migliorati)	17.10.1404	6.11.1406
Gregorio XII	Angelo Correr	30.11.1406	4.07.1415
[Clemente VII]	Robert de Genève	20.09.1378	16.09.1394
[Benedetto XIII]	Pedro Martínez de Luna	28.09.1394	29.11.1422 o 23.05.1423
[Alessandro V]	Pietro Filargis, detto Pietro di Candia	26.06.1409	3.05.1410
[Giovanni XXIII]	Baldassarre Cossa	17.05.1410	*29.05.1415
Martino V	Oddone Colonna	11.11.1417	20.02.1431
Eugenio IV	Gabriele Condulmer	3.03.1431	23.02.1447
[Felice V]	Amedeo VIII, duca di Savoia	5.11.1439	*7.04.1449*
Niccolò V	Tommaso Parentucelli	6.03.1447	24.03.1455
Callisto III	Alonso Borja	8.04.1455	6.08.1458
Pio II	Enea Silvio Piccolomini	19.08.1458	14/15.08.1464
Paolo II	Pietro Barbo	30.08.1464	26.07.1471
Sisto IV	Francesco della Rovere	9.08.1471	12.08.1484
Innocenzo VIII	Giovan Battista Cibo	29.08.1484	25.07.1492
Alessandro VI	Rodrigo de Borja y Borja	11.08.1492	18.08.1503

Pio III	Francesco Tedeschini (o Todeschini) Piccolomini	22.09.1503	18.10.1503
Giulio II	Giuliano della Rovere	1.11.1503	21.02.1513
Leone X	Giovanni de' Medici	11.03.1513	1.12.1521
Adriano VI	Adrian Florisz	9.01.1522	14.09.1523
Clemente VII	Giulio Zanobi de' Medici	19.11.1523	25.09.1534
Paolo III	Alessandro Farnese	13.10.1534	10.11.1549
Giulio III	Giovan Maria Ciocchi del Monte	7.02.1550	23.03.1555
Marcello II	Marcello Cervini	9.04.1555	30.04/1.05.1555
Paolo IV	Gian Piero Carafa	23.05.1555	18.08.1559
Pio IV	Giovan Angelo Medici	26.12.1559	9.12.1565
Pio V	Antonio (*Michele*) Ghislieri	7.01.1566	1.05.1572
Gregorio XIII	Ugo Boncompagni	13.05.1572	10.04.1585
Sisto V	Felice di Peretto	24.04.1585	27.08.1590
Urbano VII	Giambattista Castagna	15.09.1590	27.09.1590
Gregorio XIV	Niccolò Sfondrati	5.12.1590	15/16.10.1591
Innocenzo IX	Giovanni Antonio Facchinetti	29.10.1591	30.12.1591
Clemente VIII	Ippolito Aldobrandini	30.01.1592	3.03.1605
Leone XI	Alessandro de' Medici	1/2.04.1605	27.04.1605
Paolo V	Camillo Borghese	16.05.1605	28.01.1621
Gregorio XV	Alessandro Ludovisi	9.02.1621	8.07.1623
Urbano VIII	Maffeo Virginio Romolo Barberini	6.08.1623	29.07.1644
Innocenzo X	Giovanni Battista Pamphili	15.09.1644	7.01.1655
Alessandro VII	Fabio Chigi	7.04.1655	22.05.1667
Clemente IX	Giulio Rospigliosi	20.06.1667	9.12.1669
Clemente X	Emilio Altieri	29.04.1670	22.07.1676
Innocenzo XI	Benedetto Odescalchi	21.09.1676	12.08.1689
Alessandro VIII	Pietro Ottoboni	6.10.1689	1.02.1691
Innocenzo XII	Antonio Pignatelli	12.07.1691	27.09.1700
Clemente XI	Giovanni Francesco Albani	23.11.1700	19.03.1721

Innocenzo XIII	Michelangelo Conti	8.05.1721	7.03.1724
Benedetto XIII	Pierfrancesco (*Vincenzo*) Orsini	29.05.1724	21.02.1730
Clemente XII	Lorenzo Corsini	12.07.1730	6.02.1740
Benedetto XIV	Prospero Lambertini	17.08.1740	3.05.1758
Clemente XIII	Carlo Rezzonico	6.07.1758	2.02.1769
Clemente XIV	Giovan Vincenzo Antonio (*Lorenzo*) Ganganelli	19.05.1769	22.09.1774
Pio VI	Angelo Onofrio Melchiorre Natale Giovanni Antonio Braschi	15.02.1775	29.08.1799
Pio VII	Barnaba (*Gregorio*) Chiaramonti	14.03.1800	20.08.1823
Leone XII	Annibale della Genga Sermattei	28.09.1823	10.02.1829
Pio VIII	Francesco Saverio Maria Felice Castiglioni	31.03.1829	30.11.1830
Gregorio XVI	Bartolomeo Alberto (*Mauro*) Cappellari	2.02.1831	1.06.1846
Pio IX	Giovanni Maria Mastai Ferretti	16.06.1846	7.02.1878
Leone XIII	Vincenzo Gioacchino Pecci	20.02.1878	20.07.1903
Pio X	Giuseppe Melchiorre Sarto	4.08.1903	20.08.1914
Benedetto XV	Giacomo Della Chiesa	3.09.1914	22.01.1922
Pio XI	Achille Ratti	6.02.1922	10.02.1939
Pio XII	Eugenio Pacelli	2.03.1939	9.10.1958
Giovanni XXIII	Angelo Giuseppe Roncalli	28.10.1958	3.06.1963
Paolo VI	Giovanni Battista Montini	21.06.1963	6.08.1978
Giovanni Paolo I	Albino Luciani	26.08.1978	28/29.09.1978
Giovanni Paolo II	Karol Józef Wojtyła	16.10.1978	2.04.2005
Benedetto XVI	Joseph Alois Ratzinger	19.04.2005	*28.02.2013*
Francesco	Jorge Mario Bergoglio	13.03.2013	

Indice dei nomi*

* A cura di Raffaella Crociani.

Finito di stampare
nel mese di ottobre 2018
da Logo srl
Borgoricco (PD)